地势坤，君子以厚德载物。

春秋左传今注今译

春秋左传今注今译

（下）

王云五 — 主编
李宗侗 — 注译
叶庆炳 — 校订

中国友谊出版公司

卷二十一　昭公一

昭公元年（公元前五四一年）

昭公名裯，襄公子，母齐归，在位三十二年，薨于乾侯，谥法威仪恭明曰昭。

经　元年，春，王正月，公即位[1]。

今注

1　此经无传。

今译

昭公元年春王正月，昭公行即位典礼。

经　叔孙豹会晋赵武、楚公子围，齐国弱，宋向戌、卫齐恶、陈公子招、蔡公孙归生、郑罕虎、许人、曹人于虢。

传　元年春，楚公子围聘于郑。且娶于公孙段氏，伍举[1]为介。将入馆，郑人恶之，使行人子羽与之言，乃馆于外，既聘，将以众逆[2]，子产患之，使子羽辞曰："以敝邑褊小，不足以容从者，请墠听命[3]。"令尹命大宰伯州犁对曰："君辱贶寡大夫围，谓围将使丰氏[4]抚有而室，围布几筵告于庄共之庙而来。若野赐之，是委君贶于草莽也，是寡大夫不得列于诸卿也。不宁唯是，又使围蒙其先君[5]，将不得为寡君老，其蔑以复矣，唯大夫图之。”子羽曰：“小国无罪，恃实其罪[6]，将恃大国之安靖己，而无乃包藏祸心以图之。小国失恃而惩诸侯，使莫不憾者，距违君命，而有所壅塞，不行是惧。不然敝邑馆人之属也，其敢爱丰氏之祧。”伍举知其有备也，请垂橐而入[7]，许之。正月乙未，入逆而出，遂会于虢[8]，寻宋之盟也。[9]祁午谓赵文子曰：“宋之盟，楚人得志于晋[10]，今令尹之不信，诸侯之所闻也。子弗戒惧，又如宋[11]，子木之信称于诸侯，犹诈晋而驾焉[12]，况不信之尤者乎？楚重得志于晋，晋之耻也。子相晋国以为盟主，于今七年矣。再合诸侯[13]，三合大夫[14]，服齐狄[15]，宁东夏，平秦乱[16]，城淳于[17]，师徒不顿，国家不罢，民无谤讟，诸侯无怨，天无大灾，子之力也。有令名矣，而终之以耻，午也是惧，吾子其不可以不戒？”文子曰：“武受赐矣！然宋之盟子木有祸人之心，武有仁人之心，是楚所以驾于晋也。今武犹是心也，楚又行僭[18]，非所害也。武将信以为本，循而行之，譬如农夫，是穮是蓘[19]，虽有饥馑，必有丰年。且吾闻之，能信不为人下，吾未能也。《诗》曰：‘不僭不贼，鲜不为则[20]。’信也。能为人则者，不为人下矣。吾不能是难，楚不为患？”楚令尹围请用牲，读旧书加于牲上而已，晋人许之。三月甲辰盟，楚公子围设服离卫[21]，叔孙穆子曰：“楚公子美矣，君哉。”郑子皮曰：“二执戈者前矣！”蔡子家曰：“蒲宫有前[22]，不亦可乎？”楚伯州犁曰：“此行也，辞而假之寡君。”郑行人挥曰：“假不反矣！”伯州犁曰：“子姑忧子皙之欲背诞也！”子羽曰：“当璧犹在，假而不反，子其无忧乎？”齐国子[23]曰：“吾代二子愍矣！”陈公子招曰：“不忧何成，二子乐矣！”卫齐子[24]曰：“苟或知之，虽忧何害？”宋合左师曰：“大国令，小国共，吾知共而已。”晋乐王鲋曰：“小旻之卒章善矣，吾从之。”退会，子羽谓子皮曰：“叔孙绞而婉[25]。宋左师简而礼，乐王鲋字而敬[26]，子与子家持之[27]，皆保世之主也。齐、卫、陈大夫，其不免乎？国子代人忧，子招乐忧，齐子虽忧弗害。夫弗及而忧，与可忧而乐，与忧而弗害，皆取忧之道也，忧必及之，《大誓》曰：‘民之所欲，天必从之。’三大夫兆忧，能无至乎？言以知物，其是之谓矣。”

今注

1 伍举：椒举。

2 将以众逆：带着军队来迎接。

3 请墠听命：请在城外筑一个高台举行婚礼。

4 氏：公孙段。

5 使围蒙其先君：这是欺骗楚国的先君，要不在女家的庙中行婚礼。

6 恃实其罪：这是依仗着大国而没有防备就成了罪状。

7 垂櫜而入：弓袋里不要装着弓进来。

8 虢：郑地。在今河南省汜水县。

9 祁午：祁奚的儿子。

10 楚人得志于晋：得志是指着先歃血。

11 又如宋：恐怕楚人又跟宋盟得志一样。

12 犹诈晋而驾焉：指楚国人衣服里穿甲。

13 再合诸侯：襄公二十五年会夷仪，二十六年会澶渊。

14 三合大夫：襄公二十七年会于宋，三十年会澶渊及现在会虢。

15 服齐狄：襄公二十八年，齐侯同白狄朝于晋。

16 平秦乱：襄公二十六年秦晋和好。

17 城淳于：襄公二十九年城杞国的淳于。

18　楚又行僭：楚国又行不信的举动。

19　是穮是蓘：穮是种地，蓘音滚。先去草后种苗。

20　不僭不贼，鲜不为则：这是《诗经·大雅》的一句诗，人君不犯差错，不贼害人民，人民就以他为法则。

21　公子围设服离卫：设是君服，两个人拿着戈走在前面。

22　蒲宫有前：王子围在会将蒲草做成殿屋。在蒲宫就有两个执戈的人在门前守卫。

23　齐国子：国弱。

24　齐子：齐恶。

25　叔孙绞而婉：叔孙豹是切实而婉转。

26　字而敬：能够爱而有恭敬。

27　子与子家持之：子是子皮，子家是蔡公孙归生，持之是中立。

今译

楚国的公子围，来郑国聘问，并且在公孙段氏娶妻，伍举做副使。他们将入郑都城居住。因为郑人心里很是厌恶他们，便派了行人子羽，和他们说明情形。楚国才就住在城外。既然已聘问了，楚国就要想率兵入郑都迎娶，子产很是忧虑；差子羽来辞谢说："因为我国地方狭小，不能容纳你们跟来的人，请在城外设墠，举行婚礼，我听命便是了。"公子围派太宰伯州犁答说："蒙你厚赐敝国大夫公子围，对他说'将使丰氏做你的妻子'，公子围便陈设了祭酒，在庄王共王庙里祷告，才来到郑国，若是在城外设墠，便使我在旷野受赐，这是弃掉你的厚赐，在那草莽的里面了。假使这样，敝国的大夫再没有面目，置身在诸卿的班位了，不但如此，还要使公子围欺蔽自己的先王，将要不能够做楚国的大臣，没法再回到国里去了。请你给他筹划一下罢！"子羽说："小国素来没有什么过失，依靠着大国，一毫没有设备。这实在是它的过失。郑国和楚结婚，本欲靠着楚国来安定国家。如何你包藏祸心，反要打算暗攻我国，因为我国失了依靠，所以使诸侯信仰楚国的，若把郑国来当作警戒，弄到没有一个不恨楚国的行诈；从此楚国国王的命令，阻碍难行，这是郑国所最恐怕的事情。假使楚国没有别的意思，那么，我国对你楚国，本和守舍的人相类，哪里敢爱惜丰氏的远祖庙，不使你举行婚礼呢！”伍举听了这话，知道郑国已有了防备，便请倒挂了弓衣表示没有弓在里面，走进都城中，子产才肯允许他。正月乙未这天，进入郑国都城去迎接丰氏出来，就在虢的地方开会，重申宋的盟誓。祁午对赵武说：“在宋的盟誓的时候，楚国人对晋国很得到好处，现在令尹没有信用，诸侯全都知道，你要不戒备我恐怕又跟宋的盟誓一样，楚国会得到志，屈建的信用，全都为诸侯所推崇，他犹且利用晋国而欺负它，何况这种很没有信用的人民？楚国若仍旧得志于晋国，这是晋国的耻辱。你为晋国的宰相做盟主，至现在已经七年了。两次会合诸侯，三次会合大夫，使齐国同狄国全都服从，东夏也安宁，又削平秦国的乱事，修治杞国的淳于城，军队全没有劳苦，国家也没有疲倦，人民也没有怨望，诸侯也没有怨望，天也没有降下大灾，这是你赵武的力量，你就有了好名气了。可惜是到了末了，反得到耻辱，我祁午为这个事很害怕，你不可以不警戒。”赵武就说：“我赵武很受到了恩赐，但是宋那个盟誓的时候屈建有祸人的意思，我赵武的心是仁慈的，所以楚国就驾在晋国的上面。现在我赵武的心仍旧相同，楚国仍旧背信，就不会为晋国的害处，我以信实为本分，遵着这条路来办，譬如农夫一样，在地里把荒草除去，然后再种好的苗，虽然偶尔有饥馑，但是必然会得到丰年。并且我听说过，能够保持信实就不会在人的底下，我还没有能够保持信实。《诗经·大雅》有一句诗说：‘若无差错，也不害人，没有不能够作法则的。’这是因为信用的缘故。能够为人法则的，就永远不会在人底下。我不能够保持信用这是很困难，楚国人不会有什么祸患。”楚国令尹围请求用牛，读旧的盟誓加到牛上而已，晋国人答应了。三月甲辰就盟誓了。楚令尹公子围穿着君的衣服，两个人拿着戈在前面保护。叔孙豹说：“楚国的公子很美，等于是个君。”郑国子皮说：“两个拿着戈的在前面。”蔡国子家说：“住在蒲草坐在王宫前面两个拿着戈不也可以吗？”楚国伯州犁说：“这些东西是这次出使，他从楚国国君处借来的。”郑国行人挥说：“借来的就不送回去了。”伯州犁说：“你姑且对于子皙要反叛的事发愁吧。”子羽说：“当璧犹在，假用而不送回去，你还不发愁吗？”齐国的国弱说：“我实在为王子围同伯州犁可怜。”陈公子招说：“不发愁怎么能成功呢？两个人全都高兴了。”卫国的齐恶说：“假设知道，虽然发愁，有什么妨害？”宋国的向戌说：“大国下命令，小国恭敬，我只知道恭敬罢了。”晋国的乐王鲋说：“《诗经·小雅·小旻》的末一章说得很对，我就遵从它。”退了会，子羽同子皮说：“叔孙豹是绞而婉。宋国的向戌简而礼。乐王鲋爱而敬，你跟子家保持中立，都是保全几代的主人。齐、卫、陈各大夫，恐怕不免于祸灾。国弱替人来发愁，陈国的公子招，高兴人发愁，齐恶虽然发愁，不害怕，忧不及己而妄忧，可忧而高兴，同发愁而不害怕，这全是取到忧虑的原因。忧愁一定上身。《尚书·大誓》说过：‘人民所需要的，天必定使他达到。’三位大夫有忧的预兆，忧能够不来吗？说话能够知道事情，就是这一种。”

经 三月，取郓。

传 季武子伐莒，取郓，莒人告于会，楚告于晋曰："寻盟未退[1]，而鲁伐莒渎齐盟，请戮其使。"乐桓子[2]相赵文子，欲求货于叔孙而为之请，使请带焉[3]，弗与。梁其跁[4]，曰："货以藩身，子何爱焉？"叔孙曰："诸侯之会，卫社稷也。我以货免，鲁必受师[5]，是祸之也，何卫之为？人之有墙以蔽恶也，墙之隙坏，谁之咎也？卫而恶之，吾又甚焉。虽怨季孙[6]，鲁国何罪？叔出季处，有自来矣，吾又谁怨？然鲋也贿，弗与不已。"召使者裂裳帛而与之曰："带其褊矣[7]。"赵孟闻之曰："临患不忘国，忠也。思难不越官，信也[8]。图国忘死，贞也。谋主三者，义也[9]，有是四者，又何戮乎？"乃请诸楚曰："鲁虽有罪，其执事不辟难，畏威而敬命矣，子若免之，以劝左右可也。若子之群吏，处不辟污，出不逃难，其何患之有？患之所生，污而不治，难而不守，所由来也。能是二者，又何患焉？不靖其能，其谁从之？鲁叔孙豹可谓能矣，请免之，以靖能者。子会而赦有罪，又赏其贤，诸侯其谁不欣焉望楚而归之？视远如迩，疆埸之邑，一彼一此，何常之有？王伯之令也。引其封疆，而树之官，举之表旗，而著之制令。过则有刑，犹不可壹。于是乎虞有三苗[10]，夏有观扈[11]，商有姺邳[12]，周有徐奄[13]。自无令王，诸侯逐进，狎主齐盟，其又可壹乎？恤大舍小，足以为盟主，又焉用之[14]？封疆之削，何国蔑有？主齐盟者谁能辩焉？吴濮有衅。楚之执事，岂其顾盟？莒之疆事，楚勿与知，诸侯无烦，不亦可乎？莒鲁争郓为日久矣，苟无大害于其社稷，可无亢也。去烦宥善，莫不竞劝，子其图之。"固请诸楚，楚人许之，乃免叔孙。令尹享赵孟，赋《大明》之首章[15]，赵孟赋《小宛》之二章[16]。事毕，赵孟谓叔向曰："令尹自以为王矣，何如？"对曰："王弱，令尹强，其可哉，虽可不终。"赵孟曰："何故？"对曰："强以克弱而安之，强不义也[17]，不义而强，其毙必速。《诗》曰：‘赫赫宗周，褒姒灭之，[18]强不义也。’令尹为王，必求诸侯，晋少懦矣，诸侯将往。若获诸侯，其虐滋甚，民弗堪也，将何以终？夫以强取，不义而克，必以为道[19]，道以淫虐，弗可久已矣。”

今注

1 寻盟未退：寻弭兵的盟誓，还没有完。

2 乐桓子：即乐王鲋。

3 使请带焉：不好明说贿赂，所以执事请求一条带子为名。

4 梁其跁：叔孙的家臣。

5 鲁必受师：鲁国必定被讨伐。

6 虽怨季孙：虽然怨恨季孙宿讨伐莒国。

7 带其褊矣：带子狭小。

8 思难不越官，信也：意思是说叔孙氏每回出国，季孙氏每回守住国家。

9 谋主三者，义也：三者指忠、信、贞。

10 三苗：虞曾经迁三苗到三危山。

11 观扈：《一统志》说：“观在今山东省观城县西。扈在今陕西省鄠县北二里。”

12 姺邳：姺是商代的侯国，邳在今江苏省邳州市境。

13 徐奄：在今安徽省泗县北八十里，有大徐城。奄的故城在今山东曲阜市东二里。

14 又焉用之：何必管这些小事情。

15 《大明》之首章：《诗经·大雅》的头一篇。

16 《小宛》之二章：《诗经·小雅》第二章意思说天命一去就不会回来，用以告诫令尹。

17 强不义也：这是彊壮而不合义礼。

18　赫赫宗周，褒姒灭之：《诗经·小雅》的一句话。很强盛的西周就被幽王的后褒姒来把它灭了。

19　必以为道：必以不义为正道。

今译

季孙宿讨伐莒国，取了郓这地方，莒国人告到会场，楚人告诉晋国说："现在刚开会还没有散，而鲁国伐莒国违反了盟誓，请把它的代表杀掉。"乐王鲋辅佐着赵文子，想从叔孙豹得到贿赂，就为他请求，叫人请求衣服带子为示意，叔孙豹不肯给他。他的家臣梁其踁说："货是用作保护身体，你何必那么重视货物呢？"叔孙豹说："诸侯开会是为的保护国家，我若是以贿赂得免罪，鲁国必要受讨伐，这是对国家的祸害，有什么保护呢？人有墙是挡着恶事，墙有洞这是谁的过错呢？保卫他而又害了他，我的罪过更大了。我虽然不满意季孙的伐莒国，鲁国有什么罪过呢？叔孙氏出外，而季孙氏守在国里，自古以来都是如此，我能够怨谁呢？但是乐王鲋好贿，不给他贿赂，他永远不罢休。"叫他派的人来，把绸子撕裂了给他看说："带子狭小。"赵武听见就说："遇到祸难而不忘了国家，这是忠臣。遇见祸难，而不想逃避官职，这是信用。为国家而忘了死，这是忠贞。这三件忠信贞合起来是义，合到这四种，还能够杀他吗？"就请求楚国说："鲁国虽然有罪，但是它的代表不躲避祸难，怕威严，而敬从命令，你若能把他免了，以劝你的人们这就可以了，若是楚国的各种官吏，处在楚国不怕事情，出去也不逃避祸难，这又有什么患难，患所以发生是由于有劳辱之事而不去办，遇见难而不守着职务，就是从这里来的。能够这两件事又何必忧患呢！安靖了贤能，大家全随从他，鲁国叔孙豹可以说贤能啊。请免了他的罪，以安靖能干的人。你开会而赦免有罪的人，又赏赐他的贤能，诸侯们谁不欣然，而归到楚国？边境的事情，看远处跟近处一样，天天的变化，这有什么常呢？王伯的命令，引证他的封界给他树立了官职，树立表示疆界的旌旗，为诸侯制作法令，使互不侵犯，过此就有刑罚，这样子尚且不能划一，所以虞有三苗，夏有观扈，商有姺邳，周有徐奄。自从没有有名的王者以后，诸侯全部竞争，全都想着掌管盟誓，那又怎么能够划一呢？只注意大事，舍去小事就可以做盟主，何必专注意小事呢？各国的封疆没有一国没有问题的，主持盟誓的，谁又能够分别清楚，吴国同濮国如果有问题，楚国的官吏岂能真正保持着盟誓？莒国的封疆，楚国不必知道，诸侯不必管这闲事，不也可以吗？莒国同鲁国争郓这地方已经很久了，假如没有大害于他们的国家，可以不必管他。去掉烦事，宥免善人，大家全都劝服了，你何不细想想。"晋国坚持要求楚国。楚国答应它了。就赦免叔孙豹。楚国令尹宴享赵武，赋《诗经·大明》的头一章，赵武赋《小宛》的第二章。事情完了以后，赵武问叔向说："令尹自以为等于王了，你看怎么样。"叔向说："王弱令尹强，这是可以的，虽然可以，但是不会善终。"赵武说："什么缘故。"回答说："强克弱而安定他，这是强而不义的。不义而又强，他死得必定快。《诗经·小雅》说：'有名的宗周被褒姒灭亡，这是强而不义。'令尹做了王以后，必定各处求诸侯，晋国已经软弱了，诸侯将往楚国。如果得到诸侯，他虐待得更厉害，人民受不了，将怎么善终呢！以强力取得，不义而成功，必以不义为正道，不义加上淫虐，这个样子，不能够久了。"

传 夏，四月，赵孟、叔孙豹、曹大夫入于郑，郑伯兼享之。子皮戒赵孟[1]，礼终，赵孟赋《瓠叶》[2]，子皮遂戒穆叔，且告之[3]。穆叔曰："赵孟欲一献[4]，子其从之。"子皮曰："敢乎？"穆叔曰：

“夫人之所欲也，又何不敢。”及享，具五献之笾豆于幕下[5]，赵孟辞，私于子产曰：“武请于冢宰[6]矣。”乃用一献，赵孟为客，礼终乃宴。穆叔赋《鹊巢》[7]。赵孟曰：“武不堪也！”又赋《采蘩》[8]。曰：“小国为蘩，大国省穑而用之，其何实非命。”子皮赋《野有死麕》之卒章[9]。赵孟赋《常棣》[10]，且曰：“吾兄弟比以安，龙也可使无吠。”穆叔，子皮，及曹大夫兴拜，举兕爵曰：“小国赖子，知免于戾矣。”饮酒乐，赵孟出曰：“吾不复此矣！”天王使刘定公劳赵孟于颍[11]，馆于雒汭[12]。刘子曰：“美哉禹功，明德远矣！微禹吾其鱼乎？吾与子弁冕端委以治民，临诸侯，禹之力也！子盍亦远绩禹功，而大庇民乎？”对曰：“老夫罪戾是惧，焉能恤远？吾侪偷食，朝不谋夕，何其长也。”刘子归以语王曰：“谚所谓老将知而耄及之者[13]。其赵孟之谓乎？为晋正卿以主诸侯，而侪于隶人，朝不谋夕，弃神人矣。神怒民叛，何以能久？赵孟不复年矣？神怒不歆其祀，民叛不即其事，祀事不从，又何以年？”

今注

1　子皮戒赵孟：子皮预先告诉赵武享宴的日期。

2　《瓠叶》：这是《小雅》的一篇诗。意思是说虽然菜蔬很贱，但是也可以享宴宾客。

3　且告之：并且告诉赵武赋的《诗经·瓠叶》。

4　赵孟欲一献：赵孟只想献一次。

5　具五献之笾豆于幕下：就预备好五献的器具在帐幕底下。

6　宰：指子皮。

7　《鹊巢》：是《召南》的一篇诗。

8　《采蘩》：是《召南》的一篇诗。

9　《野有死麕》之卒章：《召南》一篇诗卒章中有句话意为不要使狗叫。

10 《常棣》:《诗经·小雅》意思说凡今之人莫如兄弟。

11 颍:即颍水。

12 雒汭:在今河南省巩义县东北二十里,汜水县界入河。

13 谚所谓老将知而耄及之者:耄是八十。刚刚老了,而他已经昏乱得有如八十岁的人。

今译

夏四月,晋赵武,鲁叔孙豹,曹大夫开会完了,路过郑国,郑伯一起来宴享他们。郑国的子皮告诉赵武宴享的时期,等到说完以后,赵武就歌唱《瓠叶》这篇诗。子皮又去告诉叔孙豹,并且告诉他赵武歌诗的情形,叔孙豹就说:“赵武只想要一献,你不如从他办吧!”子皮说:“敢吗?”叔孙豹说:“他要想如此,有什么不敢呢?”到了宴享的时候,在帐房底下,预备好了五献的笾豆,赵武就谦辞。并且偷着对子产说:“我曾经请教过子皮了。”于是就用一献的礼节,赵武做主客,等到礼节完了以后,就吃饭。叔孙豹就歌唱《鹊巢》这篇诗。赵武说:“我不敢当。”叔孙豹又唱《采蘩》这首诗,并且说:“小国微薄犹如蘩菜,大国能爱惜用之,小国又何敢不听命呢?”子皮就歌唱《野有死麇》的末了一章,赵武就歌唱《常棣》这篇诗,并且说:“我们兄弟的国家,能够安宁就可使这狗不叫。”叔孙豹、子皮及曹大夫全都立起拜谢。举起大酒杯说:“我们小国仰赖着你,知道不会有罪了。”喝酒很欢乐,赵武出去时就说:“我以后不会再看见这种乐趣了。”周天王派刘定公到颍去慰劳赵武,住在雒汭。刘定公就说:“禹的功劳,真很美大,他的德行也很远大,要不是禹,我们全部变成鱼了。我与你穿着官服来治理人民,会合诸侯,这全是禹的力量,你何不以远处效法禹的功劳,而大庇护人民呢?”赵武就说:“我这个老年人,只怕得到罪恶,何能往远处计算呢?我混口饭吃,早晨尚不能知道晚上怎么样，这有多长呢？”刘定公回去就告诉周王说：“俗话所说老将来了，而他已昏乱得如八十岁。这不就是赵武这个人吗？他是晋国的正卿，主持诸侯们的事，而等于一个普通人一样，早晨尚不知道晚上怎么办，这是等于把神人全丢掉了。神人发怒，人民全反叛怎么样能够长久呢？赵武没方法见明年了。神全怒了不受他的贡献，人民反叛不好好做事，祭祀同事情全不能办，又怎么样能过年。”

传 叔孙归[1]，曾夭御季孙以劳之，旦及日中不出。曾夭谓曾阜[2]曰：“旦及日中，吾知罪矣。鲁以相忍为国也，忍其外不忍其内，焉用之？”阜曰：“数月于外，一旦于是，庸何伤？贾而欲赢而恶嚣乎[3]，”阜谓叔孙曰：“可以出矣。”叔孙指楹曰：“虽恶是，其可去乎？”乃出见之。

今注

1 叔孙归：叔孙由虢的会盟回来。

2 曾阜：叔孙氏家臣。

3 贾而欲赢而恶嚣乎：等于做生意想得到钱就不怕外人的嚷嚷。

今译

叔孙豹开会回来，曾夭给季孙赶了车去慰劳他，从早晨到中午，叔孙也不出来。曾夭对曾阜说：“由早晨到中午，我们已经知道得罪叔孙了，鲁国是用相忍为国家的，在外边相忍，而在里边不相忍，这怎么办呢？”曾阜说：“几个月劳苦在外面，一天这个样子，这有什么关系，等于做商人的想赚钱，尚怕人吵闹吗？”曾阜进去对叔孙豹说：“可以出去了。”叔孙豹指着柱子说：“虽然讨厌他，能够去掉他吗？”就出去见季孙了。

传 郑徐吾犯[1]之妹美，公孙楚[2]聘之矣，公孙黑又使强委禽焉[3]。犯惧告子产。子产曰："是国无政，非子之患也。唯所欲与。"犯请于二子，请使女择焉，皆许之。子皙[4]盛饰入，布币而出。子南戎服入，左右射，超乘而出。女自房观之曰："子皙信美矣，抑子南夫也[5]。夫夫妇妇所谓顺也。"适子南氏。子皙怒，既而櫜甲以见子南，欲杀之而取其妻。子南知之，执戈逐之，及冲击之以戈[6]，子皙伤而归告大夫曰："我好见之，不知其有异志也，故伤。"大夫皆谋之，子产曰："直钧[7]，幼贱有罪，罪在楚也。"乃执子南而数之曰："国之大节有五，女皆奸之。畏君之威，听其政，尊其贵，事其长，养其亲，五者所以为国也。今君在国，女用兵焉，不畏威也。奸国之纪，不听政也。子皙上大夫，女嬖大夫，而弗下之，不尊贵也。幼而不忌，不事长也。兵其从兄，不养亲也。君曰余不女忍杀，宥女以远，勉速行乎，无重而罪。"五月庚辰，郑放游楚于吴。将行子南，子产咨于大叔[8]。大叔曰："吉不能亢身，焉能亢宗？彼国政也，非私难也。子图郑国，利则行之，又何疑焉？周公杀管叔而蔡[9]蔡叔，夫岂不爱，王室故也。吉若获戾，子将行之，何有于诸游？"

今注

1 徐吾犯：郑大夫。

2 公孙楚：子南是穆公的孙子。

3 公孙黑又使强委禽焉：子皙又派人强迫订婚。

4 子皙：公孙黑。

5 抑子南夫也：而子南是一个丈夫。

6 及冲击之以戈：到了两道相交的地方，用戈打伤子皙。

7 直钧：两人相等的情形。

8　子产咨于大叔：子产来问游吉，游吉是公孙楚的哥哥的儿子。

9　蔡：放逐。

今译

郑大夫徐吾犯的妹子，相貌很美丽，公孙楚已经聘定了。公孙黑又派人硬去送礼定亲。徐吾犯畏惧得很，便告诉子产，子产说："这是郑国政令不正的缘故，不是你的忧患，你只心上要给谁便给谁罢。"犯便去请求二子，说要使妹子自己选择。两人都允许了他。子皙便装饰得很好看地进去，排列了礼物才出来，子南却穿了军服进去，向左右射了一会箭，才跳上车子出来。女子从房内看了说："子皙果真是个美男子，但子南到底是丈夫呢！做丈夫的像丈夫，做妇人的像妇人，这才说得上顺当。"就嫁给子南氏；子皙便大怒。后来子皙里面穿了铠甲去见子南，要想杀死他，娶他的妻子，子南知道了，便拿了长戈去追赶子皙，追到通行的大道上，子南用长戈击他，子皙着了伤才回家去，告诉诸大夫说："我好好去见他，却不知他别有心念，所以受了伤。"大夫都聚拢来商量。子产说："论曲直，两人都一样；只年纪小名位卑的，却有应得的罪，罪在楚呢！"便使人拘执子南，却责备他说："国家的大名节有五种，你都犯了。我们要怕君的威武；听从他的政令；尊重他所贵的大臣；敬事长辈；恭养亲属。这五种大道理，是靠他治平国家的。如今有君主在国中，你却擅自用兵器，这便是不畏君的威武；犯国家的法纪，伤害他人，这便是不听从政令；子皙是上大夫，你只是得宠的大夫，却不肯让他，这便是不尊敬贵重的大臣；你年幼不知顾忌，这便是不能敬事长辈；用兵器伤害堂兄，这便是不能恭养亲属。君王意思说：'我舍不得杀你，只饶你使你远地去，你自己明白，赶快走吧，不要再加重你的罪了。'"五月庚辰那天，郑国撵赶游楚到吴国去。快要打发子南走了，子产再去问明了太叔，太叔说："我吉不能保护自己的身子，哪里能够保护族人呢？他这事倒是国家的政令，并不是私家的冤仇。你治了郑国只于国有利的，便该去干，为什么还要疑心呢，从前周公摄政，杀掉管叔，赶掉蔡叔，他难道是不爱兄弟吗！也因为了王室的缘故，我吉如果犯了罪，你还要依法执行。对于他们这许多姓游的，有什么不可以的。"

经 夏，秦伯之弟鍼出奔晋。

传 秦后子有宠于桓，如二君于景[1]，其母曰："弗去惧选[2]？"癸卯，鍼适晋，其车千乘。书曰秦伯之弟鍼出奔晋，罪秦伯也[3]。后子享晋侯，造舟于河[4]，十里舍车[5]，自雍及绛。归取酬币[6]，终事八反[7]。司马侯问焉，曰："子之车尽于此而已乎？"对曰："此之谓多矣，若能少此，吾何以得见？"女叔齐以告公，且曰："秦公子必归。臣闻君子能知其过必有令图，令图天所赞也。"后子见赵孟，赵孟曰："吾子其曷归[8]？"对曰："鍼惧选于寡君，是以在此，将待嗣君。"赵孟曰："秦君何如？"对曰："无道。"赵孟曰："亡乎？"对曰："何为？一世无道，国未艾[9]也。国于天地，有与立焉，不数世淫，弗能毙也。"赵孟曰："夭乎？"对曰："有焉。"赵孟曰："其几何？"对曰："鍼闻之，国无道而年谷和熟，天赞之也，鲜不五稔。"赵孟视荫曰："朝夕不相及，谁能待五。"后子出而告人曰："赵孟将死矣。主民翫岁而愒日，其与几何？"

今注

1　秦后子有宠于桓，如二君于景：秦后子是秦桓公的儿子，他甚得桓公的宠爱，等到景公即位，他的地位同君一样。

2　弗去惧选：你若不离开，恐怕要被数罪杀戮。

3 罪秦伯也：这是以为秦伯的罪状。

4 造舟于河：把船连起来等于一个桥梁可以过河。

5 十里舍车：每一舍有八辆车，为的八次往返。

6 归取酬币：来回去拿送的货币，因为一共用九次货币。

7 终事八反：等到宴会完了，一共来回八次。

8 吾子其曷归：问你何时可以回去。

9 艾：绝。

今译

秦景公的弟弟秦鍼，甚为秦桓公所宠爱，等到秦景公做君的时候，他的地位等于君一样。他的母亲说："你的势力太大了，你若不离开秦国恐怕要被杀。"癸卯，他逃到晋国去，他有随从的车一千辆。《春秋》上写着秦伯的弟弟秦鍼逃到晋国，这是加罪给秦伯。秦鍼给晋侯宴享，在黄河上把船相连，成了桥梁，每一舍有八辆车，从秦国的首都到晋国的首都，来回去拿货币，来回了八次。司马侯问他说："你的车就只有这点吗？"回答说："这可以算作多了，若比这个少，我怎么能够见你呢？"司马侯就告诉晋侯说："秦国公子必定要回国。我听说君子要能知道他的过错，必定有好的图谋，好的图谋是天所赞许的。"秦鍼见到赵武。赵武问他："你几时可以回去？"他回答说："我因为怕被我们的君所害，所以在这里，我要等到将来的君。"赵孟就说："秦君怎么样呢？"他回答说："无道！"赵孟说："会亡国吗？"回答说："为什么呢？一代无道国尚不至于断绝，国在天地间，可以立的。不是几代的荒淫，不能够完的。"赵孟说："国君会短命吗？"回答说："有这件。"赵孟说："那么能够多久呢？"回答说："我听说：国若无道，而年谷全都很丰盛，这是天帮助他，至少有五年。"赵孟看看太阳说："早晨不见得能够保持晚上，谁还能够等待五年。"秦鍼出去告诉旁人说："赵孟将死了。主持人民的人贪恋一年一日，那能够几时呢！"

经 六月，丁巳，邾子华卒[1]。

今注

1 此经无传。

今译

六月，丁巳，邾子华死了。

传 郑为游楚乱故，六月，丁巳，郑伯及其大夫盟于公孙段氏，罕虎、公孙侨、公孙段、印段、游吉、驷带私盟于闺门之外，实薰隧[1]。公孙黑强与于盟，使大史书其名，且曰七子[2]，子产弗讨。

今注

1 薰隧：闺门城外的道名。

2 七子：子皙为的自比与六卿一样，所以称为七子。

今译

郑国因为游楚的乱的缘故，六月丁巳，郑伯同他的大夫在公孙段氏盟誓，罕虎、公孙侨、公孙段、印段、游吉、驷带，私盟于闺门的外边，盟地就是薰隧。公孙黑强迫着要参加盟誓，使史官写上他的名字，并且称为七子，子产也不加以讨伐。

经 晋荀吴帅师败狄于大卤。

传 晋中行穆子败无终[1]及群狄于大原[2]，崇卒也[3]。将战，魏舒曰："彼徒我车，所遇又厄[4]，以什共车必克[5]，困诸厄又克[6]，请皆卒[7]，自我始。"乃毁车以为行，五乘为三伍[8]。荀吴之嬖人不肯即卒，斩以徇。为五陈以相离，两于前，伍于后，专为右角，参为左角，偏为前拒[9]以诱之。翟人笑之，未陈而薄之，大败之。

今注

1 无终：山名。今山西省之东北境。

2 大原：今山西省太原市。

3 崇卒也：聚练兵卒。

4 所遇又厄：地险要不便于走车。

5 以什共车必克：用十个人抵挡一车必定能打胜。

6 困诸厄又克：使车困在险要地方，更能打胜仗。

7 请皆卒：全去掉车变成步卒。

8 五乘为三伍：五辆车就变成十五个人。

9 两于前，伍于后，专为右角，参为左角，偏为前拒：这些全都是临时用的名称。

今译

晋国荀吴在太原打败了无终同群狄，这是用步卒作战的。将要打仗的时候，魏舒就说："他是步兵，我是用车战，所过的地势又很险要，拿十个人抵抗一个车必定打胜，把车困在险要中更能打胜，全把车去掉，改成步兵，从我开始。"于是弃车为步阵，五辆车改为十五个人。荀吴喜欢的人不肯改，魏舒把他杀掉。改成五个阵式，两于前，伍于后，专为右角，参为左角，偏为前拒来引诱翟人。翟人讥笑他们，没有摆成阵就打起来了。翟人大败。

经 秋，莒去疾自齐入于莒，莒展舆出奔吴。

经 叔弓帅师疆郓田。

传 莒展舆立而夺群公子秩，公子召去疾于齐，秋齐公子鉏纳去疾，展舆奔吴[1]。叔弓帅师疆郓田，因莒乱也。于是莒务娄、瞀胡及公子灭明[2]，以大厖与常仪靡[3]奔齐。君子曰："莒展之不立，弃人也夫[4]。人可弃乎？《诗》曰：'无竞维人。'善矣。"

今注

1　展舆奔吴：因为他是吴国的外孙。

2　莒务娄、瞀胡及公子灭明：这三个全是展舆的党羽。

3　大厖、常仪靡：皆莒地。《汇纂》说："在今山东省莒县北境。"

4　弃人也夫：夺掉群公子地位这就是等于放弃人民。

今译

莒国的展舆做君以后，夺掉很多公子的职位，公子们到齐国去叫公子去疾，秋天，齐国的公子钼把去疾送回莒国，展舆逃到吴国去了。鲁国的叔弓率着军队划郓的田地及疆界，因为莒国乱的缘故。这时候莒国的务娄、瞀胡及公子灭明从大厖跟常仪靡两个地方逃到齐国去。君子说："莒展之不能立为君，他是丢掉人了。人可以不要吗？《诗经·周颂》上说：'得到人就国家强盛。'这话说得很对。"

传　晋侯有疾，郑伯使公孙侨如晋聘，且问疾，叔向问焉，曰："寡君之疾病，卜人曰：'实沈，臺骀为祟！'史莫之知。敢问此何神也？"子产曰："昔高辛氏有二子，伯曰阏伯，季曰实沈，居于旷林[1]，不相能也，日寻干戈，以相征讨。后帝不臧，迁阏伯于商丘[2]，主辰，商人是因，故辰为商星。迁实沈于大夏[3]，主参，唐人是因，以服事夏商。其季世曰唐叔虞，当武王邑姜方震大叔，梦帝谓己：'余命而子曰虞，将与之唐，属诸参而蕃育其子孙。'及生有文在其手曰虞，遂以命之。及成王灭唐而封大叔焉，故参为晋星。由是观之，则实沈参神也。昔金天氏有裔子曰昧，为玄冥师，生允格、臺骀。臺骀能业其官[4]，宣汾洮，障大泽，以处大原[5]，帝用嘉之，封诸汾川，沈、姒、蓐、黄实守其祀[6]，今晋主汾而灭之矣。由是观之，则臺骀汾神也。抑此二者不及君身。山川之神则水旱疠疫之灾，于是乎禜之，日月星辰之神，则雪霜风雨之不时，于是乎禜之。若君身则亦出入饮食哀乐之事也，山川星辰之神，又何为焉？侨闻之，君子有四时，朝以听政，昼以访问，夕以脩令，夜以安身，于是乎节宣其气，勿使有所壅闭湫底以露其体，兹心不爽，而昏乱百度，今无乃壹之，则生疾矣。侨又闻之，内官不及同姓，其生不殖，美先尽矣，则相生疾[7]，君子是以恶之。故志曰：'买妾不知其姓则卜之。'违此二者，古之所慎也。男女辨姓，礼之大司也。今君内实有四姬焉，其无乃是也乎？若由是二者，弗可为也已。四姬有省犹可，无则必生疾矣。"叔向曰："善哉！肸未之闻也，此皆然矣。"叔向出，行人挥送之，叔向问郑故焉，且问子皙。对曰："其与几何！无礼而好陵人，怙富而卑其上，弗能久矣。"晋侯闻子产之言曰："博物君子也。"重贿之。晋侯求医于秦，秦伯使医和视之曰："疾不可为也，是谓近女室[8]，疾如蛊，非鬼非食，惑以丧志[9]，良臣将死，天命不祐。"公曰："女不可近乎？"对曰："节之。先王之乐所以节百事也，故有五节[10]，迟速本末以相及，中声以降，五降之后，不容弹矣。于是有烦手淫声，慆堙心耳，乃忘平和，君子弗听也。物亦如之，至于烦乃舍也已，无以生疾。君子之近琴瑟，以仪节也，非以慆心也。天有六气[11]，降生五味[12]，发为五色[13]，徵为五声[14]，淫生六疾。六气曰阴、阳、风、雨、晦、明也，分为四时，序为五节，过则为菑。阴淫寒疾，阳淫热疾，风淫末疾，雨淫腹疾，晦淫惑疾，明淫心疾，女阳物而晦时，淫则生内热惑蛊之疾。今君不节不时，能无及此乎？"出告赵孟，赵孟曰："谁当良臣？"

对曰："主是谓矣，主相晋国于今八年，晋国无乱，诸侯无阙，可谓良矣。和闻之国之大臣，荣其宠禄，任其宠节，有菑祸兴而无改焉，必受其咎。今君至于淫以生疾，将不能图恤社稷，祸孰大焉？主不能御，吾是以云也。"赵孟曰："何谓蛊？"对曰："淫溺惑乱之所生也，于文皿虫为蛊，谷之飞亦为蛊，在《周易》，女惑男，风落山，谓之蛊䷑，皆同物也。"赵孟曰："良医也。"厚其礼而归之。

今注

1　旷林：今河南新郑之东北二十五里有林乡城，即棐林或北林：疑即阏伯初居之旷林。

2　商丘：即宋都，在今河南省商丘县。

3　大夏：指今山西夏县东北十五里之夏墟。

4　臺骀能业其官：臺骀可以接着他的事业。

5　大原：程发轫氏以为在今新绛闻喜县一带，大泽即董泽在今闻喜县东北。

6　沈、姒、蓐、黄实守其祀：这四国全都在汾水洮水之间。

7　美先尽矣，则相生疾：同姓的相近就会互相的生长疾病。

8　近女室，疾如蛊：这个断句是王念孙所断的句读，我以为应该改成近女生，这就是因为同姓相近的缘故。

9　非鬼非食，惑以丧志：这不是鬼也不是饮食的关系，使他去掉他的意志。

10　故有五节：五声的节奏。

11　天有六气：指阴阳风雨同晦明。

12　降生五味：五味就是甜咸苦辣酸。

13　发为五色：五色是白青黑赤黄。

14　征为五声：五声是指宫商角徵羽。

今译

晋平公有了病了，郑伯派子产到晋国聘问，并且问候晋侯的病。叔向问子产说："我们君的疾病，据占卜的人说：'实沈臺骀作祟！'史臣也不知道这是何种神？"子产说："从前高辛氏有两个儿子，大的叫阏伯，小的叫实沈，住在旷林这地方，两个人不亲善，天天互相打仗。帝尧不赞成，就把阏伯迁到商丘，主持大火这星宿，商人就由这儿来的，所以辰是商星。迁实沈于大夏，主持参星，唐人就出在这里，以服侍夏朝同商朝。唐人末了一代叫唐叔虞，周武王夫人邑姜有大叔的时候，梦见上帝对她说：'我命你的儿子名叫虞，我要把唐国给他，把参星给他，而发展他的子孙。'到了生他以后，他的手上有纹叫虞，所以就给他取了名字。后来成王灭了唐国封了大叔，所以参做晋星。由这些条来看实沈就是参神。另外金天氏有个后人叫作昧，是水神，生了允格、臺骀。臺骀能够接续他的官职疏通汾洮二水，陂障大泽，就处在大原这个地方，上帝就喜欢他，封他在汾川这地方，沈、姒、蓐、黄四国就守他的祭祀，现在晋国主持汾水把这四国全灭掉了，由这里看起来臺骀就是汾神。但是这些个全跟你君没有关系。山川的神，发生水旱疠疫时，就去祭祀，日月星辰的神雪霜风雨不调时，就去祭祀。只是君的身体，就是出入饮食哀乐不节而生病，山川星辰的神管不着。我公孙侨听说，君子有四时，早晨听政事，白天访问可否，晚上来修明命令，夜里是安身体。如此就宣散他的气，不使他有所壅闭，弱了身体。此心不明，百事昏乱。现在恐怕是把四时的节日全变成一个，就会生了病了。我又听说，内里的嬖女不能够用同姓的，这种生长不会繁殖，因为美满全碰在一块，就会生了病，所以君子很不喜欢。所以古书说：'买妾的时候，不知道她的姓就占卜。'违背了这二条，这是古人很谨慎的事。男女要分辨姓，这是很大的礼节。现在你君有同姓的姬妾四个人，恐怕就是这个。若是由这两种没有办法。四姬能省去仍旧可以，不然就必定要生病。”叔向说：“很好，我从前没有听说过，这些全对了。”叔向出来，行人挥送他，叔向问郑国的情形，又问公孙黑。回答说：“他不久就要失败。没有礼貌而好欺负人，自己以为富而瞧不起上边人，这恐怕不能长久了。”晋平公听见子产的话说：“这是博物的君子。”就重重地贿赂他。晋平公派人去秦国求医生。秦伯派了医和看了后说：“这个病没法治了，这个叫近同姓的女子，病同蛊症一样，并不是由于鬼神，也不是食物，迷惑女子丢掉志向，良臣将死，可见晋侯不为天命所保佑。”晋平公说：“女不可以近吗？”回答说：“要有节制。先王的音乐，为的是使百事有节，所以有五声的节奏，迟速以相连，中声以下降，五降以后，就没法弹奏了。于是就有烦手淫声，慆堙心耳，忘掉了平和，君子全不能听。物件也如此，至于烦就舍弃，要不舍弃就生病。君子所以近琴瑟，所以做心的仪节。天有六气，降生了五味，发为五色，有宫商角徵羽五声，太过就生了六种病。六种气称阴、阳、风、雨、晦、明。分为四时，序为五节，过则为灾。阴淫寒疾，阳淫热疾，风淫末疾，雨淫腹疾，晦淫惑疾，明淫心疾，女阳物而晦时，淫则生内热惑蛊之疾。现在君不节不时，能够不生这种病吗？”出去告诉赵孟。赵孟问说：“谁是良臣。”回答说：“你就是。你做晋国的宰相八年的工夫，晋国没有乱子，诸侯也没有乱子，可以说是良臣。我听说国的大臣，享受厚禄，身负重任，遇到灾祸发生而不能改善，必定受到灾害。现在晋君生了病，这个祸很大，而你没有方法抵抗，所以我这么说。”赵孟又问：“什么叫作蛊。”回答说：“淫溺惑乱所生的缘故，在文字上说皿虫叫作蛊，谷变的虫子飞也叫蛊。在《周易》上说，女的引诱男的，风落山也叫蛊，这全是同类的事物。”赵孟说：“好医生。”加厚礼来送他回秦国。

经 葬邾悼公[1]。

今注

1 此经无传。

今译

给邾悼公行葬礼。

经 冬，十有一月，己酉，楚子麇卒。

传 楚公子围使公子黑肱、伯州犁城犨、栎、郏[1]，郑人惧。子产曰：“不害，令尹将行大事，而先除二子也。祸不及郑，何患焉？”冬，楚公子围将聘于郑，伍举为介，未出竟，闻王有疾而还，伍举遂聘。十一月，己酉，公子围至，入问王疾，缢而弑之，遂杀其二子幕及平夏[2]，右尹子干[3]，出奔晋，宫厩尹子晳[4]出奔郑，杀大宰伯州犁于郏，葬王于郏，谓之郏敖。使赴于郑，伍举问应为后之辞焉，对曰：“寡大夫围。”伍举更之曰：“共王之子围为长。”子干奔晋，从车五乘，叔向使与秦公子同食，皆百人之饩[5]。赵文子曰：“秦公子富。”叔向曰：“底禄以德，德钧以年，年同以尊，公子以国，不闻以富。且夫以千乘去其国，强御已甚。《诗》曰：‘不侮鳏寡，不畏强御[6]。’秦楚匹也。”使后子与子干齿。辞曰：“鍼惧选，楚公子不获，是以皆来，亦唯命。且臣与羁齿无乃不可乎？史佚有言曰：‘非羁何忌？’”楚灵王即位，薳罢为令尹，薳启彊为大宰。郑游吉如楚，葬郏敖，且聘立君。归谓子产曰：“具行器矣。楚王汏侈，而自说其事，必合诸侯，吾往无日矣。”子产曰：“不数年未能也。”十二月，晋既烝。赵孟适南阳，将会孟子余[7]。甲辰朔，烝于温。庚戌卒，郑伯如晋吊，及雍乃复。

今注

1 犨、栎、郏：《汇纂》说："犨今河南鲁山县东南五十里有犨县故城。栎今河南禹县。郏今河南郏县。"

2 幕及平夏：幕同平夏全是郏敖的儿子。

3 子干：王子比。

4 子晳：公子黑肱，他因为在郏的边上筑城就逃到郑国。

5 百人之饩：给他一百人的食粮。

6 不侮鳏寡不畏彊御：这是《诗经·大雅》的一句诗。不欺负没有太太的人或寡妇，也不怕有力量的人。

7 孟子余：赵武的曾祖。

今译

楚国公子围使公子黑肱同伯州犁把犨、栎、郏三个城修好，郑国人害怕了。子产说："不要紧，令尹将办大的事情，把他们二人先除去。这种祸乱不会牵连到郑国，你们何必害怕呢？"冬天，楚公子围将到郑国聘问，伍举做副使。没有到楚国边境外，听说楚王有病，他就回去了，伍举就接着聘问下去。十一月己酉这天，公子围到楚国都城进去问候王的病状，用帽子缨绞死楚王，同时把他的两个儿子幕同平夏也杀了。王子比逃到晋国去。宫厩尹黑肱逃到郑国，杀了太宰伯州犁在郏这地方，就把王葬在郏这地方称他为郏敖。叫人到郑国讣告，伍举就问使者应立为楚后之辞怎么样说法，回答说："寡大夫围。"伍举改了他的文辞说："共王的儿子围最长。"王子比逃到晋国，跟着有车辆五个，叔向使他的俸禄与秦公子相同，他们的俸禄全够养一百人。赵武说："秦公子有钱。”叔向说：“给俸禄是论德行，德行相同论年龄，年龄相同就以尊卑来算，公子是以国家尊卑来看，没听说他是否富足。并且拿车千辆离开他的国家，可见他已经很强。《诗经》说过：‘不欺负鳏寡，也不怕强有力的人。’秦楚是相等的国家。”叫秦鍼跟王子同列而坐。秦鍼就说：“我鍼是罪有所得，楚国公子在楚国待不住，所以都来到晋国，我们只好听着主人的命令。并且我同羁旅的客人同列似乎不可以的。史佚有句话说：‘不是羁旅为什么尊敬他呢？’”楚灵王即位以后，使薳罢做令尹，薳启疆做太宰。郑国的游吉到楚国为郏敖行葬礼，并且为新立的君聘问。回来就告诉子产说：“可以预备行装了。楚王很骄侈，而很高兴他的事情，必定要会合诸侯，我们前往不论日子了。”子产说：“不几年，他不能会合诸侯。”十二月，晋国既行烝祭礼。赵孟往南阳，将祭他的曾祖，甲辰朔在温这地方行烝祭礼。庚戌死了，郑伯到晋国去吊唁，到了雍这地方就回来。

昭公二年（公元前五四〇年）

经 二年，春，晋侯使韩起来聘。

传 二年，春，晋侯使韩宣子来聘，且告为政而来见，礼也。观书于大史氏，见易象与鲁《春秋》，曰：“周礼尽在鲁矣！吾乃今知周公之德，与周之所以王也！”公享之，季武子赋《绵》之卒章[1]，韩子赋《角弓》[2]。季武子拜曰：“敢拜子之弥缝敝邑，寡君有望矣。”武子赋《节》之卒章[3]。既享，宴于季氏，有嘉树焉，宣子誉之。武子曰：“宿敢不封殖此树，以无忘《角弓》。”遂赋《甘棠》。宣子曰：“起不堪也，无以及召公。”宣子遂如齐纳币，见子雅，子雅召子旗[4]，使见宣子。宣子曰：“非保家之主也，不臣。”见子尾，子尾见彊[5]，宣子谓之如子旗。大夫多笑之，唯晏子信之，曰：“夫子[6]君子也，君子有信，其有以知之矣。”自齐聘于卫，卫侯享之，北宫文子赋《淇澳》[7]，宣子赋《木瓜》[8]。夏四月韩须[9]如齐逆女，齐陈无宇送女致少姜。少姜有宠于晋侯，晋侯谓之少齐。谓陈无宇非卿，执诸中都[10]。少姜为之请曰：“送从逆班，畏大国也，犹有所易，是以乱作[11]。”

今注

1　赋《绵》之卒章：《绵》是《诗经·大雅》篇名，意在文王有四辅，文王以比晋君，四辅以比韩起。

2《角弓》：是《诗经·小雅》的一篇，意谓“兄弟婚姻无相远矣。”

3《节》之卒章：是《诗经·小雅》的一篇，卒章言晋德能畜万邦。

4　子旗：子雅的儿子。

5　彊：子尾的儿子。

6　夫子：指韩起。

7《淇澳》：是《卫风》的一篇诗，意指韩起德行可比卫武公。

8《木瓜》：同是《卫风》，意在厚报以为好。

9　韩须：韩起的儿子。

10　中都：江永说：“《水经注·沁水》篇云：‘光沟水迳中都亭南，又南迳中都亭西，注于沁水。’地在野王县，今河南沁阳市东南，中都应在此，正当由齐适晋必经之地。”

11　犹有所易，是以乱作：言齐怕晋，改变礼法，以至于此，这是少姜所用客气话。

今译

昭公二年，春天，晋侯派韩起来聘问，且告诉他已经掌管政权，为这个来见，这是很合于礼的。在太史氏看书，看见易象同鲁国的《春秋》就说："周礼全在鲁国了。我现在才知道周公的德行，与周所以能够称王。"昭公宴享他，季孙宿歌唱《绵》的末一段，韩起歌唱《角弓》这篇诗。季孙宿拜谢说："拜谢你补合我们的国家，我们的寡君很有希望了。"季孙宿歌唱《节》的最末一章。既然享礼完了以后，在季氏家复宴，季氏有一棵好的树，韩起称赞它，季孙宿说："我敢不尽心培植这棵树，以便不要忘了《角弓》这篇诗。"就歌唱《甘棠》。韩起说："我够不上，比不上召公。"韩起就到齐国去纳订婚的礼币，看见子雅，子雅叫他儿子子旗来见韩起。韩起说："这个人不是保家的人，他没有做臣的样子。"又看见子尾，子尾使他看他的儿子高彊，韩起批评他跟对子旗一样。大夫们听了这话都笑他，只有晏婴信服他的话说："韩起是个君子，君子是有信实的，所以他能够知道。"从齐国到卫国聘问，卫侯宴享他，北宫佗歌唱《淇澳》这篇诗，韩起答以《木瓜》这篇诗。夏天四月韩起的儿子韩须到齐国迎接少姜，齐国陈无宇送少姜到晋国，少姜颇被晋侯宠爱，称少姜为少齐。称陈无宇不是卿，把他在中都这地方逮起来。少姜替他说话说："送的人跟迎的人班次相同，这是怕大国的缘故，为此改易礼制，所以乱子就来了。"

经 夏，叔弓如晋。

传 叔弓聘于晋，报宣子也。晋侯使郊劳[1]，辞曰："寡君使弓来继旧好，固曰女无敢为宾，彻命[2]于执事，敝邑弘矣，敢辱郊使，请辞。"致馆辞曰："寡君命下臣来继旧好，好合使成，臣之禄也，敢辱大馆[3]。"叔向曰："子叔子知礼哉！吾闻之曰：'忠信，礼之器也。卑让，礼之宗也。'辞不忘国，忠信也。先国后己，卑让也。《诗》曰：‘敬慎威仪，以近有德[4]。’夫子近德矣。”

今注

1 郊劳：照聘礼，使人到，地主派人至郊外行郊劳礼。

2 彻命：达到命令。

3 臣之禄也，敢辱大馆：这是臣的荣禄，不敢再接受馆舍。

4 敬慎威仪，以近有德：这是《诗经·大雅》中的一句，意思是说恭敬慎重对待威仪，以接近有德行的人。

今译

叔弓到晋国聘问，是为的回报韩起的，晋侯派人到郊外慰劳他，他辞谢说："我的君使弓来继续旧的好，再三说你不要做宾客，把命令达到执事官，我们的国君就满意了，哪里敢接受郊劳，请辞谢。"给他住的地方，也辞谢说："我国的君叫我来继续旧的友好，和好成功这是我的荣禄，哪里敢住大的馆舍。"叔向说："子叔子很懂得礼。我听说：'忠信是礼的器。卑让是礼的宗。'言辞不忘国家，这是忠信。先说国家而后自己，这是卑让。《诗经》说过：'恭敬慎重对待威仪，以接近有德的人。'这位夫子可谓近于德行。"

经 秋，郑杀其大夫公孙黑。

传 秋，郑公孙黑将作乱，欲去游氏而代其位，伤疾作而不果。驷氏与诸大夫欲杀之。子产在鄙，闻之惧弗及，乘遽而至[1]，使吏数之曰："伯有之乱[2]，以大国之事而未尔讨也，尔有乱心无厌，国不女堪，专伐伯有，而罪一也。昆弟争室[3]，而罪二也。薰隧之盟，女矫君位[4]，而罪三也。有死罪三，何以堪之？不速死，大刑将至。"再拜稽首辞曰："死在朝夕，无助天为虐。"子产曰："人谁不死，凶人不终，命也。作凶事，为凶人，不助天，其助凶人乎？”请以印为褚师[5]。子产曰：“印也若才，君将任之。不才，将朝夕从女。女罪之不恤，而又何请焉？不速死，司寇将至。”七月壬寅缢，尸诸周氏之衢，加木焉[6]。

今注

1 乘遽而至：坐驿车快来。

2 伯有之乱：见襄公三十一年。

3 昆弟争室：指争娶徐吾犯的妹妹。

4 女矫君位：指使太史写七子事。

5 请以印为褚师：要求用公孙黑的儿子印做市官。

6 加木焉：上边加上木牌写明罪状。

今译

秋天，郑国的公孙黑将作乱事，想去掉游氏而接代他的位子，可惜他以前受的伤发作，就不能办这件事。他的族人跟诸大夫全要杀他。子产在乡下听说了，怕赶不上，就赶紧坐着驿车跑来了，叫小吏数说他的罪状说：“伯有的乱事，因为大国的事情劳苦而没能够讨伐你，你的乱心是无厌的，国家全受不住，专伐伯有，这是第一件罪状。兄弟争娶徐吾犯的妹妹，这是第二件罪状。薰隧的盟誓，你冒充君的位子，这是第三件罪状。有这三件死罪，你怎么受得了呢？你要不快死，大刑罚就来了。”公孙黑就再叩头说：“我的死亡在早晨或晚上，你不要帮着天做虐人。”子产就说：“人谁不死呢？凶人不得善终，这合于命运的，作凶事，做凶人，我不帮助天，还能帮助凶人吗？”公孙黑请把他的儿子做市官。子产说：“印要有才干，君将任用他。要没有才干，将早晨晚上跟着你去，你的罪恶还不怜恤吗？你还有什么请求呢？你要不快死了，司寇将来了。”七月壬寅这天上吊自杀，把他尸首摆在周氏的胡同里，把他的罪状写在木头上。

经 冬，公如晋，至河乃复。

经 季孙宿如晋。

传 晋少姜卒，公如晋，及河，晋侯使士文伯来辞曰："非伉俪也，请君无辱。"公还，季孙宿遂致服焉。叔向言陈无宇于晋侯曰："彼何罪？君使公族逆之，齐使上大夫送之，犹曰不共，君求以贪，国则不共，而执其使，君刑已颇[1]，何以为盟主？且少姜有辞。"冬十月，陈无宇归。

今注

1 君刑已颇：你的刑罚已经不公平。

今译

晋少姜死了，鲁昭公到晋国去，到了黄河边，晋侯派士文伯来辞谢说："不是正式的伉俪，请你不要亲来劳问。"昭公就回来，让季孙宿留在那里致送丧服。叔向对晋侯说陈无宇："他有什么罪呢？你使公族大夫来迎接，齐国使上大夫来送，这你还说不恭敬，你的要求太贪心了，晋国也不恭敬，又把他的使臣逮起来，你的刑罚已经不公平，这怎么能做盟主呢？并且少姜曾请释陈无宇。"冬天十月，陈无宇回到齐国。

传 十一月，郑印段如晋吊。

今译

十一月，郑国的印段到晋国吊唁。

昭公三年（公元前五三九年）

经 三年，春，王正月。

传 三年春王正月，郑游吉如晋，送少姜之葬，梁丙与张趯[1]见之。梁丙曰："甚矣哉，子之为此来也[2]！"子大叔曰："将得已乎？昔文襄之霸也，其务不烦诸侯，令诸侯三岁而聘，五岁而朝，有事而会，不协而盟，君薨大夫吊，卿共葬事，夫人，士吊，大夫送葬，足以昭礼命事谋阙而已，无加命矣。今嬖宠之丧，不敢择位而数于守適，唯惧获戾，岂敢惮烦，少姜有宠而死，齐必继室，今兹吾又将来贺，不唯此行也。"张趯曰："善哉，吾得闻此数也！然自今，子其无事矣。譬如火焉[3]，火中寒暑乃退，此其极也，能无退乎？晋将失诸侯，诸侯求烦不获。"二大夫退，子大叔告人曰："张趯有知，其犹在君子之后乎？"

今注

1 梁丙与张趯：二人皆晋大夫。

2 子之为此来也：因为卿的地位而为晋公的妾下葬，这是超过礼节的。

3 譬如火焉：火是心星。

今译

三年春王正月，郑国游吉到晋国去送少姜的葬礼，梁丙跟张趯看见游吉。梁丙说："你这次来在礼数上真是太过了。"游吉说："那有什么办法呢？从前文公襄公霸业的时候，这类葬礼不麻烦诸侯，叫诸侯们三年来聘问，五年来朝见，有事情就来商量，不调和就来盟誓，君死了大夫来吊唁，卿参加葬事，夫人死了，士来吊唁，大夫来送葬礼，这足以昭礼节，命事情谋算阙失，不过如此，没有再有增加。现在嬖宠的丧事，不敢说她低下，而等于嫡夫人一样，只怕得罪晋国，岂敢怕麻烦呢？少姜有宠死了，齐国必将女儿送来，以后我也将来祝贺，不只这趟。"张趯说："好啊！我听到朝会吊唁的礼数了，恐怕自从今天以后，你大约就没事情了。譬如心星一样，它到天空正中时，寒暑也就退了，这已经到了极点，能不退吗？晋国将失去诸侯的拥护了，诸侯想要麻烦还得不到呢。”二位大夫退了以后，子大叔告人说：“张趯有智慧，可算是个悯时忧国的君子了。”

经 丁未，滕子原卒。

传 丁未，滕子原卒，同盟，故书名。

今译

丁未，滕子原死了，因为同盟的缘故，所以写上他的名字。

传 齐侯使晏婴请继室于晋，曰：“寡君使婴曰：‘寡人愿事君，朝夕不倦，将奉质币，以无失时，则国家多难，是以不获[1]。不腆先君之適，以备内官，焜燿寡人之望，则又无禄，早世陨命，寡人失望，君若不忘先君之好，惠顾齐国，辱收寡人，徼福于大公、丁公，照临敝邑，镇抚其社稷，则犹有先君之適，及遗姑姊妹若而人，君若不弃敝邑，而辱使董振，择之以备嫔嫱，寡人之望也。”韩宣子使叔向对曰：“寡君之愿也。寡君不能独任其社稷之事，未有伉俪在缞绖之中，是以未敢请，君有辱命，惠莫大焉。若惠顾敝邑，抚有晋国，赐之内主，岂唯寡君，举群臣实受其贶，其自唐叔以下，实宠嘉之。”既成昏[2]，晏子受礼，叔向从之宴，相与语。叔向曰：“齐其何如？”晏子曰：“此季世也，吾弗知，齐其为陈氏矣。公弃其民而归于陈氏，齐旧四量，豆、区、釜、钟，四升为豆，各自其四以登于釜，釜小则钟，陈氏三量皆登一焉，钟乃大矣。以家量贷而以公量收之[3]，山木如市，弗加于山，鱼盐蜃蛤，弗加于海。民参其力，二入于公，而衣食其一[4]。公聚朽蠹，而三老冻馁[5]。国之诸市，屦贱踊贵[6]，民人痛疾，而或燠休之，其爱之如父母，而归之如流水，欲无获民，将焉辟之？箕伯、直柄、虞遂、伯戏[7]，其相胡公大姬已在齐矣。”叔向曰：“然，虽吾公室，今亦季世也，戎马不驾，卿无军行，公乘无人，卒列无长，庶民罢敝，而宫室滋侈，道殣相望，而女富溢尤[8]。民闻公命，如逃寇雠，栾、郤、胥、原、狐、续、庆、伯[9]，降在皂隶。政在家门，民无所依，君日不悛，以乐慆忧，公室之卑，其何日之有？谗鼎[10]之铭曰：‘昧旦丕显，后世犹怠。’况日不悛，其能久乎？”晏子曰：“子将若何？”叔向曰：“晋之公族尽矣。肸闻之，公室将卑，其宗族枝叶先落，则公室从之。肸之宗十一族，唯羊舌氏在而已。肸又无子[11]，公室无度，幸而得死，岂其获祀。”初，景公欲更晏子之宅，曰：“子之宅近市，湫隘嚣尘，不可以居，请更诸爽垲者。”辞曰：“君之先臣容焉，臣不足以嗣之，于臣侈矣。且小人近市，朝夕得所求，小人之利也，敢烦里旅。”公笑曰：“子近市，识贵贱乎？”对曰：“既利之，敢不识乎。”公曰：“何贵何贱。”于是景公繁于刑，有鬻踊者，故对曰：“踊贵屦贱。”既已告于君，故与叔向语而称之，景公为是省于刑。君子曰：“仁人之言，其利博哉！晏子一言而齐侯省刑。《诗》曰：‘君子如祉，乱庶遄已[12]。’其是之谓乎。”及晏子如晋，公更其宅，反则成矣。既拜，乃毁之而为里室，皆如其旧，则使宅人反之。曰谚曰：“非宅是卜，唯邻是卜。二三子先卜邻矣，违卜不祥。君子不犯非礼，小人不犯不祥，古之制也，吾敢违诸乎？”卒复其旧宅。公弗许，因陈桓子以请，乃许之。

今注

1　是以不获：不能够自己来朝见。

2　既成昏：晋国许齐国成婚。

3　以家量贷而以公量收之：用陈氏的家量来借给百姓，而拿公家的量来收，因此所借的数量多，而收的数量少。

4　二入于公，而衣食其一：三分之二归到公家，可见赋税很重，剩下的三分之一来做衣食之用。

5　三老冻馁：三老指上寿、中寿、下寿皆在八十岁以上的人，全都不被养过。

6　屦贱踊贵：穿的鞋全很便宜，斩断脚穿的踊就贵。

7　箕伯、直柄、虞遂、伯戏：全都是舜的后人，陈国的胡公的祖先。

8　道殣相望，而女富溢尤：路上饿死的人相连不断，而女子被宠得富有得很。

9　栾、郤、胥、原、狐、续、庆、伯：这八姓全是晋国的旧臣。

10　谗鼎：是鼎的名字。

11　肸又无子：我又没有好的儿子。

12　君子如祉，乱庶遄已：这是《诗经·小雅》的一句诗。意思说君子如有福，乱庶就可以被阻住。

今译

齐侯派大夫晏婴到晋国去，请求仍拿齐女做晋侯的继室，说道："寡君吩咐婴说：'寡人情愿服侍君王，朝夜不敢懈怠，将捧了贽见的币帛，不致错失时机，那么因为国家多难，所以不能自己来。我先君有个不厚实的嫡女，充了你君的内官，正靠他光耀寡人的威望，却又没有幸福，早日死亡，大失寡人的期望。君王如果不忘先君的旧好，肯加恩惠于齐国，收受我寡人，靠我们齐国太公丁公的福，或者你君仍肯照顾敝邑，镇抚他的社稷，那么还有先君嫡夫人的女儿，以及其余的姑姊妹一般人在这里，君如果不弃掉敝邑，遣个使臣来，认真选择好了，充着女官，这是寡人的希望呢。”韩宣子派叔向答说：“这是寡君的愿望。寡君不能独自担任国家的事情，没有了伉俪只因尚在缞绖之中，所以不敢来请。现在你君既有命令赐下，恩惠就没有再大的了，若果真惠顾敝邑，安抚晋国，赐他一个内主，岂但寡君受惠，就是群臣也都受赐不少呢。从唐叔以下列位祖宗，也都荣宠的。”婚约既成以后，晏婴受宴请的礼，叔向陪着他，当宴会的时候，大家谈话。叔向说：“齐国的盛衰怎样？”晏子说：“此刻已是末世了，我不知道旁的，只知齐国将来定要变成陈氏了。公家不体恤人民，却都归附到陈氏去。齐国从前的量器，共分四等，名叫豆、区、釜、钟，四升是一豆，四豆是一区，四区成为一釜，十釜就是一钟；陈氏的量器，只分三等，都比旧容量加上一成，一钟便大得不少了。他用私家的量器借给他人，却用公家的量器收回来；山中的树木到市上去卖，价钱却仍像山中一样；鱼盐蜃蛤这些种东西，在市上去卖，价也仍和在海边一样；倘把齐国人民的气力分成三份，那么倒有两份是归公家的，自己只吃着一份；公家仓库中，堆着烂的烂，蛀的蛀，那三老却冻饿着，国中的各市上，鞋子反而贱，斩断脚用的撑棒反而贵，人民感受了痛苦，所以常听得痛念的声音；有时便想念陈氏，爱他像父母一样，归附他像流水一般，要他得不到民心，还有哪里可去避呢？他的远祖箕伯、直柄、虞遂、伯戏和胡公太姬的神灵，怕都已在齐国了。”叔向说：“是的，但是我的公室，现在也是末世了，戎马不驾，不能再出去征讨不服，诸卿也不预备兵队，公的兵事，没有称职的人手，兵队中也没有称职的官长；人民穷困，破败得不堪；那宫室却越加奢侈，道路上饿死的人，一望不绝。那女子被宠得富足，却格外过分；人民听得公家的命令，好像碰到寇雠一般，逃避也来不及；栾、郤、胥、原、狐、续、庆、伯，这八族旧臣的子孙，都降做皂隶的贱官；政权都在大夫私家手中，人民没有了依靠，君王还不改过，只在逸乐中藏积起忧患来；这种公室的低微下去，不是就在目前吗？谗鼎的铭词上说：'很早地起来，打算扩大显扬，到后世还要松懈呢。'况且天天不改，还能够长久吗？"晏子就说："那么你将来打算怎么样呢？"叔向说："晋国的公族，早已经没有了，肸听说公室将要低微，他的宗族像树枝般必须先凋落，然后公室方才因此衰落。肸的宗人共有十一族，现在只有羊舌氏还存在罢了。肸又没有好的儿子，公室也并没有法度，幸得善终于愿已足，难道还想有祭祀吗？"当初齐景公要把晏子的住宅改过，对他说："你的住屋接近市街，又低潮狭小，又嘈杂污秽，不可以居住的了，请你换在高爽干燥的地方罢。"晏子辞谢说："君的先臣住在此地，臣还够不上接住下去呢，在臣已觉得奢侈的了。而且小人近在市上，朝晚可得些要的东西，这也是小人的便利，哪敢烦劳众人给我造屋呢？"公笑说："你既近在市上，识得东西的贵贱吗？"晏子回答道："既然以它为便利，怎敢不识贵贱。"景公说："那么什么东西贵，什么东西贱？"这时候景公正滥用刑罚，有卖被斩断脚撑的棒的，所以晏子回答说："撑脚棒倒贵，鞋子倒贱。"既已告诉了君，所以和叔向谈天的时候，他便说起此事，景公也因此减少刑罚。君子说："仁人说的话，利益实在广大的。晏子只说了一句话，齐侯便因此减刑。《诗经》上说：'君子能够行福，祸乱庶几立刻停止。'就是这等说法吗？"等到晏子出使到晋国，景公便把他的屋改造过，及至他回到齐国来，屋早已造成了，晏子便谢君主赐建新屋的恩，后来便又把屋拆毁，却恢复旧时巷中的小屋，都和从前一样，使住屋的人各还本宅，并且引了俗语说："不是卜房屋的，是要卜良邻的，你们已经卜着邻了，违背了卜辞，是不祥的，君子不肯冒犯非礼，小人不敢冒犯不祥，这是古时的制度，我敢违背它吗？”终究恢复了旧宅的样子。景公不许他，靠了陈桓子去请求，方才允许他的。

传 夏，四月，郑伯如晋，公孙段相，甚敬而卑，礼无违者。晋侯嘉焉，授之以策曰：“子丰有劳于晋国，余闻而弗忘，赐女州田，以胙乃旧勋。”伯石再拜稽首，受策以出。君子曰：“礼，其人之急也乎！伯石之汏也，一为礼于晋，犹荷其禄，况以礼终始乎？《诗》曰：‘人而无礼，胡不遄死[1]。’其是之谓乎？”初州县栾豹之邑也，及栾氏亡，范宣子、赵文子、韩宣子皆欲之。文子曰：“温吾县也。”二宣子[2]曰：“自郤称以别三传矣，晋之别县不唯州，谁获治之？”文子病之，乃舍之。二宣子曰：“吾不可以正议而自与也。”皆舍之。及文子为政，赵获[3]曰：“可以取州矣。”文子曰：“退，二子之言义也。违义祸也，余不能治余县又焉用州，其以徼祸也。”君子曰：“弗知实难，知而弗从，祸莫大焉。”有言州必死。丰氏故主韩氏[4]。伯石之获州也，韩宣子为之请之，为其复取之之故。

今注

1 人而无礼，胡不遄死：这是《诗经·大雅》的一句诗。意思说人若没有礼貌，为什么不死掉。

2 二宣子：范宣子同韩宣子。

3 赵获：赵武的儿子。

4 丰氏故主韩氏：丰氏每到晋国的时候就住到韩氏家里。

今译

夏天四月，郑伯到晋国去，公孙段相礼很恭敬而谦卑，礼没有违背。晋侯很嘉赏，给他一个策书说：“你的父亲子丰，在晋国很有功劳，我听说以后就不敢忘，赏给你州这块田地，以不忘你的旧勋劳。”公孙段冉拜叩头受了这个册封出来。君子说：“论礼，是很要紧的，公孙段很骄傲，到晋国举行礼节，就得俸禄，况拿礼节来始终呢？《诗经》上说：‘人要没有礼，不如死呢。’恐怕就指的这件事。”因为以前州是栾豹的封邑，等到栾氏亡了以后，士匄、赵武、韩起，全都想得到它。赵武说：“温是我的县。”士匄同韩起也说：“自从郤称以后已经传了三家，晋所分的县不只州，谁能够全追取回来治理它？”赵武也觉得不妥，就不要了。士匄同韩起说：“我不能因为议论正而自己要。”全都不要了。等到赵武掌政权的时候，他的儿子赵获说：“可以拿州这地方了。”赵武说：“退下去，他们两人所说的话，很合于义。违背了义就是祸乱。我不能治我的县，又何必用州，那只是来引起祸乱。”君子说：“不知道该怎么做，实在为难，知道而不听从，这祸害更大。”有说州的地方必定死。丰氏本来到晋国去的时候就以韩氏为主。公孙段得到州的缘故，是由于韩起为他申请，为的以后他能再拿的缘故。

经　夏，叔弓如滕。

经　五月，葬滕成公。

传　五月，叔弓如滕，葬滕成公，子服椒为介，及郊遇懿伯之忌，敬子不入[1]，惠伯[2]曰：“公事有公利，无私忌，椒请先入。”乃先受馆，敬子从之。

今注

1　懿伯之忌，敬子不入：懿伯是服椒的叔父，遇见了他叔父的仇人，叔弓就不肯进都城。

2　惠伯：就是子服椒。

今译

五月，叔弓到滕国去，为的滕成公的葬礼，子服椒做副使，到了郊外遇见服椒叔父的仇人，叔弓不肯进去，子服椒说："公事只有公利没有私人的仇人，我请先进去。"就进去先接受馆舍，叔弓自然遵从他了。

传 晋韩起如齐逆女，公孙虿为少姜之有宠也，以其子更公女而嫁公子。人谓宣子，子尾欺晋，晋胡受之。宣子曰："我欲得齐，而远其宠，宠将来乎？"

今译

晋国韩起到齐国为晋侯娶夫人，子尾因为少姜很得宠幸，就把他的女儿替换了齐景公的女儿，而另把齐景公的女儿嫁给别人。有人对韩起说子尾欺骗晋国，晋国为什么接受他呢？韩起说："我很愿意得到齐国，而把他的幸臣子尾抛弃远了，那么宠幸可以来吗？"

传 秋，七月，郑罕虎如晋，贺夫人，且告曰："楚人日征敝邑以不朝立王[1]之故，敝邑之往，则畏执事，其谓寡君而固有外心。其不往，则宋之盟云，进退罪也。寡君使虎布之。"宣子使叔向对曰："君若辱有寡君，在楚何害？修宋盟也。君苟思盟，寡君乃知免于戾矣。君若不有寡君，虽朝夕辱于敝邑，寡君猜焉。君实有心，何辱命焉？君其往也，苟有寡君，在楚犹在晋也。"张趯使谓大叔曰："自子之归也，小人粪除先人之敝庐，曰子其将来。今子皮实来，小人失望。"大叔曰："吉贱不获来[2]畏大国尊夫人也。且孟[3]曰而将无事，吉庶几焉。"

今注

1 不朝立王：因为楚灵王新立，郑国没有朝见。

2 吉贱不获来：我因为不是上卿，所以不能够来。

3　孟：张趯。

今译

秋天七月，郑国的子皮到晋国去，贺他娶夫人，并且告诉他说："楚国日日征召敝国，说我们不朝新立的灵王的缘故，我们要去到楚国，又怕晋国说我们有侍奉楚国的心。要是不去，在宋的盟誓又说过，晋楚的人交相见，所以怎么样全都不好，寡君叫我来陈布这事。"韩起叫叔向回答说："你若心中有晋国，朝楚国有什么不好呢？这是为的修整在宋的盟誓。你若假设想到这个盟誓，我们晋国的君也就知道免除了罪戾。你要是心不在晋国，就是早晚全在我们这里，我们的晋君也很怀疑了。你若实在有侍奉晋国的心，何必又来告诉呢？你可以去楚国。假设心里有晋国，你在楚国同在晋国一样。"张趯叫人去告诉游吉说："自从你回到郑国以后，我就扫除我们先人的房子，心里说你不久将来了，现在子皮来了，我很失望。"游吉说："我吉贱不能够来，因为怕大国而且尊敬夫人。并且张趯说过你将没有事了，我游吉很想照这句话来办。"

经　秋，小邾子来朝。

传　小邾穆公来朝，季武子欲卑之。穆叔曰："不可。曹滕二邾实不忘我好，敬以逆之，犹惧其贰，又卑一睦焉[1]，逆群好也，其如旧而加敬焉。志曰能敬无灾，又曰敬逆来者，天所福也。"季孙从之。

今注

1　卑一睦焉：使一个与我们和好的人降低，和好的人指小邾。

今译

小邾穆公来鲁国朝见，季孙宿想着不以礼来招待他。叔孙豹说："不可以。曹滕同二邾全是不忘我们的好处，恭敬来迎接他，还怕他有二心，现在又对小邾看不起，这是把群好全得罪，应当是如旧再加上恭敬。古书上说能恭敬就没有灾害，又说对来的人全恭敬，这是天所降福的。"季孙就听了。

经 八月，大雩。

传 八月，大雩，旱也。

今译

八月鲁国大求雨，这是因为旱的缘故。

经 冬，大雨雹[1]。

今注

1 此经无传。

今译

冬天，大雨雹。

经 北燕伯款出奔齐。

传 齐侯田于莒，卢蒲嫳见泣，且请曰："余发如此种种[1]，余奚能为？"公曰："诺，吾告二子[2]。"归而告之。子尾欲复之，子雅不可，曰："彼其发短，而心甚长，其或寝处我矣。"九月，子雅放卢蒲嫳于北燕。燕简公多嬖宠，欲去诸大夫而立其宠人。冬，燕大夫比[3]以杀公之外嬖，公惧奔齐。书曰北燕伯款出奔齐，罪之也。

今注

1　余发如此种种：我的头发这么短，已经衰老了。

2　二子：指子雅子尾。

3　燕大夫比：燕大夫联合起来。

今译

齐景公到莒国去打猎，卢蒲嫳见到他哭了，并且要求说："我的头发这样子短，还能够害人吗？"齐景公说："好了，我告诉子尾子雅吧！"回去就告诉他们。子尾想着叫他回来，子雅不肯，说："他的头发很短，但是他的心很长，他还想害我们。"九月，子雅驱逐卢蒲嫳到北燕去。北燕的简公很多宠爱的人，想罢去各大夫而立他喜爱的人。冬天，北燕的大夫联合起来把他的宠臣们杀掉。燕简公害了怕了，逃到齐国去。《春秋》上写着说北燕伯款逃到齐国去，这是他有罪的缘故。

传　十月，郑伯如楚，子产相。楚子享之，赋《吉日》。既享，子产乃具田备，王以田江南之梦[1]。

今注

1　江南之梦：云梦是分成两个，在江南的号称梦。

今译

十月，郑伯到楚国去，子产相礼。楚王来享宴他们，歌唱《吉日》。既然享宴了以后，子产就预备田猎的器具，预备到江南的梦去打猎。

传　齐公孙灶卒。司马灶[1]见晏子曰："又丧子雅矣。"晏子曰："惜也，子旗不免，殆哉！姜族弱矣，而妫将始昌。二惠竞爽犹可，又弱一个焉，姜其危哉！"

今注

1 司马灶：齐大夫。

今译

齐国子雅死了。齐国大夫司马灶看见晏婴说："又失去子雅了。"晏婴说："可惜！子旗也不能够免，真是危险！姜族全都弱了，而妫族将昌盛。子尾子雅一起来，还可以，又失去一个，姜姓真是危险。"

卷二十二　昭公二

昭公四年（公元前五三八年）

经　四年春，王正月，大雨雹[1]。

今注

1　此经无传。

今译

春天正月，鲁国下了很多的雹。

经　夏，楚子、蔡侯、陈侯、郑伯、许男、徐子、滕子、顿子、胡子、沈子、小邾子、宋世子佐、淮夷会于申。

传　四年，春，王正月，许男如楚，楚子止之，遂止郑伯，复田江南，许男与焉。使椒举如晋求诸侯，二君[1]待之。椒举致命曰："寡君使举曰：日君有惠，赐盟于宋，曰：'晋楚之从，交相见也。'以岁之不易，寡人愿结驩于二三君，使举请间。君若苟无四方之虞，则愿假宠以请于诸侯。"晋侯欲勿许，司马侯曰："不可，楚王方侈，天或者欲逞其心，以厚其毒，而降之罚，未可知也！其使能终，亦未可知也。晋楚唯天所相，不可与争，君其许之，而修德以待其归。若归于德，吾犹将事之，况诸侯乎？若适淫虐，楚将弃之，吾又谁与争？”公曰：“晋有三不殆，其何敌之有？国险而多马，齐楚多难，有是三者，何乡而不济？”对曰：“恃险与马，而虞邻国之难，是三殆也。四岳[2]三涂[3]阳城[4]大室[5]荆山[6]中南[7]九州之险也，是不一姓。冀之北土，马之所生，无兴国焉。恃险与马，不可以为固也，从古以然。是以先王务修德音以亨神人，不闻其务险与马也。邻国之难，不可虞也。或多难以固其国，启其疆土！或无难以丧其国，失其守宇。若何虞难？齐有仲孙之难，而获桓公，至今赖之。晋有里丕之难，而获文公，是以为盟主。卫邢无难，敌亦丧之。故人之难，不可虞也。恃此三者而不修政德，亡于不暇，又何能济？君其许之，纣作淫虐，文王惠和，殷是以陨，周是以兴。夫岂争诸侯？”乃许楚使，使叔向对曰：“寡君有社稷之事，是以不获春秋时见，诸侯君实有之，何辱命焉。”椒举遂请昏，晋侯许之，楚子问于子产曰：“晋其许我诸侯乎？”对曰：“许君。晋君少安，不在诸侯。其大夫多求，莫匡其君，在宋之盟，又曰如一，若不许君，将焉用之？”王曰：“诸侯其来乎？”对曰：“必来，从宋之盟，承君之欢，不畏大国，何故不来？不来者其鲁、卫、曹、邾乎？曹畏宋，邾畏鲁，鲁卫偪于齐而亲于晋，唯是不来。其余君之所及也，谁敢不至？”王曰：“然则吾所求者无不可乎？”对曰：“求逞于人不可，与人同欲尽济。”

今注

1　二君：郑伯同许男。

2　四岳：东岳岱、西岳华、南岳衡、北岳恒。

3　三涂：《汇纂》说：“在河南省陆浑县故城东南八十里。”

4　阳城：《一统志》说：“在今河南登封县东南三十八里，俗名车岭山。”

5　大室：《一统志》说："嵩山在河南登封县北十里，有三十六峰，东曰太室，西曰少室。"

6　荆山：在新城沶乡县南。

7　中南：《左传地名补注》："终南山在长安南五十里。"

今译

昭公四年春，王正月，许男到楚国去，楚子就叫他停留在那里预备跟他一同去打猎。又叫郑伯停住，再到江南打猎，许男也参加了。使椒举到晋国去，请他准许诸侯来会，郑许两个君在等待他。椒举告诉晋国说："寡君叫我来说：以前你曾经在宋的地方会盟，说：'晋楚所属的诸侯，得互相见面。'因为常有困难，我很愿意同两三君见面，使举来问你有无空闲。你假设没有各国的事情，很希望你帮助请各诸侯来。"晋平公不想答应，司马侯说："不可以，楚王正在奢侈，天或者要满足他的欲望，增加他的罪恶，再降给他处罚，这也未可知道。或者能让他善终，也未可以知道。晋和楚国只有天可帮助的，这不可以跟他争，你不如答应他。而自己修德行以等到他的归宿。要归到德行，我们晋国还将侍奉他，何况诸侯呢？要暴虐百姓，楚国人将不要他，我还跟谁争呢？"晋平公说："晋国有三件不怕的事情，还怕谁能够抵抗呢？国家有险要，而晋国马匹甚多，而齐国同楚国全有祸难，有这三种，到哪里也能成功呢！"回答说："仗着险要跟马匹，再加上邻国的祸难，这是三种可怕的事情。四岳、三涂、阳城、大室、荆山、中南这是九州的险要，但是不是一姓所有。冀的北方是马所生长的地方，并没有兴旺的国家，险要同马不能做保险，自古就是如此。所以先王务必修德，以通神人，没听说他只要险要与马。邻国的困难，不可以希望他，或者是多难以完固他的国，增加他的疆土，或没有难失掉他的国家土地。为什么希望人家有难呢？齐国有公孙无知的难，就出了齐桓公，到现在全仰仗着他。晋国有里丕的难，而出了文公，做了盟主。卫国同邢国尚没有祸乱，而强敌也把它们丧亡了。所以人家的祸难不可以希望，仗着这三件事，而不修理政治德行，只有覆亡又怎么能成功？你不如答应他。商纣是淫虐，文王是惠和，商所以灭，周所以兴起。岂在于争诸侯吗？”就答应了楚国。使叔向回答说：“我因为有国家的事，所以不能够常跟你相见，至于诸侯，全由他们，你何必来问我。”椒举同时替楚王请求婚姻，晋平公也答应他了。楚王问子产说：“晋还答应把诸侯给我们吗？”回答说：“准许你。晋君现在想安乐，不在诸侯的身上，他大夫们都求富，没有人能够匡正他的君。并且在宋的盟誓说晋楚相等，要不答应你那有什么办法呢？”王又问他：“诸侯来吗？”回答说：“必定来，依从宋的盟誓，奉承楚国的欢乐，不怕大国晋，为什么不来呢？不来的只有鲁卫曹邾它们。曹国怕宋国，邾国怕鲁国，鲁国同卫国离齐国逼近，而对于晋国亲善，所以不来，其余的诸侯，全是你的威势所能达到的。”王又问说：“然则我所求于人的没有不可以吗？”子产回答说：“求快意于人不可以，跟人全都同心全可以成功。”

传 大雨雹，季武子问于申丰[1]，曰：“雹可御乎？”对曰：“圣人在上无雹，虽有不为灾，古者日在北陆[2]而藏冰，西陆[3]朝觌而出之。其藏冰也，深山穷谷，固阴沍寒，于是乎取之。其出之也，朝之禄位，宾食丧祭，于是乎用之。其藏之也，黑牡秬黍，以享司寒。其出之也，桃弧棘矢，以除其灾。其出入也时，食肉之禄，冰皆与焉。大夫命妇，丧浴用冰，祭寒而藏之，献羔而启之，公始用之，火出而毕赋[4]。自命夫命妇至于老疾，无不受冰。山人取之，县人传之，舆人纳之，隶人藏之。夫冰以风壮，而以风出，其藏之也周，其用之也遍，则冬无愆阳，夏无伏阴，春无凄风，秋无苦雨，雷出不震，无菑霜雹，疠疾不降，民不夭札。今藏川池之冰弃而不用，风不越而杀，雷不发而震，雹之为菑，谁能御之？《七月》之卒章，藏冰之道也[5]。”

今注

1 申丰：鲁大夫。

2 日在北陆：谓夏正十二月。

3 西陆：谓夏正三月。

4 火出而毕赋：火星出现在旧历三月四月中。就把冰全献完。

5 《七月》之卒章，藏冰之道也：《七月》是《诗经·豳风》末了一章，说的就是藏冰的道理。

今译

大下雹子，季孙宿问申丰说：“可以使雹子停止吗？”他回答说：“要是圣人在上就没有雹子，就是有也不会做灾害。古的时候在夏正十二月，就把冰藏起来，到了夏正三月，早晨把冰拿出来，藏冰的时候，在深山穷洼的地方，阴地很冷的地方去找寻它，等着冰出来的时候，在朝廷上有禄位，宾食丧祭就来用它。藏的时候用黑颜色的牲口同黑黍，这是祭祀管寒的神。拿出冰的时候，用桃的弧棘的箭，以消除它的灾害。它出进全按着规矩，吃肉的官人，冰全都参加。大夫同他的妻子们，死了以后用冰来沐浴，祭享寒流藏着它，献羔羊来开启它，公有优先权，先用它，等着火星出现的时候，就全都出来。自命夫以下至于老病的，没有不受到冰的。虞官来取它，县人来传送它，舆人来接纳，贱官来收藏。冰因为风来坚固，因为风而出现，收藏着很周密，用的也很普遍，冬天没有疾病，夏天没有冷病，春天没有寒风，秋天没有苦雨，雷出不震惊，没有灾同霜雹，疾病也不下来，人民不会短命。现在藏着在川池的冰，废弃而不用，风不散而为害，雷不发就震击，雹的为灾害，谁能够抵抗呢？《诗经·七月》末了的一章，就讲是藏冰的道理。"

经 楚人执徐子。

传 夏，诸侯如楚，鲁卫曹邾不会。曹邾辞以难，公辞以时祭，卫侯辞以疾。郑伯先待于申[1]。六月，丙午，楚子合诸侯于申。椒举言于楚子曰："臣闻诸侯无归，礼以为归。今君始得诸侯，其慎礼矣。霸之济否，在此会也，夏启有钧台之享[2]，商汤有景亳之命[3]，周武有孟津[4]之誓，成有岐阳[5]之蒐，康有酆宫[6]之朝，穆有涂山[7]之会，齐桓有召陵之师，晋文有践土之盟，君其何用？宋向戌、郑公孙侨在，诸侯之良也，君其选焉。"王曰："吾用齐桓。"王使问礼于左师与子产。左师曰："小国习之，大国用之，敢不荐闻。"献公合诸侯之礼六。子产曰："小国共职，敢不荐守。"献伯子男会公之礼六。君子谓合左师善守先代，子产善相小国。王使椒举侍于后以规过，卒事不规，王问其故，对曰："礼吾未见者有六焉，又何以规？"宋大子佐后至，王田于武城，久而弗见，椒举请辞焉。王使往曰："属有宗祧之事于武城[8]，寡君将堕币焉，敢谢后见[9]。"徐子，吴出也，以为贰焉，故执诸申。楚子示诸侯侈。椒举曰："夫六王二公之事[10]，皆所以示诸侯礼也，诸侯所由用命也。夏桀为仍之会，有缗[11]叛之，商纣为黎之蒐，东夷[12]叛之，周幽为大室之盟，戎狄叛之，皆所以示诸侯汏也，诸侯所由弃命也。今君以汏，无乃不济乎？"王弗听。子产见左师曰："吾不患楚矣，汏而愎谏，不过十年。"左师曰："然，不十年侈，其恶不远。远恶而后弃，善可如之，德远而后兴。"

今注

1　申：楚地，今河南省南阳县北二十里有申城。

2　夏启有钧台之享：《一统志》说："钧台在禹县城南十五里，一称夏台。"

3　景亳之命：《方舆纪要》说："在今河南偃师县西十四里。"

4　孟津：今河南孟津县西南三十里。

5　岐阳：在今陕西省岐山县东北五十里。

6　酆宫：《一统志》说："今陕西鄠县东三十五里有酆宫。"

7　涂山：《一统志》说："在安徽省怀远县东南八里。"

8　属有宗祧之事于武城：因为宗庙的祭祀所以到武城去打猎。武城是楚地，在今河南省南阳县北有武亭。

9　寡君将堕币焉，敢谢后见：言将待输币之时乃相见，见既在后故遣我来敢谢后见。

10　夫六王二公之事：六王是指夏启、商汤、周武王、成王、康王、穆王，二公是齐桓、晋文。

11　缗：国之名，在今山东金乡县东北二十五里有缗城阜。

12　东夷：东方的国家。

今译

夏天，诸侯全到楚国去，鲁、卫、曹、邾四国不参加开会。曹、邾说有困难，鲁昭公说有祭祀，卫襄公说有病，郑伯先在申的地方等着。六月丙午，楚王在申这地方会诸侯。椒举对楚灵王说："我听说诸侯没有归宿，以礼为归宿，现在你刚得到诸侯，必定要慎重礼节。霸权的成功与否，皆以此会为关键。夏启有钧台的享宴，商汤有景亳的命令，周武王有孟津的盟誓。周成王有岐阳的大阅兵，周康王有在酆宫的朝见，穆王有涂山的会盟，齐桓公有召陵的出兵，晋文公有践土的盟誓，你用哪一种呢？宋国向戌，郑国的公孙侨在会中，这是诸侯良善的人，你可以问他们。”楚灵王说：“我用齐桓公。”楚王使人问礼于向戌同子产。向戌说：“小国练习，大国来用，我敢不说所听见的吗？”献上公合诸侯的礼六种。子产说：“小国是看这个职守，我敢不贡献所守的吗？”献上伯子男会公侯的礼六种。君子说合左师向戌很会守先代的典礼，子产很会为小国的相礼。楚王叫椒举站到后面，以等到有错误的来说，结果到末了也不规劝，楚王问他什么缘故，他回答说：“我所没有见的礼就是这六种，又怎么样来规劝呢？”宋国的太子佐最后来，楚王在武城打猎，久没有见他，椒举想让王辞谢不见，王叫他去说：“现在为祭祀宗庙，所以在武城打猎，将来拿着布币再见。”徐子是吴国的外甥子，以为他有二心，就把他在申的地方逮起来。楚王对诸侯表现很奢侈，椒举就说：“夏启、商汤、周武、成、康、穆六王的事情以及齐桓、晋文两公的事情，皆所以表现给诸侯看礼节，诸侯也因此就听从命令。夏桀在仍国开会时，有缗就反叛了；商纣在黎国阅兵，东夷就反叛了；周幽王在大室盟会，戎狄全反叛了，皆因为对诸侯表现太奢侈，所以诸侯全不听他的命令，现在你也用奢侈，恐怕不能成功吧！”楚灵王也不听。子产见着向戌说：“我不怕楚国了，奢侈而刚愎，最多不过十年。”向戌说：“对了，不十年的奢侈，他的恶不会远播，恶远播了人家全都放弃他，善也跟着一样，德远播了就会兴起。”

经 秋，七月，楚子、蔡侯、陈侯、许男、顿子、胡子、沈子、淮夷伐吴，执齐庆封杀之。遂灭赖。

传 秋，七月，楚子以诸侯伐吴，宋大子、郑伯先归，宋华费遂，郑大夫从，使屈申围朱方[1]。八月甲申克之，执齐庆封，而尽灭其族。将戮庆封，椒举曰：“臣闻无瑕者可以戮人。庆封唯逆命是以在此，其肯从于戮乎？播于诸侯，焉用之？”王弗听，负之斧钺，以徇于诸侯，使言曰：“无或如齐庆封，弑其君，弱其孤，以盟其大夫。”庆封曰：“无或如楚共王之庶子围，弑其君兄之子麇而代之，以盟诸侯。”王使速杀之，遂以诸侯灭赖。赖子面缚衔璧，士袒，舆榇从之，造于中军。王问诸椒举，对曰：“成王克许[2]，许僖公如是，王亲释其缚，受其璧，焚其榇。”王从之，迁赖于鄢，楚子欲迁许于赖，使鬬韦龟与公子弃疾城之而还。申无宇曰：“楚祸之首将在此矣。召诸侯而来，伐国而克，城竟莫校，王心不违，民其居乎？民之不处，其谁堪之？不堪王命，乃祸乱也。”

今注

1 朱方：在江苏省丹徒县。

2 成王克许：这是楚成王打胜许国，在鲁僖公六年。

今译

秋七月，楚灵王率领诸侯们来伐吴国，宋国太子，郑伯先回国，宋华费遂同郑大夫随从着去伐吴国，叫屈申围了朱方这地方。八月甲申这天把他占据，把齐国的庆封逮住，将他的族人全部杀掉，将杀庆封的时候，椒举说：“我听说没有过错的人才可以杀人。庆封因为不听从命令，所以在这里，他还肯默默被杀戮吗？万一他把你的过错传播于诸侯，杀了他又有什么用处？”楚王不听，给他背上斧钺，叫他在诸侯面前徇行，并且说：“不要跟齐国的庆封一样，把自己的君杀掉，削弱他的孤寡，而盟他的大夫。”庆封就说：“不要跟楚共王的庶子围一样，把他哥哥的儿子麇杀掉，替代他来盟诸侯。”楚王叫赶紧把他杀了，就拿诸侯的兵力灭了赖国。赖国子爵前面缚着双手，口中衔着玉石，士赤着背，抬着棺材到中军帐下。王问椒举，回答说：“楚成王打胜了许国，许僖公就这样的办法。成王给他解开捆的绳子，接受玉石，把他棺材烧掉。”灵王就这样办。把赖迁到鄢的地方，楚王又想把许国迁到赖国，叫鬬韦龟与公子弃疾给他修城，就回来了。申无宇说：“楚国祸乱的开始就在这里。叫诸侯他们就来，讨伐一个国家成功，在外修城池没有诸侯敢争，像这般随心所欲，人民还能安居吗？人民不安居，谁能受得了呢？不受王的命令就是祸乱。”

经 九月，取鄫。

传 九月，取鄫，言易也，莒乱，著丘公立而不抚鄫，鄫叛而来，故曰取。凡克邑不用师徒曰取。

今译

九月取鄫，这意思是说很容易。莒国乱了，著丘公立了以后，不安抚鄫国，鄫国反叛而来，所以叫作取。凡是不用军队，占领地方就叫取。

传 郑子产作丘赋[1]，国人谤之，曰：“其父死于路，已为虿尾[2]，以令于国，国将若之何？”子宽[3]以告。子产曰：“何害？苟利社稷，死生以之，且吾闻为善者不改其度，故能有济也。民不可逞，度不可改。《诗》曰：‘礼义不愆，何恤于人言？’吾不迁矣。”浑罕曰：“国氏其先亡乎？君子作法于凉，其敝犹贪，作法于贪，敝将若之何？姬在列者，蔡及曹滕其先亡乎，偪而无礼，郑先卫亡，偪而无法，政不率法而制于心，民各有心，何上之有？”

今注

1 丘赋：每十六井当出马一匹牛三头。

2 已为虿尾：虿尾，蝎子的尾巴。

3　子宽：郑大夫。

今译

郑国子产作丘赋，国人很诽谤他说："他父亲被杀了，他还毒害百姓，来命令国家，国将怎么办呢？"郑大夫子宽告诉子产。子产说："这有什么害呢？只要对国家有利益，死生全不管。并且我听说为人善的不改他的法度，所以能成功。民不可以放纵，度不可以改变。《逸诗》上说：'礼只要不错，何怕人家说话。'我是不改的。"子宽就说："子产恐怕要先灭亡了，君子作法的时候薄，他的弊病犹在于贪，作法于贪上，这弊病怎么办呢？姬姓在诸侯里头的，蔡及曹滕是先亡的，因为受他国逼迫而自身又无礼。郑国在卫国之前亡，因为受他国逼迫而自身又没有法度。施政不遵守法律，而好恶由心，民各有心，还有什么尊上呢？"

传　冬，吴伐楚，入棘、栎、麻[1]，以报朱方之役。楚沈尹射奔命于夏汭，葴尹宜咎[2]城钟离，薳启彊城巢，然丹城州来。东国水不可以城，彭生[3]罢赖之师。

今注

1　棘、栎、麻：程发轫说"则棘、栎、麻三邑亦应在寿春之东，……故麻邑不在黄州之麻，而以砀山之麻最合。"至于栎邑与栗通假，《一统志》说："栗县故城，不今夏邑县治。"

2　葴尹宜咎：宜咎本来是陈大夫，襄公二十四年奔楚。

3　彭生：楚大夫。

今译

冬天，吴伐楚，入棘、栎、麻，为的报复朱方的战役。楚国沈尹射逃命到夏汭，葴尹宜咎修钟离城，薳启彊修巢这城，然丹修州来的城。在楚国东边以上三城都有水没方法修，所以彭生取消对赖国出兵。

经 冬，十有二月，乙卯，叔孙豹卒。

传 初穆子去叔孙氏，及庚宗[1]，遇妇人，使私为食而宿焉。问其行，告之故，哭而送之。适齐娶于国氏，生孟丙、仲壬，梦天压己弗胜，顾而见人，黑而上偻，深目而豭喙[2]，号之曰："牛助余！"乃胜之。旦而皆召其徒，无之。且曰志之。及宣伯奔齐，馈之。宣伯曰："鲁以先子之故，将存吾宗，必召女。召女何如？"对曰："愿之久矣。"鲁人召之，不告而归，既立，所宿庚宗之妇人献以雉，问其姓[3]，对曰："余子长矣，能奉雉而从我矣。"召而见之，则所梦也。未问其名，号之曰牛，曰："唯。"皆召其徒使视之，遂使为竖，有宠，长使为政。公孙明[4]知叔孙于齐，归未逆国姜，子明取之。故怒[5]。其子长而后使逆之。田于丘莸[6]，遂遇疾焉。竖牛欲乱其室而有之，强与孟盟，不可。叔孙为孟钟曰："尔未际[7]，飨大夫以落之。"既具，使竖牛请日，入弗谒。出命之日，及宾至，闻钟声，牛曰："孟有北妇人之客[8]。"怒将往，牛止之，宾出，使拘而杀诸外[9]。牛又强与仲盟，不可。仲与公御莱书[10]观于公，公与之环。使牛入示之[11]，入不示，出命佩之。牛谓叔孙，见仲而何[12]。叔孙曰："何为？"曰："不见既自见矣，公与之环，而佩之矣。"遂逐之，奔齐。疾急，命召仲，牛许而不召，杜洩见，告之饥渴，授之戈。对曰："求之而至，又何去焉？"竖牛曰："夫子疾病，不欲见人。"使寘馈于个而退。牛弗进，则置虚命彻。十二月癸丑，叔孙不食。乙卯卒，牛立昭子[13]而相之，公使杜洩葬叔孙。竖牛赂叔仲昭子与南遗，使恶杜洩于季孙而去之。杜洩将以路葬[14]，且尽卿礼。南遗谓季孙曰："叔孙未乘路，葬焉用之？且冢卿无路，介卿以葬，不亦左乎？"季孙曰："然。"使杜洩舍路，不可，曰："夫子受命于朝而聘于王，王思旧勋而赐之路，复命而致之君，君不敢逆王命而复赐之，使三官书之。吾子为司徒，实书名。夫子为司马与工正，书服，孟孙为司空，以书勋，今死而弗以，是弃君命也。书在公府而弗以，是废三官也。若命服生弗敢服，死又不以，将焉用之？"乃使以葬。季孙谋去中军，竖牛曰："夫子固欲去之。"

今注

1 庚宗：《汇纂》说："今山东泗水县东有庚宗亭与费县接界。"

2 黑而上偻，深目而豭喙：面色很黑而他的肩膀是弯曲的，眼睛很深而嘴巴像猪。

3 问其姓：问她有没有儿子。

4 公孙明：齐大夫。

5 故怒：怒其妻国姜。

6 丘莸：在山东省疑在鲁之北境。

7 尔未际：你没有同诸位大夫会见过。

8 孟有北妇人之客：孟丙他请公孙明为客人。

9 使拘而杀诸外：就叫牛把孟丙杀在城外。

10 莱书：鲁昭公赶车的与仲同往公宫。

11 使牛入示之：使牛拿进去给叔孙豹看。

12 牛谓叔孙，见仲而何：牛告诉叔孙：令仲壬去见国君意下如何？

13 昭子：叔孙豹的庶子叔孙婼。

14 杜洩将以路葬：杜洩拿周王所赏给叔孙的车来葬他。

今译

当初叔孙豹避侨如的患难，离开叔孙氏奔往齐国，到了庚宗地方，碰着一个妇人，差她私下弄些食物吃了，便和她同宿。那妇人问他到什么地方去？便告诉了缘故。那妇人却哭了送他的行。既到齐国以后，便娶妻于国氏，生了孟丙、仲壬。他一天梦着天压自己，气力支撑不住了，一回头去，却见一人，面色很黑，上肩是弯下的，眼睛很深，嘴巴像猪一般，穆子便喊他说："牛来帮我！"才撑过来。到第二日，天亮了，将跟随都召集拢来，却没有一个和牛相像的人，就对那些人说："这事你们都给我记着。"等到侨如也奔到齐国去，穆子送食物给他吃。侨如说："鲁国因为我们先人的功劳，将要存留我们的宗族，一定来召你的，你便怎样？"穆子回答说："希望他来召已经好久了！"后来鲁人果然来召他，他便不告诉侨如就回去了。既然立做卿以后，他那宿过庚宗的妇人，献给他一只野鸡，穆子问她有儿子吗，妇人回答说："我的儿子已经大了，能够捧了野鸡跟我来了。"便喊他来一看，哪知就是梦中所看见的，便不问他叫什么名字，喊他叫"牛"。那孩子便答应一声："唯！"叔孙豹便喊那些跟随，使他们来看。就叫他做个小童，很宠用他，等到牛长大了，便叫他管理家政。齐大夫公孙明本和叔孙很要好的，叔孙回国去，却不来迎接国姜，子明就把她娶了去，所以叔孙豹很怒。他的儿子年长了，叔孙方才使人去迎接他们，叔孙豹有一天在丘莸地方打猎，就生了病，竖牛要想扰乱他的家室，据为己有，强迫孟丙和他订盟，孟丙不肯，叔孙本替孟丙铸了口钟，对他说："你还没有和诸大夫交际过，可以在涂钟缝落成的时候，宴会那些大夫了！"孟丙既备办了酒筵，便使竖牛进去向父亲要个日期，竖牛进去后，却不告明叔孙，出来便诈说一个日期。等到宾客都来了，叔孙听得打钟的声音，便诧怪问竖牛，牛说："孟丙有你北方那个妇人的堂客在家中呢！"叔孙便大怒，要去看他。竖牛拦阻他，不放他出去，及宾客既去，便使他拘执起来，杀孟丙在门外。牛又强迫和仲壬订盟，仲也不肯，后来仲和昭公的御士莱书游观在公的宫中，公赏赐他一只玉环。仲壬便使竖牛拿玉环给叔孙观看，牛进去了，不给他看。出来就诈称叫你佩戴了吧！牛一面又对叔孙说："叫仲壬去见国君，怎么样？"叔孙说："这是什么话？"牛说："你不使他引见，他已自己去引见过了，公给他玉环，他已经佩戴的了！"叔孙便把他驱逐出境，仲壬就逃到齐国去。叔孙病重了，叫他去叫仲壬回来，牛应许了却并不去叫，管家杜洩进去见，叔孙告诉他饥饿口渴，给他一把长枪，叫他去杀牛。杜洩回答说："你只向他要食物，他自会来的，为什么要去掉他呢？"竖牛后来就索性说："穆子害了病，不喜欢见人。"便一概不见，使他们送食物的，只放在东西厢便退出去，牛却并不将食物送进去，只把倒空的食器放在那里，便叫他们撤去。十二月癸丑那天，叔孙得不到食物，乙卯那天便死了，牛就立了昭子，自己做他的家相。昭公派杜洩去葬叔孙。竖牛便私贿叔仲昭子，和季氏的家臣南遗，使他们在季孙那里说杜洩的坏话，要想除去他。杜洩正要用路车葬叔孙，而且都要用卿礼。南遗便对季孙说："叔孙活着的时候，还没有乘过路车，葬的时候为什么倒要用起来呢？而且最长的卿尚且没有路车，次卿倒要用路车葬，在礼法上不是说不过去吗？"季孙说："是的。"便使杜洩不要用路车，杜洩不肯，他说："夫子是受命在朝中，去朝聘过天王的，天王因他有礼，想念他先人的旧功，才赏给他路车，他不敢自乘，复命的时候，送进君主那里，君主不敢违背王命，仍旧赏给了他，使三位官员记录下来。那时你做司徒，是写定名位的，我们夫子做司马兼作工正，记上车服的器用，孟孙做司空，是记功劳的，如今死了再不用，这分明是弃掉君命了。记录的文书还在公府中，仍旧不用，这分明是废掉三官了。若是王命的服，活着的时候不敢穿，死了又不用他，还有什么用处呢？”季孙便使他拿去葬。季孙后来又打算废去中军，竖牛说：“夫子本来早想废去他的。”

昭公五年（即公元前五三七年）

经 五年春，王正月，舍中军。

传 五年春，王正月，舍中军，卑公室也[1]。毁中军于施氏，成诸臧氏。初作中军，三分公室，而各取其一。季氏尽征之[2]，叔孙氏臣其子弟[3]，孟氏取其半焉[4]。及其舍之也，四分公室，季氏择二,二子各一，皆尽征之，而贡于公[5]。以书使杜洩告于殡[6]曰：“子固欲毁中军，既毁之矣，故告。”杜洩曰：“夫子唯不欲毁也，故盟诸僖闳，诅诸五父之衢。”受其书而投之，帅士而哭之。叔仲子谓季孙曰：“带受命于子叔孙曰：‘葬鲜者自西门[7]。’”季孙命杜洩[8]。杜洩曰：“卿丧自朝，鲁礼也。吾子为国政，未改礼而又迁之，群臣惧死，不敢自也[9]。”既葬而行。仲至自齐，季孙欲立之。南遗曰：“叔孙氏厚则季氏薄，彼实家乱，子勿与知，不亦可乎？”南遗使国人助竖牛以攻诸大库之庭[10]，司宫射之，中目而死。竖牛取东鄙三十邑以与南遗。昭子即位，朝其家众曰：“竖牛祸叔孙氏，使乱大从，杀適立庶，又披其邑，将以赦罪，罪莫大焉！必速杀之。”竖牛惧奔齐，孟仲之子杀诸塞关[11]之外，投其首于宁风[12]之棘上。仲尼曰：“叔孙昭子之不劳，不可能也。周任有言曰：‘为政者不赏私劳，不罚私怨。’《诗》云：‘有觉德行，四国顺之[13]。’”初，穆子之生也，庄叔以《周易》筮之，遇明夷䷣之谦䷎[14]，以示卜楚丘，曰“是将行[15]，而归为子祀。以谗人入，其名曰牛，卒以馁死。明夷，日也，日之数十，故有十时，亦当十位。自王已下，其二为公，其三为卿，日上其中，食日为二，旦日为三，明夷之谦，明而未融，其当旦乎？故曰为子祀。日之谦当鸟，故曰明夷于飞。明而未融，故曰垂其翼。象日之动，故曰君子于行。当三在旦，故曰三日不食。离，火也；艮，山也。离为火，火焚山，山败。于人为言，败言为谗，故曰有攸往。主人有言，言必谗也。纯离为牛，世乱谗胜，胜将适离，故曰其名曰牛。谦不足，飞不翔，垂不峻，翼不广，故曰其为子后乎。吾子亚卿也，抑少不终。”

今注

1 卑公室也：这是将公室降低。

2 季氏尽征之：一点也不归给公家。

3 叔孙氏臣其子弟：以他的子弟归叔孙氏，以他的父兄归公家。

4 孟氏取其半焉：孟氏更以子弟的一半归公家。

5 而贡于公：国中的人民皆属于三家，只随意贡献给公而已。

6 以书使杜洩告于殡：用信使杜洩告知叔孙豹的殡。

7 葬鲜者自西门：鲜者是指不能善终的人，下葬的出都城西门。

8 季孙命杜洩：命以叔孙的丧礼自西门出。

9 不敢自也：不敢遵从这种办法。

10 大库之庭：曲阜原是大庭氏之虚，在原地作库，所以称为大庭氏之库，外边空地因称为大库之庭。

11 塞关：齐鲁边界上关口。

12 宁风：杜预以为齐地，程发轫先生则以为祭祀名，俟考。

13 有觉德行，四国顺之：这是《诗经·大雅》中的一句诗，意思是说德行直则四方全顺从他。

14 遇明夷䷣之谦䷎：遇见从明夷卦变到谦卦。

15 是将行：他将出奔。

今译

五年春，王正月，舍去中军，这是为的降卑公室。毁中军之议开始于施氏，完成于臧氏。最初作中军，三分公室，三家各分一份。季孙全都征收他们，叔孙氏只把他子弟作臣，孟孙氏只拿他子弟的一半。等到舍中军的时候，四分公家，季孙氏选其中的两份，叔孙氏同孟孙氏各分一份，全都把他征收，只对公家献贡。写了一封信叫杜洩在叔孙氏的棺材前面读过："你很愿意毁中军，现在已经毁了，特别告诉你。"杜洩说："他因为不愿意毁中军，所以到僖公的庙门去盟誓，又到五父的道上去诅咒。"接到他这封信，扔到地下，率他的家众去哭。叔仲带对季孙说："带听叔孙说过：'给不寿终的人下葬，由国都的西门出。'"季孙告诉杜洩如此做。杜洩就说："卿的丧事由朝中出来，这是鲁国素来行的礼。你现在掌国的政权，没有改礼，而又换了新办法，大家怕死，不敢遵从。"等着给叔孙下葬以后，杜洩就走了。叔孙的儿子仲从齐国回来，季孙想立他为叔孙的后人。南遗说："叔孙氏要厚，季孙氏就薄了，他是家中有乱事，你不管不也可以吗？"南遗叫国里人帮着竖牛在大库的庭上攻打仲壬，司宫射他，恰好中在眼睛，就死了。竖牛取了叔孙氏的东部三十邑给了南遗。叔孙婼即位，告诉他家里众人说："竖牛祸害了叔孙氏，使乱了大的顺序，杀了嫡出，立了庶出，又分散他的田邑，他还想减轻罪，他的罪状没有再大的。必定把他杀掉。"竖牛害怕了逃到齐国去。孟丙的儿子及仲壬的儿子把他杀在塞关的外头，将他的脑袋扔到宁风的棘草上。仲尼就说："叔孙婼要不居功是不能够的，周任说一句话：

‘做政治的人不赏对私人有功的人，也不罚对私人有怨的人。’《诗经·大雅》一句诗说：‘有德行的人，四国全都顺他。’”当初，叔孙豹生的时候，他的父亲叫人拿《周易》来占卜，遇见明夷的卦变到谦卦，他给占卦的人卜楚丘看，说：“他先要出奔，然后回来，给你奉祭祀，跟着回来的有一个坏人，这个叫作牛，末了要饿死。明夷就等于日，日是有十数，所以有十个时辰，也等于十个位置，由壬以下数起来，第二是公，第三是卿，日最高是最盛明，是王位。食时之日，是公位。早晨的位置第三，是卿，明夷变到谦，天明而没有完全出太阳，这是早晨，所以说回来给你奉祭祀。日光不足的时候当鸟，所以说明夷于飞。天明而没有完全亮，所以说垂着翅膀，表示太阳的动作，所以说君子要出奔。当三在早晨，所以说三天不吃东西，离是火、艮是山，离是火，火烧了山，山就毁。在人是讲话，毁了说话，就是谗言，所以说主人有说话必定是谗言。纯正的离卦等于牛，世事乱了，谗言就多了，多了就到了离，所以说叫作牛。谦不够，飞也不高，翅膀垂下，也不够宽广，所以说将做你的后人，你虽是次卿，到末了不得善终。”

经 楚杀其大夫屈申。

传 楚子以屈申为贰于吴，乃杀之。以屈生[1]为莫敖，使与令尹子荡如晋逆女。过郑，郑伯劳子荡于汜[2]，劳屈生于菟氏[3]。晋侯送女于邢丘[4]，子产相郑伯会晋侯于邢丘。

今注

1　屈生：屈建的儿子。

2　汜：郑地，即南汜，在今河南省襄城县。

3　菟氏：郑地，《寰宇记》说：“菟氏城在河南尉氏县西北四十里。”

4　邢丘：晋地，在今河南省温县东二十里。

今译

楚灵王以为屈申是同吴国有二心，把他杀掉。叫屈生做莫敖，使他同令尹子荡到晋国去迎接女子。回来过郑国，郑伯郊劳子荡在汜这地方，郊劳屈生在菟氏这地方。晋侯送女儿一直到邢丘，子产给郑伯相礼，到邢丘会见晋平公。

经　公如晋。

传　公如晋[1]，自郊劳至于赠贿[2]，无失礼[3]。晋侯谓女叔齐曰："鲁侯不亦善于礼乎？"对曰："鲁侯焉知礼。"公曰："何为自郊劳至于赠贿，礼无违者，何故不知？"对曰："是仪也，不可谓礼。礼所以守其国，行其政令，无失其民者也。今政令在家[4]，不能取也，有子家羁[5]，弗能用也。奸大国之盟，陵虐小国[6]，利人之难[7]，不知其私。公室四分[8]，民食于他。思莫在公，不图其终，为国君，难将及身，不恤其所。礼之本末，将于此乎在，而屑屑焉习仪以亟，言善于礼，不亦远乎？"君子谓叔侯于是乎知礼。

今注

1　公如晋：初即位所以往晋朝见。

2　自郊劳至于赠贿：初到晋国时有郊劳礼，以后尚有各种赠贿的礼。

3　无失礼：各种礼节皆没有错误。

4　今政令在家：鲁国的政令皆为各大夫所掌管。

5　子家羁：庄公的玄孙子家懿伯。

6　陵虐小国：指伐莒国取郓地。

7　利人之难：指乘莒乱遂取鄫。

8　公室四分：四分公室指今年的事。

今译

鲁昭公到晋国去，从郊劳一直到送礼，他全没有失错的地方。晋平公问司马侯说："鲁侯岂不也对于礼很擅长吗？"回答说："鲁侯哪里知道礼。"晋平公说："为什么从郊劳至送礼，没有违礼，怎可说不知道？"他说："这是仪节，不可以叫作礼。礼是为的所以守他的国家，行他的政令，不丢掉他的人民。现在政令全在他大夫的手中，他没法取回，又有子家羁，他没法用他。违反大国的盟誓，欺凌小国，还以邻国的困难为利，而不知道他自己有困难。公室四分，人民到三家去吃饭，没有人民想着公家，不知道末了什么样子，身为国君，祸难将到他身上，他不去操心。礼的本末，就在恤民忧国上，而去研究仪节，说他善于礼，这不是很远了吗？"君子说司马侯是很懂礼的。

传　晋韩宣子如楚送女，叔向为介，郑子皮、子大叔劳诸索氏[1]。大叔谓叔向曰："楚王汏侈已甚，子其戒之。"叔向曰："汏侈已甚，身之灾也，焉能及人？若奉吾币帛，慎吾威仪，守之以信，行之以礼，敬始而思终，终无不复[2]。从而不失仪，敬而不失威，道之以训辞，奉之以旧法，考之以先王，度之以二国[3]，虽汏侈，若我何？"及楚，楚子朝其大夫曰："晋，吾仇敌也，苟得志焉，无恤其他。今其来者，上卿上大夫也。若吾以韩起为阍[4]，以羊舌肸为司宫[5]，足以辱晋，吾亦得志矣，可乎？"大夫莫对。薳启彊曰："可。苟有其备，何故不可？耻匹夫不可以无备，况耻国乎？是以圣王务行礼，不求耻人。朝聘有珪，享頫有璋，小有述职，大有巡功，设机而不倚，爵盈而不饮，宴有好货，飧有陪鼎，入有郊劳，出有赠贿，礼之至也。国家之败，失之道也，则祸乱兴。城濮之役[6]，晋无楚备，以败于邲[7]。邲之役，楚无晋备，以败于鄢[8]。自鄢以来，晋不失备，而加之以礼，重之以睦，是以楚弗能报而求亲焉。既获姻亲，又欲耻之，以召寇雠，备之若何？谁其重此，若有其人，耻之可也。若其未有，君亦图之。晋之事君，臣曰可矣。求诸侯而麇至[9]，求昏而荐女[10]，君亲送之，上卿及上大夫致之，犹欲耻之，君其亦有备矣，不然奈何？韩起之下，赵成、中行吴[11]、魏舒、范鞅、知盈；羊舌肸之下，祁午、张趯、籍谈、女齐、梁丙、张骼、辅跞、苗贲皇，皆诸侯之选也[12]。韩襄[13]为公族大夫，韩须[14]受命而使矣。箕襄、邢带[15]、叔禽、叔椒、子羽[16]，皆大家也。韩赋七邑，皆成县也[17]。羊舌四族[18]，皆强家也。晋人若丧韩起杨肸，五卿八大夫[19]，辅韩须杨石[20]，因其十家九县，长毂九百，其余四十县遗守四千，奋其武怒，以报其大耻。伯华谋之，中行伯[21]魏舒帅之，其蔑不济矣。君将以亲易怨，实无礼以速寇，而未有其备，使群臣往遗之禽，以逞君心，何不可之有？”王曰：“不穀之过也，大夫无辱。”厚为韩子礼，王欲敖叔向以其所不知而不能，亦厚其礼。韩起反，郑伯劳诸圉[22]，辞不敢见，礼也。

今注

1　索氏：《一统志》说：“大索城今荥阳县治，小索城在县北四里。”

2　终无不复：凡事全可以重新再做。

3　度之以二国：省度晋楚两国的情形再做。

4　若吾以韩起为阍：把韩起的脚斩掉使他看守门。

5　司宫：太监。

6　城濮之役：在僖公二十八年。

7　以败于邲：在宣公十二年。

8　以败于鄢：成公十六年。

9　求诸侯而麇至：要求诸侯就一群的来。

10　求昏而荐女：求婚姻就把女子送来。

11　赵成中行吴：赵成是赵武的儿子，中行吴即荀吴，荀偃的儿子。

12　诸侯之选也：这些个人全是各国重要的人物。

13　韩襄：韩无忌的儿子。

14　韩须：韩起的儿子。

15　箕襄、邢带：这二人是韩氏的同族。

16　叔禽、叔椒、子羽：全是韩起的庶子。

17　皆成县：成县指有一百辆战车的县。

18　羊舌四族：铜鞮伯华、叔向、叔鱼、叔虎兄弟四人。

19　五卿八大夫：五卿是指赵成以下的人，八大夫指祁午以下的人。

20　辅韩须杨石：杨石是羊舌肸的儿子。

21　中行伯：即荀吴。

22　圉：《一统志》说："在今河南省杞县南五十里。"

今译

晋国韩起到楚国送女儿，叔向做副使，郑国的子皮游吉到索氏郊劳，游吉对叔向说："楚王奢侈已经很厉害，你要警戒。"叔向说："奢侈已经很厉害，这是身体的灾害，焉能害到旁人？我拿着我的货币，谨慎我的威仪，言语有信，以礼节来行使，恭敬从事，始终如一，这样，没有事不可以再办的。顺从而不失掉仪节，恭敬而不失掉威严，称说先王的训辞，用旧法来办理，再拿先王的事情来考正，度晋楚两国的形势来行使，他虽然奢侈，对我有什么办法呢？"到了楚国，楚王对他大夫们说："晋国是我的仇敌，假使得了志向，其他的事情全不管。现在他来的是上卿同上大夫，我要把韩起的脚剁掉，叫他看守门户，将叔向做太监，这可以羞辱晋国，我也可以得志向，你们以为可以不可以。”大夫们都不敢回答。薳启彊说：“可以。假设有预备，为什么不可以。羞辱一个人，还不可以没有预备，何况羞辱一个国家呢？所以圣王只讲求行礼，而不求羞辱旁人。朝聘的时候有玉珪，享宴的时候有玉璋，小的有述职，大的有巡守，为的行礼，设几而不倚靠，酒杯满了而不喝，请客的时候送礼物，吃饭的时候有陪鼎，进来时有郊劳，出去时有送礼，这是礼的极致。国家失败的缘故，是没有道理，祸乱就兴起。城濮之战晋国战胜而没有防备楚国，所以在邲之战打败了。邲以后楚国没有防备晋国，就被打败了在鄢陵。自从鄢陵以后，晋国不失掉防备，而加上礼节，再加上和睦，所以楚国不能够报复，只好要求婚姻。既然得到婚姻，又想羞辱他，以致招来了敌人，那么怎么样防备呢？要有预备，来羞辱他也可以。要是没有，你要细想一想。晋国的侍奉你，我以为可以了，要求诸侯，而诸侯全来，求婚姻而奉献女子，晋国的君亲自送来，而上卿及上大夫也送来，你还想羞辱他，你应该有防备了，要不然怎么办呢？韩起之下，赵成、中行吴、魏舒、范鞅、知盈；羊舌肸之下，祁午、张趯、籍谈、女齐、梁丙、张骼、辅跞、苗贲皇，全是诸侯的精良。韩襄做公族大夫，韩须也受命来出使。箕襄、邢带、叔禽、叔椒、子羽全是大家。韩家管七个邑，全都是百乘的县。羊舌四家，全都是强家。晋人若丢掉韩起、叔向、五卿八个大夫，辅佐着韩起的儿子韩须，叔向的儿子杨石，用他的十家九县，九百辆车，其余四十县剩下四千辆车，用武力来表达愤怒，以报他的大羞耻。叔向的哥哥伯华来计谋，荀吴、魏舒率领着，这没有不成功的，你将以亲戚变成怨，实在无礼，而且招致寇仇，而没有预备，叫我们大家被他来逮捕，以快乐你的心，这没有什么不可以的。”楚王说：“这是我的错，你不要以为羞辱。”于是加厚韩起的礼节，王想骄傲叔向问他不能知道的事情也不能够，也加厚他的礼节。韩起回去了，郑伯在圉这地方慰劳他，他辞谢不敢见，这是合礼的。

传 郑罕虎如齐，娶于子尾氏。晏子骤见之，陈桓子问其故，对曰：“能用善人，民之主也。”

今译

郑子皮到齐国去，娶子尾氏的女儿。晏婴急急去见他。陈无宇问他为什么要见他。他回答说：“能用好的人，可以为人民的尊长。”

经 夏，莒牟夷以牟娄及防兹来奔。

经 秋，七月，公至自晋。戊辰，叔弓帅师败莒师于蚡泉。

传 夏，莒牟夷以牟娄[1]及防兹[2]来奔，牟夷非卿而书，尊地也。莒人愬于晋，晋侯欲止公。范献子曰：“不可。人朝而执之，诱也。讨不以师，而诱以成之，惰也。为盟主而犯此二者，无乃不可乎！请归之，间而以师讨焉。”乃归公。秋，七月，公至自晋。莒人来讨，不设备。戊辰，叔弓败诸蚡泉[3]，莒未陈也。

今注

1 牟娄：莒地，在今山东省诸城县西十五里之董家崖头村。

2 防兹：皆是莒地，《山东通志》说：“防亭在诸城县东北柴沟社东南之防亭。”而《汇纂》说：“兹在山东省诸城县西北。”

3 蚡泉：鲁地，《续山东考古录》说：“沂水县西南一百二十里有盆泉。”《县志》说：“即蚡泉。”

今译

夏天，莒牟夷用牟娄同防兹逃奔鲁国，牟夷不是卿而写在《春秋》上，因为尊重地的原因。莒国人告到晋国，晋侯想不许鲁昭公回国。范鞅说："不可，人家来上朝而执着他，这是引诱。讨伐不用军队，而用引诱成功，这是慢惰。盟主而用这两种手段，似乎是不可以的！请将他送回鲁国去，有暇再用军队去讨伐他。"就将鲁昭公送回。秋七月，公从晋国回来。莒国人来讨伐他，而不设备。戊辰，叔弓在蚡泉打败他，莒军队尚未摆成阵势。

经 秦伯卒[1]。

今注

1 此经无传。

今译

秦景公死了。

经 冬，楚子、蔡侯、陈侯、许男、顿子、沈子、徐人、越人伐吴。

传 冬，十月，楚子以诸侯及东夷伐吴，以报棘、栎、麻之役[1]，薳射以繁扬[2]之师会于夏汭[3]，越大夫常寿过帅师会楚子于琐[4]。闻吴师出，薳启彊帅师从之，遽不设备，吴人败诸鹊岸[5]，楚子以驲至于罗汭[6]。吴子使其弟蹶由犒师，楚人执之，将以衅鼓。王使问焉，曰："女卜来吉乎？"对曰："吉。寡君闻君将治兵于敝邑，卜之守龟曰：'余亟使人犒师，请行以观王怒之疾徐而为之备，尚克知之。'龟兆告吉曰：'克可知也。'君若驩焉，好逆使臣，滋敝邑休怠，而忘其死亡无日矣。今君奋焉震电冯怒，虐执使臣，将以衅鼓，则吴知所备矣。敝邑虽羸，若早修完，其可以息师。难易有备，可谓吉矣。且吴社稷是卜，岂为一人？使臣获衅军鼓，而敝邑知备，以御不虞，其为吉孰大焉？国之守龟，其何事不卜？一臧一否，其谁能常之。城濮之兆，其报在邲。今此行也，其庸有报志。”乃弗杀。楚师济于罗汭[6]，沈尹赤会楚子，次于莱山[7]，薳射帅繁扬之师先入南怀，楚师从之，及汝清[8]。吴不可入，楚子遂观兵于坻箕之山[9]。是行也，吴早设备，楚无功而还，以蹶由归。楚子惧吴，使沈尹射待命于巢，薳启彊待命于雩娄，礼也。

今注

1　此役见昭公四年。

2　繁扬：原属蔡，一作繁阳，据《一统志》说：“在今河南省新蔡县北。”

3　夏汭：楚地，在今安徽省凤台县西南。

4　琐：楚地，在今安徽省霍邱县东。

5　鹊岸：楚地，《方舆纪要》说：“鹊头镇在安徽铜陵县，县北十里有鹊头山，楚伐吴败于鹊岸是也。”

6　罗汭：顾栋高说：“罗汭在今河南罗山县境。”

7　莱山：顾栋高说：“莱山在河南光山县南一百五十里。”

8　南怀、汝清：《左传地名补注》说：“汝清即汝水入淮之口，在河南息县东南，安徽阜阳县西南，固始县之朱皋镇，汝水入淮处，亦谓之淮口。”或者以为汝清应在今安徽省合肥县北百里之清北镇，亦是一说。

9　坻箕山：《寰宇记》说：“安徽巢县南三十七里之踟蹰山，即坻箕山。”

今译

冬天十月中，楚王率领诸侯和东夷的兵士去伐吴，算是报复棘、栎、麻那次的战争。薳射领了繁扬的军队，在夏汭的地方会合。越大夫常寿过，领兵来会楚王在琐的地方。听说吴国已经出兵了，薳启彊便领兵跟着吴师，吴人没有设下防备，败于鹊岸那里。楚王骑了驲站的马到罗汭去。吴王派他的弟弟蹶由去犒劳楚师，楚人把他捉住，将要杀了涂血在鼓上，楚王便故意使人问他说："你占卜了来，吉利的吗？"蹶由回答说："吉利的，寡君听得你君将要治兵在我敝邑，用守国的龟占卜，祷告说：'我赶紧派人去犒劳楚军，顺便察看楚王的怒容厉害不厉害，借此做战守的防备，能够有些分晓？'龟的象兆是吉的，并且说：'可以有分晓的。'现在你君如果快活了，好好地迎接使臣，那么恰正是使敝邑添上懈怠，却忘掉要死，国的灭亡便没有几日了。如今你君王的愤怒，像雷电一般的大发起来，虐待着使臣，将要把他杀了，血涂在鼓上，那么吴国恰正知道要防备了。敝邑虽是衰弱，如果早日完备了器具，也是可停歇你楚师的。酌量了时势的难易，有了相当的防备，可以说是吉利的了。并且吴国是专为国家卜的，难道只为我一个人吗？我使臣的血虽涂在军鼓，敝邑却知道了防守，得抵敌不测的祸，这样的吉利难道还有再大的吗？守国的龟哪一件事不拿他占卜，有的吉，有的凶，也哪里能有一定。城濮的战争，你们楚国的卜是吉的，但报复却在邲那次战争。如今这次战争，吴国或者也有报楚的意思呢！"楚王便不杀他，楚兵渡过罗汭，沈尹赤来同楚王会兵，兵宿在莱山那里。薳射领了繁扬的兵，先进南怀去，楚师跟着前去。到了汝清地方，看见吴国果然有防备了，攻打不进。楚王便阅兵在坻箕的山上，这一次战争吴国早设下防备。楚人没有功劳便回去，只捉了个蹶由归国，楚王有些怕吴国，派沈尹射等候命令在巢的地方，派薳启疆等候命令在雩娄的地方，这是很合于礼的。

传 秦后子复归于秦，景公卒故也。

今译

秦伯的弟弟再回到秦国，因为秦景公死的缘故。

昭公六年（公元前五三六年）

经 六年春，王正月，杞伯益姑卒。

经 葬秦景公。

传 六年春，王正月，杞文公卒，吊如同盟，礼也。大夫如秦，葬景公，礼也。

今译

六年春，王正月，杞文公死了，祭吊他同普通的盟友一样，这是合于礼的。大夫们到秦国去，给秦景公行葬礼，这也是合于礼的。

传 三月，郑人铸刑书[1]，叔向使诒子产书曰："始吾有虞于子，今则已矣。昔先王议事以制，不为刑辟，惧民之有争心也，犹不可禁御，是故闲之以义，纠之以政，行之以礼，守之以信，奉之以仁，制为禄位，以劝其从，严断刑罚，以威其淫。惧其未也，故诲之以忠，耸之以行，教之以务，使之以和，临之以敬，莅之以强，断之以刚，犹求圣哲之上、明察之官，忠信之长、慈惠之师，民于是乎可任使也，而不生祸乱。民知有辟，则不忌于上，并有争心，以征于书，而徼幸以成之，弗可为矣。夏有乱政，而作禹刑。商有乱政，而作汤刑。周有乱政，而作九刑。三辟之兴，皆叔世也。今吾子相郑国，作封洫[2]，立谤政[3]，制参辟，铸刑书，将以靖民，不亦难乎？《诗》曰：‘仪式刑文王之德，日靖四方[4]。’又曰：‘仪刑文王，万邦作孚[5]。’如是何辟之有？民知争端矣，将弃礼而征于书，锥刀之末，将尽争之，乱狱滋丰，贿赂并行，终子之世，郑其败乎。肸闻之，国将亡必多制，其此之谓乎。”复书曰：“若吾子之言，侨不才，不能及子孙，吾以救世也。既不承命，敢忘大惠。”士文伯曰：“火见，郑其火乎？火未出而作火以铸刑器，藏争辟焉，火如象之，不火何为？”

今注

1 郑人铸刑书：把刑典铸到鼎上。

2 作封洫：这件事在鲁襄公三十年。

3 立谤政：在昭公四年所谓作丘赋。

4 仪式刑文王之德，日靖四方：这是《诗经·周颂》一句诗。意思是说用文王的德行作样式，所以能够成安定四方的功劳。

5 仪刑文王，万邦作孚：《诗经·大雅》一句诗。意思是说用文王为法度，所以天下人全信服他。

今译

三月，郑人铸刑书。晋国叔向叫人给子产信说：“自初我以你为准度，现在已经不了。从前先王拿制度来商量事情，不用刑罚，是因为怕人民有争夺的心，但如此尚没有方法禁止，所以更加上用义来防闲，用政令来纠正，用礼来推行，教人民守信，保持仁心，再加上禄位，以劝他听从，严断刑罚，以制裁他的放肆。还恐怕做得不够，再教给他忠实，拿行为教他恐惧，教给他当时所急的事情，使用人民全都和气，再加上恭敬，更加上坚强，用刚毅来断决，另外求圣哲的上司、明察的官吏、忠信的长官、慈惠的师傅，这时间人民就可以听候任使，而不生祸乱。人民知道有法律，就不敬上边的人，而且有争论的心，他们考察书册，侥幸达成目的，这样政府就没有办法治理了。夏朝有乱政，方才作禹刑。商朝有乱政，方才作汤刑，周有乱政，才作九刑。这三种刑书的兴起，全在晚年。现在你相郑国，作封洫的政策，再加上作丘赋，用三代末世的方法铸作刑书，只想着安定人民，这不也很难吗？据《诗经·周颂》里说：'用文王的德行，可以每天安定四方的人。'又说：'以文王为法，各邦国全都信服。'这样子有什么法律的规定呢？人民只知道争端，将放弃礼，而以刑书为证据，各种的小事全都要去争，狱增加，贿赂全都行使，在你的时代里，郑国要灭亡了。我听说国家将亡的时候，必定制造很多制度，恐怕就是这件事情。"子产回信说："根据你的这句话说，侨没有才干不能够顾及子孙，我是所以救世的。既然你不赞成，但是我不敢忘你的恩惠。"士文伯说："火星出来，郑国恐怕就要遭火。火没有出现，而作了火来铸造刑器，刑器大家全藏着，再加上火星，那么怎么能够不着火呢？"

经 夏，季孙宿如晋。

传 夏，季孙宿如晋，拜莒田也。晋侯享之，有加笾[1]。武子退，使行人告曰："小国之事大国也，苟免于讨，不敢求贶。得贶不过三献，今豆有加，下臣弗堪，无乃戾也。"韩宣子曰："寡君以为驩也。"对曰："寡君犹未敢，况下臣君之隶也，敢闻加贶。"固请彻加，而后卒事。晋人以为知礼，重其好货。

今注

1 有加笾：各种笾豆的数量比平常增加。

今译

夏天，季孙宿到晋国去，拜谢莒国的田地。晋平公来宴享他，笾豆比常数目增加。季孙宿退下，使行人告诉说：“小国的侍奉大国，苟免于被讨伐，不敢要求增加好处。就说好处也不敢超过三献，现在笾豆有增加，我实在不敢当，恐怕这是罪恶了。”韩起说：“寡君以为这是增加欢乐。”回答说：“寡君尚且不敢当，何况我下臣是你的属隶呢？”就要求取消增加的笾豆，然后行礼完成。晋国人以为他很懂礼，多送他货币。

经 葬杞文公[1]。

今注

1 此经无传。

今译

给杞文公行葬礼。

经 宋华合比出奔卫。

传 宋寺人柳有宠[1]，大子佐恶之。华合比曰：“我杀之。”柳闻之，乃坎用牲埋书，而告公曰：“合比将纳亡人之族[2]，既盟于北郭矣。”公使视之，有焉，遂逐华合比。合比奔卫。于是华亥[3]欲代右师，乃与寺人柳比，从为之征曰：“闻之久矣！”公使代之[4]，见于左师，左师曰：“女夫也必亡。女丧而宗室，于人何有，人亦于女何有？《诗》曰：‘宗子维城，毋俾城坏，毋独斯畏。’女其畏哉。”

今注

1 有宠：为宋平公所宠爱。

2 亡人之族：亡人指华臣，在襄公十七年由宋国逃到卫国。

3 华亥：华合比的弟弟。

4 公使代之：替代华合比为右师。

今译

宋国寺人柳有宠于宋平公，太子佐很恨他。华合比就说："我来杀他。"寺人柳听见了，就做了一个坑，杀了牛，好像盟誓的样子，埋下盟书，然后告诉平公说："合比将纳逃亡者的党羽，居然在北郭盟誓了。"平公使人去察看，果然有，就将华合比驱逐。华合比逃到卫国去。这时间华合比的弟弟华亥想着代理右师，就跟寺人柳相联系，并来作证说："听说已经很久了！"宋平公就叫他替代作右师。他看见向戌，向戌对他说："你这人必定会灭亡的。你毁掉你的本家，对旁人有什么关系，人也对你有什么关系。《诗经·大雅》有句话：'宗子等于一个城一样，不要把城毁掉，城毁了，就有可畏之事。'你是要畏惧的。"

传 六月，丙戌，郑灾。

今译

六月，丙戌，郑国发生火灾。

传 楚公子弃疾如晋，报韩子也[1]，过郑，郑罕虎、公孙侨、游吉从郑伯以劳诸柤[2]，辞不敢见。固请见之，见如见王[3]，以其乘马八匹私面。见子皮如上卿[4]，以马六匹。见子产以马四匹，见子大叔以马二匹。禁刍牧采樵，不入田，不樵树，不采蓺，不抽屋，不强匄。誓曰："有犯命者，君子废，小人降。"舍不为暴主不慁宾，往来如是，郑三卿[5]皆知其将为王也。韩宣子之适楚也，楚人弗逆。公子弃疾及晋竟，晋侯将亦弗逆。叔向曰："楚辟我衷[6]，若何效辟？《诗》曰：'尔之教矣，民胥效矣[7]。'从我而已，焉用效人之辟？《书》曰：'圣作则[8]，无宁以善人为则，而则人之辟乎？匹夫为善，民犹则之，况国君乎？"晋侯说，乃逆之。

今注

1 报韩子也：报前年韩起送晋女到楚国。

2 柤：郑地，在今新郑县南境，为楚郑往来的道路。

3 见如见王：见郑伯跟见楚王一样的恭敬。

4 见子皮如上卿：看见子皮如见楚国的上卿一样。

5 郑三卿：是子皮、子产及游吉。

6 楚辟我衷：楚国不合理，而我们很规矩。

7 尔之教矣，民胥效矣：《诗经·小雅》的一句诗。你要教训他们，人民就自然仿效。

8 圣作则：这是一句《逸书》。圣人规定法则。

今译

楚国公子弃疾到晋国去，报答韩起的送女。经过郑国，郑国子皮、子产、游吉跟随郑伯到柤这地方来慰劳他，他辞了不敢见。固请见他，他看见郑伯如见楚王一样。拿着马八匹私见郑伯。见子皮如见楚国的上卿用马六匹。见子产用马四匹，见游吉用马二匹。禁止采树，不能侵犯田地，也不毁掉树木，不采种子，不毁掉房子，不强求物件。并且宣誓说："有犯了这个命令的，君子就废黜，小人更降职。"住的地方不施暴行，主人不以宾客为患，往来皆是如此，郑国子皮、子产、游吉全都知道他将要做王了。韩起到楚国去，楚国人不派人迎接，公子弃疾到了晋国边境，晋侯也想着不迎接。叔向说："楚国是邪辟，我们是依规矩做，为何要仿效邪辟?《诗经·小雅》说：'你的教训，人民全都仿效。'这是遵从我，何必仿效人家邪辟?《逸书》上说：'圣人作法则。'宁可以善人作法则，尚能仿效人家的邪辟吗？匹夫做好事，人民犹效法他，何况一个国君呢？"晋侯高兴了，就来迎接他。

经 秋，九月，大雩。

传 秋，九月，大雩，旱也。

今译

秋九月，鲁国行求雨的典礼，因为旱灾的缘故。

经 楚薳罢帅师伐吴。

传 徐仪楚[1]聘于楚，楚子执之，逃归。惧其叛也，使薳泄[2]伐徐，吴人救之。令尹子荡帅师伐吴，师于豫章，而次于乾谿[3]，吴人败其师于房钟[4]，获宫厩尹弃疾[5]，子荡归罪于薳泄而杀之。

今注

1　仪楚：徐大夫。

2　薳泄：楚大夫。

3　乾谿：《江南通志》说："在今安徽亳县东南七十里。"

4　房钟：吴地。在今安徽省凤台县西北百里，近蒙城界。

5　宫厩尹弃疾：这是鬭韦龟的父亲。

今译

徐大夫仪楚到楚国聘问，楚王把他逮起来，逃回去了。又恐怕他反叛，就使薳泄伐徐国，吴国人来救援他。令尹子荡就率领军队去伐吴国，到了豫章，而住到乾谿这地方，吴人打败他的军队在房钟，捕获宫厩尹弃疾，子荡说是薳泄的罪过，把他杀掉。

经 冬，叔弓如楚。

传 冬，叔弓如楚聘，且吊败也。

今译

冬天，叔弓到楚国去聘问，并且吊他为吴国所打败。

经 齐侯伐北燕。

传 十一月，齐侯如晋，请伐北燕也，士匄相士鞅逆诸河，礼也。晋侯许之。十二月，齐侯遂伐北燕，将纳简公[1]。晏子曰："不入，燕有君矣。民不贰，吾君贿，左右谄谀，作大事不以信，未尝可也。"

今注

1 简公：是北燕的君，自从昭公三年就出奔到齐国。

今译

十一月，齐景公到晋国去，请求讨伐北燕，士匄为士鞅相礼，到了河边去迎接，这很合于礼的。晋平公答应他了。十二月，齐景公就伐北燕，将纳简公。晏婴说："不能进去，燕人已经有君了。人民不能够有二心，我们的君好贿赂，左右巴结君，做大事情不用信实，这是不可以的。"

昭公七年（公元前五三五年）

经 七年春，王正月，暨齐平。

传 七年春，王正月，暨齐平，齐求之也。癸巳，齐侯次于虢[1]，燕人行成曰："敝邑知罪，敢不听命。先君之敝器，请以谢罪。"公孙晳[2]曰："受服而退，俟衅而动，可也。"二月，戊午，盟于濡上[3]。燕人归燕姬，赂以瑶罋，玉椟，斝耳[4]，不克而还。

今注

1 虢：《方舆纪要》说："虢与郭通，在河北任丘县西十七里。"

2 公孙晳：齐大夫。

3 濡上：在今河北任丘县西北，容城东南。

4　瑶罋、玉椟、斝耳：这几件全都是玉器。

今译

七年春，王正月，北燕国同齐国和平，这是齐国的要求。癸巳，齐景公到了虢的地方，燕人要求说："我们已经知道罪过了，我敢不听从命令。先君的物件，请以此来谢罪。"齐大夫公孙皙说："受服而退兵，等着机会再动，就可以了。"二月，戊午，在濡水上盟誓。燕人把燕姬送给齐国，再拿很多件玉器来行贿赂。齐国没有纳简公，就回国了。

传　楚子之为令尹也，为王旌以田，芋尹无宇断之曰："一国两君，其谁堪之！"及即位，为章华之宫[1]，纳亡人以实之。无宇之阍入焉。无宇执之，有司弗与，曰："执人于王宫，其罪大矣。"执而谒诸王[2]，王将饮酒。无宇辞曰："天子经略，诸侯正封，古之制也。封略之内，何非君土？食土之毛，谁非君臣？故《诗》曰：'普天之下，莫非王土，率土之滨，莫非王臣[3]。'天有十日，人有十等，下所以事上，上所以共神也。故王臣公，公臣大夫，大夫臣士，士臣皂，皂臣舆，舆臣隶，隶臣僚，僚臣仆，仆臣台。马有圉，牛有牧，以待百事。今有司曰：'女胡执人于王宫？'将焉执之？周文王之法曰：'有亡荒阅[4]'所以得天下也。吾先君文王[5]作仆区之法，曰：'盗所隐器，与盗同罪。'所以封汝也[6]。若从有司，是无所执逃臣也。逃而舍之，是无陪台也，王事无乃阙乎？昔武王数纣之罪，以告诸侯曰：'纣为天下逋逃主，萃渊薮[7]。'故夫致死焉。君王始求诸侯而则纣，无乃不可乎？若以二文之法取之，盗有所在矣[8]。"王曰："取而臣以往，盗有宠，未可得也。"遂赦之。

今注

1　章华之宫：《汇纂》说："在湖北监利县东五里，有华容城。"

2　执而谒诸王：把陈无宇逮起来去见楚灵王。

3　普天之下，莫非王土，率土之滨，莫非王臣：这是《诗经·小雅》的一句诗。在天下里头没有不是王的土地，在土地的上边没有不是王的臣子的。

4　有亡荒阅：凡是有逃的人就要大检查。

5　先君文王：指楚文王。

6　所以封汝也：所以他的封疆到了汝水的边上。

7　纣为天下逋逃主，萃渊薮：这是《尚书·武成》篇的一句话，商纣是天下逃人所聚集的地方。

8　盗有所在矣：意思是说灵王也是强盗。

今译

楚王做令尹的时候，做了一个王的旗子来打猎，芋尹无宇把它斩断了说："一国两个君，这怎么能够忍受呢？"到了即位以后，修了章华的宫殿，召纳很多逃亡的人以充实他。无宇的看门的逃到那里去，无宇想逮他，管宫殿的人不给他，并且说："在王宫里逮人，这个罪过很大。"把无宇逮起来，去见楚灵王，楚王正要饮酒。无宇就说："天子是经略天下，诸侯正他的封疆，这是自古以来的制度。在封略里面，哪件不是君的土地？食土的毛草，谁不是君的臣子。所以《诗经》上说：'普天的底下没有不是王的土地，土地边上没有不是王的臣子。'天有十日，人有十等，这是下面所以侍奉上面，上面所以侍奉神的。所以王臣公，公臣大夫，大夫臣士，士臣皂，皂臣舆，舆臣隶，隶臣僚，僚臣仆，仆臣台。马有圉，牛有牧，以待百事。现在有管司的人说：'你为什么在王宫里逮人？’这样的话，到哪里才能逮捕他？周文王的法律说：‘有的逃亡人要大检查’，所以周文王得到天下。我们的先君楚文王作仆区法律说：‘隐藏赃物，这跟强盗同样罪。’所以封楚国到汝水。要从着有司所说的话，这是没有办法逮捕逃臣了。逃出去的而舍掉，这是等于没有陪台，王事不也很阙失吗？从前周武王数商纣的罪状，告诉诸侯说：‘纣是天下逋逃人集会的地方。’所以天下人全都反对他。你现在刚求诸侯，而以纣为法则，这是不可以的吧？要是拿周文王同楚文王的法律来办，盗就可以找出来了。”王就说：“把你看门的拿走吧！盗有宠幸，你不可以得。”就把无宇赦掉。

经 三月，公如楚。

传 楚子成章华之台，愿以诸侯落之。大宰薳启彊曰：“臣能得鲁侯。”薳启彊来召公，辞曰：“昔先君成公命我先大夫婴齐曰：‘吾不忘先君之好，将使衡父照临楚国，镇抚其社稷，以辑宁尔民。’婴齐受命于蜀[1]，奉承以来，弗敢失陨，而致诸宗祧，日我先君共王，引领北望，日月以冀，传序相授，于今四王矣[2]。嘉惠未至，唯襄公之辱临我丧，孤与其二三臣，悼心失图，社稷之不皇，况能怀思君德。今君若步玉趾，辱见寡君，宠灵楚国，以信蜀之役，致君之嘉惠，是寡君既受贶矣，何蜀之敢望，其先君鬼神实嘉赖之，岂唯寡君？君若不来，使臣请问行期[3]，寡君将承质币而见于蜀，以请先君之贶。”公将往，梦襄公祖。梓慎曰：“君不果行，襄公之适楚也，梦周公祖而行，今襄公实祖，君其不行。”子服惠伯曰：“行。先君未尝适楚，故周公祖以道之。襄公适楚矣，而祖以道君，不行何之？”三月，公如楚，郑伯劳于师之梁[4]，孟僖子为介，不能相仪，及楚不能答郊劳。

今注

1　蜀：蜀盟在成公二年。

2　今四王矣：四王是楚共王、楚康王、郏敖、楚灵王。

3　使臣请问行期：意思是问鲁国要同楚国开战的日期。

4　师之梁：郑国城门。

今译

楚王做成了章华的台，愿意跟诸侯共同来祭祀。太宰薳启彊说："我可以叫鲁侯来。"薳启彊来叫鲁昭公，他的理由是说："以前鲁国的先君成公告诉我们的先大夫婴齐说：'我不忘了先君的要好，将派衡父到楚国来，镇抚楚国的国家，使你的人民全安宁。'婴齐在蜀这地方接到你的盟誓，以后也不敢忘掉，把成公的话告诉楚国的宗庙。我们先君共王永远向北方仰望，希望鲁国的来朝见，一直相传到现在，已经四个王子，而你的好处没有来到，只有鲁襄公到来参加我们康王丧事，我跟我们的群臣正是哀痛的时候，那时国家正在惶恐，尚能想你的德吗？现在你若能够劳步来见我们的寡君，使楚国得到恩惠，这可以证明蜀的盟誓有效，这是你的嘉礼，我们寡君也受赐不小，何必再有蜀的盟誓同样的希望，则先君的鬼神们全都很嘉奖和倚赖，岂止寡君？你要是不来，敢请问你伐楚的日期。寡君将拿着货币再见于蜀的地方，请问先君们从前的故事。"鲁昭公将要去，梦见鲁襄公祭道神。梓慎就说："你走不成。襄公到楚国去的时候，梦见周公祭道神，方才去了。现在襄公又祖祭道神，你就不能去了。"子服惠伯说："可以去。先君没有到楚国去过，所以周公祭道神，引着他去，襄公已经去过楚国，而祭道神，以引导你，你不去，将往哪里去？"三月，昭公到楚国去，郑伯在师之梁的城门去劳问他，孟僖子做副使，他不能相仪节，到了楚国，又不能应对楚国郊劳的事。

经 叔孙婼如齐莅盟[1]。

今注

1 此经无传。

今译

叔孙婼到齐国参加盟誓。

经 夏，四月，甲辰，朔，日有食之。

传 夏，四月，甲辰，朔，日有食之。晋侯问于士文伯曰："谁将当日食？"对曰："鲁卫恶之，卫大鲁小。"公曰："何故？"对曰："去卫地，如鲁地，于是有灾，鲁实受之。其大咎其卫君乎？鲁将上卿。"公曰："《诗》所谓'彼日而食，于何不臧'者，何也。"对曰："不善政之谓也。国无政，不用善，则自取谪于日月之灾，故政不可不慎也，务三而已。一曰择人，二曰因民，三曰从时。"

今译

夏，四月，甲辰朔，有日食。晋平公问士文伯说："谁对这日食有关系。"回答说："鲁同卫有凶事，卫国灾害大，鲁国灾害小。"公问他："什么缘故。"回答说："先在卫国后在鲁国，于是有灾害，鲁国实在得到。最大的灾害是在卫君，鲁将有上卿受祸。"晋平公说："《诗经》所说他那个日食为什么不好，这怎么讲？"回答说："这是政治不好的关系。国里没有善政，不用善人，则引出日的灾害，所以政治不可以不慎重，这只在于三件事，一是选择人；二是因为人民的好处；三是顺着事时的好处。"

传 晋人来治杞田[1]，季孙将以成与之[2]，谢息[3]为孟孙守，不可，曰：“人有言曰：‘虽有挈缾之知，守不假器。礼也[4]。’夫子从君而守臣丧邑，虽吾子亦有猜焉[5]。”季孙曰：“君之在楚，于晋罪也。又不听晋，鲁罪重矣，晋师必至，吾无以待之，不如与之，间晋而取诸杞，吾与子桃[6]，成反，谁敢有之，是得二成也，鲁无忧，而孟孙益邑，子何病焉？”辞以无山，与之莱柞[7]，乃迁于桃。晋人为杞取成。

今注

1　晋人来治杞田：因为从前汝叔侯没有全部归还。现在乘着鲁昭公到楚国去，晋国又来要求全部归还。

2　将以成与之：成是孟孙的封邑，本来是杞田。

3　谢息：孟僖子的家臣。

4　虽有挈缾之知，守不假器，礼也：虽然为的是一个在井里汲水的小器物，看守掌管的人也不能借用给旁人。

5　虽吾子亦有猜焉：就是季孙也疑心我不忠实。

6　桃：江永说：“以桃乡与莱柞相去不远，此年应为桃乡，非桃墟。”

7　莱柞：两个山名。

今译

晋国人来治理杞国的田地，季孙想把成这个地方给他，谢息替孟孙守成，他认为不可把成给晋，他说：“以前有句话：‘虽有汲水的小器物，看守的不能够换东西。这是合礼的。’孟孙氏跟君去楚国，而我丢掉田邑，就是你也会怀疑我不忠心。”季孙说：“国君在楚国，晋国很怀恨。又不听晋国的命令，鲁国的罪状很重，晋国军队必将来伐鲁国，鲁国没有方法对待他，不如把成给他，等着有机会的时候，再从杞国拿回来，另外我给你桃这地方，将来成再回来时，谁敢占领它，这是等于得到两个成，鲁国没有忧患，而孟孙增加田邑，你又何必怕呢？”谢息说没有山，又给他莱柞两山，谢息就迁到桃这地方。晋人为杞拿到了成。

传 楚子享公于新台，使长鬣者相，好以大屈[1]，既而悔之，薳启彊闻之，见公，公语之。拜贺。公曰：“何贺？”对曰：“齐与晋、越欲此久矣，寡君无适与也，而传诸君。君其备御三邻，慎守宝矣，敢不贺乎？”公惧，乃反之。

今注

1 好以大屈：大屈是弓名。

今译

楚王在章华宫里头宴享鲁昭公，使长胡子的人相礼，宴享以后，就送给昭公大屈的弓，后来又后悔了。薳启彊听说这事，就谒见鲁昭公，昭公告诉他这件事情，就下拜贺喜。鲁昭公说：“你为何道贺？”回答说：“齐国晋国同越国想这弓很久了，寡君不知道给谁好，只好给你。你只好防备这三个邻居，谨慎地看守保护，我敢不贺喜吗？”昭公害怕了，就把大屈送还给楚王。

传 郑子产聘于晋，晋侯疾，韩宣子逆客，私焉，曰：“寡君寝疾于今三月矣，并走群望，有加而无瘳。今梦黄熊入于寝门，其何厉鬼也？”对曰：“以君之明，子为大政，其何厉之有？昔尧殛鲧于羽山[1]，其神化为黄熊以入于羽渊，实为夏郊，三代祀之。晋为盟主，其或者未之祀也乎？”韩子祀夏郊，晋侯有间，赐子产莒之二方鼎。子产为丰施归州田于韩宣子，曰：“日君以夫公孙段为能任其事，而赐之州田。今无禄早世，不获久享君德，其子弗敢有，不敢以闻于君，私致诸子。”宣子辞。子产曰：“古人有言曰：‘其父析薪，其子弗克负荷。’施将惧不能任其先人之禄，其况能任大国之赐。纵吾子为政而可，后之人若属有疆埸之言，敝邑获戾，而丰氏受其大讨。吾子取州，是免敝邑于戾，而建置丰氏也，敢以为请。”宣子受之，以告晋侯，晋侯以与宣子。宣子为初言，病有之，以易原县于乐大心。

今注

1　昔尧殛鲧于羽山：《方舆纪要》说：“郯城县东七十里，与江南赣榆县接界处有羽山，山前有羽潭，一名羽池。《左传》鲧化为黄熊。入于羽渊是也。”

今译

郑国的子产到晋国聘问，晋平公病了，韩起迎接客人，偷着问他说：“寡君已经病了三个月，到各处祈祷，病只有增加而没有减轻。现在梦见黄熊到寝门里头，这是属于哪一种厉鬼呢？”回答说：“以晋君的英明，你又掌握国家大政，这有什么厉鬼呢？从前尧的时候在羽山杀掉鲧，他的神变成了黄熊，到了羽渊里边，实为夏的祭祀，后来夏殷周三代全都祭祀他。现在晋国做盟主，或者没有祭祀罢？”韩起就祭祀鲧，晋侯的病渐渐好了，赏给子产莒国做的两个方鼎。子产因为公孙段已死，替丰施送还州田给晋大夫韩起，并且说：“从前你们晋君当那个公孙段是能担任他父亲的事情的，却赐给他州田。现在他没有福禄，早就过世了，不能久享你君的恩德，他的儿子也不敢再有这州田，但不敢上达君听，所以私下把这田给了你。”韩起就推辞，子产说：“古人有句话：‘他的父亲砍了木柴，他的儿子不能负担。’丰施将来恐怕不能承受他先人的福禄呢？况且能承受大国的赏赐吗？纵然你握政的时候是不要紧，但是后来的人，如果恰正有了疆界上的争端，那么敝邑反而要得罪，那丰氏也反而要受大讨伐了。你拿了这州田去，就是免去敝邑的罪，并且是存立丰氏的呢！所以敢来请求。”韩起便受郱州田，并报告晋侯，晋侯还是给了韩起。韩起想起从前与赵文子争州田的话，现在接受州田有愧，就用州田来换乐大心的原田。

传 郑人相惊以伯有，曰："伯有至矣。"则皆走不知所往。铸刑书之岁二月[1]，或梦伯有介而行，曰："壬子，余将杀带也。明年壬寅，余又将杀段也。"及壬子，驷带卒，国人益惧。齐燕平之月，壬寅，公孙段卒，国人愈惧。其明月，子产立公孙洩[2]，及良止[3]以抚之，乃止。子大叔问其故，子产曰："鬼有所归，乃不为厉，吾为之归也。"大叔曰："公孙洩何为？"子产曰："说也。为身无义而图说，从政有所反之以取媚也。不媚不信，不信，民不从也。"及子产适晋，赵景子[4]问焉，曰："伯有犹能为鬼乎？"子产曰："能。人生始化曰魄，既生魄，阳曰魂[5]。用物精多，则魂魄强，是以有精爽至于神明。匹夫匹妇强死，其魂魄犹能冯依于人，以为淫厉，况良霄，我先君穆公之胄，子良之孙，子耳之子，敝邑之卿，从政三世矣，郑虽无腆，抑谚曰：'蕞尔国[6]。'而三世执其政柄，其用物也弘矣，其取精也多矣，其族又大，所冯厚矣，而强死，能为鬼，不亦宜乎？"

今注

1 铸刑书之岁二月：在鲁昭公六年。

2 公孙洩：子孔的儿子。

3 良止：伯有的儿子。

4 赵景子：即赵成。

5 人生始化曰魄，既生魄，阳曰魂：这一说是等于说人有两个魂魄，这与近代初民社会的说法完全相同。可见他的来源是很古老的。

6　蕞尔国：很小的国。

今译

郑国人大家拿伯有互相吓人，都说："伯有来了。"便都吓得逃走，不知逃到哪里去才好。铸刑书那年的二月中，有人看见伯有着了盔甲向前走，并且说："壬子那天，我就要杀死驷带；明年壬寅那天，我又要杀死公孙段。"到了壬子那天，驷带果然死了，国人就越发害怕；齐国和燕国讲和的那月壬寅，公孙段果然也死了，国人就更加害怕。下一月，子产便立公孙洩和良止做大夫，借以安抚他们，方才没有这等惊吓。游吉问这是什么缘故？子产说："鬼有了归宿便不会出来作怪了，我是替他做个归宿呢！"游吉说："那么立公孙洩又为什么呢？"子产说："这是为解说起见，伯有本身是无义的，到立他的儿子做大夫，未免说不过去，现在要想谋算个解说，就连公孙洩一同立着，总算是法外施恩，存了诛绝的后代。行政有时应反了做去，讨人民的好，不讨他好，他便不相信你，不相信你，他们便要不服从你。"后来子产到晋国去聘问，赵成问他说："你们的伯有还能作怪吗？"子产说："能够的，一个人起初化生的叫作魄，既然生了魄，动着生起阳气，便叫作魂，所用各种东西的精华多了，魂魄就会强起来。所以有一种灵性，会弄得像神明一般；一般的男子女人，如果横死了，他的魂魄还能依靠在活人身上，做一种邪祟呢！况且我们的伯有是我先君穆公的后代，是子良的孙子，子耳的儿子，又是敝邑的卿，当了郑国的政权已经三代了。郑国虽不富足，不过像俗语说：'弹子般的小国。'却有三代当了他的政权。他用着的东西，一定很大了，他汲取的精华，一定也很多了。他的宗族又大，所凭借的一定很贵重了，结局却弄成一个横死，能够作怪，不也应该吗？"

传　子皮之族饮酒无度，故马师氏与子皮氏有恶[1]。齐师还自燕之月，罕朔[2]杀罕魋[3]，罕朔奔晋。韩宣子问其位于子产，子产曰："君之羁臣，苟得容以逃死，何位之敢择？卿违从大夫之位，罪人以其罪降，古之制也。朔于敝邑亚大夫也，其官马师也，获戾而逃，唯执政所寘之，得免其死，为惠大矣，又敢求位。"宣子为子产之敏也，使从嬖大夫。

今注

1　马师氏与子皮氏有恶：马师氏是公孙钼的儿子罕朔，他同子皮同族。

2　罕朔：即马师氏。

3　罕魋：子皮的弟弟。

今译

子皮的族人饮酒无数量，所以罕朔之家跟子皮氏有恶感，齐国军队从燕国回来那月，罕朔杀了子皮的弟弟罕魋，罕朔逃到晋国去。韩起问子产晋国应给罕朔何种官位。子产说："你的羁旅的臣，只能逃于死亡，还有什么位置可选择呢？卿要逃出就从大夫的位置，罪人还拿他的罪来降低，这是自古以来的制度。罕朔在我们郑国是亚大夫，他的官是马师。得到罪行而逃亡，就听你们所命的，能免掉他的死亡，这种恩惠已经很大了，还敢要求位置吗？"韩起因为子产的敏捷，叫罕朔追随在嬖大夫的位置。

经　秋，八月，戊辰，卫侯恶卒。

传　秋，八月，卫襄公卒。晋大夫言于范献子曰："卫事晋为睦，晋不礼焉。庇其贼人，而取其地[1]，故诸侯贰。《诗》曰：'鹏鸰在原，兄弟急难[2]。'又曰：'死丧之威，兄弟孔怀。'兄弟之不睦，于是乎不吊，况远人谁敢归之？今又不礼于卫之嗣，卫必叛我，是绝诸侯也。”献子以告韩宣子，宣子说，使献子如卫吊，且反戚田。卫齐恶告丧于周，且请命，王使郕简公[3]如卫吊，且追命襄公曰：“叔父陟恪，在我先王之左右，以佐事上帝，余敢忘高圉亚圉[4]。”

今注

1　庇其贼人，而取其地：庇护他的贼人孙林父，而占领卫国的田地戚。

2　鹏鸰在原，兄弟急难：这是《诗经·小雅》的一句诗。意思是说鹏鸰在野地里，弟兄们遇见外侮全互相帮忙。

3　简公：周王的卿士。

4　余敢忘高圉亚圉：杜预说二圉是殷的诸侯，也是受殷王的追命的。（我以为他是太王以后追命的。）

今译

秋天八月，卫襄公死了。晋大夫对士鞅说：“卫国侍奉晋国最和睦，晋国不太理会它。而庇护它的贼人孙林父，又占领它的地方戚，所以诸侯全有二心。《诗经·小雅》说：‘鹏鸰鸟在平原，兄弟有急难彼此相救。’又说：‘死丧的不幸事件，兄弟宜有怀思。’兄弟的不和睦，就不吊唁，何况远路的人，谁还敢来？现在对于卫的新君又不礼貌，卫必定反叛我，这是跟诸侯断绝。”士鞅告诉韩起，韩起高兴了就派士鞅到卫国去吊唁，并且还给卫国戚的田地。卫国齐恶到周告丧，且请追命。周王派郕简公到卫国吊唁，并且追命襄公说：“叔父上天，在我先王的左右，以辅佐事上帝，我岂敢忘了高圉亚圉。”

经　九月，公至自楚。

传　九月，公至自楚，孟僖子病不能相礼，乃讲学之，苟能礼者从之。及其将死也，召其大夫曰：“礼，人之干也，无礼无以立。吾闻将有达者曰孔丘，圣人之后也，而灭于宋[1]，其祖弗父何以有宋而授厉公[2]，及正考父[3]，佐戴、武、宣，三命兹益共。故其鼎铭云：‘一命而偻，再命而伛，三命而俯，循墙而走，亦莫余敢侮？饘于是，鬻于是，以糊余口。’其共也如是。臧孙纥有言曰：‘圣人有明德者，若不当世，其后必有达人。’今其将在孔丘乎？我若获没，必属说[4]与何忌[5]于夫子，使事之，而学礼焉，以定其位。”故孟懿子与南宫敬叔师事仲尼。仲尼曰：“能补过者，君子也。《诗》曰：‘君子是则是效[6]。’孟僖子可则效已矣。”

今注

1　灭于宋：孔子六代祖孔父嘉为华父督所杀，他的孙子逃到鲁国。

2　以有宋而授厉公：弗父何是宋闵公的儿子，宋厉公的哥哥，他本来应当作宋国的君，但是他让位给厉公。

3　正考父：弗父何的曾孙。

4　说：南宫敬叔。

5　何忌：孟懿子。

6　君子是则是效：这是《诗经·小雅》的一句诗。意思是说君子是能仿效的。

今译

昭公从楚国回到鲁国，孟僖子因为觉着不能相礼为耻辱，便讲求仪式，而且学习他。如果有懂得礼的人，便从他做先生。等到快要死的时候，召他属下的大夫，吩咐说：“人的有礼，好像木的有干，一个人没有礼便不能立身在世上了。我听说将有个达人叫孔丘的，他是圣人成汤的后代。他的六世祖孔父嘉被杀于宋国，他的高祖弗父何是宋闵公的长子，应当立做宋君的，却让位于厉公。到了正考父，又帮着戴公武公宣公，三次受了君命做正卿，位虽高却越发恭敬。所以考父庙中的鼎铭上说：‘初命时候，他的身容便弯一些，再命做大夫，他的身容便再弯一些，三命做正卿，他的身容便俯下了。沿了墙才走，也没有哪个敢欺侮我；吃干粥薄粥在这鼎中，聊以糊我的口。’他的谦恭竟到这般的。臧武仲有句话说：‘圣人有明德在身的，若不能当大位，他的子孙一定会有达人的。’现在恐怕就在孔丘身上罢！我如果能得到善终，一定要嘱托南宫敬叔和孟懿子给夫子，使他们从着他学了礼，稳定他的职位哩。”所以孟懿子和南宫敬叔都侍奉仲尼做先生的。仲尼说：“能补过的，便是君子。《诗经》上说：‘君子可以给人做法则，可以给他人仿效的。’像孟僖子的人，真可以给人作法则，仿效的了！”

传 单献公弃亲用羁[1]。

今注

1 单献公弃亲用羁：单献公是周卿士单靖公的儿子，不大用他的亲属，专门用寄客。

今译

单献公不要他的亲属专门用寄客。

经 冬，十有一月，癸未，季孙宿卒。

传 冬，十月，辛酉，襄顷之族杀献公而立成公。十一月，季武子卒，晋侯谓伯瑕[1]曰：“吾所问日食从矣，可常乎？”对曰：“不可，六物不同，民心不壹，事序不类，官职不则，同始异终，胡可常也？《诗》曰：‘或燕燕居息，或憔悴事国[2]。’其异终也如是。”公曰：“何谓六物？”对曰：“岁、时、日、月、星、辰，是谓也。”公曰：“多语寡人辰而莫同，何谓辰？”对曰：“日月之会是谓辰，故以配日。”

今注

1　伯瑕：士文伯。

2　或燕燕居息，或憔悴事国：这是《诗经·小雅》一句诗。意思是说或者在那里舒服地休息，或者劳苦地侍奉国家。

今译

冬天十月辛酉，襄顷的族人杀献公而立了他弟弟成公。十一月，季孙宿死了，晋平公对士文伯说：“我所问日食的事情已验了，可以常以此占卜吗？”回答说：“不可以，六件事物不一样，民心也不一样，事序也不相类，官职也没有一定的法则，始相同，末了就不一样，怎能常以此占卜？《诗经》上说：‘或燕燕地安居，或憔悴地忙国家事。’可见相终不太一样。”晋平公问说：“什么是六件事物？”回答说：“岁、时、日、月、星、辰就是六物。”晋平公说：“很多人对我说辰而讲得不一样，什么叫作辰？”回答说：“日月之会就是辰，所以配合日子。”

经　十有二月，癸亥，葬卫襄公。

传　卫襄公夫人姜氏无子，嬖人婤姶生孟絷，孔成子梦康叔谓己立元[1]，余使羁[2]之孙圉与史苟相之。史朝亦梦康叔谓己，余将命而子苟与孔烝钼之曾孙圉相元，史朝见成子，告之梦，梦协。晋韩宣子为政，聘于诸侯之岁，婤姶生子，名之曰元，孟絷之足不良能行，孔成子以《周易》筮之曰：“元尚享卫国，主其社稷。”遇屯䷂。又曰：“余尚立絷，尚克嘉之。”遇屯䷂之比䷇。以示史朝，史朝曰：“元亨，又何疑焉？”成子曰：“非长之谓乎？”对曰：“康叔名之，可谓长矣，孟非人也，将不列于宗，不可谓长。且其繇曰：‘利建侯。’嗣吉何建，建非嗣也？二卦皆云。子其建之，康叔命之，二卦告之，筮袭于梦，武王所用也，弗从何为？弱足者居，侯主社稷，临祭祀，奉民人，事鬼神，从会朝，又焉得居？各以所利，不亦可乎？”故孔成子立灵公。十二月，癸亥，葬卫襄公。

今注

1 元：孟絷之弟，是卫灵公。杜预说梦时元未生。

2 羁：孔成子烝钼的儿子。

今译

卫襄公的夫人姜氏没有儿子，喜欢的妾婤姶生了一个儿子叫孟絷，孔烝钼梦见康叔告诉他：“可以立元为君。我叫你的曾孙圉和史朝的儿子史苟来辅佐他。”史朝也梦见康叔告诉他：“我将命令你的儿子苟跟孔烝钼的曾孙圉辅佐着元。”史朝见着孔烝钼告诉他的梦。他们两人的梦相同。晋国韩起掌政权，到诸侯聘问的时候，婤姶生了儿子名叫元。孟絷的脚是跛的，孔烝钼拿《周易》占卜说：“元还能够享有卫国，主持他的国家。”遇见屯卦。又占卜说：“我想着立絷，希望得到允许。”遇见屯卦变到比卦，他给史朝看，史朝说：“元亨有什么可疑呢？”孔烝钼说：“不是长的关系吗？”史朝说：“康叔给他的名字，可以说是长，孟絷不是正常人，将不列到宗里，不可以说是长子。并且占的卦说：‘利建侯。’长子嗣位，又何必建，建可见不是长子嗣位，两个卦全都这么说。你就立元吧，康叔给他名字，两个卦告诉他，占卜跟做梦一样，这是周武王所说的，你为什么不从他呢？不能走路的住在家里，侯是主持国家，主持祭祀，听从人民，侍奉鬼神，常去开会，又安能住在家里？各自从他的利益，这不也可以吗？”所以孔烝钼立了灵公元。十二月癸亥，给卫襄公下葬。

卷二十三　昭公三

昭公八年（公元前五三四年）

传　八年春，石言于晋魏榆[1]，晋侯问于师旷曰："石何故言？"对曰："石不能言，或冯焉，不然，民听滥也。抑臣又闻之曰：'作事不时，怨讟动于民，则有非言之物而言。'今宫室崇侈，民力彫尽，怨讟并作，莫保其性[2]，石言不亦宜乎？"于是晋侯方筑虒祁之宫[3]。叔向曰："子野[4]之言，君子哉！君子之言，信而有征，故怨远于其身；小人之言，僭而无征，故怨咎及之。《诗》曰：'哀哉不能言，匪舌是出，唯躬是瘁。哿矣能言，巧言如流，俾躬处休。'其是之谓乎？是宫也成，诸侯必叛，君必有咎，夫子知之矣。"

今注

1　魏榆：晋地。《汇纂》说："今山西省榆次县西北，有榆次故城，《通典》谓即晋魏榆邑。"

2　莫保其性：春秋时性与生尚通用，莫保其性即莫保其生，人民不能自己保全他的生命。

3　虒祁之宫：《方舆纪要》说："宫在今山西曲沃县西南四十九里，新绛县南六里。"

4　子野：是师旷的字。

今译

八年春天，晋国魏榆地方，有石块会说话。晋侯问师旷说："石头为什么会讲话？"师旷回答说："石头不会说话的，或者有鬼神在石上了。否则便是百姓听错了瞎说。不过臣又听得他人说：'兴造土木的事情，妨害了百姓耕种的时候，便有怨恨的说话，动在民间。那么就有不会说话的东西，却也会说话了。'如今宫室又高大又奢华，人民的精力用尽。怨恨的说话，四面兴起来，百姓都不能保全自己的性命，石块会说话，不是应当的吗？"在这时候，晋侯正在建造虒祁宫。叔向听了这话就说："师旷的话，真是君子说的话。君子的话，是确实有证据的。所以怨恨总远离着他，小人的话，是过分没有证据的，所以仇怨总累及他。《诗经·小雅·雨无正》篇有这样的话：'可悲啊，不能言理的人，并不是不用舌说话，因言而无信，所以自取瘁病。能言理的人，说来头头是道，处身安逸。'就是这个道理了。大约这一所宫造成了，诸侯一定要叛变不服了，君王一定要有灾殃的，师旷已经早知道了！"

经　陈侯之弟招，杀陈世子偃师。夏，四月，辛丑，陈侯溺卒。

经　楚人执陈行人干徵师杀之，陈公子留出奔郑。

传　陈哀公元妃郑姬生悼大子偃师，二妃生公子留，下妃生公子胜。二妃嬖，留有宠，属诸司徒招与公子过[1]，哀公有癈疾，三月甲申，公子招公子过杀悼大子偃师而立公子留。夏，四月，辛亥，哀公缢。干徵师[2]赴于楚，且告有立君。公子胜愬之于楚[3]，楚人执而杀之[4]，公子留奔郑。书曰："陈侯之弟招杀陈世子偃师。"罪在招也。"楚人执陈行人干徵师杀之。"罪不在行人也。

今注

1　招、过：这两人全都是哀公的弟弟。

2　干徵师：陈大夫。

3　公子胜愬之于楚：告诉楚国招同过杀了偃师。

4　楚人执而杀之：杀干徵师。

今译

陈哀公的元妃郑姬生了悼太子偃师，第二妃子生了公子留，下妃生公子胜。二妃很得宠，所以他的儿子也很得宠爱，哀公就把他交给司徒招和公子过（这全是哀公的弟弟）。哀公有不好治的病，三月，甲申，公子招同公子过杀了悼太子偃师，而立了公子留为君。夏，四月，辛亥，哀公自己上吊。陈大夫干徵师到楚国去讣告，并且告诉已经立了君。公子胜并且告诉楚人说公子招同公子过杀了太子偃师，楚国人杀了干徵师，公子留就逃到郑国去。《春秋》上写着："陈侯之弟招杀陈世子偃师。"这个罪在公子招的身上。"楚国人把陈行人干徵师杀掉。"罪状不在陈国行人。

经　叔弓如晋。

传　叔弓如晋，贺虒祁[1]也。游吉相郑伯以如晋，亦贺虒祁也。史赵见子大叔曰："甚哉其相蒙也！可吊也，而又贺之。"子大叔曰："若何吊也？其非唯我贺，将天下实贺[2]。"

今注

1　虒祁：虒音斯。宫名。

2　将天下实贺：天下诸侯全都怕晋国，所以来贺的不只是郑国。

今译

叔弓到晋国去，贺喜虒祁宫修成。郑国游吉为郑伯相礼到晋国去，也是为贺虒祁宫的修成。史赵看见游吉说：“这真是很相蒙蔽，这是一件可吊唁的事，而又去贺他。”游吉说：“为什么可吊唁呢？不只是我贺，天下全应当来贺。”

经 秋，蒐于红。

传 秋，大蒐于红[1]，自根牟至于商卫[2]，革车千乘。

今注

1 红：《方舆纪要》说：“泰安有红亭，即昭公八年大蒐于红是也。”

2 根牟、商、卫：根牟在山东省沂水县南。所谓商卫即鲁与宋卫接境之界。商即宋，王国维在《释商》篇中说得甚详细。

今译

秋天，在红这地方大阅兵，从根牟起一直到宋国同卫国的边境上，共列有战车一千辆。

经 大雩[1]。

今注

1 此经无传。

今译

鲁国行求雨的典礼。

经 陈人杀其大夫公子过。

经 冬，十月，壬午，楚师灭陈，执陈公子招，放之于越，杀陈孔奂。

经 葬陈哀公。

传 七月，甲戌，齐子尾卒，子旗欲治其室，丁丑，杀梁婴[1]。八月，庚戌，逐子成、子工、子车[2]，皆来奔。而立子良氏之宰。其臣曰："孺子[3]长矣，而相吾室，欲兼我也。"授甲将攻之。陈桓子善于子尾，亦授甲将助之。或告子旗，子旗不信，则数人告。将往，又数人告于道，遂如陈氏，桓子将出矣，闻之而还，游服而逆之[4]，请命，对曰："闻彊氏授甲将攻子，子闻诸？"曰："弗闻。""子盍亦授甲，无宇[5]请从。"子旗曰："子胡然？彼孺子也。吾诲之，犹惧其不济，吾又宠秩之[6]，其若先人何？子盍谓之[7]。《周书》曰：'惠不惠，茂不茂[8]。'康叔所以服弘大也。"桓子稽颡曰："顷灵福子，吾犹有望。"遂和之如初[9]。陈公子招归罪于公子过而杀之。九月，楚公子弃疾帅师奉孙吴[10]围陈，宋戴恶[11]会之。冬，十一月，壬午，灭陈。舆嬖袁克杀马毁玉以葬，楚人将杀之，请寘之[12]，既又请私，私于幄，加绖于颡而逃。使穿封戌为陈公，曰："城麇之役不谄。"侍饮酒于王，王曰："城麇之役，女知寡人之及此，女其辟寡人乎？"对曰："若知君之及此，臣必致死礼以息楚。"晋侯问于史赵曰："陈其遂亡乎？"对曰："未也。"公曰："何故？"对曰："陈颛顼之族也，岁在鹑火，是以卒灭，陈将如之。今在析木之津，犹将复由，且陈氏得政于齐，而后陈卒亡。自幕至于瞽瞍无违命，舜重之以明德，寘德于遂，遂世守之，及胡公不淫，故周赐之姓，使祀虞帝。臣闻盛德必百世祀，虞之世数未也，继守将在齐，其兆既存矣。"

今注

1 梁婴：子尾的家宰。

2 子成、子工、子车：皆齐大夫。子成同子工是齐顷公的儿子。子车是齐顷公的孙子。

3 孺子：指子良，子尾之子。

4 游服而逆之：换上游戏的衣服去迎接他。

5　无宇：是陈桓子的名字。

6　吾又宠秩之：我给他立宰来帮助他。

7　子盍谓之：你何不告诉他，叫他不要攻击我。

8　惠不惠，茂不茂：这是《周书·康诰》的一句话。意思说对于没有恩惠的加恩惠，对于不勤勉的劝他勤勉。

9　遂和之如初：调和栾氏同商氏两家。

10　孙吴：悼太子偃师的儿子惠公。

11　戴恶：宋大夫。

12　请寘之：不要管马同玉。

今译

七月甲戌，齐国的子尾死了。子旗想要并管子尾的家政，丁丑，杀掉子尾的家宰梁婴。八月庚戌，驱逐子成、子工、子车，全都逃奔到鲁国来。子旗为子良立了家宰。子良的家臣说："子良已经长大了，你们想管着我们的家，就想兼并我们。"率领着军队将攻子旗。陈无宇素来跟子尾相善，也预备了军队去帮助他。有人去告诉子旗，子旗不相信，就有几人来告诉他。将往子良家去的时候，又碰见好几个人在路上告诉他，子旗就到陈家去了，陈无宇这时将要出来，听说子旗来了，就赶紧回来换了便服来迎接他。子旗问陈无宇到哪里去，他回答说："听说子良要率领军队来攻打你，你听说过吗？"子旗说："没有听说。"陈无宇说："你应该赶紧率领军队，无宇也可以随从你。"子旗说："你为什么如此？他是一个小孩。我教诲他，尚怕不能成功，所以又为他立家宰，我若去攻他，怎么对得起先人呢？你为什么不对他说，使他不要攻击我。《周书》说过：'叫不惠的人，教给他恩惠，不能够勉励的使他勉励。'康叔因此能够行大政。"陈无宇叩头说："希望齐顷公同齐灵公加福给你，也希望你加惠给我。"遂使两家和平如从前一样。陈国公子招把罪状全归到公子过身上，把他杀掉。九月，楚国公子弃疾率领军队侍奉着悼太子偃师的儿子孙吴去围了陈国，宋国大夫戴恶率军队会合他。冬十一月壬午，灭了陈国。陈侯喜欢的人袁克想着杀马毁玉石以葬陈哀公，楚人将要杀他，他就请把马同玉石搁到旁边。后来又请私尽君臣的恩礼，在帐篷里加绖在头上，然后逃走。派穿封戌做陈公，说："城麇这件事你不巴结我。"他侍奉着灵王喝酒，楚王说："城麇那件事，你要早知道我能做王，你是不是会躲避我呢？"回答说："要知道你来日会做王，我一定要杀你，以安定楚国。"晋侯问史赵说："陈就这样亡了吗？"回答说："没有。"晋平公说："为什么呢？"回答说："陈国颛顼的族，颛顼是在鹑火那年灭了，陈也同他一样。现在在析木之津，又将重新兴起来。现在陈氏在齐国得掌政权，所以以后陈才亡国。由舜的先人幕起一直到舜的父亲瞽瞍，他们没有违了天命，后来舜加上明德，这个德行一直得到遂，遂辈辈地看守。到了胡公满不荒淫，所以周给他姓，叫他祭奉舜。我听说盛德的人，必定有百世的祭祀，虞还没有到这数目，接着兴起的人将在齐国，这个预兆已经存在了。"

昭公九年（即公元前五三三年）

经 九年春，叔弓会楚子于陈。

传 九年春，叔弓、宋华亥、郑游吉、卫赵黡会楚子于陈。

今译

九年春，叔弓、宋华亥、郑游吉、卫赵黡和楚王会于陈国。

经 许迁于夷。

传　二月，庚申，楚公子弃疾迁许于夷，实城父[1]，取州来淮北之田[2]以益之。伍举授许男田，然丹迁城父人于陈，以夷濮西田益之[3]，迁方城外人于许。

今注

1　实城父：今安徽省涡阳县西北有城父故城。

2　取州来淮北之田：《正义》说："州来邑民，有田在淮北者，许国尽迁于夷，夷田少，故取以益之。"州来在今安徽省凤台县治。

3　以夷濮西田益之：《水经注》："夏肥水，上承河水，东南迳城父县故城，《春秋》所谓夷田，在濮水西者也。"

今译

二月庚申，楚公子弃疾迁许到夷这地方，这就是城父，取州来淮北的田，以增加许的田地。伍举授许男的田地，然丹迁城父人到陈国去，把濮西的田地增加，迁方城外的人到许国去。

传　周甘人[1]与晋阎嘉争阎田，晋梁丙、张趯率阴戎伐颖[2]，王使詹桓伯[3]辞于晋曰："我自夏以后稷，魏、骀[4]、芮、岐、毕，吾西土也。及武王克商，蒲姑、商奄[5]，吾东土也。巴、濮、楚、邓[6]，吾南土也。肃慎、燕亳[7]，吾北土也。吾何迩封之有？文武成康之建母弟以蕃屏周，亦其废队是为，岂如弁髦而因以敝之。先王居梼杌于四裔，以御螭魅，故允姓之奸居于瓜州[8]，伯父惠公归自秦而诱以来，使偪我诸姬，入我郊甸，则戎焉取之。戎有中国，谁之咎也？后稷封殖天下，今戎制之，不亦难乎？伯父图之。我在伯父，犹衣服之有冠冕，木水之有本源，民人之有谋主也。伯父若裂冠毁冕，拔本塞源，专弃谋主，虽戎狄其何有余一人？"叔向谓宣子曰："文之伯也，岂能改物[9]？翼戴天子而加之以共。

自文以来，世有衰德，而暴蔑宗周，以宣示其侈，诸侯之贰，不亦宜乎？且王辞直，子其图之。”宣子说，王有姻丧，使赵成如周吊，且致阎田与襚，反颍俘。王亦使宾滑[10]执甘大夫襄以说于晋，晋人礼而归之。

今注

1 甘人：就是周甘大夫襄。

2 颍：周邑，在今河南省登封县境。

3 詹桓伯：周大夫。

4 骀：《武功县志》：“古邰城，在今县南八里，后稷始封之国也。”

5 蒲姑、商奄：服虔曰：“蒲姑，齐也。商奄，鲁也。”《一统志》说：在今山东博兴县东北十五里。商奄江永说在今山东省曲阜县东二里。

6 巴、濮、楚、邓：巴在今重庆。濮在今湖北省石首县。楚初居丹阳。邓在今湖北省襄阳县东北。

7 肃慎：在今吉林省。

8 瓜州：在今甘肃敦煌。

9 岂能改物：尚能改正朔易服色吗？

10 宾滑：周大夫。

今译

周的甘人跟晋国的阎嘉争夺阎田，晋国的梁丙、张趯率阴戎去伐颍的地方，周王叫詹桓伯到晋国去责让说：“我自夏朝做后稷的官，魏、骀、芮、岐、毕是我的西土。到武王灭了商以后，蒲姑、商奄就是我的东方土地。巴、濮、楚、邓是我的南方土地。肃慎、燕亳是我的北方土地。我有什么近封的？文王、武王、成王、康王封建母弟是为周室的屏障，也是恐怕后代会废坠衰败，他们就可共谋救助。岂能如童子加冠成礼之后就将始冠丢弃。先王叫坏的人住到四面，以抵抗坏人，所以允姓的奸人住到瓜州，伯父惠公从秦国回来引诱戎人过来，使戎人逼迫我的各姬姓，一直到王室的近处，否则戎人怎能取得周地？戎占据中原，是谁的过错？后稷当初封殖天下，现在反而成了戎人畜牧之地，这真是我的难题。伯父还是细想想。我对于伯父等于衣服有帽子，木水有根源，人民有谋主。伯父你若毁掉帽子，弃掉根源，放弃谋主，那么戎狄眼中更没有我了。”叔向对韩起说：“文公称霸的时候，岂能改正朔易服色？侍奉天子更加恭敬。自文公以来，辈辈有衰微的德行，而毁掉天子，以宣示他的奢侈，诸侯有二心，不也应当吗？且王的文辞很有理，你还是要细想想。”韩起高兴了，因为周王有亲戚的丧事，就叫赵成到周去吊唁，并且还把阎的田地同葬衣，以及颍的俘虏退回去，周王也叫大夫宾滑逮起甘大夫襄以对晋国解释，晋国人礼遣他回来。

经 夏，四月，陈灾。

传 夏，四月，陈灾。郑裨灶曰：“五年，陈将复封，封五十二年而遂亡。”子产问其故，对曰：“陈水属也[1]，火水妃也，而楚所相也[2]，今火出而火陈，逐楚而建陈也，妃以五成，故曰五年。岁五及鹑火，而后陈卒亡，楚克有之，天之道也，故曰五十二年。”

今注

1 陈水属也：陈是颛顼的后人，所以说属于水。

2 而楚所相也：楚是祝融八姓，所以管理水。

今译

夏四月，陈国有火灾。郑国裨灶说：“五年以后，陈将又被封，五十二年就完全灭亡。”子产问他什么缘故，回答说：“陈是属于水，火是水的妃子，而楚国所管理的，现在心星出来，而陈国着火，这是驱逐楚国而重新建立陈国，妃是拿五来算，所以是五年。五次岁星到了鹑火，而后陈国就完全灭亡，楚国就完全占有它，这也是合于天的道理，所以说是五十二年。”

传 晋荀盈如齐逆女[1]，还，六月卒于戏阳[2]。殡于绛，未葬，晋侯饮酒乐，膳宰屠蒯趋入，请佐公使尊，许之。而遂酌以饮工[3]，曰：“女为君耳，将司聪也。辰在子卯[4]，谓之疾日，君彻宴乐，学人舍业，为疾故也。君之卿佐，是谓股肱，股肱或亏，何痛如之？女弗闻而乐，是不聪也。”又饮外嬖嬖叔[5]曰：“女为君目，将司明也。服以旌礼[6]，礼以行事，事有其物，物有其容，今君之容，非其物也[7]，而女不见，是不明也。”亦自饮也，曰：“味以行气，气以实志，志以定言，言以出令。臣实司味[8]，二御失官，而君弗命，臣之罪也。”公说，彻酒。初，公欲废知氏而立其外嬖，为是悛而止。秋，八月，使荀跞[9]佐下军以说焉。

今注

1 荀盈如齐逆女：他往齐国去迎接他的夫人。

2 戏阳：卫地，《一统志》说：“在今河南内黄县北”，另据《河南通志》说：“在安阳县东二十五里。”因为两县壤地相接近。

3 以饮工：工是乐师师旷，屠蒯使他饮酒。

4 辰在子卯：传说纣在甲子这天死，夏桀在乙卯这天死，所以俗以为凶日。

5 外嬖嬖叔：外邑的嬖大夫，按《礼记》以为李调。

6 服以旌礼：衣服以表示礼。

7 非其物也：晋国有卿丧，而晋君饮酒奏乐，所以说非其物。

8　臣实司味：膳夫当然是掌管和味的。

9　荀跞：是荀盈的儿子。

今译

晋国荀盈到齐国去迎接他的夫人，回来六月就死在戏阳这地方。后来在绛这地方出殡，还没有下葬。晋平公喝酒很乐，厨子头目屠蒯进去了，请求斟酒佐饮，晋平公答应他了。他就酌酒给师旷喝，并且说："你是君的耳朵，将管理君的耳聪。日子在子卯这天，叫作坏的日子，君取消了宴乐，学人全离开功课，为的疾日的关系。现在君的卿佐等于股肱一样，股肱坏了，这是怎么样的痛苦，你不注意这件事，而反作乐，这是不聪明的。"又给晋平公的外嬖嬖叔饮酒说："你是君的眼睛，等于管看事情。衣服是表示礼，礼为的办事，事全有他的物类，物类有它的容貌，现在君的容貌不合于他的物类，而你看不见，这是目不明。"又自己喝了杯酒说："味道是行气的，气味是安定志向，志向是安定言语，言语以发出命令，我实在是管味道的，他们两人未尽到职责，而君不发令处分，这是我的罪过。"晋平公听说很高兴，撤除喝酒。最初，他想废掉知氏，而立他外嬖的臣，因为这缘故，就改变了。八月，叫荀跞为下卿佐，用来解释这件事。

经　秋，仲孙貜如齐。

传　孟僖子如齐殷聘[1]，礼也。

今注

1　殷聘：自襄公二十年叔老聘齐，至今已二十年。殷是盛大的意思。

今译

仲孙貜到齐国去，为的加以聘问，合于礼的。

经 冬，筑郎囿。

传 冬，筑郎囿[1]，书时也，季平子欲其速成也。叔孙昭子曰："《诗》曰：'经始勿亟，庶民子来[2]。'焉用速成，其以勦民[3]也。无囿犹可，无民其可乎？"

今注

1 郎囿：在今山东省曲阜市近处，与郎台相近。

2 经始勿亟，庶民子来：《诗经·大雅·灵台》的一句，意思是说虽非急于完成，可是人民会自动来工作。

3 勦民：劳苦人民。

今译

冬天，修筑郎囿，这为的说是很合于时宜，季孙意如愿意它赶紧成功。叔孙婼说："《诗经·大雅》说：'开始不要很快，庶民全都来了。'何必赶紧成功，专为它劳苦人民。没有花园还可以，没有人民可以吗？"

昭公十年（即公元前五三二年）

经 十年，春，王正月。

传 十年，春，王正月，有星出于婺女[1]，郑裨灶言于子产曰："七月戊子，晋君将死。今兹岁在颛顼之虚[2]，姜氏任氏实守其地，居其维首[3]，而有妖星焉，告邑姜也。邑姜，晋之妣也。天以七纪，戊子逢公以登[4]，星斯于是乎出，吾是以讥之。"

今注

1 有星出于婺女：杜预说星是"客星"在婺女星中出现。

2 今兹岁在颛顼之虚：现在岁星行经玄枵，玄枵也名为颛顼之虚。

3　居其维首：客星在玄枵的首。

4　戊子逢公以登：逢公是商代诸侯，葬在齐国地方。

今译

十年，春，王正月，有一个星在婺女星群中出现，郑国裨灶对子产说："晋国君七月戊子这天将死。今年岁星在玄枵，这个地方是由姜氏同任氏看守的，在他的开首，就有妖星，这是通知邑姜，邑姜是晋国的始妣。天上分为七纪，戊子这天是逢公的死日，恰好星星也出来，我是用它占卜而知道晋君必死这件事。"

经　夏，齐栾施来奔。

传　齐惠栾高氏[1]皆嗜酒，信内多怨[2]，彊于陈鲍氏而恶之。夏，有告陈桓子曰："子旗、子良将攻陈鲍。"亦告鲍氏。桓子授甲而如鲍氏，遭子良醉而骋[3]，遂见文子[4]，则亦授甲矣。使视二子[5]，则皆将饮酒[6]。桓子曰："彼虽不信，闻我授甲，则必逐我。及其饮酒也，先伐诸。"陈鲍方睦，遂伐栾高氏。子良曰："先得公，陈鲍焉往？"遂伐虎门[7]。晏平仲端委立于虎门之外。四族[8]召之，无所往。其徒曰："助陈鲍乎？"曰："何善焉？""助栾高乎？"曰："庸愈乎？""然则归乎？"曰："君伐焉归？"公召之而后入。公卜使王黑以灵姑銔率[9]，吉，请断三尺焉而用之。五月，庚辰，战于稷[10]，栾高败，又败诸庄。国人追之，又败诸鹿门[11]，栾施高彊来奔。陈鲍分其室。晏子谓桓子必致诸公，让，德之主也，让之谓懿德[12]。凡有血气，皆有争心，故利不可强，思义为愈。义利之本也。蕴利生孽，姑使无蕴乎？可以滋长。桓子尽致诸公，而请老于莒。桓子召子山[13]，私具幄幕器用从者之衣屦，而反棘焉[14]。子商亦如之，而反其邑。

子周亦如之，而与之夫于[15]。反子城、子公、公孙捷[16]而皆益其禄。凡公子公孙之无禄者，私分之邑，国之贫约孤寡者私与之粟。曰：“《诗》云：‘陈锡载周[17]。’能施也。桓公是以霸。”公与桓子莒之旁邑，辞。穆孟姬[18]为之请高唐，陈氏始大。

今注

1 齐惠栾高氏：按《世本》齐惠公有二子：子栾、子高，以后为栾氏高氏。

2 信内多怨：信妇人的话而外多怨望。

3 遭子良醉而骋：恰遇见子良醉，陈桓子遂乘马快走。

4 文子：就是鲍国。

5 二子：子旗、子良。

6 将饮酒：《校勘记》说：“石经、宋本、淳熙本、岳本、纂图本、监本、毛本从作将是也。”今照改从之。

7 遂伐虎门：虎门是公宫的门。

8 四族：就是栾氏、高氏、陈氏、鲍氏。

9 公卜使王黑以灵姑銔率：王黑是齐大夫，灵姑銔是公所用旗名为交龙形，音处。

10 稷：齐都城中祭后稷的地方，战国时有稷下，当离此不远。

11 鹿门：齐国都城城门名。

12 让谓之懿德：按：阮刊误作“谓懿德”，今据《四部丛刊》宋本增补。

13 子山：子商的儿子，为襄公三十一年所逐群公子中的一个。

14 而反棘焉：将他的封邑棘还给他，据《山东通志》说：“在临淄县西北境，有棘里亭。”

15　夫于：《山东通志》说："今山东长山县南三十里，有夫于村。"

16　子城、子公、公孙捷：子城、子公，顷公的儿子；公孙捷，顷公的孙子。

17　陈锡载周：《诗经·大雅》的一句，意思是说文王能布大利于天下，并能行之周遍。

18　穆孟姬：景公的母亲。

今译

齐国栾氏高氏全都很喜欢喝酒，很听信女人的话，并且对外多怨恨，他比陈鲍两氏有势力而又恨他们。夏天，有人告诉陈无宇说："子旗同子良将攻打陈鲍两氏。"也告诉鲍氏如此说。陈无宇领着军队到鲍氏去，碰见子良喝醉了，就赶紧走开，去见鲍国，哪知鲍国也已经预备军队了。叫人看子旗同子良，他们全将喝酒。陈无宇说："他们所说的虽不可靠，但是听说我们预备军队，则必定要打我们，不如乘着他们饮酒的时候先打他们。"陈鲍这时方很和睦，就打栾高氏。子良说："先得到齐景公，陈鲍将要往哪里去。"于是就攻打虎门。晏婴穿着朝服，立在虎门的外头。栾、高、陈、鲍四族来叫他，全都不去。他的属下说："帮助陈鲍吗？"回答说："有什么好处？""帮助栾高吗？"说："也差不多少。""那么就回去吗？"说："公在这儿打仗，到哪里去呢？"公叫他进去，就进宫了。齐景公占卜，派齐大夫王黑拿着灵姑鉟的旗子打仗，很吉祥，请把他断了三尺再用。五月庚辰，在稷那地方打仗，栾高打败，又在大车道上打，他又打败。齐国人追逐他，又把他们打败在鹿门城门，于是子旗和子良逃奔到鲁国。陈鲍分了他的家产。晏婴告诉陈无宇，必定要交给齐景公，让是德行的主要，让就是懿德。凡有血气的都有争心，所以好处不可以强取，想到义更好。义是利的本源。盲目求利是有害的，不要唯利是求吧，求利会滋长灾害。陈无宇把他全交给景公，请归老到莒这地方去。陈无宇叫子山来，给他各种的器具，随从人的衣服，把原封邑棘这地方还给他。对子商也是如此办理，把原封邑还给他。对子周也如此，又给他夫于的地方。叫回子城、子公、公孙捷，全给他们增加俸禄。凡公子公孙没有俸禄的，陈无宇偷着给他田地，国里头穷苦的，就给他粟。陈无宇说："《诗经·大雅》说：'周文王把大利普遍施给天下。'就因为文王能施舍，齐桓公也就因能施舍称了霸主。"齐景公给陈无宇莒旁边的邑，他辞谢不受。景公的母亲替他要请高唐这地方，陈氏才开始发展。

经 秋，七月，季孙意如、叔弓、仲孙貜帅师伐莒。

传 秋，七月，平子伐莒，取郠[1]，献俘，始用人于亳社。臧武仲在齐闻之，曰："周公其不飨鲁祭乎？周公飨义，鲁无义。《诗》曰：'德音孔昭，视民不佻[2]。'佻之谓甚矣，而壹用之[3]，将谁福哉？"

今注

1 郠：莒邑，《汇纂》说："在今山东沂水县东境。"

2 德音孔昭，视民不佻：这是《诗经·小雅》中的诗句，意思是说他的德行声誉很盛，必能厚爱人民。

3 而壹用之：将人民与畜生同类用。

今译

秋天七月，季孙意如伐莒，占据郠的地方，献俘囚，用人来祭亳社。臧孙纥在齐国听说："周公要不飨鲁国祭祀了？周公是飨义，鲁国无义。《诗经·小雅》说：'他的德行声誉很盛，看见人民没有不爱。'不爱就不成，而把人同畜生一起用，将谁给他福禄呢？”

经 戊子，晋侯彪卒。

经 九月，叔孙婼如晋。

经 葬晋平公。

传 戊子，晋平公卒。郑伯如晋，及河，晋人辞之，游吉遂如晋。九月，叔孙婼、齐国弱、宋华定、卫北宫喜、郑罕虎、许人、曹人、莒人、邾人、滕人、薛人、杞人、小邾人如晋，葬平公也。郑子皮将以币行[1]。子产曰：“丧焉用币？用币必百两[2]，百两必千人，千人至，将不行，不行必尽用之[3]，几千人而国不亡？”子皮固请以行。既葬，诸侯之大夫欲因见新君。叔孙昭子曰：“非礼也。”弗听，叔向辞之曰：“大夫之事毕矣，而又命孤，孤斩焉在衰绖之中，其以嘉服见，则丧礼未毕，其以丧服见，是重受吊也，大夫将若之何？”皆无辞以见。子皮尽用其币，归谓子羽曰：“非知之实难，将在行之。夫子知之矣，我则不足，《书》曰：‘欲败度，纵败礼[4]。’我之谓矣。夫子知度与礼矣，我实纵欲而不能自克也。”昭子至自晋，大夫皆见，高彊见而退。昭子语诸大夫曰：“为人子不可不慎也哉。昔庆封亡，子尾多受邑，而稍致诸君，君以为忠而甚宠之。将死，疾于公宫[5]，辇而归，君亲推之[6]。其子不能任，是以在此。忠为令德，其子弗能任，罪犹及之，难不慎也。丧夫人之力，弃德旷宗，以及其身，不亦害乎？《诗》曰：‘不自我先，不自我后[7]。’其是之谓乎。”

今注

1　郑子皮将以币行：见新君所用的贽币。

2　百两：载币必须用车百辆。

3　不行必尽用之：若不能见新君，势必将所带费用用完。

4　欲败度，纵败礼：这是《逸书》中的一句，意思是私欲使法度败坏，放纵使礼节败坏。

5　疾于公宫：子尾在齐景公宫中有了病。

6　君亲推之：阮刊本误作“吾亲推之”，今从《四部丛刊》本改正。

7　不自我先，不自我后：这是《诗经·小雅》的一句诗，意思是不在我以前，也不在我以后。

今译

戊子这天，晋平公死了。郑伯到晋国去，到了河边，晋国人辞谢他。游吉就到晋国去了。九月，鲁国叔孙婼、齐国弱、宋华定、卫北宫喜、郑子皮、许人、曹人、莒人、邾人、滕人、薛人、杞人、小邾人都到晋国去给晋平公行葬礼。郑国子皮将带着货币去。子产说：“丧事何必用币呢？用币必定有一百辆车，一百辆车必定一千个人，一千个人到了将不得行见新君之礼，势必将所带费用用完。假使有几次千人之行，国家哪能不亡呢？”子皮一定要求带着走。既而晋平公下葬以后，诸侯各大夫们，想着见新的君。叔孙婼说：“这不合于礼的。”大家全不听。晋国的叔向辞谢说：“你们的事现在全完了，又想见我新君，而我新君还在居丧期中，假设穿着礼服来见，现在丧礼还没有完；穿着丧服来见，等于再受吊唁。你们怎么办呢？”他们全没法回答。子皮用尽了他的货币，回到郑国告诉子羽说：“不是知道的难，实在是办的难。子产已经知道了，我就不够。《逸书》说：‘私欲败了法度，骄纵败了礼节。’我就是如此，子产知道度跟礼，我实在骄纵欲望，而不能克制自己。”叔孙婼从晋国回来，大夫们全来见。子良一见就走了。叔孙婼告诉大夫们说：“做人的儿子不可以不谨慎。从前庆封败亡了，子尾得的邑很多，慢慢还给齐景公，齐君以为他很忠心，很宠爱他。子尾将死时，是在公的宫中病了，把他用车推回去，齐景公亲自推他。而他的儿子不能担任，所以在鲁国。忠是令德，他的儿子不能担任，终于受罪，这是他不谨慎的缘故。丢掉他父亲的力量，丢掉德行，而毁掉宗，连到他自己身上，这不是有害吗?《诗经》说：‘不在我以前，也不在我以后。’就是指着这件事说的。”

经 十有二月，甲子，宋公成卒。

传 冬，十二月，宋平公卒。初，元公[1]恶寺人柳，欲杀之。及丧，柳炽炭于位，将至则去之。比葬，又有宠。

今注

1 元公：宋平公的太子佐。

今译

冬十二月，宋平公死了。最初他的儿子元公，不喜欢寺人柳，想把他杀掉。至发生了丧事，寺人柳在他的位子烧炭暖地，等到元公来时，就去掉炭。等到下葬以后，就有了宠爱。

昭公十一年（公元前五三一年）

经 十有一年，春，王二月，叔弓如宋。

经 葬宋平公。

传 十有一年，春，王二月，叔弓如宋，葬平公也。

今译

十一年春，王二月，叔弓到宋国去，为的是宋平公的葬礼。

经 夏，四月，丁巳，楚子虔诱蔡侯般，杀之于申，楚公子弃疾帅师围蔡。

传 景王问于苌弘曰："今兹诸侯，何实吉，何实凶？"对曰："蔡凶，此蔡侯般弑其君之岁也，岁在豕韦，弗过此矣。楚将有之，然壅也[1]。岁及大梁，蔡复楚凶，天之道也。"楚子在申，召蔡灵侯，灵侯将往，蔡大夫曰："王贪而无信，唯蔡于感[2]，今币重而言甘，诱我也，不如无往。"蔡侯不可。三月，丙申，楚子伏甲而飨蔡侯于申，醉而执之。夏，四月，丁巳，杀之，刑其士七十人。公子弃疾帅师围蔡。韩宣子问于叔向曰："楚其克乎？"对曰："克哉。蔡侯获罪于其君[3]，而不能其民，天将假手于楚以毙之，何故不克？然肸闻之，不信以幸，不可再也。楚王奉孙吴以讨于陈曰：'将定而国。'陈人听命，而遂县之。今又诱蔡而杀其君，以围其国，虽幸而克，必受其咎，弗能久矣！桀克有缗以丧其国，纣克东夷而陨其身，楚小位下而亟暴于二王，能无咎乎？天之假助不善，非祚之也，厚其凶恶，而降之罚也。且譬之如天，其有五材而将用之，力尽而敝之，是以无拯，不可没振[4]。"

今注

1　壅也：这是壅积坏事。

2　唯蔡于感：感通憾。就是他常恨蔡国。

3　蔡侯获罪于其君：就是指蔡侯曾经弑自己的父亲而做君。

4　不可没振：不可以再振兴。

今译

周景王问周大夫苌弘说："今年哪个诸侯是吉，哪个诸侯是凶。"他回答说："蔡国凶，这就是蔡侯般杀他君那一年，那一年岁星在豕韦，不能再过这一年了。楚国将占据它，这是蔡侯累积坏事的后果。等到岁星到了大梁，蔡侯就将复国，那时楚国凶，这是天的道理。"楚灵王在申这地方，召见蔡灵侯，蔡灵侯想去，蔡大夫们说："楚王贪心而没有信实，只是恨蔡国，现在他的布币很重而说的话很好听，这是引诱我，不如不要去。"蔡侯不听。三月丙申，楚王埋伏下军队，而飨宴蔡灵侯在申这地方，把他灌醉就逮捕起来。夏四月丁巳，把他杀了，同时杀了他的人七十个。派了公子弃疾去围了蔡国都城。韩起问叔向说："楚国能够成功吗？"回答说："一定成功。蔡灵侯杀他的父亲而自立，又不能施德于人民，上天想利用楚国来杀他，为什么不可以成功呢？但是我听说，用不信实幸而成功，可一而不可再。楚王奉孙吴去讨伐陈国说：'我将安定你的国家。'陈人就听从他的命令，楚国就把他变成县。现在引诱蔡国，可是把他的君杀掉，又围了他的都城，虽然幸而成功，必受到他的祸难，不能够长久了！从前夏桀对有缗成功了，而丢掉他的国家，商纣对东夷成功了，而自己毁了他的身体。楚国较小，而位置较低下，但是他比桀、纣两个王全都坏，能够没有罪咎吗？上天有时帮助不善的人，这不是使他可以长久，是增加他的凶恶，然后下降惩罚。譬如上天一样，他有金、木、水、火、土五种材料，全可以用，等到力量尽的时候就毁了他，所以是没有救的，坏了以后，没有方法再重新振兴起来。"

经 五月，甲申，夫人归氏薨。

经 大蒐于比蒲。

传 五月，齐归薨[1]。大蒐于比蒲[2]，非礼也。

今注

1 齐归：是昭公的母亲。齐是谥号，归是姓。

2 比蒲：即鲁国东门外的蒲圃。

今译

五月昭公的母亲齐归死了。鲁国在比蒲这地方打猎，这也不是合礼的。

经 仲孙貜会郳子盟于祲祥。

传 孟僖子会郳庄公，盟于祲祥[1]脩好，礼也。泉丘[2]人有女，梦以其帷幕孟氏之庙，遂奔僖子，其僚从之。盟于清丘之社，曰："有子无相弃也。"僖子使助薳氏之簉[3]。反自祲祥，宿于薳氏，生懿子及南宫敬叔于泉丘人[4]，其僚无子，使字敬叔。

今注

1 祲祥：在今山东省滋阳县境。

2 泉丘：在今山东省宁阳泗水间。

3 助薳氏之簉：帮助薳氏的副妾。副妾是第二等的妾。

4 生懿子及南宫敬叔于泉丘人：他与泉丘人生了孟懿子同南宫敬叔。杜预说似乎是双生。

今译

仲孙貜同郳庄公在祲祥这地方盟会修好，这是合于礼的。泉丘人有个女子，梦见用她的帷帐来罩到孟氏的庙上，她就奔去找孟孙貜，她的邻女跟她一同去，二女在清丘之社盟誓说："有了儿子，谁也不能抛弃谁。"孟孙貜叫她们帮助他的副妾薳氏。从祲祥回来，就在薳氏那儿住着，泉丘女子生了孟懿子同南宫敬叔，她的邻女没有儿子，就叫她养着敬叔。

传 楚师在蔡，晋荀吴谓韩宣子曰："不能救陈，又不能救蔡，物以无亲，晋之不能，亦可知也。已为盟主，而不恤亡国，将焉用之？"

今译

楚国军队在蔡国都城，晋国荀吴对韩起说："不能够救陈，又不能救蔡，对各种人事，全不亲爱，晋国的无能力，也就可以知道，做盟主而不怜恤亡的国家，那有什么用处呢？”

经 秋，季孙意如，会晋韩起，齐国弱，宋华亥，卫北宫佗，郑罕虎，曹人、杞人于厥慭。

传 秋，会于厥慭[1]，谋救蔡也。郑子皮将行，子产曰：“行不远，不能救蔡也。蔡小而不顺，楚大而不德，天将弃蔡以壅楚，盈而罚之[2]，蔡必亡矣，且丧君而能守者鲜矣！三年，王其有咎乎？美恶周必复，王恶周矣[3]。”晋人使狐父[4]请蔡于楚，弗许。

今注

1 厥慭：《大事表》说：“在今河南省新乡县境。”

2 盈而罚之：使楚的恶贯满盈再来惩罚他。

3 王恶周矣：王的罪恶已经到岁星一周。

4 狐父：晋大夫。

今译

秋天，在厥慭会盟，这是打算救蔡国。郑国子皮将去，子产说：“到蔡国的路并不远，此去也不能救蔡国。蔡国小而不顺从，楚国大而没有道德。上天将丢掉蔡国，以增加楚国的坏事，楚国坏事满了，上天就降给他惩罚。蔡必定亡了，并且丢掉了君而能守着国家，这是很少的，三年以后楚王恐怕有灾殃，美同恶只能转一个圈，楚王的恶已经转一圈了。”晋国派他的大夫狐父请求释放蔡国，楚国不答应。

传 单子会韩宣子于戚，视下言徐，叔向曰：“单子其将死乎？朝有著定[1]，会有表，衣有襘，带有结。会朝之言必闻于表著之位，所以昭事序也。视不过结襘之中，所以道容貌也。言以命之，容貌以明之，失则有阙。今单子为王官伯而命事于会，视不登带，言不过步，貌不道容而言不昭矣。不道不共，不昭不从，无守气矣。”

今注

1 朝有著定：每上朝的时候，有一定的地位。

今译

周国的卿士单成公到戚这地方会见晋国的韩起，眼睛向下看而说话很慢。叔向就说："单成公恐怕要死了。上朝的时候必有定次，开会时一定有表位，衣服上有领子，带子上有结，朝会说的话必定是表位的地方能听见，所以使人能够明白事理。看东西不过领子同衣带的中间，所以表示他的容貌。语言以表示命令，用容貌来说明，失掉就有阙失。现在单成公做周王的卿士，而来这里开会，眼睛不在带子以上，说的话使听见的人不能超过一步，貌不能说明他的样子，而言语不能使人听见。不道就不恭，不使人听见就不能服从，这已经没有守体的神气了。”

经 九月，己亥，葬我小君齐归。

传 九月，葬齐归，公不慼。晋士之送葬者归以语史赵。史赵曰："必为鲁郊[1]。"侍者曰："何故？"曰："归姓也。不思亲，祖不归也。"叔向曰："鲁公室其卑乎？君有大丧，国不废蒐，有三年之丧而无一日之慼，国不恤丧，不忌君也。君无慼容，不顾亲也。国不忌君，君不顾亲，能无卑乎？殆其失国。"

今注

1 必为鲁郊：必定在鲁国的郊外。

今译

九月，葬齐归，昭公不难过。晋国人来送葬的回去告诉史赵，史赵说："昭公必定被赶出到郊野去。"旁边人问："这什么缘故？"史赵说："他是归姓之子，不想他的母亲，祖先不会来保佑。"叔向说："鲁国的公室恐怕要卑下了？国君有大的丧事，而国家不废除在比蒲的大蒐，有三年的丧事，而没有一天的慼慼，国家不怜恤丧事，这是不怕鲁君，国君没有悲慼的容貌，是不管他的母亲。国家不怕君，君不管他的母亲，能不卑下吗？恐怕要丢掉国家了。"

经 冬，十有一月，丁酉，楚师灭蔡，执蔡世子有以归用之。

传 冬，十一月，楚子灭蔡，用隐大子于冈山[1]，申无宇曰："不祥，五牲不相为用，况用诸侯乎？王必悔之。"

今注

1 用隐大子于冈山：把蔡灵公的太子，在冈山来用作祭祀。冈山是地名，《方舆纪要》说："今河南上蔡县东十五里有蔡冈，是为冈山。"隐太子是蔡侯庐的父亲。

今译

冬十一月，楚王把蔡国灭掉，用隐太子在冈山祭祀，申无宇说："这不祥，牛、羊、鸡、犬、豕五牲不能互相使用，何况用诸侯呢？王将来必定后悔。"

传 十二月，单成公卒。

今译

十二月，单成公死了。

传 楚子城陈、蔡不羹[1]，使弃疾为蔡公。王问于申无宇曰："弃疾在蔡何如？"对曰："择子莫如父，择臣莫如君。郑庄公城栎[2]而寘子元焉，使昭公不立。齐桓公城穀[3]而寘管仲焉，至于今赖之。臣闻五大不在边，五细不在庭，亲不在外，羁不在内。今弃疾在外，郑丹在内[4]，君其少戒。”王曰：“国有大城何如？”对曰：“郑京栎实杀曼伯，宋萧亳实杀子游[5]，齐渠丘实杀无知[6]，卫蒲戚实出献公[7]。若由是观之，则害于国。末大必折，尾大不掉[8]，君所知也。”

今注

1 不羹：《一统志》说：“东不羹在河南舞阳县西北，西不羹在襄城县东南二十里，俗呼尧城。”

2 栎：在今河南省禹县。

3 穀：齐邑，今山东省东阿县治。

4 郑丹在内：在襄公十九年，郑丹奔到楚国去。

5 宋萧亳实杀子游：在鲁庄公十二年时。

6 齐渠丘实杀无知：在鲁庄公九年。

7 卫蒲戚实出献公：蒲是宁殖的邑，戚是孙林父的邑。就把卫献公驱逐出去，在鲁襄公十四年。

8 末大必折，尾大不掉：末端要是太大了必定折断，尾巴大了就没法周旋。

今译

楚子大修陈蔡两个不羹的城，派弃疾做蔡公。楚王就问申无宇说：“弃疾在蔡怎么样？”回答说：“选择儿子莫如父亲，选择臣莫如君。郑庄公修了栎这个城，而把子元搁在那里，就因此昭公不能立。齐桓公修穀这个城，而将管仲摆在那里，到现在全仰仗着他。我听说五种大臣不能在边疆上，五种小臣不能在朝廷里边，亲不能在外面，逃来的人不能在里面。现在弃疾在外面，郑丹在里面，你可以稍为戒备了。”王又说：“国家有大城怎么样？”回答说："郑国的京栎两城，实在杀了曼伯，宋国的萧亳两城，实在杀了子游，齐国渠丘实在杀了无知，卫国蒲戚两城，实在使献公出奔。要由这里看起来，大城就有害于国家。树的末尾大必定断，鱼的尾大就没有方法转，这是君所知道的。"

昭公十有二年（公元前五三〇年）

经 十有二年，春，齐高偃帅师纳北燕伯于阳。

传 十二年，春，齐高偃纳北燕伯款于唐，因其众也[1]。

今注

1 因其众也：因为唐地众人希望他回来。

今译

十二年春天，齐国的高偃把北燕伯款送回到唐，这是因为唐地众人希望他回来。

经 三月，壬申，郑伯嘉卒。

传 三月，郑简公卒，将为葬除[1]，及游氏之庙，将毁焉。子大叔使其除徒执用以立，而无庸毁，曰："子产过女，而问何故不毁。乃曰：'不忍庙也。'诺，将毁矣。"既如是，子产乃使辟之。司墓之室有当道者[2]，毁之则朝而塴[3]，弗毁则日中而塴，子大叔请毁之曰："无若诸侯之宾何？"子产曰："诸侯之宾能来会吾丧，岂惮日中？无损于宾而民不害，何故不为？"遂弗毁，日中而葬。君子谓子产于是乎知礼，礼无毁人以自成也。

今注

1 将为葬除：为下葬开辟道路。

2 司墓之室有当道者：管墓地的人住的房子，有挡着道路的。

3　毁之则朝而塴：要毁了这个房子，早晨就可以下棺材。

今译

三月，郑简公死了，将为葬事而开辟道路，到了游氏的庙中，将把庙毁掉。游吉叫他们的人拿着毁庙用具站到那里，但是不要将庙毁掉，就告诉他们说："子产要来了，问你们为什么不毁庙，就说：'这是不忍毁这庙。'如果你们答应诺，那就要毁庙了。"既然这样回答，子产就叫他们避开这里。有一个管坟的房子，恰好挡着这个道路，要毁掉他，早晨就可以下棺材，要不毁就中午才能下棺材，游吉请求毁掉这个房屋，说："不要使诸侯的客人因为这个缘故，而留得过久？"子产就说："诸侯的客人可以来会同我们下葬，难道怕过了中午？既然对宾客没有损失，对人民没有害处，那为什么不做呢？"于是就没有毁，中午才下葬。君子说子产很知道礼，论礼是不要毁人以自己成全。

经　夏，宋公使华定来聘。

传　夏宋华定来聘，通嗣君也，享之，为赋《蓼萧》[1]，弗知又不答赋。昭子曰："必亡。宴语之不怀，宠光之不宣，令德之不知，同福之不受，将何以在？"

今注

1　《蓼萧》：这是《诗经·小雅》的一篇。

今译

夏天宋国华定来聘问，这是为的宋元公新即位的缘故。给他宴享，为他歌唱《蓼萧》这篇诗，华定不懂，又不能回答赋诗。叔孙婼说："他必定逃亡，对于宴会语言也不想，对于优待他也不宣扬，令德也不知道，同享天禄也不接受，他怎么能够存在呢？"

传 齐侯、卫侯、郑伯、如晋，朝嗣君也。

今译

齐侯、卫侯、郑伯全到晋国，为朝晋昭公的缘故。

经 公如晋，至河乃复。

传 公如晋，至河乃复。取郠之役[1]，莒人愬于晋，晋有平公之丧，未之治也，故辞公，公子慭[2]遂如晋。晋侯享诸侯，子产相郑伯，辞于享，请免丧而后听命。晋人许之，礼也。晋侯以齐侯晏，中行穆子相，投壶，晋侯先。穆子曰："有酒如淮，有肉如坻，寡君中此，为诸侯师。"中之。齐侯举矢曰："有酒如渑，有肉如陵，寡人中此，与君代兴。"亦中之。伯瑕谓穆子曰："子失辞，吾固师诸侯矣，壶何为焉，其以中隽也。齐君弱吾君，归弗来矣。"穆子曰："吾军帅彊御，卒乘竞劝，今犹古也，齐将何事？"公孙傁[3]趋进曰："日旰君勤，可以出矣。"以齐侯出。

今注

1 取郠之役：在鲁昭公十年。

2 公子慭：鲁大夫。

3 公孙傁：齐大夫。

今译

鲁昭公也到晋国，到了河边上就回来了。因为占领郠这件事，莒国人到晋国指控鲁国，晋国恰好有平公的丧事，所以没法管这件事，就辞让昭公不要去，鲁大夫公子慭就到晋国去。晋昭公享宴诸侯，子产给郑伯相礼，郑伯辞掉享宴，因为郑简公还没有下葬，请求免丧之后再听从晋国的命令，晋国人答应他，这是很合礼的。晋昭公宴齐侯，荀吴相礼，行投壶的礼节，晋侯先投壶，荀吴说："有酒跟淮水一样，跟坻山那么多的肉，寡君要投壶中了，就做诸侯的师。”投壶果然中了。齐侯也举起投壶的箭说：“有酒跟渑水那么多，有肉如山陵，寡人投壶若中了，就跟你晋君代兴。”也投中了。伯瑕对荀吴说：“你说错话了，我已经做诸侯的老师了，壶有什么用，以为投中就奇怪吗？齐国君看不起我们君，回去就不再来。”荀吴说：“我的军队很强盛，将士全都很努力，现在同古代一样，齐国有什么办法呢？”齐大夫公孙傁跑进去说：“天色已晚，人君也劳累了，我们可以出去了。”就领着齐侯出去。

经 五月，葬郑简公，楚杀其大夫成熊。

传 楚子谓成虎若敖之余也，遂杀之，或谮成虎于楚子，成虎知之而不能行。书曰：楚杀其大夫虎，怀宠也[1]。

今注

1 怀宠：他因为怀念楚王的宠爱。

今译

楚子说成虎是若敖的余党，就把他杀掉了。有人对楚王说成虎的坏话，成虎已经知道，但是他不能走。《春秋》上写着楚子杀他大夫成虎，这是因为成虎怀念楚王的宠爱。

传 六月，葬郑简公。

今译

六月，葬郑简公。

经 秋，七月。

传 晋荀吴伪会齐师者，假道于鲜虞[1]，遂入昔阳[2]。秋，八月，壬午，灭肥[3]，以肥子绵皋归。

今注

1　鲜虞：友人陈槃先生说："以昭十五年《左传》：'晋荀吴帅师伐鲜虞。'《晋语》作：'中行穆子帅师伐狄。'荀吴即中行穆子，彼云伐鲜虞，此云伐狄，是鲜虞狄类。"杜注似无误。又钱大昕《通鉴》注，引《姓谱》云："武王封箕子于朝鲜，支子仲食采于于，因以鲜于为氏。是鲜虞与鲜于，是一非二矣。初封为子姓国，其后晋灭子姓之鲜虞而封以姬姓，故曰先子姓，后姬姓耳。"（见《春秋大事表譔异》续编四）。

2　昔阳：程发轫先生说："此年之昔阳当以今河北省晋县为最确。"

3　肥：《汇纂》说："即今河北藁城县西南七里之肥累城是也。"

今译

晋荀吴假作会合齐国军队，在鲜虞借道，就攻入昔阳。秋天八月壬午，灭掉肥，逮着肥子绵皋回到晋国。

传　周原伯绞虐。其舆臣使曹逃[1]。冬，十月，壬申，朔，原舆人逐绞而立公子跪寻[2]，绞奔郊[3]。

今注

1　使曹逃：叫他们一起逃走。

2　跪寻：是绞的弟弟。

3　郊：周地。案《方舆纪要》说："河南巩县西南五十八里，有郛城。周郛邑也。《左传·昭公二十三年》'王师晋师围郊，郊郛溃。'是年'绞奔郊'应即此。"

今译

周国大夫原伯绞暴虐，他的众臣就使大伙一起逃走。冬天十月壬申朔，原国的众人驱逐了原伯绞，而立了他弟弟公子跪寻，绞就逃到郊这个地方去了。

传 甘简公[1]无子，立其弟过。过将去成景之族[2]。成景之族赂刘献公[3]。丙申，杀甘悼公[4]，而立成公之孙鳍。丁酉，杀献大子之傅庚皮之子过，杀瑕辛于市，及宫嬖绰、王孙没、刘州鸠、阴忌、老阳子[5]。

今注

1 甘简公：周卿士。

2 成景之族：甘成公同甘景公全是甘过的祖先。

3 刘献公：刘定公的儿子，也是周卿士。

4 甘悼公：即甘过。

5 瑕辛、宫嬖绰、王孙没、刘州鸠、阴忌、老阳子：六人都是周大夫，全是甘悼公的党羽。

今译

甘简公没有儿子，立了他的弟弟甘过。甘过想着去掉甘成公同甘景公的后人。甘成公同甘景公的后人就贿赂了刘献公。丙申，杀了甘过，而立了成公的孙子甘鳍。丁酉，杀献太子的师傅庚皮的儿子过，杀瑕辛在市上，同宫嬖绰、王孙没、刘州鸠、阴忌、老阳子六人。

经 冬，十月，公子慭出奔齐。

传 季平子立而不礼于南蒯[1]，南蒯谓子仲[2]："吾出季氏而归其室于公，子更其位，我以费为公臣。"子仲许之。南蒯语叔仲穆子[3]，且告之故。季悼子之卒也，叔孙昭子以再命为卿。及平子伐莒克之，更受三命。叔仲子欲构二家，谓平子曰："三命踰父兄，非礼也。”平子曰：“然。”故使昭子[4]。昭子曰：“叔孙氏有家祸，杀適立庶，故婼也及此。若因祸以毙之，则闻命矣。若不废君命，则固有著矣[5]。”昭子朝而命吏曰：“婼将与季氏讼，书辞无颇。”季孙惧而归罪于叔仲子，故叔仲小、南蒯、公子慭谋季氏，慭告公。而遂从公如晋，南蒯惧不克，以费叛如齐。子仲还及卫，闻乱，逃介而先。及郊，闻费叛，遂奔齐。南蒯之将叛也，其乡人或知之，过之而叹，且言曰：“恤恤乎，湫乎攸乎，深思而浅谋，迩身而远志，家臣而君图，有人矣哉！”南蒯枚筮之，遇坤䷁之比䷇，曰：“黄裳元吉。”以为大吉也。示子服惠伯曰：“即欲有事，何如？”惠伯曰：“吾尝学此矣，忠信之事则可，不然必败。外彊内温，忠也。和以率贞，信也。故曰：‘黄裳元吉。’黄中之色也，裳下之饰也，元善之长也。中不忠不得其色，下不共不得其饰，事不善不得其极。外内倡和为忠，率事以信为共，供养三德为善，非此三者弗当。且夫《易》不可以占险，将何事也，且可饰乎？中美能黄，上美为元，下美则裳，参成[6]可筮，犹有阙也，筮虽吉未也。”将适费，饮乡人酒，乡人或歌之曰：“我有圃，生之杞乎？从我者子乎？去我者鄙乎？倍其邻者耻乎？已乎已乎！非吾党之士乎？”平子欲使昭子逐叔仲小，小闻之不敢朝，昭子命吏谓小待政于朝，曰：“吾不为怨府。”

今注

1　南蒯：南遗的儿子，是季孙氏费邑的宰。

2　子仲：公子慭。慭音印。

3　叔仲穆子：叔仲带的儿子叔仲小。

4　昭子：叔孙婼。

5　则固有着矣：现在已经有了明白的位置。

6　参成：三种全完备。

今译

季孙意如立了以后，对南蒯不礼貌，南蒯对公子憖说：“我把季氏赶出去，而把他的家财归到公家，你替代他的位置，我用费的地方，做公家的臣。”公子憖答应了。南蒯又对叔仲小说这件事，并且告诉他的缘故，在季悼子死的时候，叔孙婼以再命令做卿。等到季孙意如伐了莒以后，打胜了仗，他更受到三命。叔仲小想着使季孙同叔孙两家不和，就对季孙意如说：“三命超过父兄，这是不合礼的。”季孙意如说：“很对。”所以想使叔孙婼自己贬黜。叔孙婼就说：“叔孙氏有家祸，杀嫡而立了庶子，所以我就达到这个地位。要是因为乱事而把我杀掉，那只好听从命令。要不废君的命令，则已经有明白的地位。”叔孙婼上朝对吏说：“婼要跟季氏打官司，你们写的不要有偏向。”季孙害怕了，就把说的话归罪给叔仲小，所以叔仲小、南蒯、公子憖谋推翻季氏，公子憖告诉昭公，就同昭公到晋国去，南蒯怕不能成功，把费的地方反叛了到齐国去。公子憖回来到了卫国，听说乱了就逃走，派他的副使先回国，到了城外，听说费已经反叛，就逃到齐国去。南蒯将反叛的时候，他的乡人有的知道，过他的门口就叹息，并且说：“忧愁啊！愁啊！忧啊！深的思想，而浅的计谋，身近而志向很远，家臣而图谋君国的事，现在真有这个人啊！”南蒯占卜是何吉凶，遇见坤卦变到比卦，说：“黄裳元吉。”他以为这是很大的吉兆。就给子服惠伯看，说：“就想办事情，怎么样？”子服惠伯说：“我曾研究这个卦，如果忠信的事情就可以成功，要不然必定失败。外边强盛而内里温和，这是忠。和平以循贞正，这是信。所以说：‘黄裳元吉。’黄是中的颜色，裳是下边的装饰，元是善的长处。中要不忠实就不得到它的黄颜色，下边不恭敬就不得到它的装饰，事情不合礼就不得到它的极端。外内全都相和叫作忠，行事用信实叫作共，供养正直、刚克、柔克三德叫作善，不是这三件事，不能用这个卦。并且这个易卦不可以占险的事情，这是什么事情呢，还可以装饰吗？中美能黄，上美能元，下美则变成裳，这三件事能够完备，就可以占卦，现在尚有一点阙的地方，占卦虽然好，但是还没有成功。”南蒯想到费去，饮他的乡下人的酒，乡人有的唱歌说：“我的圃中生有杞，从我的人是你，去我的人就变成鄙陋，背他的亲戚是羞耻，你要不改，就不是我们党里的人。”季孙意如想着使叔孙婼驱逐叔仲小，叔仲小听说了不敢上朝，叔孙婼命吏叫小到朝上等待，并且说：“我不要怨望聚集在我身上。”

经 楚子伐徐。

传 楚子狩于州来，次于颍尾[1]，使荡侯、潘子、司马督、嚣尹午、陵尹喜[2]帅师围徐，以惧吴，楚子次于乾谿[3]，以为之援。雨雪，王皮冠、秦复陶[4]、翠被[5]、豹舄、执鞭以出，仆析父[6]从。右尹子革夕。王见之，去冠被舍鞭，与之语曰：“昔我先王熊绎[7]与吕级[8]、王孙牟[9]、燮父[10]、禽父并事康王，四国皆有分，我独无有。今吾使人于周，求鼎以为分，王其与我乎？”对曰：“与君王哉。昔我先王熊绎辟在荆山[11]，筚路蓝缕以处草莽，跋涉山林以事天子，唯是桃弧棘矢以共御王事。齐王舅也，晋及鲁卫，王母弟也，楚是以无分，而彼皆有。今周与四国服事君王，将唯命是从，岂其爱鼎？”王曰：“昔我皇祖伯父昆吾[12]，旧许是宅，今郑人贪赖其田而不我与，我若求之，其与我乎？”对曰：“与君王哉。周不爱鼎，郑敢爱田。”王曰：“昔诸侯远我而畏晋，今我大城陈蔡不羹，赋皆千乘，子与有劳焉，诸侯其畏我乎？”对曰：“畏君王哉。是四国者[13]专足畏也，又加之以楚，敢不畏君王哉。”工尹路请曰："君王命剥圭以为鏚柲，敢请命。"王入视之，析父谓子革："吾子楚国之望也，今与王言如响，国其若之何？"子革曰："摩厉以须，王出，吾刃将斩矣。"王出复语，左史倚相趋过。王曰："是良史也，子善视之，是能读三坟五典八索九丘。"对曰："臣尝问焉，昔穆王欲肆其心，周行天下，将皆必有车辙马迹焉。祭公谋父作《祈招》之诗以止王心，王是以获没于祇宫。臣问其诗而不知也，若问远焉，其焉能知之？"王曰："子能乎？"对曰："能。其诗曰：'祈招之愔愔，式昭德音，思我王度，式如玉，式如金，形民之力，而无醉饱之心。'"王揖而入，馈不食，寝不寐，数日，不能自克，以及于难。仲尼曰："古也有志：'克己复礼，仁也。'信善哉？楚灵王若能如是，岂其辱于乾谿？"

今注

1　颍尾：在今安徽正阳关北，为寿县、凤台、颍上三县接界处。

2　荡侯、潘子、司马督、嚣尹午、陵尹喜：五人都是楚大夫。

3　乾谿：在今安徽亳县东南七十里。

4　秦复陶：秦国所送羽毛做的衣服。

5　翠被：拿翠羽装饰的被。

6　仆析父：楚大夫。

7　熊绎：楚国始封的君。

8　吕级：齐太公的儿子丁公。

9　王孙牟：卫康叔的儿子康伯。

10　燮父：晋国唐叔的儿子。

11　荆山：在今湖北省南漳县西。

12　昆吾：江永说先建国在濮阳。

13　四国者：陈蔡二个不羹。

今译

楚王冬天在州来地方打猎，兵马宿于颍尾地方，顺便差荡侯、潘子、司马督、嚣尹午、陵尹喜领军队去围徐国，借此恐吓吴国。楚王自己驻扎在乾谿，做五大夫的后援。那时正当下雪，王戴了皮帽子，着了秦国送的羽衣，肩上再披了翠羽的霞帔，着了豹皮做的鞋子，执了马鞭走出来，仆析父跟在后面。刚巧右尹子革将夜来见，王就见他，去掉皮帽翠被披，丢掉鞭子，和他讲谈说："从前我先王熊绎，和吕级、王孙牟、燮父、禽父一同侍奉周康王，后来四国都分着珍宝器皿，我国独没有。如今我差人到周朝去，要他的九鼎来做我的份儿，王肯给我吗？"子革答说："给君王的呢！从前我们先王熊绎僻处在荆山地方，坐了柴车，着了破衣服，开辟那草莽，跋涉这山川，去服侍天子。只贡些桃弧棘矢给王抵抗那不祥的事。齐是王的母舅，晋和鲁卫是王的母弟，楚国所以没有份儿，他们是都有的。如今周朝和那四国，都来服侍你君王了，专听你君王的命令呢，难道还敢爱九鼎吗？"灵王说："从前我皇祖伯父叫昆吾，本是居在许地的，如今郑人贪靠那许田的出产，不肯给我，我如果去要求，他肯给我的吗？"子革答说："给君王的呢！周朝尚且不敢爱那九鼎，郑国敢爱那田吗？"灵王说："从前诸侯都远离我，却怕着晋国，如今我筑城在陈蔡不羹，兵车都有一千乘，就是你也有功劳的，诸侯能怕我吗？"子革答说："怕你君王的呢！单是这陈、蔡、两不羹四个国，已经够怕的了；再加上个楚国，哪敢不怕你君王呢？"说到这里就有个工官叫路的，进来请问楚王说："君王差我破了圭上的玉装饰斧柄，敢问要怎么做法？"王便进去看。析父就对子革说："你是楚国有声望的人，如今和王讲话，好像应声响，一味依着，国家要怎么办呢？”子革说：“磨快了我的刀口等待着王出来，我刀口便要斩下去了！”灵王出来，便再讲话；刚巧左史名倚相的在庭中走过，王说：“这倒是个好的史官，你要好好看待他的！他能读得《三坟》《五典》《八索》《九丘》这些古书呢！”子革答说：“曾经有一事问他过的，从前周穆王要畅快他的心愿，周行天下，要想处处都有他的车马辙迹。祭公谋父便作《祈招》一篇的诗，阻住王这心念，穆王因此才得善终于祗宫中。臣问他诗中怎样说，他却不知道。如果再问他远些的事，他哪里能知道呢？”王说：“你能知道吗？”子革答说：“能够的。他的诗中说：‘祈父掌管了甲兵，很能安和不迫，并能昭明周王的德音，使人民想念周王的法式器局，如金玉的坚重。又使周王用民力有个分寸，并没有过求醉饱的心念。’”灵王听了这话，就对子革作一个揖，走了进去，吃也不吃，困也不困的，接连有好几天，但终究不能克制自己，所以后来仍遭了难。仲尼说：“从前书上有记过的：‘能克制自己，归到礼法上去，方是仁人。’这句话真正好啊！楚王如果能够这般，哪里还要受辱在乾谿那里呢？”

经 晋伐鲜虞。

传 晋伐鲜虞，因肥之役也。

今译

晋国讨伐鲜虞，是因为肥的战役。

卷二十四　昭公四

昭公十有三年（公元前五二九年）

经　十有三年，春，叔弓帅师围费。

传　十三年，春，叔弓围费，弗克败焉[1]。平子怒，令见费人执之以为囚俘。冶区夫[2]曰："非也。若见费人，寒者衣之，饥者食之，为之令主而共其乏困，费来如归，南氏亡矣，民将叛之，谁与居邑？若惮之以威，惧之以怒，民疾而叛，为之聚也，若诸侯皆然，费人无归，不亲南氏，将焉入矣！"平子从之，费人叛南氏。

今注

1　弗克败焉：他没有能成功，为费人所败。

2　冶区夫：鲁大夫。

今译

十三年春，叔弓围了费城，没有能成功，为费人所打败。季孙意如就发怒，令看见费人就逮起来，作为俘虏。鲁大夫冶区夫说："这不对，要是看见费人，没有衣服的就给他衣服，没有吃的人就给他吃饭，做费人的好主人，而供给他的乏困，费人全来这儿归依你，南氏就亡了。人民将对他反叛，谁肯住在那里？要是拿威严来使他害怕，拿恼怒来威吓他，这使费人都害怕而叛，聚集到南氏那里，要是诸侯全这样办，费人没处可去，那么他不同南氏亲近，将到何处去呢？”季孙意如就听从这话，费人对南氏反叛了。

经 夏，四月，楚公子比自晋归于楚，弑其君虔于乾谿。楚公子弃疾杀公子比。

传 楚子之为令尹也，杀大司马薳掩而取其室[1]，及即位，夺薳居田[2]，迁许而质许围[3]，蔡洧有宠于王，王之灭蔡也，其父死焉[4]，王使与于守而行。申之会[5]，越大夫戮焉，王夺鬬韦龟中犫[6]，又夺成然[7]邑，而使为郊尹，蔓成然故事蔡公，故薳氏之族。及薳居、许围、蔡洧、蔓成然，皆王所不礼也，因群丧职之族，启越大夫常寿过作乱，围固城，克息舟[8]，城而居之。观起之死也，其子从在蔡事朝吴[9]，曰：“今不封蔡，蔡不封矣，我请试之。”以蔡公之命召子干、子晳，及郊而告之情[10]，强与之盟，入袭蔡，蔡公将食，见之而逃。观从使子干食[11]，坎用牲加书而速行[12]，已徇于蔡曰：“蔡公召二子将纳之，与之盟而遣之矣，将师而从之[13]。”蔡人聚将执之[14]。辞曰：“失贼成军，而杀余何益？”乃释之。朝吴曰：“二三子若能死亡，则如违之[15]，以待所济；若求安定，则如与之，以济所欲且违上，何适而可？”众曰：“与之。”乃奉蔡公，召二子而盟于邓[16]，依陈蔡人以国。楚公子比、公子黑肱、公子弃疾、蔓成然、蔡朝吴帅陈蔡不羹许叶之师，因四族之徒，以入楚，及郊，陈蔡欲为名，故请为武军。蔡公知之，曰：“欲速，且役病矣，请藩而已。”乃藩为军。蔡公使须务牟与史猈[18]先入，因正仆人杀大子禄及公子罢敌[19]。公子比为王，公子黑肱为令尹，次于鱼陂[20]。公子弃疾为司马，先除王宫，使观从从师于乾谿，而遂告之[21]，且曰：“先归复所，后者劓。”师及訾梁[22]而溃。王闻群公子之死也，自投于车下曰："人之爱其子也，亦如余乎？"侍者曰："甚焉！小人老而无子，知挤于沟壑矣。"王曰："余杀人子多矣，能无及此乎？"右尹子革曰："请待于郊，以听国人。"王曰："众怒不可犯也！"曰："若入于大都而乞师于诸侯。"王曰："皆叛矣。"曰："若亡于诸侯以听大国之图君也。"王曰："大福不再，只取辱焉。"然丹乃归于楚。王沿夏将欲入鄢，芋尹无宇之子申亥曰："吾父再奸王命，王弗诛，惠孰大焉。君不可忍，惠不可弃，吾其从王。"乃求王遇诸棘围[23]以归。夏，五月，癸亥，王缢于芋尹申亥氏，申亥以其二女殉而葬之。

观从谓子干曰："不杀弃疾，虽得国，犹受祸也。"子干曰："余不忍也。"子玉[24]曰："人将忍子，吾不忍俟也！"乃行。国每夜骇曰："王入矣！"乙卯夜，弃疾使周走而呼曰："王至矣！"国人大惊。使蔓成然走告子干子皙曰："王至矣！国人杀君司马，将来矣。君若早自图也，可以无辱。众怒如水火焉，不可为谋。"又有呼而走至者曰："众至矣！"二子皆自杀。丙辰，弃疾即位，名曰熊居，葬子干于訾，实訾敖。杀囚，衣之王服而流诸汉，乃取而葬之，以靖国人。使子旗[25]为令尹。楚师还自徐，吴人败诸豫章，获其五帅[26]。平王封陈蔡，复迁邑[27]，致群赂，施舍宽民，宥罪举职。召观从，王曰："唯尔所欲。"对曰："臣之先佐开卜。"乃使为卜尹。使枝如子躬聘于郑，且致犨栎之田，事毕弗致。郑人请曰："闻诸道路，将命寡君以犨栎，敢请命。"对曰："臣未闻命。"既复，王问犨栎，降服而对曰："臣过失命，未之致也。"王执其手曰："子毋勤，姑归，不穀有事其告子也。"他年芋尹申亥以王柩告，乃改葬之。初，灵王卜曰："余尚得天下。"不吉，投龟诟天而呼曰："是区区者而不余畀，余必自取之。"民患王之无厌也，故从乱如归。初，共王无冢適，有宠子五人，无適立焉，乃大有事于群望，而祈曰："请神择于五人者使主社稷。"乃遍以璧见于群望曰："当璧而拜者，神所立也，谁敢违之。"既乃与巴姬[28]，密埋璧于大室之庭[29]，使五人齐而长入拜[30]，康王跨之，灵王肘加焉，子干、子皙皆远之，平王弱，抱而入，再拜皆厌纽[31]。鬬韦龟属成然焉，且曰："弃礼违命，楚其危哉！"子干归，韩宣子问于叔向曰："子干其济乎？"对曰："难。"宣子曰："同恶相求，如市贾焉，何难？"对曰："无与同好，谁与同恶？取国有五难，有宠而无人，一也。有人而无主，二也。有主而无谋，三也。有谋而无民，四也。有民而无德，五也。子干在晋十三年矣，晋楚之从不闻达者，可谓无人。族尽亲叛，可谓无主。无衅而动，可谓无谋。为羁终世，可谓无民。亡无爱征，可谓无德。王虐而不忌，楚君子干涉五难以弑旧君，谁能济之？有楚国者其弃疾乎？君陈蔡，城外属焉。苛慝不作，盗贼伏隐，私欲不违，民无怨心，先神命之，国民信之。芈姓有乱，必季实立，楚之常也。获神一也[32]。有民二也，令德三也，宠贵四也，居常五也[33]，有五利以去五难，谁能害之？子干之官则右尹也，数其贵宠则庶子也，以神所命则又远之，其贵亡矣，其宠弃矣，民无怀焉，国无与焉，将何以立？"宣子曰："齐桓晋文不亦是乎？"对曰："齐桓，卫姬之子也，有宠于僖，有鲍叔牙、宾须无、隰朋以为辅佐，有莒卫以为外主，有国高以为内主，从善如流，下善齐肃，不藏贿，不从欲，施舍不倦，求善不厌，是以有国，不亦宜乎？我先君文公，狐季姬之子也，有宠于献，好学而不贰，生十七年，有士五人，有先大夫子余、子犯以为腹心，有魏犨、贾佗以为股肱，有齐、宋、秦、楚，以为外主，有栾、郤、狐、先以为内主，亡十九年，守志弥笃，惠怀弃民，民从而与之，献无异亲，民无异望[34]，天方相晋，将何以代文？此二君者异于子干。共有宠子[35]，国有奥主，无施于民，无援于外，去晋而不送，归楚而不逆，何以冀国？”

今注

1　杀大司马薳掩而取其室：这件事发生在襄公三十年。

2　夺薳居田：薳居是薳掩的本家，夺到薳居的田地。

3　许围：许大夫。

4　王之灭蔡也，其父死焉：楚灵王灭蔡国在鲁昭公十一年。蔡洧的父亲被打死。

5　申之会：在鲁昭公四年。

6　韦龟中犨：鬬韦龟是令尹子文的玄孙。中犨：在今河南鲁山。

7　成然：蔓成然。

8　息舟：在今河南省息县东北四十里有固城集。

9　朝吴：蔡大夫，声子的儿子。

10　及郊而告之情：到了近郊才告诉实情，蔡公不知道这是计谋。

11　观从使子干食：观从叫子干在那里吃饭。

12　坎用牲加书而速行：用牲穿地而祭，立下盟书，叫子干赶紧走。

13　将师而从之：将率领着军队来帮助他。

14　将执之：将把观从逮起来。

15　则如违之：那么就不遵守蔡公的命令。

16　邓：在今河南省郾城县东南。

17　四族之徒：远氏、许围、蔡洧、蔓成然的党羽。

18　须务牟、史猈：全是楚大夫。

19　大子禄、公子罢敌：全是楚灵王的儿子。

20　鱼陂:《一统志》说:“甘鱼陂在湖北省钟祥县南。”

21　遂告之:告诉他们对灵王反叛。

22　訾梁:《大事表》说:“在河南信阳县界,有訾梁。”

23　棘围:案《方舆纪要》:“河南新野乡,有棘水,经古棘阳城,至县东南入济水,转入于汉。”又说:“棘水自新野县东,而南流入于济水,谓之为力口,棘力声相近,当为棘口也。”案棘围即棘水之口,与王沿夏入鄢之路为便利。

24　子玉:观从。

25　子旗:蔓成然。

26　五帅:指荡侯、潘子、司马督、嚣尹午、陵尹喜五人。

27　复迁邑:把昭公九年所迁的地方,全迁回去。

28　巴姬:共王的妾。

29　大室之庭:楚国祖庙中间的庭。

30　五人齐而长入拜:五个人斋戒论着长幼去拜。齐音义同斋。

31　再拜皆厌纽:两次拜全都压到玉的纽上。

32　获神一也:当璧纽来拜。

33　居常五也:最小的。

34　献无异亲,民无异望:晋献公的儿子九个人,这时只剩下文公。

35　共有宠子:楚共王有宠爱的儿子楚平王。

今译

楚王做令尹的时候,杀了大司马薳掩,并且占据他的家财,到了他即王位以后,又夺到薳居的田地,把许国迁居而把许大夫围做人质,蔡洧为灵王所宠爱,灵王灭蔡的时候,他的父亲被打死,灵王到乾谿的时候,就叫蔡洧看守着国家。在申开会时,越大夫被责备了，灵王又夺掉鬬韦龟中犨的地方，又夺掉他的儿子成然的封邑，但使他做郊尹的官，蔓成然本来侍奉蔡公，是薳氏的一族。到了薳居、许围、蔡洧、蔓成然全是灵王所不礼爱的人，于是乘着没有职位的各族，导致越大夫常寿过作乱，围了固城，修了息舟这城而住在那里。观起死的时候，他的儿子观从在蔡侍奉以前蔡大夫朝吴，观从说："现在要不封蔡国，蔡国永远不会被封，我请尝试一下。"拿蔡公的命令叫子干同子皙等到了城外方告诉他们，蔡公并不知道这件事，强迫与他盟誓，进去攻击蔡城，蔡公正要吃饭，见了他们就逃走了。观从叫子干在那儿吃饭，自己用牲穿地而祭，立下盟书，叫子干赶紧走，观从自己就告诉蔡人说："蔡公叫了子干子皙来，就要把他们纳到楚国，同他们盟誓以后，叫他们先走，然后蔡公领着军队随他们去。"蔡国人聚在一块将把观从逮起来，他就说："失掉子干同子皙，而蔡公又已成军，把我杀了有什么用处？"就放了他。朝吴说："你们若能够为灵王死亡，那就可不遵守蔡公命令，以看事的成败；若是求着安定，就不如从着观从，使蔡公能够成功，并且违背了蔡公有什么办法呢？"大家说："从着他。"就奉蔡公叫了子干、子皙到邓的地方去盟誓，依靠着陈蔡的人成立国家。楚子干、子皙、公子弃疾、蔓成然、蔡朝吴率陈蔡不羹许叶的军队，用薳氏、许围、蔡洧、蔓成然四族的人民进入楚国，到了都城的郊外，陈蔡想为报仇的名义，请立了一个堡垒，蔡公听说："应该做得快，并且很劳苦，只搭个竹篱笆。"于是竹篱笆做武军。蔡公派须务牟与史猈先进了都城，用仆人之长杀了太子禄同公子罢敌。子干做了王，子皙做令尹，暂住到鱼陂这地方。公子弃疾做司马，先来扫除王宫，派观从到乾谿的军队告诉他们，并且说："先回来的，仍旧做原官，后回来的就削去鼻子。"跟随灵王的军队回到訾梁，就溃散了。他听说群公子死了，自己从车上跳下来说："旁人喜欢他的儿子，也跟我一样吗?"侍从的人说："比你还厉害啦！小人们老了没有儿子，就明知道必定等于掉到壕沟里死了。"灵王说："我杀别人的儿子很多，能不落到现在这个地步吗?"子革就说："请等在城郊以外，看着贵族们归到哪一边。"灵王说："众人全怒了，没有方法了！"子革又说："若进到大城而向诸侯请求军队。"灵王说："大城全都反叛了。"子革说："若逃到旁的国以听大国的救你。"楚灵王说："大福只能有一次，不能再有，只有等着羞辱了。"子革就回到楚国都城。灵王顺着汉水想到鄢城去，芋尹无宇的儿子申亥说："我的父亲两次违反了王的命令，王不杀他，这恩惠还有再大的吗？君不可以忍辱，恩惠不可以抛弃，我还是随从王吧！"就在棘围遇见王同他回到家里。夏五月癸亥，灵王在芋申亥家上吊，申亥把他两个女儿做殉葬。观从跟子干说："要不杀弃疾，虽然得了国家，也等于受祸乱。"子干说："我忍不下心去。"观从说："人能够对你忍心，我不能够等着。"就走了。楚国每天夜里全以为王要来。乙卯夜里，弃疾派人转着圈走喊着说："王来了。"贵族们全大惊。叫蔓成然去告诉子干、子皙说："王来了，国人已经把弃疾杀掉，他们要来杀你们。你若早预备可以不被羞辱。众人的恼怒跟水火一样，没法商量。"又有人喊着跑来说："很多人来了！"子干、子皙全自杀。丙辰，弃疾就做了王，改名叫熊居，葬子干在訾这地方，称他为訾敖。杀了一个囚犯，给他穿上王的衣服漂到汉水里，再捞起来下葬，让人知道王已死，安定大家情绪。派蔓成然做令尹。楚国军队从徐回来，吴国人在豫章把它打败，得到它的五个将领。平王重新封了陈蔡，恢复九年所迁的邑，并还回从前所许的贿赂，大施舍，赦除罪人，举了所废的官职。叫观从来，平王说："随便你要什么?"回答说："我的祖上曾经帮助占卜。”就派他做卜尹。叫枝如子躬到郑国聘问，并且返回犨栎的田地，等到事情完了，他没有送还田地。郑人请求说：“听见道路传说，将拿犨栎还给我们君，敢问怎么回事？”枝如子躬说：“我没听说过。”等到回来，平王问对犨栎怎么办？他就降服回答说：“我忘了这个命令，并没有给他们。”平王拿着他的手说：“你不要着急，先回家吧，以后有事我才告诉你。”另一年芋尹申亥拿灵王棺材所在告诉，就把他改葬了。最初时灵王占卜说：“我可以得天下吧！”卜兆不吉，把龟板丢掉冲着天大骂说：“这一点东西，全不给我，我必定自己拿。”人民对灵王的无厌很讨厌，所以跟着作乱和回家一样的高兴。最初的时候，共王并没有嫡长的儿子，有五个儿子全很宠爱，但不知道哪个当立，就大祭祀各星辰山川，祈祷说：“请神在这五人里头，挑一人来掌管国家。”就拿着玉石去见星辰山川说：“在玉石上边去拜的这个人，就是神愿意立的，谁也不敢违背他。”后来就同他的妾巴姬秘密的把玉埋在祖庙的当中，使五个人吃过个斋，而依着次序去拜。康王跨过玉，灵王手臂加在玉上边，子干、子皙全都很远，平王最年轻，抱着他进去，两次拜全压到玉石的纽上头。鬭韦龟听说了，就把他的儿子托给平王，并且说：“放弃立长的礼，违背当璧的天命，楚国恐怕很危险了！”子干回楚国，韩起问叔向说：“子干可以成功吗？”回答说：“很难。”韩起说：“同对一件恶事相求，这等于做生意一样，这有什么难处？”叔向又回答说：“没有他同好的人，谁又跟他同恶呢？取到一个国家有五种难处，有宠爱而没有贤人，第一件事。有贤人而没有内主，第二件事。有内主而没有计谋是第三件事。有计谋而没有民众是第四件事。有民众而没有德行是第五件事。子干在晋国已经十三年了，晋楚随从的人没听说有达人，可以说是没有人。族也没有了，亲戚全都跟他叛逆，可以说是没有内主。没有大的机会而举动，可说是没有计谋。终身在外国住着，可以说没有民众。逃亡而楚人没有喜爱他，可以说没有德行。楚灵王很暴虐，但是没有什么畏惧，楚君子干有五种难处，就算杀掉旧君，谁能够帮助他？做楚国君的大概就是弃疾，做陈蔡两国的君方城以外全归他管。他没有做过坏事，盗贼全都藏了，他不用各人的私欲，去违背民间的事情，人民没有恨他的心，各种神全都命令他，人民全都信服他。芈姓每逢到乱事，最小的儿子必定立，这是楚国的常情。得到神的命令这是第一件。有人民信仰他是第二件。他没有做坏政第三件。他的母亲有宠第四件。所占的地位照常第五件。有这五件利去掉了五件难，谁能够害他？子干的官只是右尹，论他的贵宠只是庶子，以神的命令来说又很远，他的贵重已经没有了，他的宠爱也抛弃了，人民也没有怀念他，国里没有内主，以什么方法来立呢？”韩起答说："齐桓公同晋文公不是也如此吗？”叔向回答说："齐桓是齐僖公的妾卫姬的儿子，为僖公所宠爱，有鲍叔牙、宾须无、隰朋做他的辅佐，有莒国、卫国做他的外主，有国高做他的内主。他从善如流水，对于善事非常的严敬，清，不好贿赂，俭，不逞私欲，施舍不倦，求善不厌烦，所以有国家，这不是很应当的吗？我们先君文公，是狐季姬的儿子，为晋献公所宠爱，好学而笃志，生了十七年，有士五个人，有先大夫赵衰、狐偃做他的腹心，有魏犨、贾佗给他做股肱，有齐、宋、秦、楚做他的外主，有栾、郤、狐、先做他的内主，逃亡了十九年，他的志向更坚定，晋惠公、晋怀公抛弃了人民，人民只能跟着文公，献公没有旁的亲属，人民没有旁的希望，天方向着晋国，将怎么样替代文公？这两位君同子干不同。楚共王有宠爱的儿子，国内还有弃疾，而子干对人民没有施舍，对外没有援救，离开晋国没有人欢送，回到楚国没有人迎接，怎么样能够想得到国家呢？”

经 秋，公会刘子、晋侯、齐侯、宋公、卫侯、郑伯、曹伯、莒子、邾子、滕子、薛伯、杞伯、小邾子于平丘，八月，甲戌，同盟于平丘，公不与盟，晋人执季孙意如以归。

传 晋成虒祁[1]，诸侯朝而归者皆有贰心。为取郠故[2]，晋将以诸侯来讨。叔向曰：“诸侯不可以不示威。”乃并征会告于吴。秋，晋侯会吴子于良[3]，水道不可，吴子辞乃还。七月，丙寅，治兵于邾南，甲车四千乘，羊舌鲋摄司马，遂合诸侯于平丘[4]，子产、子大叔相郑伯以会，子产以幄幕九张行，子大叔以四十，既而悔之，每舍损焉，及会亦如之。次于卫地，叔鲋求货于卫，淫刍荛者，卫人使屠伯[5]馈叔向羹与一箧锦，曰：“诸侯事晋未敢携贰，况卫在君之宇下，而敢有异志。刍荛者异于他日，敢请之[6]。”叔向受羹反锦，曰：“晋有羊舌鲋者，渎货无厌，亦将及矣[7]，为此役也，子若以君命赐之，其已。”客从之，未退而禁之。晋人将寻盟，齐人不可。晋侯使叔向告刘献公曰：“抑齐人不盟，若之何？”对曰：“盟以底信，君苟有信，诸侯不贰，何患焉！告之以文辞，董之以武师，虽齐不许，君庸多矣。天子之老请帅王赋，元戎十乘以先启行，迟速唯君。”叔向告于齐曰：“诸侯求盟已在此矣，今君弗利寡君以为请。”对曰：“诸侯讨贰，则有寻盟，若皆用命，何盟之寻？”叔向曰：“国家之败，有事而无业，事则不经。有业而无礼，经则不序。有礼而无威，序则不共。有威而不昭，共则不明，不明弃共，百事不终，所由倾覆也。是故明王之制，使诸侯岁聘以志业，间朝以讲礼，再朝而会以示威，再会而盟以显昭明，志业于好，讲礼于等，示威于众，昭明于神，自古以来未之或失也，存亡之道，恒由是兴。晋礼主盟，惧有不治，奉承齐牺，而布诸君求终事也。君曰余必废之，何齐之有？唯君图之，寡君闻命矣。”齐人惧，对曰：“小国言之，大国制之，敢不听从，既闻命矣，敬共以往，迟速唯君。”叔向曰：“诸侯有间矣，不可以不示众。”八月，辛未，治兵，建而不旆。壬申，复旆之，诸侯畏之。邾人，莒人，愬于晋曰：“鲁朝夕伐，我几亡矣。我之不共，鲁故之以[8]。”晋侯不见公，使叔向来辞曰：“诸侯将以甲戌盟，寡君知不得事君矣，请君无勤。”子服惠伯对曰：“君信蛮夷之诉[9]，以绝兄弟之国，弃周公之后，亦唯君，寡君闻命矣。”叔向曰：“寡君有甲车四千乘在，虽以无道行之，必可畏也，况其率道，其何敌之有？牛虽瘠，偾于豚上，其畏不死[10]，南蒯子仲之忧，其庸可弃乎？若奉晋之众，用诸侯之师，因邾、莒、杞、鄫之怒，以讨鲁罪，间其二忧，何求而弗克？”鲁人惧听命。甲戌，同盟于平丘，齐服也。令诸侯日中造于除，癸酉，退朝，子产命外仆速张于除，子大叔止之，使侍明日。及夕，子产闻其未张也，使速往乃无所张矣。及盟，子产争承曰：“昔天子班贡，轻重以列，列尊贡重，周之制也，卑而贡重者，甸服也。郑伯男也，而使从公侯之贡，惧弗给也，敢以为请，诸侯靖兵好以为事，行理之命，无月不至，贡之无艺，小国有阙，所以得罪也。诸侯修盟，存小国也。贡献无极，亡可待也。存亡之制，将在今矣。”自日中以争，至于昏，晋人许之。既盟，子大叔咎之曰：“诸侯若讨，其可渎乎？”子产曰：“晋政多门，贰偷之不暇，何暇讨？国不竞亦陵，何国之为？”公不与盟，晋人执季孙意如，以幕蒙之，使狄人守之。司铎射[11]怀锦奉壶饮冰以蒲伏焉，守者御之，乃与之锦而入。晋人以平子归，子服湫从。子产归未至，闻子皮卒，哭且曰：“吾已，无为为善矣，唯夫子知我。”仲尼谓子产于是行也，是以为国基矣。《诗》曰：“乐只君子，邦家之基[12]。”子产君子之求乐者也。且曰合诸侯，艺贡事，礼也。

今注

1　虒祁：在昭公八年。

2　取郠：在昭公十年。

3　良：《方舆纪要》说："今江苏邳县北六十里有良城故城。"

4　平丘：卫地。《长垣县志》说："平邱城在今县城西南五十里。"《一统志》同。

5　屠伯：卫大夫。

6　敢请之：叫他止住。

7　亦将及矣：他不久也将及祸。

8　鲁故之以：因为鲁国的缘故。

9　君信蛮夷之诉：你听信邾国同莒国的告诉。

10　牛虽瘠，偾于豚上，其畏不死：牛虽然很瘦，但是它若爬到猪的身上，也会把猪吓死。

11　司铎射：鲁大夫。

12　乐只君子，邦家之基：《诗经·小雅》的一句话。君子掌政权，这是邦家的基础。

今译

晋国修虒祁的宫，诸侯朝晋回去的全有背离的心意。为取郠的地方，晋将率领着诸侯来讨鲁国。叔向说："对诸侯不可以不示威。"并且预备开会告诉吴国。秋，晋侯同吴王在良这地方开会，水道不方便，吴人辞谢不来开会。七月丙寅，预备军队在邾国南边，共有车四千辆，羊舌鲋摄司马的官，就在平丘会合诸侯。子产、游吉为郑伯相礼来开会。子产做了帐篷九个，游吉先做了四十个，后来又后悔了，每次住的地方，就去掉若干个，到了开会的时候，同子产数目相同。到了卫国的地方，羊舌鲋为了对卫国求贿赂，放任刍荛的人，卫人使他大夫屠伯送给叔向羹汤同一箧锦缎，并且说："诸侯侍奉晋国，没有敢有二心，何况卫国等于在晋国屋宇下，还敢有异心吗？砍草的人同旁的天情形不同，请把他止住。"叔向受了羹汤，还回他的锦缎说："晋国有羊舌鲋，想要贿赂，没有厌心，他也将及于祸了，至于现在这件事，你若以君命来赏赐他，他也就可以止住了。"于是派去的人就照这样办没有退回，羊舌鲋就禁止砍草的人。晋人想着重申从前的盟誓，齐人不赞成。晋侯派叔向告诉王卿士刘献公说："齐人不愿意盟，怎么办？"刘献公回答说："盟是为的得到信实，君苟有信实，诸侯没有二心，这还有什么可怕的呢？用文辞来告诉他，并且用武力来督帅他，齐国就是不答应，你的功劳也很大。天子的大夫请率领王的军队，元戎十辆在先头走，早晚全听你的命令。"叔向告诉齐国说："诸侯求盟已经在此地，你不赞成，但是寡君就要请求你。"齐国回答说："诸侯讨二心的，方才有重申盟誓的举动，若全都服从命令，有什么盟可以重申呢？"叔向说："国家的败坏，在有事而没有贡赋，事就不能有常，有贡赋而没有礼，虽有常也不能按着次序。有礼而没有威望，次序就不恭敬。有威望而不昭明，恭敬就不明显。不明显就弃了恭敬，百事全不能到底，就是所以颠覆的缘故。所以明王的制度，使诸侯每岁来聘问，以表明他的志业。隔岁来朝贡以讲求礼节，再朝贡就开会，以表示威严，再开会就盟誓，以显示昭明，志业于好处，就是为的聘问，讲礼就是为的朝贡，示威于众人是为的开会，昭明于神前为的盟誓，自古代以来没有变过，存亡的道理就是由这里兴起来的。晋国是诸侯的盟主，恐怕做不好，所以奉承了盟誓的牺牲，而告诉你，这是求把事办完。你说我必须废除他，这对齐国有什么用处呢？希望你细想想。寡君只有听从你的命令。"齐人害怕了就回答说："小国只是这么说，大国来制止，敢不听从你的命令，既然命令如此，我们就恭敬地来，早晚全听你。"叔向说："诸侯有间隙可乘了，不可以不表示兵众。"八月辛未这天，练习战争，把旗子设立了，而不加上飘带。壬申，又加上飘带，诸侯全害怕。邾人、莒人告诉晋国说："鲁国早晚侵伐我，我几乎要亡国了。我的不能供晋国赋岁，这全是鲁国的缘故。"晋侯不见鲁昭公，使叔向来辞谢鲁昭公说："诸侯将于甲戌盟誓，寡君知道不能侍奉你，请你不要勤劳来开会。"子服惠伯对他说："你信蛮夷的告诉，而绝兄弟国家的关系，舍弃周公的后人，也就听你的。"叔向说："寡君有甲车四千辆，就是以没有道来行使他，也使人可怕，况他用道理来办，谁能抵挡他呢？牛虽然瘦，倒在猪的身上，会把猪吓死，南蒯子仲在鲁国可忧虑，你们还能忘吗？若用晋国的众兵加上诸侯的军队，再用邾、莒、杞、鄫的怒气，来讨鲁国的罪状，乘着南蒯子仲的忧虑，求什么还不能成功呢？"鲁人害了怕，就听从晋国的命令。甲戌，在平丘同盟，这是齐人服从了。令诸侯们口中到盟坛那里去，癸酉，先朝晋国退下来，子产令仆人赶紧张开帷幕，游吉拦住，待明天再说。到了晚上，子产听说还没有张帷幕，叫他赶紧去张，已经没有张帷幕的地方了。到了盟誓时，子产对于贡赋的数目很有争执，他说："从前天子对于贡赋，轻重论著次序，地位高贡赋就重，这是周的制度，地位低下而贡赋重的是甸服。郑伯是等于子男的爵位，而使他从着公侯的地位缴纳贡赋，恐怕没有方法供给，我敢请求诸侯休息军队，彼此交好。而晋国使人来责求贡赋，每月都到郑国。纳的贡赋没有法制，小国有阙乏，所以得于大国。诸侯举行盟誓，为的能使小国存在，贡献无量，国家的灭亡立可实现。存亡的制度全在今天。"由中午争起一直争到夜晚，晋人只好许他。既盟以后，游吉不以为然说：

“诸侯若来讨伐，这岂可以容易对付吗？”子产说：“晋国的政治出自多门，二心苟且之不暇，还能够讨伐我国吗？国家要没有竞争，就会衰弱下去，那还有什么国家可讲？”鲁昭公不参加盟誓，晋人逮起了季孙意如，拿帐幕裹起来，使狄国人看守着他。鲁大夫司铎射身上藏着一块锦缎，奉着水壶搁上冰偷着给季孙去喝，看守的人拦住他，就给他一块锦就进去了。晋国人把季孙意如领到晋国去，子服湫随着他。子产回郑国，没有到，听说子皮死了，哭着并且说：“我已经没有方法做善事了，只有他知道我。”仲尼说子产这次去可以为国家的根基。《诗经》说：“这个君子就是邦家的根基。”子产是君子求乐的人。并且说盟主会合诸侯，讨论贡事，这合于礼的。

经 公至自会[1]。

今注

1 此经无传。

今译

鲁昭公从开会的地方回来。

传 鲜虞人闻晋师之悉起也，而不警边，且不修备，晋荀吴自著雍以上军侵鲜虞，及中人驱冲竞[1]，大获而归。

今注

1 及中人驱冲竞：《方舆纪要》说：“中山城在唐县西北十三里，一名中人亭。”用全力把战车往前冲进。

今译

鲜虞人听说晋国的军队全出去，他就不警戒边疆，而且不修理防备，晋国荀吴由著雍这地方，拿上军侵略鲜虞，到了中人地方跟敌人用车冲突，得到敌人很多以后就回来。

经 蔡侯庐归于蔡，陈侯吴归于陈。

传 楚之灭蔡也，灵王迁许、胡、沈、道、房、申于荆焉，平王即位，既封陈蔡而皆复之，礼也。隐大子之子庐归于蔡，礼也。悼大子之子吴归于陈，礼也。

今译

楚国军队灭了蔡国的时候，楚灵王把许、胡、沈、道、房、申迁到楚国。平王即位以后，既而又封陈国同蔡国，把这些小国也回复了，这是合礼的。隐太子的儿子庐也回到蔡国，这也是合礼的。悼太子的儿子吴回到陈国，也是合礼的。

经 冬，十月，葬蔡灵公。

传 冬，十月，葬蔡灵公，礼也。

今译

冬大十月给蔡灵公行葬礼，这是合礼的。

经 公如晋，至河乃复。

传 公如晋，荀吴谓韩宣子曰："诸侯相朝，讲旧好也。执其卿而朝其君，有不好焉，不如辞之。"乃使士景伯辞公于河。

今译

鲁昭公到晋国，荀吴对韩起说："请诸侯互相朝见，这是讲旧情的好。把他的卿逮起来，而叫他君来朝见，这是很不好的，不如辞掉他。"就叫士景伯到黄河边上辞谢昭公。

经 吴灭州来。

传 吴灭州来，令尹子期请伐吴，王弗许，曰："吾未抚民人，未事鬼神，未修守备，未定国家，而用民力，败不可悔。州来在吴犹在楚也，子姑待之。"

今译

吴人灭了州来，令尹子期请讨伐吴国，楚平王不答应，说："我还没有安抚人民，没有敬祀鬼神，守备全没修整，国家也没有安定，而只用人民的力量，若失败了，就后悔也来不及。州来属于吴国等于属于楚国，你姑且等一等再看。"

传 季孙犹在晋，子服惠伯私于中行穆子曰："鲁事晋，何以不如夷之小国？鲁，兄弟也，土地犹大，所命能具，若为夷弃之，使事齐楚，其何瘳于晋？亲亲与大，赏共罚否，所以为盟主也，子其图之。谚曰：'臣一主二。'吾岂无大国？"穆子告韩宣子，且曰："楚灭陈蔡不能救，而为夷执亲，将焉用之？"乃归季孙。惠伯曰："寡君未知其罪，合诸侯而执其老，若犹有罪，死命可也。若曰无罪，而惠免之，诸侯不闻，是逃命也，何免之为？请从君惠于会。"宣子患之，谓叔向曰："子能归季孙乎？"对曰："不能，鲋也能。"乃使叔鱼。叔鱼见季孙曰："昔鲋也得罪于晋君，自归于鲁君，微武子之赐，不至于今[1]，虽获归骨于晋，犹子则肉之，敢不尽情。归子而不归，鲋也闻诸吏将为子除馆于西河，其若之何？"且泣。平子惧先归，惠伯待礼。

今注

1　武子之赐，不至于今：武子是季平的祖父季孙宿。不至于活到今天。

今译

季孙意如还在晋国，子服惠伯私下对荀吴说："鲁国侍奉晋国，为什么不像夷狄的小国邾莒呢？鲁国是兄弟国，土地又很大，所受的命令全能做，若因为夷人把鲁国放弃了，使它侍奉齐国或楚国，这对于晋国有什么好处呢？亲近亲属，结交大国，赏恭敬的，惩罚不恭敬的，所以能做盟主，你何不细想想。俗话说：‘一臣必有二主。’我们岂没有大国可以侍奉？”荀吴告诉韩起这些话并且说：“楚国灭了陈蔡两国，晋国不能去救，并且为夷人逮起了兄弟国，这有什么用处呢？”就叫季孙回鲁国。子服惠伯说：“寡君不知道他犯了什么罪，会合诸侯而把他的尊卿逮起来，若使鲁国有罪，死到晋国的命令好了。若说无罪，而加恩惠把他赦免，诸侯全不知道，这是违反晋国的命令，这有什么免罪可言？要是跟你到会里去然后派他回鲁国就好了。”韩起以这件事为忧患，对叔向说：“你能使季孙回去吗？”叔向说：“我不能，但是我的弟弟叔鱼能够。”就派叔鱼。叔鱼就见季孙说：“我从前得罪了晋君，跑到鲁君那里去，要不是你的祖父帮忙，不能够到了今天，我现在虽然把骨骸归到晋国，等于你再次给了我生命，我敢不用力使你回去吗？你若不肯回去，我听吏人说将给你在西河整理一个房子，那怎么办呢？”并且他掉眼泪。季孙意如害怕了，就先回到鲁国，子服惠伯仍在晋国等着遣散的礼节。

昭公十四年（即公元前五二八年）

经　十有四年，春，意如至自晋。

传　十四年，春，意如至自晋，尊晋罪己也[1]。尊晋罪己，礼也。

今注

1　尊晋罪己也：尊敬晋国而自己以为有罪。

今译

十四年春，季孙意如从晋国回来，《春秋》所以这样写，这是尊敬晋国而表示自己有过。这是很合于礼的。

经 三月，曹伯滕卒[1]。

今注

1 有经无传。

今译

三月，曹伯滕死了。

经 夏，四月[1]。

今注

1 此经无传。

今译

夏天四月。

经 秋，葬曹武公[1]。

今注

1 此经无传。

今译

秋天，给曹武公下葬。

传 南蒯之将叛也，盟费人。司徒老祁、虑癸[1]伪废疾，使请于南蒯曰："臣愿受盟而疾兴，若以君灵不死，请待间而盟。"许之。二子因民之欲叛也，请朝众而盟，遂劫南蒯曰："群臣不忘其君[2]，畏子以及今，三年听命矣。子若弗图，费人不忍其君，将不能畏子矣。子何所不逞欲，请送子[3]。”请期五日[4]，遂奔齐。侍饮酒于景公，公曰：“叛夫！”对曰：“臣欲张公室也。”子韩皙[5]曰：“家臣而欲张公室，罪莫大焉。”司徒老祁、虑癸来归费[6]，齐侯使鲍文子致之。

今注

1　司徒老祁、虑癸：《正义》引《世族谱》说：“司徒老祁为一人，虑癸为一人”。

2　其君：指季氏。

3　请送子：请子出奔。

4　请期五日：南蒯请五天以后再出奔。

5　子韩皙：齐大夫。

6　归费：将费归还给鲁国。

今译

南蒯将反叛的时候，要同费人盟誓。司徒老祁和虑癸假装有病说：“我很愿意受盟，不过有病了，若以君的神灵，我得不死，请等到稍微好一点再盟会。”南蒯就答应他。他们两人因为人民想对季氏反叛，请朝见众人再盟誓，就劫持南蒯说：“臣不能忘了季孙，对你害怕一直到现在，三年工夫听从你的命令。你若不管，费人也不忍害他的君，也就不怕你了。你什么地方不能达到欲望，就请送你出奔。”南蒯请等五天，就逃到齐国去。同景公喝酒时，景公骂他说：“你这个叛夫。”他就说：“我是想着扩张公室。”齐大夫子韩皙说：“家臣而想着扩张公室，没有再比这罪大的。”司徒老祁、虑癸将费城归还鲁国，齐侯派鲍文子来护送。

夏，楚子使然丹简上国[1]之兵于宗丘[2]，且抚其民，分贫振穷，长孤幼，养老疾，收介特[3]，救灾患，宥孤寡，赦罪戾，诘奸慝，举淹滞[4]，礼新叙旧，禄勋合亲，任良物官。使屈罢简东国之兵[5]于召陵，亦如之。好于边疆，息民五年，而后用师，礼也。

今注

1 上国：指在楚国都的西方。

2 宗丘：楚地，《汇纂》说："在今湖北省秭归县境。"

3 收介特：介特是单身的人，使他们聚到一起。

4 举淹滞：把有才德而未叙的叙官。

5 东国之兵：在楚国都东边的军队。

今译

夏，楚子使然丹训练楚国西边的军队在宗丘这地方，并且安抚他的人民，分给穷苦的人财货，使孤幼的人成长，老病的人全得养，把单身的也收容去，救有灾患的人，对于孤寡也宽免他的赋税，赦掉有罪的人，严惩奸邪坏人，把有才德而没做官的使他做官，对新人礼遇，把旧有的人加铨叙，有功劳的记在册上，把九族结合相亲，任用好的人。使屈罢训练楚国都城东边的兵在召陵这地方，也同然丹一样。使他们全都对四邻很要好，使人民安息五年，然后用兵，这是很合于礼的。

经 八月，莒子去疾卒。

传 秋，八月，莒著丘公卒，郊公[1]不慼，国人弗顺，欲立著丘公之弟庚舆[2]。蒲余侯[3]恶公子意恢而善于庚舆，郊公恶公子铎而善于意恢。公子铎因蒲余侯而与之谋曰："尔杀意恢，我出君而纳庚舆。"许之。

今注

1 郊公：著丘公的儿子。

2 庚舆：就是莒共公。

3　蒲余侯：莒大夫。

今译

秋天八月，莒国的著丘公死了，他的儿子郊公不难过，贵族们全不顺从他，想立著丘公的弟弟庚舆。莒大夫蒲余侯不喜欢公子意恢，而对于庚舆很要好，郊公不喜欢公子铎而对于意恢很要好。公子铎利用蒲余侯而跟他计谋说："你把意恢杀掉，我把莒君郊公驱逐出去而叫庚舆回来。"答应他了。

传　楚令尹子旗有德于王，不知度，与养氏比而求无厌，王患之。九月，甲午，楚子杀鬬成然，而灭养氏之族，使鬬辛[1]居郧，以无忘旧勋。

今注

1　鬬辛：子旗的儿子郧公辛。

今译

楚国令尹子旗对楚平王很有帮助，但是不知道法度，跟养由基的后人联络而要求无限，楚平王很忧患。九月甲午，楚平王杀了鬬成然，而灭掉养氏的族人，叫鬬辛住在郧的地方，以免忘了旧的勋劳。

经　冬，莒杀其公子意恢。

传　冬，十二月，蒲余侯兹夫杀莒公子意恢，郊公奔齐。公子铎逆庚舆于齐，齐隰党公子钽送之，有赂田[1]。

今注

1　有赂田：莒国对齐国以田地为贿赂。

今译

冬十二月，蒲余侯兹夫杀了公子意恢，郊公就逃到齐国去。

公子铎从齐国迎接庚舆回来，齐国隰党公子钼来送他，莒国就以田地贿赂齐国。

传 晋邢侯[1]与雍子[2]争鄐田[3]，久而无成。士景伯如楚，叔鱼摄理[4]，韩宣子命断旧狱，罪在雍子。雍子纳其女于叔鱼，叔鱼蔽罪邢侯[5]。邢侯怒，杀叔鱼与雍子于朝。宣子问其罪于叔向。叔向曰："三人同罪，施生戮死可也。雍子自知其罪，而赂以买直，鲋也鬻狱，邢侯专杀，其罪一也。己恶而掠美为昏[6]，贪以败官为墨[7]，杀人不忌为贼[8]，《夏书》曰：'昏墨贼杀'[9]，皋陶之刑也，请从之。"乃施邢侯而尸雍子与叔鱼于市。仲尼曰："叔向古之遗直也。治国制刑，不隐于亲，三数叔鱼之恶，不为末减，由义也夫[10]，可谓直矣。平丘之会，数其贿也，以宽卫国，晋不为暴，归鲁季孙，称其诈也，以宽鲁国，晋不为虐；邢侯之狱，言其贪也，以正刑书，晋不为颇。三言而除三恶，加三利，杀亲益荣，犹义也夫。"

今注

1 邢侯：是楚申公巫臣的儿子。

2 雍子：楚国人。

3 鄐田：在今河南省修武县。

4 叔鱼摄理：叔鱼代理士景伯的理官。

5 蔽罪邢侯：他断邢侯有罪。

6 己恶而掠美为昏：自身有罪恶，还掠取他人之美，就是昏乱。

7 贪以败官为墨：贪心败坏官常叫作墨。

8 杀人不忌为贼：杀人毫无忌惮叫作贼。

9 昏墨贼杀：这是一句《逸书》，意思是说昏墨贼三者皆应当处死刑。

10　由义也夫：王引之说："曰义也夫当作由义也夫，与下之犹义也夫相呼应。"今照改。

今译

晋国邢侯跟雍子争鄐这地方的田地，久而没有成功。士景伯到楚国去，叔鱼代理他职务，韩起叫他把旧的案子全弄清楚，这罪状全在雍子身上。雍子把他女儿嫁给叔鱼，叔鱼就断罪给邢侯，邢侯发怒，就把叔鱼同雍子在朝上杀掉。韩起就问叔向如何定罪，叔向说："三人的罪相同，杀活的定死的罪就可以了。雍子自己知道他的罪状，用贿赂以买到胜诉，叔鱼卖掉法律，邢侯专门杀人，这罪状相等。自己有罪恶，还掠取他人之美，就是昏乱，贪污败坏官常这把叫作墨，杀人不怕叫作贼，《夏书》上说：'昏、墨、贼，都该杀'，这是皋陶的刑法，请遵从他。"就杀掉邢侯，而把雍子同叔鱼的尸首陈列到市场上。仲尼说："叔向有古人遗直的风气，治理国家制有刑法，对于他弟弟不隐藏，三次数说叔鱼的坏处没有把他减少，这是由于义气，可以说是正直的。平丘会盟时，数说叔鱼得到的贿赂，使卫国得以宽展，晋国对此不为暴虐；叫鲁国季孙回去，用他的诈术使鲁国宽展，晋国也对此不为虐。邢侯这件刑狱，说叔鱼的贪心，以正刑法，晋国不为邪。三句话而除了三个坏事，加了三个利，杀了他的亲信，增加他的荣名，这全是由于义气的关系。"

昭公十五年（公元前五二七年）

经　十有五年，春，王正月，吴子夷末卒[1]。

今注

1　此经无传。

今译

十五年，春天正月，吴王夷末死了。

经 二月，癸酉，有事于武宫，籥入，叔弓卒，去乐卒事。

传 十五年，春，将禘于武公，戒百官。梓慎曰："禘之日其有咎乎？吾见赤黑之祲，非祭祥也，丧氛也，其在莅事乎[1]？"二月，癸酉，禘，叔弓莅事，籥入而卒，去乐卒事，礼也。

今注

1 其在莅事乎：这要应在有关职务的人身上吧。

今译

十五年春，将在鲁武公庙中祭祀，各官全在那里斋戒。梓慎说："禘祭那天，恐怕有坏的问题。我看见红同黑的颜色，这不是祭祀的祥瑞，恐怕是有丧事的恶气，恐怕是在执事的人上？"二月癸酉禘祭，叔弓来执事，执籥的乐工刚进去，叔弓就死了，于是去掉乐器，做完祭祀，这是很合于礼的。

经 夏，蔡朝吴出奔郑。

传 楚费无极害朝吴之在蔡也[1]，欲去之，乃谓之曰："王唯信子，故处子于蔡。子亦长矣，而在下位，辱必求之，吾助子请[2]。"又谓其上之人[3]曰："王唯信吴，故处诸蔡，二三子莫之如也。而在其上，不亦难乎？弗图必及于难。"夏，蔡人逐朝吴，朝吴出奔郑。王怒曰："余唯信吴，故寘诸蔡，且微吴吾不及此，女何故去之？"无极对曰："臣岂不欲吴，然而前知其为人之异也[4]，吴在蔡，蔡必速飞，去吴所以翦其翼也。"

今注

1 费无极害朝吴之在蔡也：费无极不愿意蔡大夫朝吴在蔡国。

2 吾助子请：我帮着你请求更大的位子。

3 又谓其上之人：又谓蔡人比朝吴位高的人。

4 然而前知其为人之异也：我以前就知道朝吴这个人有权谋。

今译

楚国的费无极颇以朝吴在蔡国为恐惧，想把他去掉，就对他说："因为王对你很信任，所以叫你住到蔡国，你现在很年长，而在很下的位子，这必要得到耻辱，我帮着你请求更上的位子。"又对蔡国人在上位的人说："楚王唯独信任朝吴，所以叫他住到蔡的地方，你们这些人没有比他再好的。而位子在他的上边，那不很难办吗？你们要不想办法，必然遭到了祸难。"夏天，蔡国人驱逐朝吴出国，朝吴逃到郑国。楚王发怒说："我就是信任朝吴，所以使他住到蔡国，并且要不是朝吴，我不能达到目前的地位，你为什么把他去掉？"费无极回答说："我并不是想对朝吴不好，但是我知道他的权谋异常，朝吴在蔡国，蔡国必定能够很快飞腾起来，去掉朝吴等于去掉蔡国的翅膀。"

经 六月，丁巳，朔，日有食之[1]。

今注

1 此经无传。

今译

六月，丁巳，朔，鲁国有日食。

传 六月，乙丑，王大子寿卒[1]。

今注

1 大子寿：周景王的儿子。

今译

六月，乙丑，周景王的太子寿死了。

传 秋，八月，戊寅，王穆后崩[1]。

今注

1 穆后：太子寿的母亲。

今译

秋，八月，戊寅，太子寿的母亲穆后死了。

经 秋，晋荀吴帅师伐鲜虞。

传 晋荀吴帅师伐鲜虞，围鼓[1]。鼓人或请以城叛，穆子弗许。左右曰："师徒不勤，而可以获城，何故不为？"穆子曰："吾闻诸叔向曰：'好恶不愆，民知所适，事无不济。'或以吾城叛，吾所甚恶也。人以城来，吾独何好焉？赏所甚恶，若所好何？若其弗赏，是失信也，何以庇民？力能则进，否则退，量力而行，吾不可以欲城而迩奸，所丧滋多。"使鼓人杀叛人而缮守备。围鼓三月，鼓人或请降，使其民见。曰："犹有食色，姑修而城。"军吏曰："获城而弗取，勤民而顿兵，何以事君？"穆子曰："吾以事君也，获一邑而教民怠，将焉用邑？邑以贾怠，不如完旧，贾怠无卒，弃旧不祥，鼓人能事其君，我亦能事吾君，率义不爽，好恶不愆，城可获而民知义所，有死命而无二心，不亦可乎？"鼓人告食竭力尽而后取之，克鼓而反，不戮一人，以鼓子鳶鞮归[2]。

今注

1 鼓：案鼓为祁姓子爵国，在今河北省晋县。

2 以鼓子鳶鞮归：带着鼓的君名字叫鳶鞮回到晋国。

今译

晋国荀吴率领军队讨伐鲜虞，围了鼓这地方。鼓人有的请以他的城投降，荀吴不答应。他的随从说："军队不要费力，就可以得到城池，为什么不做呢？"荀吴说："我听过叔向说：'该好则好，该恶则恶，人民就知道往哪里去，事情没有不成功的。'有人把我的城对敌人投降了，这也是我所反对的。人家拿城来，我为什么独自高兴呢？赏我们所不高兴的事，那么对于我们所喜欢的事怎么办？要是不赏他们，岂不失掉信用，怎么样能够保护人民。力量能够就往前进，不然就退，本着力量来做，我不能够只想要这个城而接近奸人，使丢掉的很多。"使鼓人杀掉他反叛的人，而再修城守备。围鼓经过三个月，鼓人有的请降的，使他的人民来见。穆子说："你们还有食色，并不缺粮，姑且修你们的城池。"军吏就说："得到城池而不拿，勤劳人民而把军队停顿，这方法怎能侍奉晋君呢？"荀吴说："我正是所以事君的方法，得到一个城，而教给人民怠惰，何必用这个城呢？用城来买到怠惰，不如保守旧邑。买到怠惰没有完，丢掉旧邑的不吉祥，鼓人能够侍奉他的君，我也能够侍奉我的君，行着义没有差，好恶全都没有过分，城可以得到，而民知道道义的所在，可以死于君命而没有二心，这不也可以吗？"后来鼓人告诉荀吴说食物全都吃完了，力量也用完了，然后方才占领着鼓城，拿了鼓城回到晋国，没有杀掉一个人，把鼓的君鸢鞮带回到晋国。

经 冬，公如晋。

传 冬，公如晋，平丘之会故也[1]。

今注

1 平丘之会故也：因为平丘会盟时，鲁昭公不参与，季孙就被缉捕，后来又送回季孙，所以鲁昭公往谢。

今译

冬天，鲁昭公到晋国去，这是平丘的会盟的缘故。

传 十二月，晋荀跞如周葬穆后，籍谈为介。既葬除丧，以文伯宴，樽以鲁壶[1]。王曰："伯氏！诸侯皆有以镇抚王室，晋独无有，何也？"文伯揖籍谈。对曰："诸侯之封也，皆受明器于王室，以镇抚其社稷，故能荐彝器于王。晋居深山，戎狄之与邻而远于王室，王灵不及，拜戎不暇，其何以献器？"王曰："叔氏而忘诸乎？叔父唐叔，成王之母弟也，其反无分乎？密须之鼓与其大路，文所以大蒐也，阙巩之甲[2]，武所以克商也。唐叔受之以处参虚，匡有戎狄，其后襄之二路，鏚钺秬鬯[3]，彤弓虎贲，文公受之，以有南阳之田，抚征东夏[4]，非分而何？夫有勋而不废，有绩而载，奉之以土田，抚之以彝器，旌之以车服，明之以文章，子孙不忘，所谓福也。福祚之不登，叔父焉在[5]？且昔而高祖孙伯黡司晋之典籍[6]，以为大政，故曰籍氏，及辛有之二子董之，晋于是乎有董史，女司典之后也，何故忘之？"籍谈不能对。宾出，王曰："籍父其无后乎？数典而忘其祖[7]。"籍谈归以告叔向，叔向曰："王其不终乎？吾闻之所乐必卒焉，今王乐忧，若卒以忧，不可谓终。王一岁而有三年之丧二焉，于是乎以丧宾宴，又求彝器，乐忧甚矣，且非礼也。彝器之来，嘉功之由，非由丧也。三年之丧，虽贵遂服，礼也，王虽弗遂，宴乐以早，亦非礼也。礼，王之大经也，一动而失二礼[8]，无大经矣。言以考典，典以志经，忘经而多言举典[9]，将焉用之？"

今注

1　鲁壶：鲁国所献的壶樽。

2　密须之鼓、阙巩之甲：密须是姞姓国，为周文王所伐，阙巩也是一国名，它生产的盔甲。

3　鏚钺秬鬯：鏚是斧头，钺是金斧头，秬是黑黍所做，鬯是香酒。

4　抚征东夏：这事在僖公二十八年城濮之战的时候。

5　福祚之不登，叔父焉在：晋国典籍若不记载福祚，焉在其为叔父，叔父谓晋先公。

6　且昔而高祖孙伯黡司晋之典籍：并且从前你的高祖孙伯黡管晋国的典籍。

7　数典而忘其祖：数说典故而忘了他祖父的事业。

8　一动而失二礼：一个举动而失掉两种礼节。

9　忘经而多言举典：忘了经典而多说话。

今译

十二月，晋国荀跞到周都城去给穆后行葬礼，籍谈做副使，既经下葬，除掉丧服以后，就对荀跞设宴，席上用鲁国所献的壶。周王说："伯氏！诸侯全都有贡献，来镇抚王室，晋国唯独没有，这是什么缘故？"荀跞朝籍谈作揖，使他回答，他就回答说："诸侯受封的时候，皆受到分器于王室，以镇抚他的国家，所以能够贡献彝器给王室。晋国住在深山里，跟戎狄做邻居，而对于王室很远，王的宠灵达不到，为拜戎狄没有时间，那怎么样贡献彝器呢？"王就说："叔氏你就忘了吗？叔父唐叔是成王的母弟，而反倒没有分器吗？密须那个鼓跟那个大车，文王所以大蒐用它，阙巩那个盔甲，武王是用它灭商的。唐叔得到住在参虚晋国的分野，匡正着戎狄，其后周襄王所赏晋文公两个路车，还有斧钺同香酒，红色的弓同虎贲卫队，晋文公并且得到有南阳的田地，专门管理东夏，这不是分器是什么呢？有了功勋就不废掉，有了功绩就写在简策上，再加上赏给他的土田同彝器，并且有车服，用旌旗来表章，子孙永远不忘，这就是所谓福。晋国典籍若不记载福祚，焉在其为叔父？并且从前你的高祖孙伯黡，管理晋国的典籍，以做大政治，所以你们的氏叫籍。后来辛有的两个儿子又管晋国的历史，这方才有董史。你是管理典籍的后人，你为什么忘记呢？”籍谈没有方法回答。等到客人出去以后，王就说：“籍谈恐怕不能有后人，数说典故，而忘掉他的祖业。”籍谈回去便告诉叔向。叔向说：“王恐怕不能够终，我听说所乐的事必死在那上头，现在王对于忧很喜欢，他要死到忧伤，不可以说是终。王一年而死了王后同太子，这是三年之丧两个，并且又宴宾客又求彝器，这是很喜欢忧，并且不合礼。彝器来是由于功勋，不是由于丧事。三年的丧，虽然贵为天子，也应当穿，这是照礼而行。王虽然不能穿，但是很早就宴乐，也不是合礼的。礼是王的大经论，一动而失掉两种礼，没有大经论了。说言语以考成典故，典故以记载经论，忘记经论而多言语举典故，有什么用呢？”

昭公十六年（公元前五二六年）

传 十六年，春，王正月，公在晋，晋人止公，不书，讳之也。

今译

春王正月，鲁昭公在晋国，晋人不许他回来，不写到《春秋》上，是避讳的缘故。

经 十有六年，春，齐侯伐徐。

经 楚子诱戎蛮子杀之。

传 齐侯伐徐，楚子闻蛮氏之乱也，与蛮子之无质也，使然丹诱戎蛮子嘉[1]杀之，遂取蛮氏，既而复立其子焉，礼也。二月，丙申，齐师至于蒲隧[2]，徐人行成，徐子及郯人、莒人会齐侯盟于蒲隧，赂以甲父之鼎[3]。叔孙昭子曰："诸侯之无伯害哉！齐君之无道也，兴师而伐远方，会之有成而还，莫之亢也，无伯也夫！《诗》曰：'宗周既灭，靡所止戾，正大夫离居，莫知我肄[4]？'其是之谓乎？"

今注

1 戎蛮子嘉：戎蛮王的名字嘉。

2 蒲隧：《汇纂》说："在今安徽省泗县西北。"

3 甲父之鼎：甲父是古代国名，他那里所产的鼎。

4 宗周既灭，靡所止戾，正大夫离居，莫知我肄：这是《诗经·小雅》的诗。意思是说西周既然被灭了，世乱不知哪里去，执政的大夫也离心分居，没有怀念人民的。

今译

齐侯伐徐，楚王听说蛮氏的乱，同蛮子的没有信实，使然丹引诱戎蛮子嘉把他杀掉，就占领了蛮氏，不久以后又立了他的儿子，这是很合于礼的。二月丙申，齐国的军队到达徐国的蒲隧这地方。徐人要求和平，徐子同郯人、莒人同齐侯在蒲隧盟会，用甲父之鼎来贿赂齐侯。叔孙婼说："诸侯没有霸主，对小国害处不浅，齐君没有道理，率领着军队去伐远处的地方，开会以后成功就回去了，没有人能抵抗，这岂不是没有霸主的缘故。《诗经》说过：'宗周既然被灭了，就没有安定的时候，执政的大夫们离心分居，没有念及我们劳苦的人们？'就是指现在。"

传 三月，晋韩起聘于郑，郑伯享之，子产戒曰："苟有位于朝，无有不共恪。”孔张[1]后至，立于客间，执政御之[2]，适客后，又御之，适县间[3]，客从而笑之。事毕，富子[4]谏曰：“夫大国之人不可不慎也，几为之笑而不陵我。我皆有礼，夫犹鄙我。国而无礼，何以求荣，孔张失位，吾子之耻也。”子产怒曰：“发命之不衷，出令之不信，刑之颇类，狱之放纷，会朝之不敬，使命之不听，取陵于大国，罢民而无功，罪及而弗知，侨之耻也。孔张，君之昆孙，子孔之后也，执政之嗣也，为嗣大夫，承命以使周于诸侯，国人所尊，诸侯所知，立于朝而祀于家，有禄于国，有赋于军，丧祭有职，受脤归脤，其祭在庙，已有著位，在位数世，世守其业，而忘其所，侨焉得耻之？辟邪之人而皆及执政，是先王无刑罚也，子宁以他规我[5]。”

今注

1　孔张：子孔的孙子。

2　执政御之：掌权的人阻止他。

3　适县间：到了乐器那部分。

4　富子：郑大夫。

5　子宁以他规我：希望你拿旁的事来规正我。

今译

三月，晋国韩起到郑国聘问，郑伯宴享他。子产戒备他们管事的人说：“假设有地位在朝廷的人，没有不恭敬的。”孔张最后来了，立到客人中间，管事的人指着他，他就跑到客人后，又指着他，就到了乐器的中间，客人就笑他。等到事情完毕以后，郑大夫富子谏子产说：“大国的人，不可以不慎重，几度为他们所笑并且欺负我。我已经很有礼貌，对方尚且贱视我。国家没有礼，怎么样求光荣呢？孔张丢了他的位子，这是你的羞耻。”子产发怒说：“发命令不当，出命令也不信实，刑罚有偏颇，刑狱也纷乱，朝会也不敬，下命令而下边不听，受大国的欺凌，人民劳苦而没有功劳，罪来了而不知道，这是我的耻辱。至于孔张，我们寡君哥哥的孙子，子孔的后人，当过执政的人的后人，做了大夫，受命令到各国去，遍在诸侯各国，他是国人所尊敬，诸侯也全知道，在朝廷上立着而在家中祭祀，在国家有禄位，在军队中有出兵，丧事祭祀时有职位，君祭祀时送他祭肉，他有祭祀时就送祭肉给君，他的祭祀在庙中，已经有固定的位子，他已经有好几代在位，每代守他的事业，而忘了他的地位，我怎么能够羞耻呢？不好的人全都连及执政，这是先王没有刑罚的用处，你为什么不拿旁的事情规正我呢？”

传 宣子有环，其一在郑商[1]，宣子谒诸郑伯，子产弗与，曰：“非官府之守器也，寡君不知。”子大叔、子羽谓子产曰：“韩子亦无几求[2]，晋国亦未可以贰，晋国韩子不可偷也。若属有谗人交斗其间，鬼神而助之以兴其凶怒，悔之何及？吾子何爱于一环，其以取憎于大国也，盍求而与之。”子产曰：“吾非偷晋而有二心，将终事之，是以弗与，忠信故也。侨闻君子非无贿之难，立而无令名之患。侨闻为国非不能事大字小之难，无礼以定其位之患。夫大国之人令于小国，而皆获其求，将何以给之？一共一否，为罪滋大。大国之求，无礼以斥之，何餍之有？吾且为鄙邑，则失位矣。若韩子奉命以使，而求玉焉？贪淫甚矣，独非罪乎？出一玉以起二罪，吾又失位，韩子成贪，将焉用之？且吾以玉贾罪，不亦锐乎[3]？”韩子买诸贾人，既成贾矣，商人曰：“必告君大夫。”韩子请诸子产曰：“日起请夫环，执政弗义，弗敢复也。今买诸商人，商人曰必以闻，敢以为请。”子产对曰：“昔我先君桓公与商人皆出自周，庸次比耦[4]，以艾杀此地，斩之蓬蒿藜藋而共处之，世有盟誓以相信也，曰：‘尔无我叛，我无强贾，毋或匄夺，尔有利市宝贿，我勿与知。’恃此质誓，故能相保，以至于今。今吾子以好来辱，而谓敝邑强夺商人，是教敝邑背盟誓也，毋乃不可乎？吾子得玉，而失诸侯，必不为也。若大国令而共无艺[5]，郑敝邑也，亦弗为也。侨若献玉，不知所成，敢私布之。”韩子辞玉曰：“起不敏，敢求玉以徼二罪[6]，敢辞之。”

今注

1 其一在郑商：一对的另外一个玉环在郑国的商人手中。

2 韩子亦无几求：意思是说韩起并没有甚多要求。

3 不亦锐乎：那不是太细小吗？

4 庸次比耦：合在一块土地互相耕种。

5 若大国令而共无艺：假设大国命令，要我们无限制地供给。

6 敢求玉以徼二罪：因为求玉而得到两种罪名。

今译

韩起有一只玉环，还有一只在郑国商人那里，韩起想取来成为一双，所以来请求郑伯。子产却不肯给他，说：“这不是官库中保管的东西，寡君不知道。”游吉、子羽对子产说：“韩起的要求，也没有多少，对晋国也不可以有两条心呢！晋国的韩起是不可以薄待他的。倘若恰正遇见有说坏话的人，从中挑拨，再加鬼神助虐，弄出一种凶恶的仇恨来，那时后悔也来不及了？你为什么要爱那只玉环？难道是要讨没趣在大国吗？何不去求来送给韩起。”子产说：“我不是看轻晋国，有了两条心，正是要想始终服侍它，所以不给它的，这全是忠心诚信的缘故啊！侨听说君子不是无贿的为难，立在官位中，倒是没有好名声觉得忧患。侨又听说治理国家，不是不能服侍大国，爱惜小国的为难，倒是没有礼法安定它名位觉得忧患。他们大国的人，吩咐了小国，如果要求都能获得，那么将来用什么东西供给它呢？今日来求供给他们，后日来求便不供给他，那么得罪大国越加大了。大国的要求若出于无礼的，应当要拒绝他们。如果唯命是听，他们哪里有什么餍足，只怕我国倒要做他们的边地了，这不是失掉自己的位置，不成了国家吗？若韩起果真奉了君命作使臣，却是私下来求玉环，这是贪淫极了，他难道独没有罪吗？拿出一只玉环来，兴起两种罪恶，我国又失了位置，韩起却成了贪淫，有什么好处呢？况且我拿玉去买罪受，那不是太细小了吗？”韩起便向商人处去买，已经讲定价钱了，商人说：“这事却定要告明君大夫的。”韩起便再请托子产说：“前几天我起来要那玉环，执政以为不相宜，所以也不敢再求了。如今自向商人购买，商人说定要告诉执政的，所以再敢来请求。”子产回答说：“从前我先君桓公，和商人都从周朝畿内东迁的。彼此相从耕种，铲除此地的荒秽，斩掉此地的蓬蒿藜藋，一同居住，世代有约言，大家信守的，约词上说：‘你不可背叛我，我也不来硬买你的东西，不要有什么讨的夺的，你有利市的宝器，我也不来询问的。’靠了这个信誓，所以能够大家相保，直到现在。如今你以好意辱临敝邑，却要使敝邑强夺商人的宝器，这是教敝邑违背盟誓了，不是不可以的吗？你因得了玉环，却失掉诸侯，想来也一定不做的。如果大国有了吩咐，我们尽是供给，没有限制，那么我们郑国就好像是你晋国的边鄙了，我们却也不肯做的。侨如果献了玉，实在不知成个什么东西，不敢不把私意告诉你。”韩起便辞那玉说：“起实在没有才学，怎敢因求玉而招两种罪呢？我敢辞谢这块玉。”

传　夏，四月，郑六卿饯宣子于郊，宣子曰：“二三君子请皆赋，起亦以知郑志。”子齹[1]赋《野有蔓草》[2]，宣子曰：“孺子善哉！吾有望矣。”子产赋郑之《羔裘》[3]，宣子曰：“起不堪也。”子大叔赋《褰裳》[4]，宣子曰：“起在此，敢勤子至于他人乎？”子大叔拜。宣子曰：“善哉！子之言是。不有是事，其能终乎？”子游赋《风雨》[5]，子旗赋《有女同车》[6]，子柳赋《萚兮》[7]，宣子喜曰：“郑其庶乎？二三君子以君命贶起，赋不出郑志[8]，皆昵燕好也。二三君子数世之主也，可以无惧矣。”宣子皆献马焉，而赋《我将》[9]。子产拜，使五卿皆拜曰：“吾子靖乱，敢不拜德。”宣子私觐于子产以玉与马曰：“子命起舍夫玉，是赐我玉而免吾死也，敢不藉手以拜。”

今注

1 子齹：子皮的儿子。

2 《野有蔓草》：《诗经·郑风》的一篇。

3 郑之《羔裘》：因为《诗经》中间有两篇《羔裘》，一种属于《唐风》，另一种属于《郑风》。

4 《褰裳》：《诗经·郑风》的一篇，中间一句话说：“子不我思，岂无他人？”

5 子游赋《风雨》：子游是驷带的儿子，《风雨》是《郑风》的一篇。

6 子旗赋《有女同车》：子旗是公孙段的儿子，《有女同车》是《郑风》的一篇。

7 子柳赋《萚兮》：子柳是印段的儿子，《萚兮》也是《郑风》的一篇。

8 赋不出郑志：所赋的诗没有超过《郑风》的意见。

9 《我将》：是《诗颂》的一篇。

今译

夏四月，郑国的六卿，享宴韩起在郊外，韩起说：“你们几位全都请歌唱诗，使我知道郑国的志向。”子齹赋《野有蔓草》这篇诗。韩起就说：“小孩子很好，我有希望了。”子产就歌唱《郑风》中的《羔裘》诗。韩起说：“我不敢当。”游吉歌唱《褰裳》这篇诗。韩起说：“起在这里，敢使你去求他人吗？”游吉拜谢。韩起说：“很好，你赋这篇诗很对。不是如此的话，晋郑二国能始终亲善吗？”子游歌唱《风雨》这篇诗，子旗赋《有女同车》这篇诗，子柳赋《萚兮》这篇诗，韩起高兴地说：“郑国正可以往兴盛方面，你们以君令来赏赐我，所歌唱的诗全都没有出《郑风》以外，用以表示亲好。你们几位全都可以几辈子掌政权，可以不怕了。”韩起每人献给他一匹马，而歌唱《我将》这篇诗。子产拜谢，叫五个卿全都拜，说：“你能安靖四方，敢不拜谢你的恩德。”韩起后来又私见子产，赠给他玉和马说：“你叫我不要玉，这是把玉赏给我，而使我免了死罪，敢不用玉马来拜谢。”

经　夏，公至自晋。

传　公至自晋，子服昭伯语季平子曰：“晋之公室其将遂卑矣，君幼弱，六卿彊而奢傲，将因是以习，习实为常，能无卑乎？”平子曰：“尔幼，恶识国[1]？”

今注

1　尔幼，恶识国：你年轻，怎么能懂得国家的事情。

今译

昭公从晋国回来，子服昭伯告诉季孙意如说：“晋国的公室，恐怕将衰弱了，晋君又弱，六个卿强而奢侈骄傲，将习惯如此，慢慢变成常的事情，能不衰弱吗？”季孙意如说：“你一个小孩子，怎么能够懂得国家的事呢？”

经 秋，八月，己亥，晋侯夷卒。

传 秋，八月，晋昭公卒。

今译

秋天八月，晋昭公死了。

经 九月，大雩。

传 九月，大雩，旱也。郑大旱，使屠击、祝款、竖柎[1]，有事于桑山[2]，斩其木，不雨。子产曰："有事于山，蓺山林也[3]，而斩其木，其罪大矣。"夺之官邑。

今注

1 屠击、祝款、竖柎：三个人全是郑大夫。

2 桑山：在今河南新郑县西。

3 蓺山林也：养护林木。

今译

九月鲁国求雨，因为旱的缘故。郑国旱灾，派郑大夫屠击、祝款、竖柎在祭桑山，拔掉它的树，也不下雨。子产说："祭祀山，是为保护林木，使它繁殖，而拔掉树，这罪过很大。"就夺掉他们三人的官邑。

经 季孙意如如晋。

经 冬，十月，葬晋昭公。

传 冬，十月，季平子如晋，葬昭公。平子曰："子服回之言犹信，子服氏有子哉[1]！"

今注

1 子服氏有子哉：子服氏家里有很好的儿子。

今译

冬十月，季孙意如到晋国去，给晋昭公行葬礼。季孙意如说：“子服昭伯的话很可靠，子服氏很有贤良的儿子。”

昭公十七年（公元前五二五年）

经 十有七年，春，小邾子来朝。

传 十七年，春，小邾穆公来朝，公与之燕，季平子赋《采叔》[1]，穆公赋《菁菁者莪》[2]。昭子曰：“不有以国，其能久乎？”

今注

1 《采叔》：《诗经·小雅》的一篇。

2 《菁菁者莪》：《诗经·小雅》的一篇。

今译

春天，小邾穆公来鲁国朝见，昭公给他燕席，季孙意如就歌唱《采叔》这篇诗，穆公就歌唱《菁菁者莪》这篇。叔孙婼说：“他应对有礼，有国一定能够长久。”

经 夏，六月，甲戌，朔，日有食之。

传 夏，六月，甲戌，朔，日有食之，祝史请所用币。昭子曰：“日有食之，天子不举，伐鼓于社，诸侯用币于社，伐鼓于朝，礼也。”平子御之[1]，曰：“止也。唯正月朔慝未作，日有食之，于是乎有伐鼓用币，礼也。其余则否。”大史曰：“在此月也[2]，日过分而未至[3]，三辰有灾[4]，于是乎百官降物，君不举，辟移时，乐奏鼓，祝用币，史用辞。故《夏书》曰：‘辰不集于房，瞽奏鼓，啬夫驰，庶人走。’此月朔之谓也。当夏四月，是谓孟夏。”平子弗从。昭子退曰：“夫子将有异志，不君君矣[5]。”

今注

1 平子御之：季平子禁止他们这样做。

2 在此月也：就是指这个月。

3 日过分而未至：过了春分尚没有到夏至。

4 三辰有灾：三辰是日、月、星，有了灾害。

5 不君君矣：这是他不愿意承认鲁君是他的君。

今译

夏六月甲戌朔，鲁国有日食，祝史请用何种的币？叔孙婼说：“遇见日食时，天子不用盛馔，在社神上敲鼓，诸侯在社神上用币，在朝廷上敲鼓，这是照礼的。”季孙意如不以为然，说：“不要这么说，唯独正月朔阴气未作，有日食时，方才敲鼓用币，这是照礼的。其余不这样做。”大史说：“就是在这个月。等到太阳过了春分而没有到了夏至，日月星三辰有了灾害，就百官全穿着素衣服，君不盛宴，在日食时，避开住的正寝，乐工敲鼓，祝史在社神上用币，史官用文辞以自责。所以《夏书》上说：‘日月不安于它的地方，乐师就敲鼓，啬夫就跑，庶人就走路。’这是指这月的初一。当夏历四月就叫作孟夏。”季孙意如还不听从。叔孙婼退下去说：“这个人将有不好的志向，他不以鲁君为君了。”

经 秋，郯子来朝。

传 秋，郯子来朝，公与之宴，昭子问焉，曰：“少皞氏鸟名官[1]，何故也？”郯子曰：“吾祖也，我知之。昔者黄帝氏以云纪[2]，故为云师而云名。炎帝氏以火纪[3]，故为火师而火名。共工氏以水纪[4]，故为水师而水名。大皞氏以龙纪[5]，故为龙师而龙名。我高祖少皞挚之立也，凤鸟适至，故纪于鸟，为鸟师而鸟名。凤鸟氏历正也[6]，玄鸟氏司分者也[7]，伯赵氏司至者也[8]，青鸟氏司启者也[9]，丹鸟氏司闭者也[10]，祝鸠氏司徒也[11]，鴡鸠氏司马也[12]，鸤鸠氏司空也[13]，爽鸠氏司寇也[14]，鹘鸠氏司事也[15]，五鸠，鸠民者也。五雉为五工正，利器用，正度量，夷民者也，九扈为九农正，扈民无淫者也。自颛顼以来不能纪远，乃纪于近，为民师而命以民事，则不能故也。”仲尼闻之，见于郯子而学之，既而告人曰：“吾闻之天子失官，学在四夷，犹信[16]。”

今注

1 少皞氏鸟名官：少皞氏拿鸟做他的官名。

2 昔者黄帝氏以云纪：在从前黄帝是拿云来纪事。

3 炎帝氏以火纪：炎帝氏是拿火来纪事。

4 共工氏以水纪：共工氏拿水来纪事。

5 大皞氏以龙纪：大皞氏用龙来纪官。

6 凤鸟氏历正也：凤鸟氏是管历法的。

7 玄鸟氏司分者也：玄鸟氏是管春分到秋分的。

8 伯赵氏司至者也：伯赵就是俗人所称的伯劳鸟，他是管夏至到冬至。

9 青鸟氏司启者也：青鸟氏是管立春到立夏。

10 丹鸟氏司闭者也：丹鸟氏是管立秋到立冬。

11 祝鸠氏司徒也：祝鸠氏这鸟等于司徒官。

12 鴡鸠氏司马也：鴡鸠氏这鸟等于司马。

13 鸤鸠氏司空也：鸤鸠氏等于司空。

14 爽鸠氏司寇也：爽鸠氏就是鹰，等于司寇的官。

15 鹘鸠氏司事也：鹘鸠氏等于司事的官。

16 天子失官，学在四夷，犹信：天子的官不修其职，就到四夷去学，这是很信实的。

今译

秋天，郯子来鲁国上朝，昭公跟他吃饭，叔孙婼就问他，说："少皞氏用鸟为官名，这是什么原因？"郯子说："这是我的祖先，所以我知道。从前黄帝是用云来纪事，所以他的官名全用云。炎帝用火来纪事，他的官名全用火。共工氏用水来纪事，他的官名全用水。大皞用龙来纪事，他的官名全用龙，我的高祖少皞挚即位时，凤鸟恰好来了，所以以鸟纪事，官名全都用鸟。凤鸟氏是历正之官，玄鸟氏管春分秋分，伯赵氏管夏至冬至，青鸟氏管立春到立夏，丹鸟氏管立秋到立冬，祝鸠氏是司徒，鴡鸠氏是司马，鸤鸠氏是司空，爽鸠氏是司寇，鹘鸠氏是司事，五鸠是治理人民的。五种雉鸟，等于五个工正，是为的使器用便利，正度量尺寸，使人民和平。九扈做九农正，使安置人民不淫乱。自从颛顼以来没有方法纪远的事，就纪近事，官名全与民事有关，因为他也不能够远看。"仲尼听见说，见了郯子同他学习，后来就告诉人说："我听说天子的官不修其职，就从四夷去学，这话是可信的。"

经 八月，晋荀吴帅师灭陆浑之戎。

传 晋侯使屠蒯如周，请有事于雒与三涂[1]。苌弘谓刘子曰："客容猛，非祭也，其伐戎乎？陆浑氏甚睦于楚，必是故也，君其备之。"乃警戎备。九月，丁卯，晋荀吴帅师涉自棘津[2]，使祭史先用牲于雒，陆浑人弗知，师从之。庚午，遂灭陆浑，数之以其贰于楚也。陆浑子奔楚，其众奔甘鹿[3]，周大获。宣子梦文公携荀吴而授之陆浑，故使穆子帅师献俘于文宫。

今注

1 雒与三涂：雒是雒水，三涂是山名，在河南省嵩县。

2 棘津：江永说："晋荀吴伐陆浑之戎，虽欲使陆浑人不知，亦不应如此迂回，且九月丁卯渡棘津，庚午遂灭陆浑，相距三日，岂能如此神速。《汇纂》所引恐误。服虔云，‘棘津犹孟津也。’似近之。”

3 甘鹿：《方舆纪要》说：“河南宜阳县东南五十里，有鹿归山，在陆浑故城西北。”

今译

晋侯叫屠蒯到周去，请祭祀雒水同三涂。苌弘对刘子说：“客人的容貌很猛勇，这不是祭祀，恐怕是伐陆浑的戎？陆浑的戎现在对楚国很和睦，必定是这个缘故，你何不防备着！”就戒备了。九月丁卯，晋国荀吴率领着军队从棘津渡过黄河，使祭史先用牲祭祀雒水，陆浑人不明白，晋军就进攻陆浑。庚午这天，把陆浑灭了，数说它为什么跟楚国相和。陆浑子逃到楚国去，他的众人逃奔到甘鹿这地方，周国得到他的人民很多。韩起梦见晋文公拉着荀吴，交给他陆浑，所以使荀吴到晋文公庙中献俘。

经 冬，有星孛于大辰。

传 冬，有星孛于大辰西，及汉。申须曰[1]：“彗所以除旧布新也，天事恒象，今除于火，火出必布焉，诸侯其有火灾乎？”梓慎曰：“往年吾见之，是其征也。火出而见，今兹火出而章，必火入而伏，其居火也久矣，其与不然乎[2]？火出于夏为三月，于商为四月，于周为五月，夏数得天。若火作，其四国当之。在宋、卫、陈、郑乎？宋，大辰之虚也。陈，大皞之虚也。郑，祝融之虚也。皆火房也。星孛天汉，汉水祥也。卫颛顼之虚也，故为帝丘，其星为大水，水火之牡也。其以丙子若壬午作乎？水火所以合也。若火入而伏，必以壬午，不过其见之月。”郑裨灶言于子产曰：“宋、卫、陈、郑将同日火，若我用瓘斝玉瓒[3]，郑必不火。”

子产弗与。

今注

1　申须：鲁大夫。

2　其与不然乎：意思说是必然。

3　瓘斝玉瓒：这是玉的杯，瓒是勺玉做的。

今译

冬天有彗星出现在大辰的西边，东边一直达到天汉。鲁大夫申须说："彗星是所以除去旧的来换新的，天道时常以象征来给人看，现在除去是心星，心星出来火就散布为灾，诸侯恐怕有火灾了？"梓慎说："从前我看见过，这是它的象征。心星出来而发现，现在心星出来而显出，必定是心星进入而火也没有了，它经过二年已经很久了，这是必然的事，火出在夏正为三月，在商正是四月，在周正是五月，夏的数目合于天时。要是火发生，恐怕四国全有关系。这就恐怕是宋、卫、陈、郑吗？宋是大辰的分野；陈是大皞的分野；郑是祝融的分野，都是火所住的房舍。这个彗星到了天汉，天汉是水的祥瑞。卫国是颛顼的分野，所以称为帝丘，它的心星就是大水，水是火的雄，恐怕发作在丙子那天或者壬午那天，这两天是水火相合的那天。若火回去而藏起来必在壬午，不能超过它所发现的那月。"郑国裨灶告诉子产说："宋、卫、陈、郑四国将同一天着火，我要用珪玉同玉的爵杯，同玉的勺子禳求，郑必定不会火。"但是子产不相信，不肯答应他用。

经　楚人及吴战于长岸。

传　吴伐楚，阳匄[1]为令尹，卜战不吉。司马子鱼[2]，曰："我得上流，何故不吉？且楚故司马令龟，我请改卜。"令曰："鲂也以其属死之，楚师继之，尚大克之。"吉。战于长岸[3]，子鱼先死，楚师继之，大败吴师，获其乘舟余皇[4]，使随人与后至者守之，环而堑之及泉，盈其隧炭，陈以待命。吴公子光[5]请于其众曰：“丧先王之乘舟，岂唯光之罪，众亦有焉。请藉取之以救死。”众许之。使长鬣者三人潜伏于舟侧曰：“我呼余皇则对。”师夜从之，三呼皆迭对，楚人从而杀之。楚师乱，吴人大败之，取余皇以归。

今注

1 阳匄：是穆王的曾孙令尹子瑕。

2 司马子鱼：是公子鲂。

3 长岸：楚地。《汇纂》说：“今安徽省当涂县西南三十里，有西梁山，与东梁山夹江相对，如门之阙，亦曰天门山。《郡国志》：天门山，一名峨眉山，春秋楚获吴乘舟余皇处也。”

4 余皇：船的名字。

5 吴公子光：他是吴王诸樊的儿子。

今译

吴国伐楚国，阳匄做令尹，占卜打仗不吉祥，司马子鱼就说：“我是占着上游地方，为什么不吉祥？并且楚国旧的办法，司马命令龟来占卜，我请改卜。”就令龟说：“我将用我的属下来战死，楚国军队接着来打，必定能够战胜。”得到吉兆，就在长岸这地方作战，子鱼先战死，楚国军队接着大败了吴国军队，捕获他的大船余皇，使随从与后到的人守着它，围着它挖了一条沟深到泉水，随着它的出入口，摆上阵，等候命令。吴国公子光对众人请求说：“丢掉先王所用的乘舟，岂止是光的罪状，众人全都有。请求用方法把舟拿回来，以救我们的死罪。”众人全答应他。使长胡子三个人，偷着爬上船的旁边，说：“我喊余皇就赶紧回答。”吴军夜里跟着他们，喊了三次全都回答，楚国人就把他们杀掉。楚国军队就乱了，吴国人把他们大败了，把余皇的船拿回去。

卷二十五　昭公五

昭公十八年（公元前五二四年）

传　十八年，春，王二月，乙卯，周毛得杀毛伯过[1]而代之。苌弘曰："毛得必亡，是昆吾稔之日也，侈故之以[2]。而毛得以济侈于王都，不亡何待？"

今注

1　毛伯过：周大夫。他同毛得同一族。

2　是昆吾稔之日也，侈故之以：这是昆吾死的那个日子，因为他太奢侈的缘故。

今译

十八年春王二月乙卯，周国的毛得杀了周大夫毛伯过而替代了他。苌弘说："毛得必定要灭亡，这是昆吾死的那天，他是因为太奢侈。而毛得居然成功，这在王的都城中如此奢侈，不灭亡要等什么呢？"

经　十有八年，春，王三月，曹伯须卒。

传　三月，曹平公卒。

今译

三月，曹平公死了。

经 夏，五月，壬午，宋、卫、陈、郑灾。

传 夏，五月，火始昏见[1]，丙子，风。梓慎曰："是谓融风，火之始也，七日其火作乎？"戊寅风甚，壬午，大甚，宋、卫、陈、郑皆火，梓慎登大庭氏之库[2]以望之，曰："宋、卫、陈、郑也。"数日皆来告火。裨灶曰："不用吾言，郑又将火[3]。"郑人请用之，子产不可。子大叔曰："宝以保民也，若有火，国几亡，可以救亡，子何爱焉？"子产曰："天道远，人道迩，非所及也，何以知之？灶焉知天道？是亦多言矣，岂不或信。"遂不与，亦不复火。郑之未灾也，里析[4]告子产曰："将有大祥，民震动，国几亡，吾身泯焉弗良及也。国迁其可乎？"子产曰："虽可，吾不足以定迁矣。"及火，里析死矣，未葬，子产使舆三十人迁其柩。火作，子产辞晋公子公孙于东门[5]，使司寇出新客，禁旧客勿出于宫，使子宽，子上巡群屏摄至于大宫[6]，使公孙登徙大龟[7]，使祝史徙主祏于周庙告于先君[8]，使府人库人各儆其事，商成公儆司宫[9]，出旧宫人寘诸火所不及[10]，司马司寇列居火道，行火所焮[11]，城下之人伍列登城，明日使野司寇各保其征[12]，郊人助祝史，除于国北[13]，禳火于玄冥回禄[14]，祈于四鄘[15]，书焚室而宽其征与之材，三日哭，国不市，使行人告于诸侯。宋、卫皆如是，陈不救火，许不吊灾，君子是以知陈许之先亡也。

今注

1 火始昏见：在晚上心星出现。

2 大庭氏之库：大庭古国名，在鲁城内，鲁于其处作库高显，故登以望气。

3 不用吾言，郑又将火：不用我的话，郑国又将有火灾。

4　里析：郑大夫。

5　辞晋公子公孙于东门：晋国人新来的尚未进入各都城就不让他们进来，免除他们知道着火的事情。

6　子宽，子上巡群屏摄至于大宫：子宽、子上都是郑大夫。把祭祀的位子迁到祖庙里。

7　公孙登徙大龟：派开卜的大夫公孙登把占卜用的大龟迁走。

8　使祝史徙主祏于周庙告于先君：叫祝同史把神主的石函迁到周厉王庙中，昭告于先君。

9　商成公儆司宫：商成公是郑大夫警戒太监们。

10　出旧宫人寘诸火所不及：把从前宫中的女子把她们摆到火烧不到的地方。

11　行火所焮：到处救火。

12　明日使野司寇各保其征：野司寇是县士。明日使县士各保护他征役的人。

13　郊人助祝史，除于国北：郊人帮助祝史，在国都的北方去扫除。

14　禳火于玄冥回禄：玄冥是水神，回禄是火神，对他们祭祀。

15　祈于四鄘：在各城门祭祀。

今译

夏天五月，心星在夜晚出现，丙子刮风。梓慎说："这叫作融风，是火的开始，经过七天以后，火恐怕就要着起来。"戊寅风刮得更厉害，壬午，很厉害，宋、卫、陈、郑四国全着起火，梓慎上到大庭氏的库去远望，说："这是宋、卫、陈、郑四国。"经过几天以后，他们全派来告诉鲁国说他们着火了。裨灶说："你们要不用我的话，郑国又要着火。”郑国人要求听他的话。子产仍旧不以为然。游吉说：“宝器是保护人民的，要着火，郑国就几乎完了，可以用宝物来救亡，你又何必爱惜它呢？”子产说：“天道是很远的，人道是很近，这连不到一块，怎么样能知道呢？ 怎么能知道天道？他是常常喜欢说话，岂不有时碰上。”就不给他，郑国也不再着火。郑国在没着火以前，郑大夫里析告诉子产说：“将有大的变化，人民全被震动，国几乎而亡，但是我那时已经死了，不能赶上。迁徙国都或者可以有办法。”子产说：“虽然可以，但我没有方法定规怎么迁。”到了着火时，里析已经死了，还没有下葬，子产就派了三十个人，把他棺材搬走。火发了以后，子产派人把晋国的公子公孙新来的人在东城门那里搁住他们，不要进来，派司寇叫新来聘问的不要进来，禁止旧的客人不要出去。派郑大夫子宽、子上巡视各祭祀位置一直到祖庙中，使管理占卜的公孙登把大龟迁走，派祝史搬了成神主的石函到周厉王的庙中，并且敬告各先君，使府人库人各儆戒他的事务，郑大夫商成公儆告太监的头目，把从前先君的宫女摆到火所烧不到的地方，司马同司寇排在火所经过的道路，到处救火，城下边的人排着队登到城上，第二天，使各县士保护他所征发的工人，郊外的人帮助祝史，在国都的北方扫除，并且到水神玄冥，火神回禄去祭禳，还祭都城的四门，将所烧的房子记录，并宽免他的赋税，给他建筑的材料，国里三日哭，全国市场都不开，使行人官到各诸侯去告诉。宋、卫全都如此，陈不救火，许国不吊别人的灾，君子所以知道陈国同许国是先要亡国。

经 六月，邾人入鄅。

传 六月，鄅[1]人藉稻，邾人袭鄅，鄅人将闭门，邾人羊罗摄其首焉[2]，遂入之，尽俘以归。鄅子曰："余无归矣！"从帑于邾。邾庄公反鄅夫人而舍其女。

今注

1　鄅：妘姓国，《一统志》："今山东临沂县，城北十五里，有开阳城。"

2　摄其首焉：就把他的脑袋斩下来。

今译

六月，鄅人种植水稻，邾人将袭击鄅，鄅人将关上城门，邾人羊罗把鄅人关门的斩下他的脑袋就进入鄅国，把他们做成俘虏，就回去了。鄅子说："我没法回去了。"就随着他的妻女到邾国去，邾庄公退还鄅夫人而留下他的女儿。

经　秋，葬曹平公。

传　秋，葬曹平公，往者见周原伯鲁[1]焉，与之语不说学。归以语闵子马，闵子马曰："周其乱乎！夫必多有是说而后及其大人，大人患失而惑，又曰可以无学，无学不害。不害而不学，则苟而可[2]，于是乎下陵上替，能无乱乎？夫学殖也，不学将落，原氏其亡乎？"

今注

1　原伯鲁：周大夫。

2　则苟而可：因为没有害处，心里就苟且。

今译

秋天给曹平公下葬，鲁人去参加葬礼的，看见周国的大夫原伯鲁，跟他谈话中，知道他不喜欢读书，回到鲁国告诉闵子马，闵子马说："周恐怕将有乱事发生了，一定是有很多人如此说法，所以传给他们在位的人，有政权的人恐怕有学问而不能得到道理，于是更惑乱他的意志，又说可以不要学问，没有学问也没有害处。没有害处而不学问，就变成苟且，下位的人侮慢上位的人，上位的人又废弃其职守，国家能没有乱吗？学问等于使苗的生长，不学苗将荒落，原氏恐怕要完了。”

传 七月，郑子产为火故，大为社，祓禳于四方，振除火灾，礼也。乃简兵大蒐，将为蒐除[1]，子大叔之庙在道南，其寝在道北，其庭小，过期三日，使除徒陈于道南庙北，曰：“子产过女而命速除，乃毁于而乡。”子产朝，过而怒之，除者南毁。子产及冲使从者止之曰：“毁于北方。”火之作也，子产授兵登陴。子大叔曰：“晋无乃讨乎？”子产曰：“吾闻之，小国忘守则危，况有灾乎？国之不可小，有备故也。”既晋之边吏让郑曰：“郑国有灾，晋君大夫不敢宁居，卜筮走望，不爱牲玉，郑之有灾，寡君之忧也。今执事撊然授兵登陴，将以谁罪？边人恐惧，不敢不告。”子产对曰：“若吾子之言，敝邑之灾，君之忧也。敝邑失政，天降之灾，又惧谗慝之间谋之，以启贪人，荐为敝邑不利，以重君之忧。幸而不亡，犹可说也，不幸而亡，君虽忧之，亦无及也。郑有他竟，望走在晋，既事晋矣，其敢有二心？”

今注

1 将为蒐除：因为治兵于庙，所以庙外的地必须扩充。

今译

七月，郑国子产因为着火的缘故，就大治社神庙，四方全都祓除不祥，去掉火灾，这是很合礼的。就治兵大搜，因为庙的地方太小，所以想扩大它。游吉的庙在道的南方，他的寝在道的北方，他的庭很小。过了子产规定的工期三天，游吉使工作的人员，在道南庙北那儿工作，就说子产若过来这儿叫你赶紧办，就向你们的方向去毁。子产上朝去了，路过这里看见不毁就发了怒，工作的人从南方毁。子产到了那里，就派他随从的人，叫他们不要从南方毁，而从北方毁。当初火开始发作时，子产拿着兵器上到城上。游吉就说："晋国是不是疑心郑国已经反叛了，要来讨伐我。"子产说："我听说过，小的国家忘记了守卫，就发生危险，何况我国有火灾呢？国家不可以被轻视，就是因为有防备的缘故。"后来晋国的边吏责让郑国说："郑国有灾害，晋国的君同大夫，全不敢安居，占卜并且走着望着郑国。不敢爱惜牺牲同玉币，郑国有灾害，是寡君的忧虑。现在你们居然敢仗着兵器登到城上，这是谁的罪状？边人害怕了不敢不告诉你。"子产回答说："诚如你这句话，我们国的灾害，也是你的忧虑。我们国家政治不修明，天降灾害给它，又恐怕有人说坏话，开启有贪念的人，重为我们国家不利，以加重你的忧虑。幸而郑国不亡，犹可解说，若不幸而亡，你们虽然加忧虑，也来不及了。郑国虽然有旁的邻居，每每瞻望晋国，既然已经侍奉晋国，还敢有二心吗？"

经 冬，许迁于白羽。

传 楚左尹王子胜言于楚子曰："许于郑，仇敌也，而居楚地，以不礼于郑，晋郑方睦，郑若伐许而晋助之，楚丧地矣。君盍迁许，许不专于楚，郑方有令政[1]。许曰：'余旧国也。'郑曰：'余俘邑也[2]。'叶在楚国，方城外之蔽也。土不可易，国不可小[3]，许不可俘，雠不可启，君其图之？"楚子说。冬，楚子使王子胜迁许于析，实白羽[4]。

今注

1 郑方有令政：郑国现在有很好的政治。

2 余俘邑也：郑国说许国是它所捕获的地方。

3　国不可小：这是指郑国。

4　析，实白羽：《一统志》说："析县故城在河南内乡县西北，春秋时，楚白羽地。"

今译

楚国的左尹王子胜对楚王说："许对于郑国是仇敌，而又住到楚国地方，对于郑国不礼貌，晋国同郑国很和好，郑若讨伐许国，而晋帮助它，楚国就丢掉地方。你何不迁许国，使许国不专心侍奉楚国，郑国现在有好的政治。许国说：'我是旧的国家。'郑国也说：'这是我俘虏的城邑。'叶在楚国是方城外的障蔽。土地不可以轻，国不可以小，许不可以做俘邑，雠敌不可以开启，你不如细想想。"楚平王听了这话高兴，冬天派王子胜迁许到析这地方，实在就是白羽。

昭公十九年（公元前五二三年）

传　十九年，春，楚工尹赤迁阴于下阴[1]，令尹子瑕城郏[2]。叔孙昭子曰："楚不在诸侯矣，其仅自完也，以持其世而已。"

今注

1　楚工尹赤迁阴于下阴：工尹，楚官名，名赤。阴，楚地，《纪要》说："湖北光化县西，汉水北（西）岸，古阴县城，《春秋》曰下阴。"大约是由阴戎而得到这种名称。

2　郏：《汇纂》说："在今河南省郏县。"

今译

十九年春天，楚国的工尹赤把阴迁到下阴去，令尹子瑕修筑郏这个城。叔孙婼说："楚国的目的不在镇抚诸侯，仅在自己守自己，以过了这一辈子。"

传 楚子之在蔡[1]也，郹阳[2]封人之女奔之，生大子建。及即位，使伍奢[3]为之师，费无极为少师，无宠焉，欲谮诸王曰：“建可室矣。”王为之聘于秦，无极与逆，劝王娶之。正月，楚夫人嬴氏至自秦。

今注

1 楚子之在蔡：《正义》说：“贾逵云：‘楚子在蔡为公时也。’杜以楚子十一年为蔡公，十三年而即位，生子唯一二岁耳，未堪立师傅也。至今七年，未得云‘建可室矣’；故疑为大夫时聘蔡也。”

2 郹阳：蔡邑，《汇纂》说：“在今河南新蔡县境。”

3 伍奢：伍举的儿子，伍员的父亲。

今译

楚王在蔡国时，郹阳的封人的女儿逃到楚王那里去，生了太子建。到了即位以后，使伍奢给他做师傅，费无极做少师，但是不得到宠爱，就告诉王说：“可以为太子建娶妻。”楚平王就替他到秦国聘了一个女子，费无极参加迎接，他又劝着平王自己娶她。正月，楚国夫人嬴氏从秦国来到楚国。

经 十有九年，春，宋公伐邾。

传 郳夫人，宋向戌之女也，故向宁[1]请师。二月，宋公伐邾围虫[2]，三月取之，乃尽归郳俘。

今注

1 向宁：向戌的儿子。

2 虫：邾邑，《汇纂》说：“今山东省济宁县境。”

今译

郳国夫人，是宋国向戌的女儿，所以向宁请出军队去讨伐邾国。二月，宋公伐邾国，围了虫这地方，三月把它占领了，邾国就把郳国的俘虏全都送还。

经 夏，五月，戊辰，许世子止弑其君买。

传 夏，许悼公疟。五月，戊辰，饮大子止之药卒，大子奔晋。书曰弑其君。君子曰："尽心力以事君，舍药物可也。"

今译

夏天，许国悼公发疟疾。五月戊辰，喝了太子止的药就死了，太子逃到晋国去。《春秋》上写着许国世子止把他的君弑掉。君子说："竭尽心力去侍奉君上，不必管到药物就可以了。"

经 己卯，地震[1]。

今注

1 此经无传。

今译

己卯，鲁国地震。

传 邾人、郳人、徐人会宋公，乙亥，同盟于虫。楚子为舟师以伐濮[1]，费无极言于楚子曰："晋之伯也，迩于诸夏，而楚辟陋，故弗能与争。若大城城父[2]而寘大子焉，以通北方，王收南方，是得天下也。"王说从之，故大子建居于城父。令尹子瑕聘于秦，拜夫人也。

今注

1 濮：在今湖北石首县境内。

2　城父：江永说“城父应作父城”。王先谦《汉书注》说：“父城在宝丰县东四十里。”

今译

郲人、郳人、徐人同宋公相会，乙亥，在虫这地方同盟会。楚平王做舟船去伐濮这地方，费无极对楚平王说：“晋国成霸主，近于中原各国，而楚国的地方很僻远，所以很难同晋国相争。若修父城，这个城很结实，而把太子摆在那里，太子可以与北方相通，王就专收南方，这就可以得到全天下。”平王很喜欢就听了他话，所以太子建住到父城。令尹子瑕到秦国聘问，这是为的拜谢夫人。

经　秋，齐高发帅师伐莒。

传　秋，齐高发帅师伐莒，莒子奔纪鄣，使孙书[1]伐之。初，莒有妇人，莒子杀其夫，已为嫠妇，及老托于纪鄣，纺焉，以度而去之。及师至则投诸外，或献诸子占，子占使师夜缒而登，登者六十人，缒绝，师鼓噪，城上之人亦噪，莒共公惧，启西门而出。七月，丙子，齐师入纪。

今注

1　孙书：陈无宇的儿子，字子占。

今译

秋天，齐国高发率军队去讨伐莒国，莒子就逃到纪鄣那儿去，就派孙书去伐他。最初的时候，莒国有个女人，她的丈夫被莒子杀掉，她就变成寡妇，等到老时，她就住到纪鄣，织成麻绳，以城高为度，然后藏起来。到了军队来了，就扔到外头，有人把这绳子交给孙书，孙书叫军队夜里沿着这绳子登到城上，已经上了六十个人，绳子断了，军队大声喊噪，城上的人也大声喊噪，莒共公害怕了，就开了西门逃出，七月丙子，齐国军队就进入纪国都城。

经 冬，葬许悼公[1]。

今注

1 此经无传。

今译

冬天，给许悼公下葬。

传 是岁也，郑驷偃卒。子游[1]娶于晋大夫，生丝弱[2]，其父兄立子瑕[3]。子产憎其为人也，且以为不顺，弗许亦弗止，驷氏耸[4]。他日丝以告其舅。冬，晋人使以币如郑问驷乞之立，故驷氏惧，驷乞欲逃，子产弗遣，请龟以卜，亦弗予。大夫谋对，子产不待而对客曰："郑国不天，寡君之二三臣札瘥夭昏[5]，今又丧我先大夫偃，其子幼弱，其一二父兄惧队宗主，私族于谋而立长亲，寡君与其二三老曰：'抑天实剥乱是，吾何知焉？'谚曰：'无过乱门。'民有乱兵犹惮过之，而况敢知天之所乱？今大夫将问其故，抑寡君实不敢知，其谁实知之？平丘之会[6]，君寻旧盟曰：'无或失职。'若寡君之二三臣，其即世者，晋大夫而专制其位，是晋之县鄙也，何国之为？"辞客币而报其使，晋人舍之。

今注

1 子游：就是驷偃。

2 生丝弱：他的儿子驷丝甚年轻。

3 子瑕：就是驷偃的叔叔驷乞。

4 耸：深为害怕。

5 札瘥夭昏：贾逵说："大死曰札，小疫曰瘥，短折曰夭，未名曰昏。”

6　平丘之会：在鲁昭公十三年。

今译

这一年，郑国的驷偃死了。他曾经在晋大夫家中娶妻，生丝而年幼，他的父兄们就立了驷偃的叔叔驷乞。子产对他这人很讨厌，并且以为不合理，不答应他立，也不反对。于是驷氏全害了怕。另一天，驷丝告诉他的舅舅，他舅舅是晋国人。冬天，晋国派人拿着币到郑国问驷乞为什么立，所以驷氏更害怕，驷乞要想逃走，子产不答应他，请求龟甲来占卜，子产也不给他，大夫们正商量怎么样回晋国的话，子产也不等候就回答客人说：“郑国没有得到天的降福，我们寡君及二三臣有的是死了，有的是得了病，现在又丧失先大夫驷偃，他的儿子很幼弱，他的父兄们恐怕失掉宗族，就偷着在族中商量而立了年长的，我们的寡君跟他二三个臣子说：‘天实在叫他们乱，我又怎么能够知道呢？’俗话说：‘不要经过乱的人家。’人民对于有兵乱的人还怕过他家，哪里能知道天为什么叫他乱；现在大夫问的缘故，我们寡君实在不敢知道，谁又能知道呢？在平丘会盟时，晋君重申旧的盟誓说：‘不要随便失堕你的职守。’要是我们君的二三个臣子，有死了的，晋国的大夫全都管他的位子，那么，郑国就等于晋国的小县，哪还成了什么国家呢？”于是辞谢客人的币，而派人去回答晋国的使臣，晋国人只好不管了。

传　楚人城州来。沈尹戌[1]曰：“楚人必败。昔吴灭州来，子旗请伐之。王曰：‘吾未抚吾民。’今亦如之。而城州来以挑吴，能无败乎？”侍者曰：“王施舍不倦，息民五年，可谓抚之矣。”戌曰：“吾闻抚民者节用于内而树德于外，民乐其性而无寇雠。今宫室无量，民人日骇，劳罢死转[2]，忘寝与食，非抚之也。”

今注

1　沈尹戌：楚庄王的曾孙，叶公诸梁的父亲。

2　劳罢死转：劳苦疲倦，兼有死亡迁徙的苦处。

今译

楚国人修了州来的城。沈尹戌说：“楚人必定要失败。从前吴人灭掉州来，子旗请求去伐他，王就说：‘我还没有安抚我的人民。’现在也跟这情形一样。而把州来城修好，为的来挑拨吴国，这还能够不失败吗？”左右的人说：“王不倦地施舍，已经休息人民五年，可以说已经安抚人民了。”沈尹戌说：“我听说安抚人民的人，必定在内部节用，而在外面树立德行，人民安乐他的生活，而并没有寇雠。现在宫室很多，人民天天害怕，做得很劳苦，而四面迁徙，忘掉吃饭同睡觉，这不是安抚他们。”

传　郑大水，龙斗于时门之外洧渊[1]，国人请为禜焉，子产弗许曰：“我斗，龙不我觌也。龙斗我独何觌焉？禳之则彼其室也。吾无求于龙，龙亦无求于我。”乃止也。

今注

1　时门之外洧渊：时门是郑都城的门，又《方舆纪要》说：“洧水经密县东北，入新郑县境，会溱水，为双泊河，即洧渊也。”

今译

郑国发大水，在都城的城门外洧渊的水中，龙在那里争斗。郑国的贵族请求给他们祈禳，子产不答应说：“我们打仗时，龙看不见我们。龙斗我们又怎么能看见？要来禳求，渊水是龙所应当住的地方。我们对龙没有求，龙也没有求于我。”于是就停止了。

传 令尹子瑕言蹶由[1]于楚子曰："彼何罪？谚所谓室于怒市于色者[2]，楚之谓矣。舍前之忿可也。"乃归蹶由。

今注

1 蹶由：他是吴王的弟弟，鲁昭公五年为楚灵王所擒。

2 所谓室于怒市于色者：等于在室家中发怒而表现于市上的人。

今译

楚国令尹子瑕对楚王说到吴王的弟弟蹶由说："他有什么罪呢？俗话所说因为在屋里发怒，而在市面上生气，这就是指着楚国说的。舍掉从前的愤怒可以了。"就把蹶由送还吴国。

昭公二十年（公元前五二二年）

经 二十年，春，王正月。

传 二十年，春，王二月，己丑，日南至。梓慎望氛，曰："今兹宋有乱，国几亡，三年而后弭。蔡有大丧。"叔孙昭子曰："然则戴桓也[1]，汏侈无礼已甚，乱所在也。"

今注

1 然则戴桓也：那就是戴族同桓族两族。

今译

二十年春王二月，己丑，日南至。梓慎望气说："今年宋国有乱，国几乎亡了，三年而后安定，蔡国将有大丧事。"叔孙婼说："宋国乱恐怕就是戴、桓两族，他们骄傲奢侈无礼得很厉害，这就是乱的所在。"

经 夏，曹公孙会自鄸[1]出奔宋[2]。

今注

1　郹：《山东通志》说："在今山东菏泽县西北三里。"

2　此经无传。

今译

夏天，曹公孙会自郹逃到宋国去。

传　费无极言于楚子曰："建与伍奢将以方城之外叛，自以为犹宋、郑也，齐、晋又交辅之，将以害楚，其事集矣。"王信之，问伍奢。伍奢对曰："君一过多矣[1]，何信于谗？"王执伍奢。使城父司马奋扬杀大子，未至，而使遣之。三月，大子建奔宋。王召奋扬，奋扬使城父人[2]执己以至。王曰："言出于余口，入于尔耳，谁告建也？"对曰："臣告之。君王命臣曰：'事建如事余。'臣不佞，不能苟贰，奉初以还[3]；不忍后命，故遣之，既而悔之，亦无及已。"王曰："而敢来何也？"对曰："使而失命，召而不来，是再奸也，逃无所入。"王曰："归，从政如他日。"无极曰："奢之子材，若在吴，必忧楚国，盍以免其父召之，彼仁必来，不然将为患。"王使召之曰："来，吾免而父。"棠君尚[4]谓其弟员曰："尔适吴，我将归死。吾知不逮[5]，我能死，尔能报。闻免父之命，不可以莫之奔也，亲戚为戮，不可以莫之报也。奔死免父，孝也。度功而行，仁也。择任而往，知也。知死不辟，勇也。父不可弃，名不可废[6]，尔其勉之，相从为愈[7]。"伍尚归，奢闻员不来，曰："楚君大夫其旰食乎？"楚人皆杀之。员如吴；言伐楚之利于州于[8]，公子光[9]曰："是宗为戮，而欲反其雠，不可从也。"员曰："彼将有他志，余姑为之求士而鄙以待之。"乃见鱄设诸[10]焉，而耕于鄙。

今注

1 君一过多矣：一过是指纳太子建的夫人。

2 城父人：是大夫。

3 奉初以还：自从奉了初次的命令来办。

4 棠君尚：伍奢的长子伍尚。

5 吾知不逮：我的知识不如你。

6 名不可废：兄弟二人不可俱死，俱死则名废。

7 相从为愈：比较在一块更好。

8 州于：是吴王僚。

9 公子光：是吴王阖庐。

10 鱄设诸：是个勇士。

今译

楚大夫费无极对楚平王说："太子建和伍奢，将要占据了方城以外的地方造反了，他自以为宛如宋郑一般，齐晋两国又一起扶助他，将要来危害楚国，他的各事已经齐集了。"平王听信了他，便喊伍奢来问，伍奢回答说："你君做了一次错事已经多了，为什么又相信谗言呢？"平王恼羞成怒，便拘禁了伍奢，派城父的司马叫奋扬的去杀太子。奋扬还没有到城父，就派人赶先去通知太子，叫他逃去。三月中，太子建逃往宋国去。平王便又喊奋扬来问，奋扬派城父人拘执了自己，来到平王面前。平王说："说话出在我的口中，进入你的耳管里，没有第三人知道，到底是哪个告诉他的？"奋扬回答说："臣告诉他的，从前君王吩咐臣说：'服侍建，要像服侍我一样。'臣没有才能，不能忽然间便怀了鬼胎，只知听初次的吩咐同他交往，不舍得依后来的吩咐，所以叫他逃去的，后来懊悔，却也来不及了。"平王说："你还敢来见我，为什么呢？"奋扬回答说："既然奉使出去失误了君命，听得召喊却再不来，这是再犯罪了。况且就是想逃，也没有地方可去。”平王说：“回去罢！干你的公事，要像从前一样！”无极又说：“奢的儿子很有才干，若留他在吴国，将来定要做楚国的祸害。何不托名宽赦他们的父亲，去喊他回来呢？他们爱他父亲，一定回来的，否则恐怕要为后患！”王便派人去喊说：“来了，我便饶你们的父亲。”棠邑大夫伍尚是奢的长子，他便对他的兄弟员说：“你到吴国去，我是要回去死难的，我的聪明不及你，我是能够死难的，你是能够报仇的。听得赦免父亲的命令，不可以没有人赶去的，至亲骨肉无故被杀了，不可以没有人报复的。赶去死求赦免父亲，这便是孝，量了能干的事去干，这便是仁，选择能够担任的去做，这便是智，明知要死，却不逃避，这便是勇。父亲不可丢掉，我们二人也不可俱死，你务必勉力去做，比较跟了一同去死总要好些。”后来伍尚回去了，奢听说员不来，就说：“楚国的君王大夫，恐怕要欲食而不遑了！”楚人便都把他父子二人杀死。员既到了吴国，在吴王僚前说伐楚的利益。公子光说：“这是他的宗族被杀，要想报他的仇，是不可依他的。”伍员说：“他大概另有他的心事，我姑且代他找个勇士，自己在边境上等候他，缓缓地来！”便引见了鱄设诸，自己却在边境上耕田。

传 宋元公无信，多私而恶华向。华定、华亥与向宁谋曰：“亡愈于死，先诸？”华亥伪有疾以诱群公子，公子问之则执之。夏，六月，丙申，杀公子寅、公子御戎、公子朱、公子固、公孙援、公孙丁，拘向胜，向行于其廪[1]。公如华氏请焉，弗许。遂劫之[2]。癸卯，取大子栾与母弟辰、公子地[3]以为质。公亦取华亥之子无戚、向宁之子罗、华定之子启，与华氏盟以为质。

今注

1 公子寅、公子御戎、公子朱、公子固、公孙援、公孙丁，拘向胜，向行于其廪：这八个人全是宋公的党羽。

2 遂劫之：就劫持宋公。

3 大子栾、母弟辰、公子地：太子栾是宋景公。母弟辰同公子地都是元公的弟弟。

今译

宋元公没有信实，多私欲，而不喜欢华向。华定华亥同向宁计谋说："逃亡岂不比死强，我们先作乱吧！"华亥假装有病，来引诱群公子，公子有来问他的病的，必将他逮起来。夏六月丙申，杀公子寅、公子御戎、公子朱、公子固、公孙援、公孙丁，拘捕向胜，向行在他的堆稻谷的屋子里。宋元公到华氏去请求，不答应。反把元公劫持起来。癸卯，拿太子栾同他弟弟辰、公子地做人质；宋元公也拿到华亥的儿子无戚、向宁的儿子罗、华定的儿子启，跟华氏盟誓，用他们为人质。

经 秋，盗杀卫侯之兄縶。

传 卫公孟縶狎齐豹[1]，夺之司寇与鄄[2]，有役则反之，无则取之。公孟恶北宫喜、褚师圃，欲去之，公子朝通于襄夫人宣姜[3]，惧而欲以作乱，故齐豹、北宫喜、褚师圃、公子朝作乱。初，齐豹见[4]宗鲁于公孟，为骖乘焉，将作乱而谓之曰："公孟之不善，子所知也，勿与乘，吾将杀之。"对曰："吾由子事公孟，子假吾名焉[5]，故不吾远也。虽其不善，吾亦知之，抑以利故不能去，是吾过也。今闻难而逃，是僭子也[6]。子行事乎，吾将死之，以周事子[7]，而归死于公孟，其可也。"丙辰，卫侯在平寿[8]，公孟有事于盖获之门外[9]。齐子氏帷于门外而伏甲焉，使祝鼃寘戈于车薪以当门，使一乘从公孟以出，使华齐御公孟，宗鲁骖乘。及闳中，齐氏用戈击公孟，宗鲁以背蔽之，断肱以中公孟之肩，皆杀之。公闻乱，乘驱自阅门入，庆比御公，公南楚骖乘[10]，使华寅乘贰车[11]，及公宫，鸿骝魋驷乘于公，公载宝以出。褚师子申遇公于马路之衢，遂从[12]，过齐氏，使华寅肉袒执盖以当其阙，齐氏射公，中南楚之背，公遂出，寅闭郭门，踰而从公，公如死鸟[13]。析朱鉏[14]宵从窦出，徒行从公。齐侯使公孙青[15]聘于卫，既出闻卫乱，使请所聘。公曰："犹在竟内，则卫君也。乃将事焉。"遂从诸死鸟，请将事，辞曰："亡人不佞，失守社稷，越在草莽，吾子无所辱君命。"宾曰："寡君命下臣于朝曰：'阿下执事[16]。'臣不敢贰。"主人曰："君若惠顾先君之好，照临敝邑，镇抚其社稷，则有宗祧在。"乃止。卫侯固请见之，不获命，以其良马见，为未致使故也，卫侯以为乘马。宾将掫[17]，主人辞曰："亡人之忧，不可以及吾子。草莽之中，不足以辱从者，敢辞。"宾曰："寡君之下臣，君之牧圉也。若不获扞外役，是不有寡君也。臣惧不免于戾，请以除死。"亲执铎终夕与于燎[18]。齐氏之宰渠子召北宫子，北宫氏之宰不与闻，谋杀渠子，遂伐齐氏灭之。丁巳，晦，公入，与北宫喜盟于彭水[19]之上。秋，七月，戊午，朔，遂盟国人。八月，辛亥，公子朝、褚师圃、子玉霄、子高鲂出奔晋。闰月，戊辰，杀宣姜。卫侯赐北宫喜谥曰贞子，赐析朱鉏谥曰成子。而以齐氏之墓予之。卫侯告宁于齐，且言子石[20]。齐侯将饮酒，遍赐大夫曰："二三子之教也。"苑何忌[21]辞曰："与于青之赏，必及于其罚。在《康诰》曰：'父子兄弟，罪不相及。'况在群臣，臣敢贪君赐以干先王。"琴张[22]闻宗鲁死，将往吊之，仲尼曰："齐豹之盗，而孟絷之贼，女何吊焉？君子不食奸，不受乱，不为利疚于回，不以回待人，不盖不义，不犯非礼。"

今注

1 卫公孟絷狎齐豹：公孟絷是灵公的哥哥，齐豹是齐恶的儿子，做卫国的司寇。

2 鄄：卫地，在今山东濮县。

3 宣姜：是灵公的嫡母。

4 见：介绍。

5 子假吾名焉：这是借着我的名字，为的使公孟可以亲近我。

6 僭子也：使你的话不足信。

7 以周事子：可以完全侍奉你。意谓不泄其密。

8 平寿：在今河南省濮阳县。

9 盖获之门外：盖获，卫之郭门。

10 公南楚骖乘：公南楚也坐在车上。

11 贰车：卫侯的副车。

12 遂从：就跟着公一同去。

13 死鸟：地名，在今河南省濮阳东南门外。

14 析朱钼：黑背的孙子。

15 公孙青：齐顷公的孙子。

16 阿下执事：比照卫国的臣下。

17 宾将掫：宾客将在夜里看守。

18 亲执铎终夕与于燎：他就拿着铃铛一夜的工夫点着火以备守卫。

19 彭水：《释地》说："彭水在戚西，首受河，北出东转，仍注于河，盖河水在戚西之枝津也。"

20 且言子石：子石是公孙青，说他很有礼貌。

21 苑何忌：齐大夫。

22　琴张：孔子的弟子名叫琴牢，号子开。

今译

卫国的公孟絷轻视齐豹，夺掉他的司寇官跟鄄的封邑，有工作就把这地方交还给他，使他任劳，没有时就拿回来。公孟很不喜欢北宫喜同褚师圃，想要去掉他们。公子朝与襄夫人宣姜相通，害了怕也想作乱。所以齐豹、北宫喜、褚师圃同公子朝作乱。最早的时候，齐豹介绍宗鲁给公孟，做公孟的骖乘。将作乱就对他说："公孟的人不好，你素来所知道，你不要跟他一同坐车，我将杀掉他。"宗鲁回答说："我是因为你的关系而侍奉公孟，你说我的名气很好，所以他很亲近我。虽然他不好，我知道，因为利害的关系，我没有离开他，这是我的过错。现在听说有祸难，我就逃走，这事使你失掉信用。你就行你的事情吧！我将尽死，以能完全侍奉你，我回到公孟那里去死，这也可以吧！"丙辰，卫侯在平寿，公孟在卫都城的郭门外去祭祀。齐豹的家人在郭门外设上帷帐而藏着军队，使祝鼃摆一支枪在一辆车的薪木上，以挡着门，并派一辆车随着公孟出来，使华齐给公孟驾车，宗鲁也坐在车上。到了城门的中间，齐豹的党羽用枪来打公孟，宗鲁用后背来挡着，断了胳臂肘，又伤了公孟的肩肘，把他两人全杀掉。卫侯听见乱，坐车从阅门进入，庆比给公驾着车，公南楚也坐到车上，使华寅乘副车，到了公的宫殿，鸿駵魋又第四个人坐到公的车上，卫侯把他的宝物搁到车上逃出。褚师子申遇见卫侯在马路的宽街上，就跟着公逃出，经过齐豹家里，使华寅赤了背拿着盖，在空缺处保护公，齐豹家人射卫侯，射中南楚的背，公就逃出来，华寅关上郭的门，就跳过墙，仍旧追随卫侯，卫侯逃到死鸟去。析朱鉏夜里从水门出去，步行跟着卫侯。齐侯派公孙青到卫国聘问，已经出了齐国，就听说卫国乱了，再问齐侯怎么样聘问法。齐侯说：

"若他仍在卫国境内，他仍旧是卫国的君，就可以行聘礼。"于是就跟到死鸟，请执行礼节，卫侯辞谢说："我没有才能，丢掉国家，现在逃亡的中间，你不要羞辱你的君命。"客人回答说："寡君告诉下臣在朝廷上说：'你要遵守像卫国的臣下一样。'我不敢违背。"主人就说："你要是顾及先君的旧好，光昭着我们国家，安抚他的社稷，则宗庙仍旧在。"于是就不行聘礼。卫侯想同公孙青相见，公孙青辞谢不得，就拿他的好马来见，这是因为没有行礼的关系，卫侯就以这马做他骑的马。客人将守夜，主人辞谢说："这是亡人的忧愁，不能够连累到你。我是在草莽的中间，不能麻烦你们来守夜，我们不敢当。"宾客又说："我是寡君的下臣，等于你的放牛马的人。我若不能得到给你服外边的工作，这好像不跟寡君相亲爱了。我很怕不免于罪戾，请以此除死罪。"亲自拿着铎一夜的工夫在火燎的旁边守夜。齐豹的宰渠子召北宫喜，北宫喜的宰不报告北宫喜，就把渠子杀掉，尽灭了齐豹家人。丁巳晦，卫侯进国，跟北宫喜在彭水盟誓。七月戊午朔，遂盟各贵族。八月辛亥，公子朝、褚师圃、子玉霄、子高鲂全逃到晋国去。闰月戊辰，杀掉宣姜。卫侯赏给北宫喜的谥号叫贞子，也赏析朱鉏叫成子。而把齐豹的墓田全给他。卫侯派人到齐国告诉卫国已经安宁，且夸张公孙青的有礼。这时齐侯正要饮酒，因此就遍赐诸大夫说："这是你们大家教给他的。"苑何忌辞谢说："我们分享了公孙青的赏，必定也要分享他的罚。《康诰》说过：'父子兄弟罪恶全不相及。'况且在群臣们，我很怕贪图你的赏赐，以干扰先王。"孔子弟子琴张听闻宗鲁死了，就想去吊唁他，仲尼就说："齐豹的盗行而孟絷的贼乱，都是宗鲁促成，你为什么去吊唁呢？君子不吃奸人的食物，不受祸乱，不为有利，就存在邪处不去，不以邪对待旁人，不掩盖不义的事，不做无礼的行为。"

经　冬，十月，宋华亥、向寧、华定出奔陈。

传　宋华向之乱，公子城[1]、公孙忌、乐舍[2]、司马彊、向宜、向郑[3]、楚建[4]、郳甲[5]出奔郑，其徒与华氏战于鬼阎[6]，败子城[7]，子城适晋。华亥与其妻必盥而食所质公子者，而后食。公与夫人每日必适华氏，食公子，而后归。华亥患之，欲归公子。向宁曰："唯不信故质其子，若又归之，死无日矣。"公请于华费遂[8]，将攻华氏，对曰："臣不敢爱死，无乃求去忧而滋长乎？臣是以惧，敢不听命。"公曰："子死亡有命，余不忍其訽[9]。"冬，十月，公杀华向之质而攻之。戊辰，华向奔陈，华登[10]奔吴。向宁欲杀大子，华亥曰："干君而出，又杀其子，其谁纳我？且归之有庸[11]。"使少司寇牼以归[12]，曰："子之齿长矣，不能事人，以三公子为质必免。"公子既入，华牼将自门行，公遽见之，执其手曰："余知而无罪也，入复而所[13]。"

今注

1　公子城：宋平公的儿子。

2　乐舍：乐喜的孙子。

3　向宜、向郑：全是向戌的儿子。

4　楚建：楚平王的太子逃亡在宋国。

5　郳甲：小邾穆公的儿子。

6　鬼阎：《寰宇记》说："今河南西华县东北三十里有阎仓亭。"

7　败子城：子城为华氏所败。

8　华费遂：大司马华氏同族。

9　訽：耻辱。

10　华登：华费遂的儿子。

11　且归之有庸：可以有功劳。

12　使少司寇牼以归：少司寇牼把三个儿子全归还给宋公。

13　入复而所：就回到你所做的官那里去。

今译

宋国华向作乱的时候，公子城、公孙忌、乐舍、司马彊、向戌的儿子向宜同向郑、楚平王的儿子太子建、小邾的太子郳甲全都逃到郑国去，这八个人的部下跟华氏在鬼阎这地方打仗，把子城打败了，子城逃到晋国。华亥跟他的夫人必定洗手后方给做人质的公子饮食，然后自己再吃。宋公跟夫人每天必到华氏家里，给公子们吃饭，然后才回来。华亥颇以这事为患，就想把公子们送回。向宁说："因为宋公不可信，所以把他的儿子做人质，要是把他们送回，我们的死就在眼前了。"宋公向华费遂请求，将派军队攻打华氏，他回答说："我不敢怕死，恐怕这是想去掉忧虑而忧虑更深？我所以害怕，敢不听从你的命令。"公就说："我子死亡全都有命，我不能忍受这种耻辱。"冬天十月，宋公杀了华向的人质而攻打他。戊辰这天，华向奔到陈国，华登奔到吴国。向宁想杀太子，华亥说："得罪了君逃出去，又杀他的儿子，谁还敢叫我们回国呢？并且把他们送回去是有功劳的。"叫少司寇牼把宋元公的三公子全送回去说："你的年纪大，不能侍奉旁人，把三公子送回，可使他们相信我们不会背叛，我们必能免祸。"公子既进到宫门，华牼想逃走，宋公赶紧去看他，拿着他的手说："我知道你是没有罪的，仍旧回到你的原职位罢。"

传　齐侯疥遂痁[1]，期而不瘳，诸侯之宾问疾者多在[2]。梁丘据与裔款[3]言于公曰："吾事鬼神丰于先君有加矣，今君疾病为诸侯忧，是祝史之罪也。诸侯不知，其谓我不敬。君盍诛于祝固史嚚[4]以辞宾。”公说，告晏子。晏子曰：“日宋之盟[5]，屈建问范会之德于赵武。赵武曰：‘夫子之家事治，言于晋国，竭情无私，其祝史祭祀，陈信不愧，其家事无猜，其祝史不祈[6]。’建以语康王，康王曰：‘神人无怨，宜夫子之光辅五君[7]以为诸侯主也。’”公曰：“据与款谓寡人能事鬼神，故欲诛于祝史，子称是语何故？”对曰：“若有德之君，外内不废，上下无怨，动无违事，其祝史荐信无愧心矣。是以鬼神用飨，国受其福，祝史与焉。其所以蕃祉老寿者，为信君使也，其言忠信于鬼神。其适遇淫君，外内颇邪，上下怨疾，动作辟违，从欲厌私，高台深池，撞钟舞女，斩刈民力，输掠其聚[8]，以成其违，不恤后人，暴虐淫从，肆行非度，无所还忌[9]，不思谤讟，不惮鬼神，神怒民痛，无悛于心，其祝史荐信是言罪也[10]。其盖失数美，是矫诬也。进退无辞，则虚以求媚[11]，是以鬼神不飨其国以祸之，祝史与焉。所以夭昏孤疾者，为暴君使也，其言僭嫚于鬼神。”公曰：“然则若之何？”对曰：“不可为也[12]！山林之木，衡鹿守之，泽之萑蒲，舟鲛守之，薮之薪蒸，虞候守之，海之盐蜃，祈望守之，县鄙之人，入从其政，偪介之关，暴征其私，承嗣大夫，强易其贿，布常无艺[13]，征敛无度，宫室日更，淫乐不违，内宠之妾，肆夺于市，外宠之臣，僭令于鄙，私欲养求，不给则应[14]，民人苦病，夫妇皆诅，祝有益也，诅亦有损，聊摄[15]以东，姑尤[16]以西，其为人也多矣，虽其善祝，岂能胜亿兆人之诅？君若欲诛于祝史，修德而后可。”公说，使有司宽政毁关，去禁，薄敛已责。

今注

1　齐侯疥遂店：疥是两日一发的疟疾，店是每天一发的疟疾。

2　多在：很多诸侯派来问病的，全在齐国首都。

3　梁丘据裔款：这两人全是受齐景公宠爱的大夫。

4　祝固史嚚：祝是太祝名叫固，史嚚是太史叫嚚。

5　日宋之盟：以前在宋盟誓时。这事在鲁襄公二十七年。

6　其祝史不祈：他的祝史没有什么祈祷。

7　五君：是晋国的文、襄、灵、成、景五公。

8　输掠其聚：夺到人民藏的东西。

9　无所还忌：等于没有什么顾虑。

10　是言罪也：这是实说君的罪状。

11　虚以求媚：说谎话对于神求到好处。

12　不可为也：杀祝史也不能有办法。

13　布常无艺：政治全不按法律。

14　不给则应：若不给他，则说他有罪。

15　聊摄：《续山东考古录》说："古摄邑故城在博平县西南三十许里，又名郭城。"

16　姑、尤：《水道提纲》说："大姑河源出黄县东南之卢山，南流经莱阳县西境，又西南流至刘家庄，有小姑河，自西北来会，南流至胶州（胶县）入海。"

今译

齐景公由于最初是两日一发的疟疾，遂变成每天一发的疟疾，长时间不好，诸侯派来问病的，多在齐国都城。梁丘据同裔款同齐景公说："我们侍奉鬼神，比从前的君丰富得多。现在你病得厉害，使诸侯全都忧虑，这是祝史的罪过，诸侯不明白，也说我们不恭敬，你何不杀掉祝固史嚚，以辞谢宾客呢？"齐景公很高兴，就告诉了晏婴，晏婴回答说："从前在宋这地方盟誓时，楚国的屈建问晋国的赵武，范会的德行到底怎么样。赵武说：'他的家事很能治理，在晋国说话，毫没有私情，他的祝史祭祀，所说的祷告，也没有愧色，他家里事不被人家猜疑，他的祝史对于鬼神也没有什么祈祷。’屈建拿这话告诉楚康王，康王说：‘神人全没有怨恨，所以他能够辅佐文、襄、灵、成、景五公，做诸侯的主谋。’”齐景公说：“据同款说我能够侍奉鬼神，所以想着杀祝史，你告诉我这段话有什么缘故呢？”回答说：“要是有德行的人君，国内国外，事无不举，上下没有怨色，举动全没有错误，所以他的祝史对鬼神就没有羞愧的心。鬼神很受到享赐，全国受到鬼神所赐的福，祝史在内。所以能够发展老寿的原因，就是因为信君所派的使臣，他说的话全可靠。假设遇见淫君，对国内国外全都不正当，上下的人全都怨恨，他的动作全不合理。用私欲以餍足私情，高的台深的池，敲着钟，女人歌舞，渐渐削弱人民的力量，夺取人民的钱财，以成他不正当的事情，不怜恤后人，暴虐从淫，专做不合理的事，更无所顾忌，也不怕人诲谤，也不怕鬼神，神也愤怒，人民痛苦，全无动他的心，他的祝史要说实在的话，等于说他的罪，他掩盖而数说他的好处，这是说谎话。进退没有话说，则说谎话，以求神来降福，所以鬼神也不愿意受他国的享赐，降下祸乱，祝史也在其中。为什么他们常疾病，就是为的显暴君的使臣的错误，他们所说的话使鬼神不高兴。”公说：“那怎么办呢？”回答说：“这不是杀祝史所能办理得好，山林上的木头，衡鹿的官来看守，水泽的草，舟鲛的官来看守，洼地的薪木，虞候的官来看守，海中的盐同蜃物，祈望的官来看守，可见这些财利，全归公所有，人民不能得到，乡下人进城后，就受许多政令约束，而邻近的关口，又夺他的私物，历任的大夫常得到贿赂，办理政治，也不遵守法律，征收钱财，没有数目，官室常常变更，淫乐常常不去，内宠的妾在市面上争夺，外宠的臣子在边鄙上假传命令，私欲常常去求，不给就判他罪，人民全以为病，夫妇们全都诅咒，祷告是有益处，诅咒也有损害，从聊摄往东边，到姑尤的西边，诅咒的人很多，就是祝史能够祷告，岂能胜很多人的诅咒呢？你要想杀祝史，修德行就可以了。”齐景公高兴了，使官吏们宽大政权，毁掉各处的关，去除禁止的事，把欠的钱财全部取消。

经 十有一月，辛卯，蔡侯庐卒[1]。

今注

1 此经无传。

今译

十一月辛卯，蔡侯卢死了。

传 十二月，齐侯田于沛[1]，招虞人[2]以弓，不进，公使执之。辞曰："昔我先君之田也，旃[3]以招大夫，弓以招士，皮冠以招虞人，臣不见皮冠，故不敢进。"乃舍之。仲尼曰："守道不如守官，君子韪之。"齐侯至自田，晏子侍于遄台，子犹[4]驰而造焉。公曰："唯据与我和夫！"晏子对曰："据亦同也，焉得为和！"公曰："和与同异乎？"对曰："异，和如羹焉，水火醯醢盐梅以烹鱼肉，燀之以薪，宰夫和之，齐之以味，济其不及，以泄其过，君子食之，以平其心。君臣亦然。君所谓可，而有否焉，臣献其否，以成其可。君所谓否，而有可焉，臣献其可，以去其否。是以政平而不干，民无争心。故《诗》曰：'亦有和羹，既戒既平，鬷嘏无言，时靡有争[5]。'先王之济五味，和五声也，可以平其心，成其政也。声亦如味，一气，二体[6]，三类[7]，四物[8]，五声[9]，六律[10]，七音[11]，八风[12]，九歌[13]，以相成也。清浊、大小、短长、疾徐、哀乐、刚柔、迟速、高下、出入、周疏，以相济也。君子听之，以平其心，心平德和。故《诗》曰：'德音不瑕[14]。'今据不然，君所谓可，据亦曰可。君所谓否，据亦曰否。若以水济水，谁能食之？若琴瑟之专壹，谁能听之？同之不可也如是！”饮酒乐，公曰：“古而无死，其乐若何？”晏子对曰：“古而无死，则古之乐也，君何得焉？昔爽鸠氏[15]始居此地，季萴[16]因之，有逢伯陵[17]因之，蒲姑氏[18]因之，而后大公因之。古若无死，爽鸠氏之乐，非君所愿也。”

今注

1　沛：《左通补释》引刘熙曰：“水草相半曰沛（见《后汉书·崔骃传》注），沛即庄八年之贝丘，盖地多水草，故常田猎于此。”贝丘在今山东省博兴县东南。

2　虞人：是管山泽的官名。

3　旃：旌旗。

4　子犹：就是梁丘据。

5　亦有和羹，既戒既平，鬷嘏无言，时靡有争：这是《诗经·商颂》一句诗，意思是说既然已经有了和羹，就能禁戒，且能平和，总起大政来，皆同和羹一样不会有争端。

6　二体：舞里分为文武。

7　三类：《风》《雅》《颂》。

8　四物：用四方的物件。

9　五声：宫商角徵羽。

10　六律：黄钟、大蔟、姑洗、蕤宾、夷则、无射。

11　七音：宫商角徵羽加上变宫、变征。

12　八风：八方的风。

13　九歌：六府就是金木水火土谷加上三事：正德、利用、厚生。

14　德音不瑕：《诗经·豳风》的一句，意思说心内和平则声誉不会有瑕疵。

15 爽鸠氏：是在山东，他是少皞氏的司寇。

16 季萴：虞夏的诸侯接替爽鸠氏的。

17 逢伯陵：殷的诸侯，姜姓。

18 蒲姑氏：殷周间的诸侯。

今译

十二月，齐侯到沛这地方去打猎，用弓来招虞人，他不来，齐景公就把他逮起来。虞人辞谢说："从前我们先君打猎时用旃招大夫，用弓招士，用皮冠招虞人，我看不见皮冠，所以不敢来。"就放了他。仲尼说："守道理，不如守官制，君子很以为然。"齐侯从打猎回来，晏子侍立在遄台上，适值梁丘据也奔跑着来了。齐侯说："只有梁丘据同我和气！"晏子答说："据也不过是同着君意罢了！哪里能够算得和气呢！"公说："和气与同意异样的吗？"晏子答说："异样的，和气是像羹汤一样的，以水火醋酱梅汁等，烹调起鱼肉来，用柴烧它，厨夫把它调和着，使各味能均匀，加它不够的，减它有余的，然后君子吃了，方才可以平着心呢。君臣也是这般的，君所谓可的，却也有不可的在内，臣该贡献那不可的，做成君以为可的；君所谓不可的，却也有可的在内，臣该贡献那可的，去掉君以为不可的。这样一来，政治才可平和不互相抵触，人民方才没有争心。所以《诗经》上说：'也有像调和羹汤一样的，既然小心弄调匀了，那么方能总揽行政的大纲，也没有话说了，自然上下没有争执了。'先王的凑成五味，调和五声，都是所以平他的心，成功他的政治。声音也像调味一样，像激动的一种气，文武的两种体裁，风雅颂的三类。四方采用的四种原料，宫商角徵羽的五种发音，阴阳的六种律吕，宫商角徵羽变宫变征的七种音阶，八方来的八种风，六府三事的九种歌，都是要合拢来才成功的。又像清浊、大小、短长、疾徐、哀乐、刚柔、迟速、高下、出入、周疏，也是要互相调剂的。君子听了，和平着他的心意，心意既平，道德自然和顺无瑕了。所以《诗经》上说：‘德音没有瑕疵的。’如今梁丘据却并不是这样做的，君所说可以的，据也说可以；君所说不可以的，据也说不可以；好像拿水去补救水，哪个能够吃它？又好像琴瑟只有单音是一种声音，哪个能够听它？一味同意的不可成事，竟像这般呢！”齐侯饮酒很欢乐，又对晏子道：“从古到今，倘若没有死这一事，那么这欢乐还不知要怎样呢？”晏子答说：“从古到今，倘若没有死，那么也不过一迳是古时的快乐，你君哪里会得到。从前是爽鸠氏起初住在这地方的，季荝继承他的基业，逢伯陵又继承季荝的基业，蒲姑氏又继承逢伯陵的基业，然后姜太公又继承蒲姑的基业，古时候如果没有死，那么这是爽鸠氏的快乐，怕不是你君情愿的呢。”

传 郑子产有疾，谓子大叔曰：“我死，子必为政，唯有德者能以宽服民，其次莫如猛。夫火烈民望而畏之，故鲜死焉，水懦弱民狎而玩之，则多死焉，故宽难。”疾数月而卒。大叔为政，不忍猛而宽。郑国多盗，取人于萑苻之泽[1]。大叔悔之曰：“吾早从夫子不及此。”兴徒兵以攻萑苻之盗，尽杀之，盗少止。仲尼曰：“善哉，政宽则民慢，慢则纠之以猛，猛则民残，残则施之以宽。宽以济猛，猛以济宽，政是以和。《诗》曰：‘民亦劳止，汔可小康，惠此中国，以绥四方[2]。’施之以宽也。‘毋从诡随，以谨无良，式遏寇虐，惨不畏明[3]。’纠之以猛也。‘柔远能迩，以定我王[4]。’平之以和也。又曰：‘不竞不絿，不刚不柔，布政优优，百禄是遒[5]。’和之至也。”及子产卒，仲尼闻之出涕曰：“古之遗爱也。”

今注

1 萑苻之泽:《水经注·渠水》篇:“役人又迳中牟泽,即郑太叔攻萑苻之盗于是泽。”

2 民亦劳止,汔可小康,惠此中国,以绥四方:这是《诗经·大雅》一句诗,意思是人民已经很劳苦了,应该叫他们稍微休息,加恩惠在中原,以使四方安静。

3 毋从诡随,以谨无良,式遏寇虐,惨不畏明:不要跟从坏人,要谨慎不善良的人,这样可以阻住寇虐的人,他是对法度不害怕的。

4 柔远能迩,以定我王:安定远处的,就能使近处安定,这是可以使王室安定。

5 不竞不絿,不刚不柔,布政优优,百禄是遒:这是《诗经·商颂》一句诗,意思说不竞争也不急性,不刚也不柔,行使政治就可以和平,百禄全可以聚在一块。

今译

郑大夫子产有了病,对游吉说:“我死了以后你定要当政权的,只有德行的人,方才能够拿宽道来服从人民;次一等的,还是严厉为妙。讲到那火是猛烈得很的,人民望了怕它,因此少有死在那里的。水是懦弱的,人民看轻了它,就去玩弄它,因此死在那里的就很多。所以宽大治民,倒是很难的。”病了几个月,子产果然死了。大叔便当了政权,不忍用猛,却用宽道,郑国就此多了盗贼,却在萑苻之泽中夺财取物。游吉懊悔说:“我早听了子产的话,就不至于这般了。”便起兵去攻打萑苻的盗贼统统杀死了,盗贼方才少许止一些。仲尼说:“好呀!政治宽了,人民就要轻慢,轻慢了,再用严厉来纠正他;严厉了,人民就要伤残;伤残了,再用宽来慰抚他。能够用宽容来救济严厉,用严厉来救济宽容，政治所以就和平了。《诗经》上说：‘人民对于苛政，也劳苦到极点了，他们便可稍些安息了，给好处在这中原，借此安宁着四方。’这就是施行宽政的意思啊！‘不可跟着没有正心的人，要留意没有良心的人，借此遏住强暴不怕王法的人。’这是用严厉的方法纠正他的说法啊！‘安慰远地的人，以使近地的依恋着，借此安定王室。’这就是平治他用和的说法啊！又说：‘不要太强；不要太急；不要太硬；不要太软；发布的政治要和平，百禄自然会集来。’这是和平到极顶的意思啊！”等到子产死掉以后，仲尼听到这个消息便淌眼泪说：“这是古时留下的仁爱人啊！”

昭公二十有一年（公元前五二一年）

传 二十一年，春，天王将铸无射[1]，伶州鸠[2]曰：“王其以心疾死乎！夫乐天子之职也，夫音乐之舆也，而钟音之器也。天子省风以作乐，器以鍾之，舆以行子。小者不窕，大者不槬[6]，则和于物，物和则嘉成。故和声入于耳而藏于心，心亿则乐[7]，窕则不咸[8]，槬则不容[9]，心是以感，感实生疾。今钟槬矣，王心弗堪，其能久乎？”

今注

1　天王将铸无射：周景王叫铸一个钟，因为合于律的无射，所以叫这钟为无射。射音亦。

2　伶州鸠：伶是乐官，州鸠是他的名字。伶也作泠。

3　器以钟之：用器来聚音节。

4　舆以行之：乐用音来行走。

5　小者不窕：小了就不能满。

6　大者不槬：槬音画，是横大的意思。

7　心亿则乐：心里安宁就高兴。

8　窕则不咸：太小就不能满足人心。

9　摦则不容：横大使心里不能容纳。

今译

昭公二十一年，春天，周景王将铸一个钟，叫作无射。伶州鸠说："王恐怕将以心病来死！音乐是天子所职掌，音是乐的车辆，而钟是音的器皿，天子因风俗以作音乐，而器皿来聚音，用音来行走乐。小的就细而不满，大的就横大难进去，和到物件上，物和就乐成。所以和声进入耳朵，再藏到心里，心能安宁就乐，小的不能充满人心，大则心不能容纳它，心就发生了感动，感就生了疾病，现在钟太大了，王的心受不了，尚能长久吗？"

经　二十有一年，春，王三月葬蔡平公。

传　三月，葬蔡平公，蔡大子朱失位，位在卑[1]。大夫送葬者归见昭子，昭子问蔡故。以告。昭子叹曰："蔡其亡乎！若不亡，是君也必不终。《诗》曰：'不解于位，民之攸塈[2]。'今蔡侯始即位而适卑，身将从之。"

今注

1　位在卑：因为以长幼来分先后，所以他不能在太子的地位。

2　不解于位，民之攸塈：《诗经·大雅》的一句诗。要他在他的位子上不懈怠，人民就能够休息。

今译

三月，葬蔡平公，蔡太子朱失掉了位子，位子很低贱。鲁国大夫们去送葬的回来，见到叔孙婼，叔孙婼问蔡国的情形，他们就告诉了他。叔孙婼叹息说："蔡恐怕要亡了，要是蔡国不亡，这位君必不能终他的事。《诗经·大雅》说过：'在位而不懈怠，人民就能安息了。'现在蔡侯刚即位，而变成了卑贱，他的身体将随着往卑贱走。"

经 夏，晋侯使士鞅来聘。

传 夏，晋士鞅来聘，叔孙为政。季孙欲恶诸晋，使有司以齐鲍国归费之礼为士鞅[1]，士鞅怒曰："鲍国之位下，其国小，而使鞅从其牢礼，是卑敝邑也，将复诸寡君。"鲁人恐，加四牢焉，为十一牢。

今注

1 使有司以齐鲍国归费之礼为士鞅：叫官吏们用齐国的鲍国还归鲁国费的礼节，对待士鞅。这件事在昭公十四年，鲁人只给鲍国七牢。

今译

夏，晋士鞅来鲁国聘问，叔孙婼恰好当政权。季孙意如想使晋国恨叔孙婼，叫官吏们用齐国鲍国归费的礼式，为士鞅行礼，士鞅大怒说："鲍国的位子很下，国家又比晋国小，而使我从款待他七牢的典礼，这是贱待我们晋国，我要去告诉我们晋君。"鲁人害怕，再加上四牢，成了十一牢。

经 宋华亥、向宁、华定自陈入于宋南里以叛。

传 宋华费遂生华貙、华多僚、华登，貙为少司马，多僚为御士，与貙相恶，乃谮诸公曰："貙将纳亡人[1]。"亟言之。公曰："司马[2]以吾故亡其良子[3]，死亡有命，吾不可以再亡之。"对曰："君若爱司马，则如亡[4]，死如可逃，何远之有？"公惧使侍人召司马之侍人宜僚饮之酒，而使告司马[5]。司马叹曰："必多僚也，吾有谗子而弗能杀，吾又不死，抑君有命，可若何？”乃与公谋逐华貙，将使田孟诸而遣之。公饮之酒，厚酬之，赐及从者，司马亦如之。张匄尤之[6]曰：“必有故。”使子皮[7]承宜僚以剑而讯之，宜僚尽以告，张匄欲杀多僚。子皮曰：“司马老矣，登之谓甚[8]，吾又重之，不如亡也。”五月，丙申，子皮将见司马而行，则遇多僚御司马而朝，张匄不胜其怒，遂与子皮、臼任、郑翩杀多僚，劫司马以叛，而召亡人。壬寅，华向入，乐大心、丰愆、华牼御诸横[9]，华氏居卢门[10]，以南里[11]叛。六月，庚午，宋城旧鄘及桑林之门[12]而守之。

今注

1　亡人：指华亥等。

2　司马：指华费遂。

3　良子：指华登。他逃亡到吴国去。

4　君若爱司马，则如亡：你若真正喜欢大司马，就不如逃走，失掉国家。

5　而使告司马：告诉司马使他驱逐华貙。

6　张匄尤之：张匄是华貙的臣子，他尤以公所赏的重为怪。

7　子皮：华貙。

8　登之谓甚：华登的逃亡甚伤司马的心。

9　横：《方舆纪要》说：“横城在今河南商丘县西南。”

10　卢门：杜注说：“卢门东城南门，正东门名扬门。”

11　南里：在今商丘县城东南。

12　旧鄘，桑林之门：旧鄘在今河南商丘县。桑林之门是宋城门。

今译

宋国华费遂生了华貙、华多僚、华登，貙做少司马的官，多僚做宋公驾车的，但是他跟华貙不相合，就在宋公面前说华貙的坏话，说："他将使华亥等返回宋国。"屡次说。宋公就说："大司马因为我的缘故，丢掉他的好的儿子，死亡本来由天命，我不可以使他再逃亡。"回答说："君若爱大司马，就不如你逃亡。如果出亡可以免死，又何必怕远呢？"宋公害怕了，叫他左右人召司马的侍人宜僚，给他酒喝，并且使他告诉大司马驱逐华貙。大司马叹息说："一定是多僚说坏话的缘故，我有一个坏的儿子，而不能杀他，我又不能死，而君有这种命令，这怎么办呢？"就同宋公商量，驱逐华貙，使他到孟诸去打猎，就使他逃亡。宋公给他酒喝，并给他布币很多，赏赐给他随从的人，大司马也如此赏赐。华貙的臣下张匄甚以这种赏赐为怪，就说："这必有原因。"使华貙用宝剑加到宜僚的背后来讯问他，宜僚把他们的计划全都告诉他。张匄想杀华多僚。华貙说："司马已经很老，华登的逃亡已甚伤司马的心，我现在又使他伤心，不如逃走吧！"五月丙申，华貙想着见司马以后就逃亡，恰好遇见华多僚给司马驾车到朝里去，张匄不胜恼怒，就同华貙、臼任、郑翩杀了华多僚。强迫着司马反叛，而召华亥等人回国。壬寅，华亥、向宁回来，乐大心、丰愆、华牼在横这地方来抵抗。华氏住在卢门，以南里反叛了。六月庚午，宋国把旧的城墙同桑林的城门重新修好，派军队来看守。

经 秋，七月，壬午，朔，日有食之。

经 八月，乙亥，叔辄卒。

传 秋，七月，壬午，朔，日有食之。公问于梓慎曰："是何物也？祸福何为？"对曰："二至二分[1]，日有食之不为灾。日月之行也，分同道也，至相过也。其他月则为灾，阳不克也，故常为水。"于是叔辄哭日食，昭子曰："子叔将死，非所哭也。"八月，叔辄卒。

今注

1 二至二分：二至是冬至夏至，二分是春分秋分。

今译

秋天七月，壬午朔，鲁国有日食。昭公问梓慎说：“这是一件什么事情？是祸还是福？”回答说：“冬至夏至同春分秋分遇见日食，这不成灾害。碰见春分秋分时，日夜相等，所以它们就是同道，冬至夏至这是长短到极点，所以它们互相的经过。其他的月份就会作灾，这是阳不能胜利，所以常成水灾。”这时间叔辄为日食而哭，叔孙婼说：“他将死，日食不应当哭的。”八月，叔辄就死了。

传 冬，十月，华登以吴师救华氏。齐乌枝鸣[1]戍宋，厨人濮[2]曰：“军志有之，先人有夺人之心，后人有待其衰，盍及其劳且未定也，伐诸？若入而固，则华氏众矣，悔无及也。”从之。丙寅，齐师、宋师败吴师于鸿口[3]，获其二帅公子苦雂，偃州员[4]，华登帅其余[5]，以败宋师。公欲出[6]，厨人濮曰：“吾小人可藉死，而不能送亡，君请待之。”乃徇曰：“扬徽者，公徒也[7]。”众从之。公自杨门[8]见之，下而巡之曰：“国亡君死，二三子之耻也，岂专孤之罪也。”齐乌枝鸣曰：“用少莫如齐致死，齐致死莫如去备[9]，彼多兵矣，请皆用剑。”从之。华氏北[10]，复即之，厨人濮以裳裹首而荷以走曰：“得华登矣！”遂败华氏于新里[11]。翟偻新居于新里，既战，说甲于公而归，华妵居于公里亦如之。十一月癸未，公子城以晋师至，曹翰胡[12]会晋荀吴、齐苑何忌[13]、卫公子朝[14]，救宋。丙戌，与华氏战于赭丘[15]，郑翩[16]愿为鹳，其御愿为鹅[17]，子禄[18]御公子城，庄堇为右，干犨御吕封人华豹[19]，张匄为右，相遇，城还。华豹曰："城也。"城怒而反之[20]，将注，豹则关矣，曰："平公之灵，尚辅相余！"豹射出其间。将注，则又关矣！曰："不狎鄙[21]。"抽矢[22]，城射之殪[23]。张匄抽殳而下，射之折股，扶伏而击之，折轸[24]，又射之死。干犫请一矢，城曰："余言汝于君。"对曰："不死伍乘，军之大刑也。干刑而从子，君焉用之？子速诸！"乃射之殪[25]，大败华氏，围诸南里。华亥搏膺而呼，见华貙曰："吾为栾氏矣！"貙曰："子无我迋，不幸而后亡。"使华登如楚乞师，华貙以车十五乘，徒七十人，犯师而出。食于睢上，哭而送之，乃复入[26]。楚薳越帅师将逆华氏，大宰犯谏曰："诸侯唯宋事其君，今又争国，释君而臣是助，无乃不可乎？"王曰："而告我也后！既许之矣。"

今注

1 乌枝鸣：齐大夫。

2 厨人濮：宋国厨邑大夫名叫濮。

3 鸿口：《方舆纪要》说："商丘县东有鸿口亭，即昭公二十一年，齐师败吴师处。"

4 公子苦雂，偃州员：两人都是吴国大夫。

5 其余：吴国的余师。

6 公欲出：宋公想着要出奔。

7 扬徽者，公徒也：把旗子挥着，就是公的军队。

8 杨门：宋都城的东门。

9 备：长的兵器。

10 北：等于败。

11 新里：在今河南省商丘县西。

12 曹翰胡：曹大夫。

13 菀何忌：齐大夫。

14 公子朝：本是卫国大夫，前年出奔晋，现在回到卫国。

15 赭丘：江永说："华氏以南里叛，南里在宋城内，救宋之师，战于赭丘，其地盖近宋都，长平之赭邱，在陈郑之间，去宋远，同名耳，非其地。"

16 郑翩：华氏党。

17 鹳、鹅：全是阵的名字。

18 子禄：向宜。

19 吕封人华豹：是华氏党羽。

20 城怒而反之：公子城恼怒回来打仗。

21 不狎鄙：你不让我与你更迭互射，这是很鄙陋。

22 抽矢：华豹止住不再射。

23 城射之殪：公子城射他，华豹就死了。

24 折轸：折公子城车上的轸木。

25 乃射之殪：就射他，干犨就死了。

26 乃复入：返入南里。

今译

冬天十月，华登用吴国的军队，来救华氏。齐国的乌枝鸣来宋国戍守，宋国厨邑大夫名叫濮的说："《军志》有句话：先下手就有夺人的心，后下手只好等待他的衰败，何不乘着他路上的劳苦，并且没有安定，来讨伐他，若进来而固守，则华氏人很多，后悔恐怕来不及了。"就听了他的话。丙寅，齐国军队同宋国军队打败了吴国军队在鸿口这地方，捕获他的两个统帅，公子苦雒和偃州员。华登率领吴国剩下的军队，打败了宋国军队。宋公打算出奔，厨人濮说："我们小人可以借此死在祸难里，而不能够送君出亡，请你等一等再说。"他就到各方面去喊叫说："拿着旗子的是宋公的军队。"大家全听从他的话。宋公从杨门看见国人全挥舞旗子，下来看着他们说：“国家要亡了，人君也死了，这是你们大家的耻辱，岂止是我一个人的罪状！”齐国大夫乌枝鸣说：“用少数的人不如一起死战，一起死战，不如去掉长的兵器，他们的军队很多，我们全用剑吧！”听了他的话，华氏就被打败了，又追他们，厨人濮用一件衣服裹着人头，挑着他走，大喊着说：“得到华登了！”就将华氏在新里打败。翟偻新住在新里，既然打仗以后，他就到宋公那里脱下甲胄就回来，华妵住在公里也跟他一样。十一月癸未，公子城领着晋国军队来了，曹翰胡会合晋国荀吴、齐国苑何忌、卫国公子朝来救宋国，丙戌这天，跟华氏在赭丘打仗，郑翩愿摆鹳阵，他的驾车的愿用鹅阵，向宜给公子城驾车，庄堇作戎右，干犨给吕封人华豹驾车，张匄做戎右，遇到一起。公子城回来，华豹喊道：“这是公子城。”公子城大怒就返回来打仗，将射箭，华豹已开了弓，说：“平公的福灵，应当保护我。”华豹射的箭，出在向宜同公子城的中间，公子城想再射，华豹又拉开弓。公子城说：“不让我与你更迭互射，是鄙陋。”华豹就止住不射，公子城发出箭，华豹就死了。张匄抽掉殳下了车，公子城射出箭，伤了他的腿股，匍匐再去打，毁掉公子城的车轸，公子城又射，张匄就死了。干犨请求一箭而死，公子城说：“我对宋公去说。”干犨回答说：“同乘共伍，不一起战死，这是军队里必须用大刑罚的，干犯了刑罚而跟你去，对君有什么用呢？你何不赶紧射死我！”就射他一箭，干犨也死了。大败了华氏，围了南里。华亥拍着胸脯，呼喊着见华貙说：“我变成了晋栾氏了！”华貙说：“你不要吓唬我，不幸而打败，也不过逃亡而已。”派华登到楚国求军队，华貙用车十五辆，步兵七十个人，犯着宋公的军队，出去送华登。在睢河上吃饭，哭泣着去送他，然后又回到南里。楚国薳越率领着军队，将迎接华氏，大宰犯谏楚王说：“诸侯里头，唯只宋国侍奉他的君很好，现在他们又争国政，犯了君而帮助臣，似乎是不可以的。”王说：“你告诉我已经晚了，我已答应他们了。”

经 冬，蔡侯朱出奔楚。

传 蔡侯朱出奔楚，费无极取货于东国[1]，而谓蔡人曰：“朱不用命于楚，君王将立东国，若不先从王欲，楚必围蔡。”蔡人惧，出朱而立东国。朱愬于楚，楚子将讨蔡。无极曰：“平侯与楚有盟，故封。其子[2]有二心，故废之。灵王杀隐大子，其子与君同恶，德君必甚，又使立之，不亦可乎？且废置在君，蔡无他矣。”

今注

1 东国：隐太子的儿子，平侯庐的弟弟，蔡侯朱的叔叔。

2 其子：指蔡侯朱。

今译

蔡侯朱逃到楚国去了，费无极向东国要了很多钱财，他对蔡人说：“朱不听从楚国的命令，楚王将立东国，要不先服从王的命令，楚国必定包围蔡都城。”蔡人害怕了，驱逐朱出去，而立了东国。蔡侯朱到楚国告诉，楚王将讨蔡国。费无极说：“蔡平侯跟楚国有盟誓，所以封了他，他的儿子蔡侯朱对他不忠，所以把他废掉。楚灵王杀了隐太子，他的儿子同你同好恶，必以君为好，又立了他不也可以吗？并且废立权柄在楚国，蔡国当然没有旁的用心。”

经 公如晋，至河乃复。

传 公如晋，及河。鼓叛晋，晋将伐鲜虞，故辞公。

今译

昭公到晋国去，到了黄河边上，恰好遇见鼓国对晋国反叛，晋国将伐鲜虞，所以辞谢鲁昭公。

昭公二十二年（公元前五二〇年）

经 二十有二年，春，齐侯伐莒。

传 二十二年，春，王二月，甲子，齐北郭启[1]帅师伐莒，莒子将战，苑羊牧之[2]谏曰："齐帅贱，其求不多，不如下之，大国不可怒也。"弗听，败齐师于寿余[3]。齐侯伐莒，莒子行成，司马灶[4]如莒莅盟，莒子如齐莅盟。盟于稷门之外，莒于是乎大恶其君。

今注

1 北郭启：齐大夫。

2 苑羊牧之：莒大夫。

3 寿余：《大事表》说："在今山东省安邱县境。"

4 司马灶：齐大夫。

今译

昭公二十二年春王二月甲子，齐大夫北郭启率领军队讨伐莒国，莒子将作战，莒大夫苑羊牧之谏说："齐国的统帅很贱，他的要求必定不多，不如我们降下，大国不可以使他发怒。"不听从，在寿余这地方打败了齐国军队。齐侯因为生气，又讨伐莒国，莒子要求和平，齐大夫司马灶到莒国参加盟会，莒子到齐国去盟会，在稷门的外面会盟，莒国人因此就对他的君大怨恨。

经　宋华亥、向宁、华定自宋南里出奔楚。

传　楚薳越使告于宋曰："寡君闻君有不令之臣为君忧，无宁以为宗羞[1]，寡君请受而戮之。"对曰："孤不佞，不能媚于父兄，以为君忧，拜命之辱。抑君臣日战，君曰余必臣是助，亦唯命。人有言曰，唯乱门之无过，君若惠保敝邑，无亢不衷[2]，以奖乱人，孤之望也，唯君图之。"楚人患之。诸侯之戍谋曰："若华氏知困而致死，楚耻无功而疾战，非吾利也，不如出之以为楚功，其亦能无为也已。救宋而除其害，又何求？"乃固请出之，宋人从之。己巳，宋华亥、向宁、华定、华貙、华登、皇奄伤、省臧、士平出奔楚。宋公使公孙忌为大司马[3]，边卬[4]为大司徒，乐祁[5]为司城，仲几[6]为左师，乐大心[7]为右师，乐輓[8]为大司寇，以靖国人。

今注

1　无宁以为宗羞：宁可做华氏宗庙的羞耻。

2　无亢不衷：不保护不忠正的人。

3　公孙忌为大司马：替代华费遂。

4　边卬：宋平公的曾孙，替代华定。

5　乐祁：子罕的孙子。

6　仲几：仲左的孙子替代向宁。

7　乐大心：替代华亥。

8　乐輓：子罕的孙子。

今译

楚国薳越派人去告诉宋国说："寡君听人说你有不好的臣，使你忧愁，并且为宗庙的羞耻，寡君愿意把他们拿去杀戮。"回答说："我不好，不能对于父兄们献媚，因此使君也忧虑，拜谢你派来人命令。但是君臣天天打仗，你说我只是帮着臣子，那么我们只好听命。人常说的，不要在祸乱的门口经过，你要保护敝邑，不保护不正的人，以奖劝乱人，这是我所希望的，请你再想一想。”这种话楚人很以为患。诸侯的戍兵计谋说：“要是华氏知道无生路而去拼死命，楚国以没有功劳为羞辱，而赶快打仗，这全不合我们的利益，不如使华氏他们出去，以作为楚国的功劳，华氏大约也不能再为宋国的祸患。这样救宋国而除掉他的祸害，哪还有何要求呢？”就坚决请求让华氏向氏离去，宋国人就答应他们。己巳，宋国华亥、向宁、华定、华貙、华登、皇奄伤、省臧、士平逃奔到楚国。宋公派公孙忌替代华费遂做大司马，边卬替代华定做大司徒，乐祁做司城，仲几替代向宁做左师，乐大心代华亥做右师，乐輓做大司寇，以安定宋国人民。

经 大蒐于昌间[1]。

今注

1 此经无传。

今译

鲁国在昌间大蒐。

经 夏，四月，乙丑，天王崩。

传 王子朝、宾起[1]有宠于景王，王与宾孟说之，欲立之。刘献公之庶子伯蚠事单穆公[2]，恶宾孟之为人也，愿杀之，又恶王子朝之言，以为乱，愿去之。宾孟适郊，见雄鸡，自断其尾，问之侍者，曰：“自惮其牺也[3]。”遽归告王，且曰：“鸡其惮为人用乎？人异于是。牺者实用人，人牺实难，己牺何害[4]？”王弗应。夏，四月，王田北山[5]，使公卿皆从，将杀单子、刘子[6]。王有心疾，乙丑，崩于荣锜氏[7]。戊辰，刘子挚卒，无子，单子立刘蚠。

五月，庚辰，见王[8]，遂攻宾起杀之，盟群王子于单氏。

今注

1 王子朝、宾起：王子朝是景王的长庶子。宾起王子朝的师傅。

2 单穆公：是单旗。

3 自惮其牺也：它是怕做祭宗庙的牺牲。

4 己牺何害：拿自己亲属做牺牲有什么害处。意思是使王宠爱王子朝，使他能得立为王。

5 北山：洛阳的北芒。

6 将杀单子、刘子：因为他们两人不愿意立子朝，所以想乘田猎杀他们。

7 荣锜氏：杜预注："河南巩县有荣锜涧。"

8 见王：见王猛。

今译

王子朝、宾起被周景王所宠爱，王告诉宾起说想立王子朝为太子。刘献公的庶子刘蚠侍奉单旗，他很反对宾起的为人，愿意把他杀掉，又很不喜欢王子朝的话，以为可以作乱，愿意去掉他。宾起到郊外去，看见雄鸡，自己去掉它的尾巴，问侍从的人，侍从的人说："这是它不愿意作祭宗庙的牺牲。"回去就告诉王说："鸡恐怕不愿意为人所用？人就与这不同。做牺牲实在要用人，用疏远的人做牺牲实在很难，用自己亲属做牺牲有什么害处呢？"周景王不回答他。夏四月，王到北芒山去打猎，使公卿们都随着去，将把单子、刘子杀掉。王有心病，乙丑死在荣锜氏家中。戊辰这天，刘子挚死了，他没有嫡子，单子就立了他的庶子刘蚠。五月庚辰，使他见王猛，就攻打宾起，并杀了他，同各王子在单氏盟誓。

传 晋之取鼓也，既献[1]，而反鼓子焉，又叛于鲜虞[2]。六月，荀吴略东阳[3]，使师伪籴者，负甲以息于昔阳[4]之门外，遂袭鼓灭之，以鼓子鸢鞮归，使涉佗[5]守之。

今注

1 既献：献给宗庙。

2 又叛于鲜虞：又背叛了晋国改属鲜虞。

3 东阳：自朝歌以北至中山为东阳，即今自河南淇县，北至河北正定。

4 昔阳：鼓国之地，见昭公十二年昔阳及肥。

5 涉佗：是晋大夫。

今译

晋国占据了鼓那地方以后，既然把鼓子献到晋国的宗庙，又将他送还鼓国，后来他又对晋国反叛，而改属于鲜虞。六月，荀吴经略东阳，使军队假装着买粮食的人，背负着甲胄，在昔阳的门外去休息，就偷袭了鼓国，把它灭掉，把鼓子鸢鞮带回国，使晋国大夫涉佗看守鼓这地方。

经 六月，叔鞅如京师，葬景王，王室乱。

经 刘子、单子以王猛居于皇。

经 秋，刘子、单子以王猛入于王城。

经 冬，十月，王子猛卒。

传 丁巳，葬景王。王子朝因旧官百工[1]之丧职秩者，与灵景之族以作乱，帅郊要饯[2]之甲，以逐刘子[3]。壬戌，刘子奔扬，单子逆悼王[4]于庄宫以归。王子还[5]夜取王以如庄宫。癸亥，单子出。王子还与召庄公谋[6]，曰："不杀单旗不捷，与之重盟必来，背盟而克者多矣。"从之。樊顷子[7]曰："非言也，必不克。"遂奉王以追单子[8]。及领[9]，大盟而复，杀挚荒以说。刘子如刘，单子亡，乙丑，奔于平畤[10]，群王子追之，单子杀还、姑、发、弱、鬷、延、定、稠[11]，子朝奔京。丙寅，伐之，京人奔山，刘子入于王城。辛未，巩简公败绩于京。乙亥，甘平公[12]亦败焉。叔鞅至自京师，言王室之乱也。闵马父曰："子朝必不克，其所与者，天所废也。"单子欲告急于晋。秋，七月，戊寅，以王如平畤，遂如圃车[13]，次于皇[14]，刘子如刘，单子使王子处[15]守于王城，盟百工于平宫。辛卯，鄩肸[16]伐皇，大败，获鄩肸。壬辰，焚诸王城之市[17]。八月，辛酉，司徒丑以王师败绩于前城[18]，百工叛。己巳，伐单氏之宫，败焉[19]。庚午，反伐之[20]。辛未，伐东圉[21]。冬，十月，丁巳，晋籍谈、荀跞帅九州之戎，及焦瑕温原之师，以纳王于王城。庚申，单子刘盆以王师败绩于郊。前城[22]人败陆浑于社[23]。十一月，乙酉，王子猛[24]卒，不成丧也。己丑，敬王[25]即位，馆于子旅氏[26]。

今注

1 百工：即百官。

2 郊要饯：《方舆纪要》说："鄩城在巩县西南五十八里，周鄩邑也，郊与鄩盖相近。要即青要山。"是前称近鄩之郊为东郊，此称近要之郊为西郊，与饯同在渑池新安之间，不必株守《纪要》之说。

3 刘子：即刘盆。

4 悼王：王子猛。

5 王子还：是子朝党羽。

6 召庄公：召伯奂，子朝党羽。

7 樊顷子：樊齐是单刘的党羽。

8 遂奉王以追单子：王子还就同悼王去追单子。

9 领：周地。应在今偃师洛阳附近。

10　平畤：在今偃师巩县之间。

11　还、姑、发、弱、鬷、延、定、稠：这八个人全是周灵王同周景王的后人，乘着战役单子把他们杀掉。

12　巩简公，甘平公：这二人全是周卿士。皆为王子朝所败。

13　圃车：周地，江永说："当近巩县之皇。"

14　皇：《方舆纪要》说："訾城在今巩县西南四十里，黄亭在訾城北三里，有皇水，《春秋》昭二十二年，刘子单子以王子猛居于皇，即黄亭也。"

15　王子处：是王子猛的党羽。

16　鄩肸：王子朝的党羽。

17　焚诸王城之市：将鄩肸烧在王城的市场上。

18　前城：王子朝所占领的地方。

19　败焉：百工为单氏所败。

20　反伐之：单氏反伐百工。

21　东圉：《汇纂》说："周地有东圉西圉，东圉即圉乡，在洛阳东南。"是百工所在地。

22　前城：《水经注》说："伊水自新城，又北迳前城西，即昭公二十二年，晋箕遗济师取前城者也。"

23　社：《注疏》说："在今河南巩县西北。"

24　王子猛：即悼王。

25　敬王：王子猛的母弟王子匄。

26　子旅氏：是周大夫。

今译

丁巳，给周景王下葬。王子朝利用旧的百官丢掉职务的人，同周灵王周景王的子孙来兴起乱事，率领着郊、要、饯三个地方的军队，把刘蚠驱逐出去。壬戌，刘蚠逃到扬这地方，单子就从庄王的庙里，把悼王接回来。王子朝的党羽王子还夜里又把悼王送到庄王的庙里去。癸亥，单子就出奔。王子还就跟召庄公商量说："不把单旗杀掉，就不能成功，跟他立重要的盟誓，他必定来，背了盟誓而成功的人甚多。"召庄公听了他的话。单刘党的樊齐说："这不成句话，必定不能成功。"王子还就同悼王去追单子，到了领这地方，就加上重的盟誓，方才回来，把挚荒杀了，以作解说。刘蚠就逃回他的封邑刘去，单子就逃亡出外，乙丑，他逃到平畤。各公子追赶他，单子就在乱中杀掉八个王子，还、姑、发、弱、鬷、延、定、稠。子朝因为他的党羽死了不少，就逃到京去。丙寅，单子伐京，京人逃到山里，刘蚠再进入王城。辛未，周卿士巩简公伐京失败。乙亥，甘平公也失败了。鲁国的叔鞅从周回到鲁国，他说明王室的混乱。鲁大夫闵马父说："子朝必定不能成功，跟着他一同的人，全都是天所不要的。"单子想着到晋国去告诉周室的危急。秋天七月，戊寅，使悼王到平畤，接着到了圃车，又住到皇这地方，刘蚠回到刘，单子叫王子处守住王城，同百官们在平王庙中会盟。辛卯，子朝的党羽鄩肸去伐皇，他大失败，将鄩肸捕获。壬辰，把他在王城的市中烧掉。八月辛酉，悼王的司徒名叫丑，用王的军队去打前城，失败了，因此，百官全都反叛。己巳这天，百官讨伐单氏，也失败了。庚午这天，单氏反过来讨伐百官。辛未，伐百官所在的地方东圉。冬十月丁巳，晋国的籍谈、荀跞率领着陆浑的戎人，同晋国焦瑕温原的军队护送悼王进入王城。庚申，单子、刘蚠率领着王师在郊这地方，为子朝的党羽所败。归子朝所管的前城人也在社这地方把陆浑人打败。十一月乙酉，悼王死了，丧事没能够按礼举行。己丑，敬王即位，住到周大夫子旅氏家中。

经 十有二月，癸酉，朔，日有食之[1]。

今注

1　此经无传。

今译

十二月癸酉朔，鲁国有日食。

传　十二月，庚戌，晋籍谈、荀跞、贾辛、司马督帅师军于阴[1]，于侯氏[2]，于谿泉[3]，次于社[4]，王师军于氾[5]、于解[6]，次于任人[7]。闰月，晋箕遗、乐征、右行诡济师取前城，军其东南，王师军于京楚[8]，辛丑，伐京[9]，毁其西南。

今注

1　阴：江永疑即平阴，在今河南省孟津县东一里。晋籍谈军队所驻。

2　侯氏：周地。故城在今河南省偃师县南四十五里。

3　谿泉：在今巩县西南。

4　社：司马督军队所驻。

5　氾：江永说："古音凡，今音泛，今河南泛水县，与巩县相接，一称西氾。"

6　解：《汇纂》引《后汉书郡国志》说："大解城在今洛阳县南，小解城在县西南。"

7　任人：任和仍古通用，其地在洛阳，或为仍叔采邑。

8　京楚：在今洛阳之西南。

9　京：周地，在今河南省洛阳县西南。

今译

十二月庚戌，晋国的籍谈率领着军队在阴的地方，荀跞率领军队驻在侯氏，贾辛率领军队驻在谿泉，司马督率军队驻在社，王的军队驻到氾这地方，解同任人各地。闰月，晋国箕遗、乐征、右行诡的军队渡过洛水，占领了前城，军队在东南，王的军队驻到京楚的中间，辛丑这天，讨伐京的地方，毁了他的西南。

卷二十六　昭公六

昭公二十有三年（公元前五一九年）

经 晋人围郊。

传 二十三年，春，王正月，壬寅，朔，二师[1]围郊。癸卯，郊、鄩[2]溃。丁未，晋师在平阴[3]，王师在泽邑[4]，王使告间。庚戌还[5]。

今注

1 二师：指王师同晋师。

2 鄩：在巩县西南五十八里。

3 平阴：在今河南省孟津县东一里。

4 泽邑：泽即翟泉，在汉洛阳城西北隅。

5 庚戌还：晋师回去。

今译

二十三年春王正月壬寅初一，周王的军队同晋国的军队围了郊这地方。癸卯这天，郊同鄩全都溃散。丁未这天，晋国军队在平阴，周王军队在泽邑，周王告诉晋国子朝失败，庚戌这天，晋国军队就回国了。

经 二十有三年，春，王正月，叔孙婼如晋。

经 晋人执我行人叔孙婼。

传 邾人城翼[1]，还将自离姑[2]。公孙钼曰："鲁将御我。"欲自武城还，循山而南。徐钼、丘弱、茅地[3]，曰："道下，遇雨将不出，是不归也。"遂自离姑，武城人塞其前，断其后之木而弗殊，邾师过之，乃推而蹷之，遂取邾师，获钼弱地。邾人愬于晋，晋人来讨。叔孙婼如晋，晋人执之。书曰："晋人执我行人叔孙婼。"言使人也。晋人使与邾大夫坐[4]，叔孙曰："列国之卿当小国之君，固周制也。邾又夷也，寡君之命介子服回在，请使当之，不敢废周制故也。"乃不果坐。韩宣子使邾人取其众，将以叔孙与之，叔孙闻之，去众与兵而朝。士弥牟谓韩宣子曰："子弗良图，而以叔孙与其雠，叔孙必死之。鲁亡叔孙，必亡邾。邾君亡国，将焉归？子虽悔之何及？所谓盟主，讨违命也，若皆相执，焉用盟主？"乃弗与，使各居一馆[5]。士伯听其辞而愬诸宣子，乃皆执之。士伯御叔孙，从者四人，过邾馆，以如吏。先归邾子。士伯曰："以刍荛之难，从者之病，将馆子于都[6]。"叔孙旦而立期焉[7]，乃馆诸箕[8]，舍子服昭伯于他邑。范献子求货于叔孙，使请冠焉[9]，取其冠法而与之两冠曰："尽矣。"为叔孙故，申丰以货如晋。叔孙曰："见我，吾告女所行货。"见而不出。吏人之与叔孙居于箕者请其吠狗，弗与。及将归，杀而与之食之。叔孙所馆者，虽一日必葺其墙屋，去之如始至。

今注

1 翼：《山东通志》说："在今山东省邹县东北费县界。"

2 离姑：《方舆纪要》说："在今山东省费县西南九十里，故武城之南。"

3 徐钼、丘弱、茅地：三人皆邾大夫。

4　坐：坐在那里争辩。

5　使各居一馆：使叔孙婼与子服回不同住在一处。

6　都：是指别都，即是箕这地方。

7　叔孙旦而立期焉：叔孙早晨立在那里听候命令，一直到第二天早晨。

8　箕：在今山西蒲县东北。

9　请冠焉：以请求帽子为理由。

今译

邾国人修了翼这城，将从离姑这地方回来，邾大夫公孙鉏说："鲁国将抵抗我。"打算从武城回来，顺着山往南走。邾大夫徐鉏、丘弱、茅地说："这个道路很低下，遇见天下雨，将过不去，就不能回去了。"就从离姑，经过武城回来，武城人以军队堵在前面，而把后面的树切断，但是没有完全切断，邾国军队过来，武城人就把未切断的树推倒，而捕获邾国军队，并逮住鉏、弱、茅地三个大夫。邾人告诉晋国，晋国人来讨伐鲁国。恰好叔孙婼到晋国去，晋国人就把他逮起来。《春秋》上写着："晋人把我的行人叔孙婼逮起来。"这意思表示他是使人。晋国人使叔孙婼同邾大夫一起坐下来争讼，叔孙婼说："列国的卿等于小国的君的地位，这是周朝的制度。邾国又是等于夷的，寡君所派的副使子服回也在晋国，请他与邾人争讼，这是因为我不敢废除周国制度的缘故。"于是就没有办法使鲁国同邾国争讼。韩起使邾国人聚合众人，想把叔孙婼交给他们。叔孙婼听说了，去掉他的侍从同兵刃，到晋国上朝。士景伯对韩起说："你不好好地计划，而把叔孙婼给了他的仇敌，叔孙必定拼死命。鲁国若丢掉叔孙，必使邾国灭亡。邾君若没有国了，他现在在晋国，将回到哪里去呢？你虽然后悔也来不及了。我们所谓盟主，是讨伐违了命令的人，若全可以捕获对方，那盟主有什么用呢？”就不将叔孙婼给邾国人，使他同子服回各住在一个馆舍。士景伯听他们两人的诉说而告诉韩起，就把他们两人全逮起来。士景伯给叔孙婼驾着车，跟着四个人，经过邾国的馆舍，到打官司那里去。先派邾子回邾国。士景伯说：“因为草料的困难，随从人的疾病，将使你住在晋国的别都。”叔孙婼从早晨起来一直立到第二天早晨等待晋国命令，就使他住到箕这地方，而使子服回住到另一处。士鞅想对叔孙婼请求货币，假设以请求帽子为名，叔孙婼假作不懂，取来他冠的模子，然后给他两顶帽子说：“没有了。”因为叔孙婼的缘故，鲁大夫申丰运了货币到晋国去。叔孙婼说：“来见我，我告诉你怎么样送货币”。见了他，就不让他出来。晋国的官吏跟叔孙婼一同住在箕这地方的人，请求叔孙婼所养的狗，他不肯给。后来将要回来时，把他的狗杀了给他们吃。叔孙婼所住的地方，虽然一天，必修整他的墙屋，走了以后，墙屋的新跟他刚来时一样。

经 癸丑，叔鞅卒[1]。

今注

1 此经无传。

今译

癸丑，叔鞅死了。

传 夏，四月，乙酉，单子取訾[1]，刘子取墙人、直人[2]。六月，壬午，王子朝入于尹[3]。癸未，尹圉诱刘佗杀之[4]。丙戌，单子从阪道，刘子从尹道[5]伐尹，单子先至而败，刘子还。己丑，召伯奂、南宫极[6]以成周人戍尹。庚寅，单子、刘子、樊齐以王如刘。甲午，王子朝入于王城，次于左巷[7]。秋，七月，戊申，鄩罗[8]纳诸庄宫。尹辛败刘师于唐[9]。丙辰，又败诸鄩。甲子，尹辛取西闱[10]。丙寅，攻蒯[11]，蒯溃。

今注

1 訾：《河南通志》说："东訾城，在巩县西南四十里，即昭公二十三年，单子取訾是也。"

2 墙人、直人：今河南省新安县东北，有白墙村，疑是墙人。直人应在墙之附近。

3 尹：尹氏邑，以尹谿尹谷得名，然则尹邑在宜阳吗？

4 尹圉诱刘佗杀之：尹圉是尹文公，刘佗是刘蚠的族人。

5 阪道尹道：案单子居洛水之北，刘子居洛水之南，疑阪道在北，尹道在南，师行为便，均在今洛阳及宜阳之间。

6 召伯奂、南宫极：二人皆周卿士。

7 左巷：在汉河南县东北，今洛阳县西。

8 鄩罗：是周大夫，鄩肸的儿子。

9 唐：《一统志》说："今洛阳县东，有唐聚。"

10 西闱：在今洛阳县西南。

11 蒯：《一统志》说："今洛阳县西南十四里，有蒯乡。"

今译

夏四月乙酉，单旗取了訾这地方，刘蚠取了墙人、直人两个地方。六月壬午，王子朝进入到尹这地方。癸未，尹圉诱刘佗把他杀了。丙戌，单旗从阪道，刘蚠从尹道讨伐尹邑，单旗先到，而失败了，刘蚠就回去了。己丑，召伯奂同南宫极用成周人来戍守尹这地方。庚寅，单旗、刘蚠、樊齐将周敬王送到刘蚠之地。甲午，王子朝进到王城，住到左巷。秋七月戊申，鄩罗把王子朝送到庄王庙里。尹辛把刘蚠的军队在唐这地方打败了，丙辰又在鄩这地方打败他。甲子，尹辛占领了西闱。丙寅，尹辛攻蒯这地方，蒯溃散。

经 夏，六月，蔡侯东国卒于楚[1]。

今注

1 此经无传。

今译

夏六月，蔡侯东国在楚国死了。

经 秋，七月，莒子庚舆来奔。

传 莒子庚舆虐而好剑，苟铸剑，必试诸人，国人患之。又将叛齐，乌存[1]帅国人以逐之。庚舆将出，闻乌存执殳[2]而立于道左，惧将止死。苑羊牧之曰："君过之，乌存以力闻可矣，何必以弑君成名。"遂来奔。齐人纳郊公[3]。

今注

1 乌存：莒大夫。

2 殳：音殊，兵器，长丈二无刃。

3 郊公：著丘公的儿子。

今译

莒子庚舆暴虐而喜欢舞剑，铸了新剑必定拿人来试验，贵族们都很以他为患。他又将对齐国反叛，莒大夫乌存率领贵族们来驱逐他。庚舆将出去，听说乌存拿着长殳立在道路旁边，他害怕了，就预备死在那里。苑羊牧之说："你就路过那里好了，乌存有力量传于全国，这已经可以了，何必再以弑君来成名。"就逃到鲁国，齐人就使郊公回国。

经 戊辰，吴败顿、胡、沈、蔡、陈、许之师于鸡父。胡子髡、沈子逞灭，获陈夏齧。

传 吴人伐州来，楚薳越帅师，及诸侯之师，奔命救州来，吴人御诸钟离，子瑕[1]卒，楚师熸[2]。吴公子光曰：“诸侯从于楚者众，而皆小国也，畏楚而不获已，是以来。吾闻之曰：‘作事威克其爱[3]，虽小必济。’胡沈之君幼而狂，陈大夫齧壮而顽，顿与许蔡疾楚政，楚令尹死，其师熸，帅贱多宠，政令不壹，七国[4]同役而不同心，帅贱而不能整，无大威命，楚可败也。若分师先以犯胡、沈与陈，必先奔，三国败，诸侯之师乃摇心矣。诸侯乖乱，楚必大奔，请先者去备薄威[5]，后者敦陈整旅[6]。”吴子从之。戊辰，晦，战于鸡父[7]。吴子以罪人三千先犯胡沈与陈，三国争之，吴为三军以系于后，中军从王，光帅右，掩余[8]帅左，吴之罪人或奔或止，三国乱，吴师击之，三国败，获胡沈之君及陈大夫。舍胡、沈之囚使奔许与蔡、顿曰：“吾君死矣。”师噪而从之，三国[9]奔，楚师大奔。书曰：“胡子髡、沈子逞灭，获陈夏齧。”君臣之辞[10]也。不言战，楚未陈也。

今注

1 子瑕：就是令尹。

2 楚师熸：熸音肩。楚师士气低落。

3 作事威克其爱：做事情威严胜于爱护。

4 七国：楚、顿、胡、沈、蔡、陈、许。

5 去备薄威：去了完备的军器，不显威严。表示军队的不整齐。

6 后者敦陈整旅：在后面要厚集部队，严整战阵。

7 鸡父：《一统志》说：“安丰故城在河南固始县东，鸡备城在固始县东。”

8 掩余：吴王寿梦的儿子。

9 三国：指许、蔡、顿。

10　君臣之辞也：意在分别君与臣的不同。阮刊作“君臣之乱也”，今据《四部丛刊》影宋本改正。

今译

吴人伐楚国的州来，楚大夫薳越领了军队和诸侯的军队，赶紧去救州来。吴人抵抗他在钟离地方。令尹叫子瑕的死在军中，楚国的士气，便完全被熄灭了，吴公子光说：“诸侯跟从楚国的很多，但都是小国，是怕楚国，不得已才跟他来的。我听说做事能威严胜过爱护，那么虽是细小，也一定能成功的。现在胡沈的国君，年纪既轻，又是个狂人；陈大夫齧年纪虽壮，却又是个顽钝的人，顿和许蔡，都厌恶着楚国的政治，楚令尹既然死掉，楚军的气势一定就熄灭了，他的主帅既卑贱，又多宠用的人，号令不能统一的。七国同一战事，却不能同心，主帅又卑贱不能整顿，没有大的威严，楚国军队是可以打败的。如果分兵先去侵犯胡沈和陈国，他们定然先逃走的。三国既败以后，其余诸侯的兵，便自然摇动了心志了，诸侯既然混乱了，楚国一定要大逃的。请把在军前的丢掉战备，减薄了威武可以去骗他们。在军后的却要厚集队伍，严整步伐预备对待他。”吴王便依从他的计划。戊辰这天是晦日，吴楚大战在鸡父那里。吴子拿罪犯三千多人先去侵犯胡沈和陈国，三国见囚徒不习战事，便来抢捉，吴国却排成三军在后面；中军跟了吴王，光领了右面的，掩余领了左面的。吴国的罪犯，有的逃走，有的停留，三国因为抢捉，所以闹乱了。吴国军队便趁势攻击，三国就败北下去，捉住胡沈的君，和陈大夫，又放掉胡沈的囚虏，叫他们逃到许和蔡顿的兵中说：“我的君王已死了！”吴军便喊杀进攻，那三国也就逃走。楚师便大逃。《春秋》经上记载：“胡子髡、沈子逞被灭掉，捉住陈国的夏齧。”这是分别君臣的说法。因为君可说灭，臣只可说捉，不说战争，因为楚国还没有排成阵式。

经 天王，居于狄泉。尹氏立王子朝。

经 八月，乙未，地震。

传 八月，丁酉，南宫极震。苌弘谓刘文公曰：“君其勉之！先君[1]之力可济也。周之亡也，其三川震。今西王[2]之大臣亦震，天弃之矣。东王[3]必大克。”

今注

1 先君：指刘献公。

2 西王：子朝在王城，所以称西王。

3 东王：敬王居狄泉在王城的东边故称东王。

今译

八月丁酉，南宫极被地震死。苌弘对刘文公说：“你要努力，你的父亲的力量可以帮助。西周亡的时候，他的左近泾、渭、洛三个川全被震动。现在西王子朝的大臣也被震死。东王敬王必定能得大胜。”

传 楚大子建之母在郹[1]，召吴人而启之。冬，十月，甲申，吴大子诸樊[2]入郹，取楚夫人与其宝器以归，楚司马薳越追之不及，将死，众曰：“请遂伐吴以徼之。”薳越曰：“再败君师，死且有罪，亡君夫人，不可以莫之死也。”乃缢于薳澨[3]。

今注

1 郹：在今河南省新蔡县境。

2 诸樊：吴王僚的太子。

3 薳澨：《汇纂》说：“在今湖北京山县境。”

今译

楚国太子建的母亲在郹这地方宣召吴国人来。冬天十月甲申，吴王僚的太子诸樊攻进郹，夺了楚夫人跟她的宝物回到吴国。楚国的司马薳越来追他，赶不上，他将死，大家说："请你就动军队讨伐吴国，以看我们谁能胜负。"薳越说："我两次使君的军队打失败了，我就是死了也有罪。现在丢掉君的夫人，不可以不死。"就在薳澨地方上了吊。

经 冬，公如晋，至河，有疾，乃复。

传 公为叔孙故如晋，及河有疾而复。

今译

鲁昭公因为叔孙婼的缘故到晋国去，到黄河边上，他有了病就回来。

传 楚囊瓦[1]为令尹，城郢，沈尹戌曰："子常必亡，郢。苟不能卫，城无益也。古者，天子守在四夷，天子卑，守在诸侯[2]，诸侯守在四邻，诸侯卑，守在四竟。慎其四竟，结其四援，民狎其野，三务成功[3]，民无内忧，而又无外惧，国焉用城？今吴是惧而城于郢，守已小矣，卑之不获，能无亡乎？昔梁伯沟其公宫而民溃，民弃其上，不亡何待？夫正其疆场，修其土田，险其走集，亲其民人，明其伍候，信其邻国，慎其官守，守其交礼，不僭不贪，不懦不耆，完其守备，以待不虞，又何畏矣。《诗》曰：'无念尔祖，聿修厥德[4]。'无亦监乎若敖、蚡冒至于武、文，土不过同，慎其四竟，犹不城郢，今土数圻，而郢是城，不亦难乎？"

今注

1　囊瓦：令尹字子常。

2　天子卑，守在诸侯：天子政治衰危就以诸侯为守卫。

3　三务成功：春夏秋三时的事务全都成功。

4　无念尔祖，聿修厥德：《诗经·大雅》的一句诗，意思是说想念你的祖先，修整他的德行。

今译

楚囊瓦做令尹，他想修楚国都城郢，沈尹戌说："他必定要亡了，郢假设不能保卫，修城也没有用。古代的天子，是以四夷为守备，天子衰危就以诸侯为守卫，诸侯是拿四邻做守卫。诸侯衰危就以他的四边境为守卫。慎重他四方的边境，结交他的四邻以为援助，人民对田野全很安静习惯，春夏秋三时的事务全成功，人民也没有内忧，而又没有外患，国家何必用修城？现在很怕吴国，而修郢的城，这守卫已经很小了，连守四境也办不到，能够不亡吗？从前梁伯把他宫的四面修城沟，而人民就溃乱，人民抛弃了他们的主上，这不亡还等什么？现在把他四界全都整齐，修理他的田上，把边境的堡垒也修好，亲爱他的人民，使他的人民全有部伍，相为候望，与他的邻国有信实，对官守谨慎，守交结的典礼，不骄傲也不贪图，不弱也不强，完备他的守卫，以等待不测的事情，又何必怕呢？《诗经·大雅》说：'细想念你的祖先，修整你的德行。'这不也是拿他做榜样吗？从前若敖、蚡冒以至于楚武王、楚文王，土不过一百里，谨慎保卫他的四境，尚不修郢城，现在已经几千里，而要修郢的城，这不也是困难吗？"

昭公二十有四年（公元前五一八年）

传　二十四年，春，王正月，辛丑，召简公、南宫嚚以甘桓公[1]见王子朝，刘子谓苌弘曰："甘氏又往矣。"对曰："何害！同德度义[2]。《大誓曰》：'纣有亿兆夷人，亦有离德。余有乱臣十人，同心同德。'此周所以兴也。君其务德，无患无人。"戊午，王子朝入于邬[3]。

今注

1　召简公，南宫嚚，甘桓公：召简公是召庄公的儿子，南宫嚚是南宫极的儿子，甘桓公是甘平公的儿子。

2　同德度义：同心同德就能计划同义的事情，子朝不能如此，所以对我们没有害处。

3　邬：今河南省偃师县西南。

今译

二十四年春王正月辛丑，召简公同南宫嚚把甘桓公见王子朝，刘蚠对苌弘说："甘氏又到王子朝那儿去了。"回答说："这有什么害处，同德的人方才能够讨论义礼，子朝他们不能如此。《太誓》说：'纣有亿兆夷人，也有离心离德。周武王自称，我有治乱的臣十个人，同心同德。'这就是周所以兴起的缘故。你务必修理德行，不怕缺少人才。"戊午，王子朝来到了邬这地方。

经　二十四年，春，王二月，丙戌，仲孙貜卒[1]。

今注

1　此经无传。

今译

二十四年春王二月丙戌，仲孙貜死了。

经　婼至自晋。

传　晋士弥牟逆叔孙于箕，叔孙使梁其跁[1]待于门内，曰："余左顾而欬，乃杀之，右顾而笑，乃止。"叔孙见士伯。士伯曰：

"寡君以为盟主之故，是以久子[2]，不腆敝邑之礼，将致诸从者，使弥牟逆吾子。"叔孙受礼而归。二月，婼至自晋，尊晋也。

今注

1 梁其踁：叔孙氏的家臣。

2 是以久子：久使你住在晋国。

今译

晋国士景伯到箕这地方去迎接叔孙婼，叔孙婼叫梁其踁在门里边等着，对他说："我要往左看而咳嗽，你就把他杀了，右看而笑就不要杀他。"叔孙婼见士景伯。士景伯说："寡君因为做盟主的缘故，所以使你久住在这里，我国有不丰厚的礼物，将送给你随从的人，使我来迎接你。"叔孙婼收到礼物就回国。二月，叔孙婼从晋国回来，这是表示尊重晋国。

传 三月，庚戌，晋侯使士景伯莅问周故[1]，士伯立于乾祭[2]而问于介众，晋人乃辞王子朝，不纳其使。

今注

1 周故：意思是问子朝同敬王谁有理。

2 乾祭：在今洛阳县西北，是王城的北门。

今译

三月庚戌，晋侯派士景伯去周问子朝同敬王的曲直，士伯立到王城的北门，而问很多的众人，晋人就辞谢王子朝，不接见他的来使。

经 夏，五月，乙未，朔，日有食之。

传 夏，五月，乙未，朔，日有食之。梓慎曰："将水。"昭子曰："旱也。日过分而阳犹不克，克必甚，能无旱乎？阳不克莫，将积聚也。”

今译

夏五月乙未初一，鲁国有日食。梓慎说：“将有水灾。”叔孙婼说：“这是旱灾，已经过了春分，而阳气因为不能胜阴，这种失败一定很厉害，能没有旱灾吗？阳气莫然不动，这就是将聚积旱灾。”

传 六月，壬申，王子朝之师攻瑕及杏[1]，皆溃。郑伯如晋，子大叔相，见范献子。献子曰：“若王室何？”对曰：“老夫其国家不能恤，敢及王室。抑人亦有言曰：‘嫠不恤其纬[2]，而忧宗周之陨，为将及焉。’今王室实蠢蠢焉，吾小国惧矣，然大国之忧也，吾侪何知焉，吾子其早图之。《诗》曰：‘缾之罄矣，惟罍之耻[3]。’王室之不宁，晋之耻也。”献子惧，而与宣子图之，乃征会于诸侯，期以明年。

今注

1 瑕、杏：都是敬王的邑。在今洛阳东北。

2 嫠不恤其纬：嫠是寡妇，也不怜恤她的纬线少。

3 缾之罄矣，惟罍之耻：《诗经·小雅》的一句诗，意思是罍比瓶大，瓶里的容物没有了，罍也以为羞耻。

今译

六月壬申，王子朝的军队攻敬王的瑕及杏，全都溃乱。郑伯到晋国去，游吉相礼，见到士鞅，士鞅就说：“对于王室怎么办？”游吉回答说：“我对郑国全没有方法，何敢谈到王室。但是有人说：‘寡妇不管她的纬线，而忧愁宗周的毁掉，因为恐怕毁掉就连着她自己。’现在王室很蠢动，我们小国很害怕，但是这是大国应该忧惧的，我们有什么办法？你们应该早点想办法。《诗经·小雅》说：‘小瓶干的时候，这也是大罍的羞耻’。王室的不安宁，是晋国的羞耻。”士鞅害怕了，就同韩起去研究，就征求诸侯开会，定到明年。

经 秋，八月，大雩。

传 秋，八月，大雩，旱也。

今译

秋八月，鲁国行求雨典礼，因为旱的缘故。

经 丁酉，杞伯郁釐卒[1]。

今注

1 此经无传。

今译

丁酉，杞伯郁釐死了。

传 冬，十月，癸酉，王子朝用成周之宝珪于河。甲戌，津人得诸河上。阴不佞[1]以温人南侵，拘得玉者，取其玉。将卖之，则为石，王定而献之，与之东訾[2]。

今注

1 阴不佞：是周敬王的大夫。

2 东訾：《汇纂》引《后汉书志》说：“巩有东訾，今名訾城在巩县西南四十里，俗名訾店。”

今译

冬十月癸酉，王子朝用成周的宝珪来祭河神。甲戌这天，河边的人得到这宝珪在河上面。敬王的大夫阴不佞用晋国温的军队向南侵略，捕获拿着玉这个人，夺到这玉想卖掉，这才发现原来不是玉石，阴不佞在王室安定后就把真玉献给敬王，敬王高兴了，就给他东訾这块田。

经 冬，吴灭巢。葬杞平公。

传 楚子为舟师以略吴疆，沈尹戌曰："此行也，楚必亡邑。不抚民而劳之，吴不动而速之，吴踵楚[1]，而疆埸无备，邑能无亡乎？"越大夫胥犴劳王于豫章之汭[2]，越公子仓，归王乘舟，仓及寿梦[3]帅师从王，王及圉阳[4]而还。吴人踵楚，而边人不备，遂灭巢及钟离而还。沈尹戌曰："亡郢之始于此在矣。王一动而亡二姓之帅[5]，几如是而不及郢？《诗》曰：'谁生厉阶，至今为梗[6]。'其王之谓乎？"

今注

1　吴踵楚：吴国追随楚国的踵迹。

2　豫章之汭：在今江西省湖口县。

3　寿梦：越大夫。

4　圉阳：圉阳应与巢为近，巢近巢湖，疑在今无为县东北百里之裕溪河口。

5　二姓之帅：指着守巢同守钟离的大夫。

6　谁生厉阶，至今为梗：这是《诗经·大雅》的一句诗。意思是说谁把坏的阶道造成，一直到现在还有病。

今译

楚王做了舟师，以侵略吴国的疆界，沈尹戌说："这个行动，楚国必定丢掉一块邑。不安抚人民而使其劳苦，吴不动兵而使他快动兵，吴国要追随楚国的踵迹前来，而楚国全无预备，能够不亡失邑吗？"越大夫胥犴慰劳楚王在豫章的水边上，越国公子仓送给楚王乘坐的船，仓同越大夫寿梦，率着军队，随从楚王，王到达圉阳就回来。吴人跟着楚人的踵迹，而楚人不防备，吴人就灭了楚国的巢同钟离，而后回去。沈尹戌说："楚国都城郢的灭亡，就由这儿开始。楚王动一次，而丢了巢同钟离看守的大夫，那怎么会不到楚都城郢呢？《诗经·大雅》说：'谁把坏的阶道造成，到现在全有病'。这恐怕是指着楚王说的。"

昭公二十有五年（公元前五一七年）

经 二十有五年，春，叔孙婼如宋。

传 二十五年，春，叔孙婼聘于宋，桐门右师[1]见之，语，卑宋大夫而贱司城氏[2]。昭子告其人曰："右师其亡乎！君子贵其身，而后能及人，是以有礼。今夫子卑其大夫而贱其宗，是贱其身也，能有礼乎？无礼，必亡。"宋公享昭子，赋《新宫》[3]，昭子赋《车辖》[4]。明日宴，饮酒，乐，宋公使昭子右坐，语相泣也。乐祁佐，退而告人曰："今兹君与叔孙其皆死乎！吾闻之：'哀乐而乐哀[5]，皆丧心也。'心之精爽，是谓魂魄。魂魄去之，何以能久？"

今注

1 桐门右师：就是乐大心，住在宋都城的桐门。

2 司城氏：乐氏的大宗。

3 《新宫》：这是一首逸诗。

4 《车辖》：这是《诗经·小雅》的一篇。

5 哀乐而乐哀：可乐的事而哭泣，可哀的事而高兴。

今译

春天，叔孙婼到宋国聘问，乐大心见了他，谈话中，乐大心对于宋大夫们甚为卑视，而看他的大宗司城氏为贱。叔孙婼告诉他侍从的人说："乐大心恐怕要逃亡了！君子们要以他的身为贵，然后可以推及旁人，所以有礼。现在乐大心卑视他的大夫们，而贱视他的大宗，等于贱视他自己，这能够有礼吗？没有礼必定要逃亡。”宋公请叔孙婼吃饭，吃饭的时候，宋公令人歌唱《新宫》这篇诗，叔孙婼就歌唱《车辖》这篇诗。明天又宴会，饮酒很乐，宋公使叔孙婼坐近他，互相的谈话，就互相的哭。乐祁佐助宴礼，退下来就告诉人说：“今年恐怕君跟叔孙婼全将死了。我听说过应当乐的时候而哀痛，应当哀痛时而高兴，这全是丧心的举动。心的灵爽处，就叫作魂魄，魂魄离开他，他们怎么能够长久呢？”

传 季公若之姊为小邾夫人，生宋元夫人[1]，生子，以妻季平子。昭子如宋聘，且逆之。公若从[2]，谓曹氏[3]勿与，鲁将逐之。曹氏告公，公告乐祁。乐祁曰：“与之。如是，鲁君必出，政在季氏三世矣[4]，鲁君丧政四公矣[5]，无民而能逞其志者，未之有也。国君是以镇抚其民，《诗》曰：‘人之云亡，心之忧矣[6]。’鲁君失民矣，焉得逞其志？靖以待命犹可，动必忧。”

今注

1 宋元夫人：宋元公的夫人，是鲁国季平子的外姊。

2 公若从：公若的随从叔孙婼。

3 曹氏：即宋元夫人。

4 政在季氏三世矣：政权已经在季孙氏三代。这指季文子、季武子、季平子。

5 鲁君丧政四公矣：鲁君丢掉政权已经经过四个君了，这是指鲁宣公、成公、襄公、昭公。

6 人之云亡，心之忧矣：《诗经·大雅》的一句诗，失去人民，忧患必定来。

今译

季公若的姊姊做小邾国君的夫人，生了宋元公的夫人，她生了女儿嫁给季平子。叔孙婼到宋国去聘问，并且迎接她。公若跟着去聘问，对宋元夫人说不要给他，鲁国将驱逐季孙意如。宋元夫人就对宋公说，宋公就告诉乐祁。乐祁说："给了他吧，要这样的办，鲁昭公必定被驱逐出去，政权在季氏已经三代了，鲁君丢掉政权，自宣公以后，至今已经四个国君了，没有人民而能达到他的愿望的，自古未曾有。做人君必定要能镇抚他的人民，《诗经·大雅》说：'失去民众，忧患就要来。'鲁君已经丢掉人民，怎能够达到他的欲望？要安靖的等到天命，仍旧可以，要动作必定来了忧愁。"

经 夏，叔诣会晋赵鞅、宋乐大心、卫北宫喜、郑游吉、曹人、邾人、滕人、薛人、小邾人于黄父。

传 夏，会于黄父[1]，谋王室也。赵简子令诸侯之大夫输王粟，具戍人曰："明年将纳王。"子大叔见赵简子，简子问揖让周旋之礼焉。对曰："是仪也，非礼也。"简子曰："敢问何谓礼？"对曰："吉也闻诸先大夫子产曰：'夫礼，天之经也，地之义也，民之行也。天地之经，而民实则之。则天之明[2]，因地之性[3]，生其六气[4]，用其五行[5]，气为五味[6]，发为五色[7]，章为五声[8]，淫则昏乱，民失其性，是故为礼以奉之。为六畜[9]、五牲[10]、三牺[11]以奉五味。为九文[12]、六采[13]、五章以奉五色[14]，为九歌、八风、七音、六律以奉五声，为君臣上下以则地义，为夫妇外内以经二物[15]，为父子、兄弟、姑姊、甥舅、昏媾、姻亚以象天明[16]，为政事、庸力、行务以从四时，为刑罚威狱使民畏忌，以类其震曜杀戮，为温慈惠和以效天之生殖长育，民有好恶喜怒哀乐，生于六气[17]，是故审则宜类，以制六志[18]，哀有哭泣，乐有歌舞，喜有施舍，怒有战斗。喜生于好，怒生于恶，是故审行信令，祸福赏罚，以制死生。生好物也，死恶物也。好物乐也，恶物哀也，哀乐不失，乃能协于天地之性，是以长久。”简子曰：“甚哉礼之大也！”对曰：“礼，上下之纪，天地之经纬也，民之所以生也，是以先王尚之。故人之能自曲直以赴礼者，谓之成人，大，不亦宜乎？”简子曰：“鞅也请终身守此言也。”宋乐大心曰：“我不输粟，我于周为客，若之何使客？”晋士伯曰：“自践土以来，宋何役之不会，而何盟之不同？曰同恤王室，子焉得辟之？子奉君命以会大事，而宋背盟，无乃不可乎？”右师[19]不敢对，受牒而退。士伯告简子曰：“宋右师必亡，奉君命以使，而欲背盟，以干盟主，无不祥大焉。”

今注

1 黄父：晋地，一名黑壤，在今山西省沁水县西南五十里。

2 则天之明：日月星辰是天的光明。

3 因地之性：高下刚柔是地的性。

4 生其六气：指阴阳风雨晦明而言。

5 用其五行：指金、木、水、火、土。

6 气为五味：指酸、咸、辣、苦、甜。

7 发为五色：指青、黄、红、白、黑。

8 章为五声：指宫、商、角、徵、羽。

9 六畜：马、牛、羊、鸡、犬、豕。

10 五牲：麋、鹿、麐、狼、兔。

11 三牺：祭天地宗庙所用的牺牲。

12 九文：即山、龙、华、虫、藻、火、粉、米、黼黻。

13 六采：杂用天地四方的颜色即青同白，赤同黑，玄同黄。

14　五章以奉五色：青同赤叫文，赤同白叫章，白与黑谓之黼，黑与青谓之黻。

15　二物：夫同妇分治内外，称为二物。

16　以象天明：表示跟天象一样。

17　六气：这全是禀于阴阳风雨晦明的气。

18　六志：好、恶、喜、怒、哀、乐。

19　右师：就是乐大心。

今译

夏天，在黄父会盟，为的计谋王室。赵鞅令诸侯的大夫们给王预备食粮，并预备戍守的人，说："明天将使王回到王城。"游吉见到赵鞅，赵鞅问揖让进退的礼节。游吉回答说："这是仪祝，不是礼节。"赵鞅说："什么叫作礼呢？"他回答说："我听先大夫子产说过：'礼是天的经，地的义，人民的行事，天地的经常，而人民以它为法则。因为有日月星辰就尊重天的明，因为有高下刚柔就尊重地的性，生了阴阳风雨晦明的六气，用金木水火土的五行，气变成了酸咸苦辣甜的五味，发作为青黄赤白黑五种颜色，并变为宫商角徵羽的五声，淫乱就昏乱，人民丢掉他的本性，所以制定礼以崇奉本性。为马牛羊鸡犬豕六种畜生，更为麋鹿麏狼兔五牲，还有祭天地宗庙的三种牺牲，敬奉五味。变为山龙华虫藻火粉米黼黻等九文，还有六种彩色，五种文章以敬奉五种彩色，作成九歌八风七音六律以侍奉五声，作为君臣上下，以仿效地义，作为夫妇外内为两种事物，作为父子、兄弟、姑姊、甥舅、婚媾、姻娅以表现天明，为政事、庸力、行务以遵从四季的礼，为刑罚威狱使人民害怕用以表示他的震曜杀戮，作为温慈惠和以仿效天的生殖长育，人民有好恶喜怒哀乐，这全是从六气生出来的，所以能够分别类项，以随着好恶喜怒哀乐，哀有哭泣，欢乐有歌舞，喜欢有施舍，发怒有战斗。喜是由好生出来的，怒是由恶生出来的，所以审行为，信号令，有祸福赏罚，以制定人民死生。生是好的事，死是不好的事，好的事是乐，坏事是哀，哀乐不失掉，就能合于天地的性，所以能够长久。”赵鞅说：“礼的大有这么厉害。”回答说：“礼是上下的纲纪，天地的经纬，民之所以生，所以先王很尊尚他。所以人能够按着礼做的，叫作成人，大不也是应当的吗？”赵鞅说：“我将终身遵守这句语。”宋国乐大心说：“我不送食粮，我在周是客人，为什么能使唤客人呢？”士景伯说：“自从践土盟会以来，宋国哪个会不参加，哪个盟誓不加入？我们是以共同服恤王室为目的，你怎么能够躲开呢？你受了君命来参加大事情，而宋国背弃盟誓，这不是不可以吗？”乐大心不能够回答，接受了供王室人粟数字的文件就退下。士景伯告诉赵鞅说：“宋国乐大心必定要逃亡，受着君命来出使，而欲背弃盟约，来干犯盟主，没有再比这个不祥的。”

经　有鸜鹆来巢。

传　有鸜鹆来巢[1]，书所无也，师己[2]曰：“异哉，吾闻文、成之世[3]，童谣有之，曰：‘鸜之鹆之，公出辱之。鸜鹆之羽，公在外野，往馈之马。鸜鹆跦跦，公在乾侯，征褰与襦。鹦鹆之巢，远哉遥遥，裯父丧劳，宋父以骄[4]。鸜鹆鸜鹆，往歌来哭[5]。’童谣有是，今鸜鹆来巢，其将及乎。”

今注

1　鸜鹆来巢：鸜鹆是鸟名。来鲁国做一个窝。

2　师己：鲁大夫。

3　文成之世：阮刊《十三经注疏》本误作文武之世，今据唐《石经》及《四部丛刊》影宋本，改作文成之世，即鲁文公同鲁成公的时代。

4 裯父丧劳，宋父以骄：裯父即昭公，死在国外，宋父是定公，代立为鲁君，所以说以骄。

5 往歌来哭：昭公活着逃出，所以说是往歌，死到外边回来，所以说是来哭。

今译

有鸜鹆鸟来鲁国做一个窝，此鸟为鲁国所无，所以《春秋》加以记载。师己说："这很怪的事，我听说鲁文公、鲁成公的时代，童谣中说：'鸜之鹆之，公若出去，就被羞辱。鸜鹆鸟振羽而飞，公在野地里，去送给他一匹马。鸜鹆鸟在那跳跃，公在乾侯地方久了，要裤子跟衣服。鸜鹆鸟的巢远看很遥远，裯父死在国外，宋父代立可以骄傲。鸜鹆鸜鹆啊，出去歌唱，回来就哭。'童谣既然如此，现在鸜鹆鸟来巢，恐怕祸将来了。"

经 秋，七月，上辛，大雩，季辛，又雩。

传 秋，书再雩，旱甚也[1]。

今注

1 旱甚也：因为旱得非常厉害的缘故。

今译

秋天，竹简上写着再次求雨典礼，这是旱得很厉害。

经 九月，己亥，公孙于齐，次于阳州，齐侯唁公于野井。

经 冬，十月，戊辰，叔孙婼卒。

传 初，季公鸟[1]娶妻于齐鲍文子，生甲。公鸟死，季公亥[2]与公思展与公鸟之臣申夜姑相其室，及季姒[3]与饔人檀通，而惧，乃使其妾抶己，以示秦遄之妻[4]曰："公若欲使余，余不可而抶余。”又诉于公甫[5]曰：“展与夜姑将要余[6]。”秦姬以告公之[7]，公之与公甫告平子。平子拘展于卞而执夜姑，将杀之。公若泣而哀之曰：“杀是，是余杀也。”将为之请，平子使竖勿内。日中不得请，有司逆命，公之使速杀之，故公若怨平子。季、郈之鸡斗[8]，季氏介其鸡[9]，郈氏为之金距[10]。平子怒，益宫于郈氏，且让之，故郈昭伯亦怨平子。臧昭伯[11]之从弟会为谗于臧氏，而逃于季氏。臧氏执旃，平子怒，拘臧氏老。将禘于襄公，万者二人[12]，其众万于季氏。臧孙曰：“此之谓不能庸先君之庙。”大夫遂怨平子。公若献弓于公为[13]，且与之出射于外，而谋去季氏。公为告公果、公贲[14]，公果、公贲使侍人僚柤告公，公寝，将以戈击之，乃走。公曰：“执之。”亦无命也。惧而不出，数月不见，公不怒。又使言，公执戈以惧之，乃走。又使言，公曰：“非小人之所及也[15]。”公果自言，公以告臧孙，臧孙以难[16]。告郈孙，郈孙以可，劝。告子家懿伯[17]，懿伯曰：“谗人以君徼幸，事若不克，君受其名，不可为也。舍民数世，以求克事，不可必也。且政在焉，其难图也。”公退之，辞曰：“臣与闻命矣。言若泄，臣不获死。”乃馆于公宫。叔孙昭子如阚[18]，公居于长府[19]。九月，戊戌，伐季氏，杀公之于门，遂入之。平子登台而请曰：“君不察臣之罪，使有司讨臣以干戈，臣请待于沂上以察罪。”弗许。请囚于费，弗许。请以五乘亡，弗许。子家子曰：“君其许之，政自之出久矣，隐民多取食焉[20]，为之徒者众矣。日入慝作[21]，弗可知也。众怒不可蓄也。蓄而弗治，将蕴，蕴蓄，民将生心，生心，同求将合[22]，君必悔之！”弗听。郈孙曰：“必杀之。”公使郈孙逆孟懿子[23]，叔孙氏之司马鬷戾言于其众曰：“若之何？”莫对。又曰：“我，家臣也，不敢知国，凡有季氏与无，于我孰利？”皆曰：“无季氏，是无叔孙氏也。”鬷戾曰：“然则救诸！”帅徒以往，陷西北隅以入，公徒释甲执冰而踞，遂逐之[24]。孟氏使登西北隅，以望季氏。见叔孙氏之旌，以告，孟氏执郈昭伯，杀之于南门之西，遂伐公徒。子家子曰："诸臣伪劫君者，而负罪以出，君止。意如之事君也，不敢不改。"公曰："余不忍也。"与臧孙如墓谋，遂行。己亥，公孙于齐，次于阳州[25]，齐侯将唁公于平阴[26]，公先至于野井[27]。齐侯曰："寡人之罪也。"使有司待于平阴，为近故也。《书》曰："公孙于齐，次于阳州，齐侯唁公于野井。"礼也。将求于人则先下之，礼之善物也。齐侯曰："自莒疆以西，请致千社，以待君命。寡人将帅敝赋以从执事，唯命是听。君之忧，寡人之忧也。"公喜。子家子曰："天禄不再，天若胙君，不过周公，以鲁足矣，失鲁而以千社为臣，谁与之立？且齐君无信，不如早之晋。"弗从。臧昭伯率从者将盟，载书曰："戮力壹心，好恶同之，信罪之有无[28]，缱绻从公，无通外内。"以公命示子家子，子家子曰："如此，吾不可以盟。羁也不佞，不能与二三子同心，而以为皆有罪[29]，或欲通外内，且欲去君，二三子好亡而恶定，焉可同也？陷君于难，罪孰大焉？通外内而去君，君将速入，弗通何为？而何守焉？"乃不与盟。昭子自阚归，见平子。平子稽颡，曰："子若我何？"昭子曰："人谁不死，子以逐君成名，子孙不忘，不亦伤乎？将若子何？"平子曰："苟使意如得改事君，所谓生死而肉骨也。"昭子从公于齐，与公言，子家子命适公馆者执之。公与昭子言于幄内曰："将安众而纳公[30]。"公徒将杀昭子，伏诸道，左师展告公，公使昭子自铸归。平子有异志[31]，冬，十月，辛酉，昭子齐于其寝，使祝宗祈死。戊辰，卒。左师展[32]将以公乘马而归，公徒执之。

今注

1　季公鸟：是季平子的庶叔父。

2　季公亥：是季公鸟的弟弟，即公若。

3 季姒：季公鸟的妻子。

4 秦遄之妻：秦遄是鲁大夫。他的夫人是公鸟的妹妹秦姬。

5 公甫：季平子的弟弟。

6 展与夜姑将要余：展是公思展，夜姑是申夜姑，将对我有非礼举动。

7 公之：季平子的弟弟。

8 季郈之鸡斗：季孙氏跟郈昭伯两家住得很近，所养的鸡互相斗。

9 季氏介其鸡：季氏给他的鸡穿上盔甲。

10 郈氏为之金距：金距是用铜做的鸡爪。

11 昭伯：臧为的儿子。

12 万者二人：行万舞的礼只有两个人。

13 公为：昭公的儿子，公子务人。

14 公赍、公果：皆是公为的弟弟。

15 非小人之所及也：这不是小人所能管的，意思称僚相为小人。

16 臧孙以难：臧孙觉得困难。

17 子家懿伯：子家羁，鲁庄公的玄孙。

18 阚：今山东汶县西南三十五里。

19 长府：官府名。

20 隐民多取食焉：穷困的人民都依靠着季孙氏来吃饭。

21 日入慝作：等着天黑了奸人将群起帮助季氏。

22 生心同求将合：生心以后就同季氏联合对鲁君反叛。

23 孟懿子：仲孙何忌。

24 遂逐之：就逐公徒。

25 阳州：《汇纂》说："在今山东省东平县东北境。"

26　平阴：在今河南省孟津县东一里。

27　野井：《续山东考古录》说："在长清县丰齐镇东北，玉符水东岸。"

28　信罪之有无：表明是否有罪，在鲁国不走者有罪，随从昭公出奔的无罪。

29　以为皆有罪：随从者陷害昭公，居留者驱逐昭公都有罪。

30　将安众而纳公：将安靖众人使昭公回去。

31　平子有异志：季平子不愿意使昭公回来。

32　左师展：鲁大夫。

今译

最早的时候，季公鸟从齐国的鲍文子娶了一个妻，生了儿子叫甲。后来公鸟死了，他的弟弟季公亥与公思展同公鸟的家臣申夜姑，管他的产业，后来季公鸟的妻季姒同她的厨子檀私通，害怕了，就使他的妾打她自己，而给公鸟的妹妹秦姬看，说："公亥想非礼我，我不听从，他就打我。"又告诉季孙意如的弟弟公甫说："公思展与申夜姑将以非礼要求我。"秦姬告诉季孙意如另一个弟弟公之，公之与公甫告诉季孙意如。季孙意如就在卞的地方拘捕了公思展，又逮着夜姑，将杀他。季公亥哭着哀求说："杀了夜姑，就等于杀了我。"将去告诉季孙意如，而季孙意如使他的佣人，不准他们进来。到了中午，还不得请求，派去杀夜姑的官吏不愿接受命令，公之告诉他赶紧将他杀掉。所以季公亥对季孙意如很怨恨。季孙氏同郈孙氏住得很相近，他们的鸡也常打架，季孙氏给鸡穿上甲，郈孙氏给他鸡戴上铜爪子。季孙意如就生气了，他又想把房子扩充，占据了郈氏的土地，并且责让他，所以郈昭伯也怨恨季孙意如。臧昭伯的从弟臧会，在臧氏那里诬陷别人而逃到季氏家中，臧氏前来逮他，季孙意如也发怒，把臧氏使者拘捕了。将在襄公庙行禘祭礼，万舞的只有两个人，其余的人全在季孙氏家里万舞。臧孙说："这就所谓不能用礼在先君庙中。"大夫们对于季孙意如全有怨言。季公亥献弓给昭公的儿子公为，并且同他到郊外去射箭，并且研究去掉季孙氏，公为将这件事告诉他弟弟公果、公贲，公果公贲叫昭公的侍人僚柤告诉昭公，那时候，昭公方寝，将拿枪来打他，他就逃走了。昭公虽然嘴里说把他逮起来，但是也没有命令，僚柤害怕，不敢出来，几个月的工夫也不见面，昭公也不发怒。公果、公贲又派他去说，昭公拿着枪吓唬他，就逃走了。又叫他说，昭公说："这不是僚柤小人所能说的。"公果自己去说，昭公告诉臧孙，臧孙回答说这件事很难达到。告诉郈孙，郈孙劝他可以这样办。告诉子家羁，子家羁说："他们这种坏人，拿你来徼幸，事情若不能成功，你受到恶名，这不可以这样做。丢了人民已经好几代了，还想成功，这是不可以必然的。并且政权在他的手里，这件事很难解。"昭公叫他走开。他辞谢说："我已经听见命令了。若把话泄露，我就得不到好死。"就住到公的家里。这时，叔孙婼到阚去，昭公住到长府的官署中，九月戊戌，攻打季氏，在门口杀掉公之，遂进了他的门。季孙意如登到台上请求说："君不察我的罪状，使官吏们用军队来讨伐我，我请到沂水上去等候你察明罪状。"昭公不答应。又请求在费这地方囚禁，也不允许。请用五乘的车逃亡，也不允许。子家羁说："你不如允许他，政权久已归他管理，穷困的人民全到他那里去吃饭，他的党徒很多，等到太阳落了，奸人全都起来，那时的情势，现在不可能知道。季氏人很众多，他们的愤怒也不可使他留在心中。留着而不加化解，将积在一块，积杂在一块，人民必将生异心，生了异心，同季孙氏一同想反叛的人必将合在一块，那时你一定后悔的。"昭公不听。郈孙氏说："必定把他杀掉。"昭公使郈孙迎接仲孙何忌，叔孙氏的司马鬷戾对叔孙氏的家众说："怎么办呢？"没有人回答。又说："我只是家臣，不敢知道国家政权，凡有季孙氏或没有季孙氏，哪一种对我们有利？"全部回答说："没有季孙氏，就等于没有叔孙氏啊！"鬷戾听见就说："那么我们就去救他吧！"率他的军队去救，从昭公围着的军的西北角上陷了进去，昭公的军队全解除甲胄，踞坐在箭筒上休息，就把昭公军队驱逐走了。孟孙氏派人上到西北角上去向里看，季氏见到叔孙氏的旌旗，告诉给孟孙氏，孟孙氏就把郈昭伯在南门的西边杀掉，遂伐昭公的军队。子家羁说："诸臣假作劫持君，并且负罪逃去，君也就可以不必出去了。意如对于君的事奉，不敢不更改。"昭公说："我不忍这样做。"跟臧孙到鲁君的坟地计谋，就出走了。己亥这天，昭公就逃到齐国，到了阳州这地方，齐侯将吊唁昭公在平阴。昭公先到野井去。齐侯说："这是我的过错。"使他的官吏在平阴等待，为的是近的缘故。《春秋》上记载："公孙于齐，次于阳州，齐侯唁公于野井。"这是合于礼的。将求人家，必先降下，这是合乎礼的善事。齐侯说："自莒国疆界的西边，我送给你千社，等着你的命令。我将率领我的军队随从着你，唯从你的命令是听。你的忧愁，也是寡人的忧愁。"昭公很高兴。子家羁说："天的降禄不能再有，天若给你国家，不能超过周公，鲁国就够了，丢掉鲁国而拿到千社做人家的臣属，谁跟你立在一块呢？并且齐君没有信实，不如早到晋国去。"昭公不听。臧昭伯率领随从的人，将共同盟誓，盟书上说："尽力一心，好恶全相同，表明自己有罪无罪，不离开鲁公，不要通内外。"拿昭公的命令给子家羁看，子家羁说："这个样子我不可以加入盟誓，我不好，不能同你们同心，而全以为有罪，或者有人想通外内的话，并且想离开鲁君，你们是喜欢逃亡，而不喜欢安定，这怎么能够相同？

把君陷在祸难里，这罪没有再大的，通内外的话而离开君，君可以早回国，为什么不通呢？又何必看守着君呢？”就不加入盟誓。叔孙婼从阚回来，见了季孙意如。季孙意如叩头说：“你对我怎么办呢？”叔孙婼说：“谁能不死，你以前逐君出了名，子孙全不能忘记，这不也是可怜的吗？我又对你有什么办法？”季孙意如说：“假设使我改样子侍奉君，这就是所谓使死者复生而使白骨长出肉来。”叔孙婼到齐国去看昭公，跟公谈话，子家羁把所去的人全都逮起来。昭公跟叔孙婼在帐子里说：“将回去安众人，而使昭公回国。”公的徒众将杀叔孙婼，在道旁埋伏，左师展告诉昭公，昭公叫叔孙婼改从铸回国。季孙意如改了主意，冬十月卒酉，叔孙婼在他寝室里斋戒，使他的祝宗要求天准他死，戊辰就死了。左师展想和昭公乘马回国，昭公徒众把他逮捕起来。

传 壬申，尹文公涉于巩，焚东訾，弗克。

今译

壬申，子朝党尹文公在巩这地方渡过洛水，烧敬王的邑东訾，但是没能够成功。

经 十有一月，己亥，宋公佐卒于曲棘。

传 十一月，宋元公将为公故如晋，梦大子栾即位于庙，己与平公[1]服而相之。旦，召六卿，公曰：“寡人不佞，不能事父兄，以为二三子忧，寡人之罪也。若以群子之灵，获保首领以没，唯是楄柎所以藉干者，请无及先君。”仲几对曰：“君若以社稷之故私降昵宴，群臣弗敢知。若夫宋国之法，死生之度，先君有命矣，群臣以死守之，弗敢失队。臣之失职，常刑不赦，臣不忍其死，君命只辱。”宋公遂行，己亥，卒于曲棘[2]。

今注

1　平公：元公的父亲。

2　曲棘：《方舆纪要》说："外黄城在今河南杞县东北六十里。"

今译

十一月，宋元公将为鲁昭公的缘故到晋国去，梦见太子栾在庙里即位，他自己跟他父亲平公穿着君服给他相礼。早晨就召见了宋国的六卿，宋元公就对他们说："我没有本领，不能够侍奉本家的父兄，使你们大家发愁，这是寡人的罪状，要是借着你们诸位的灵爽，能够病死，但是棺中摆骨头的床，不要比同先君那么好。"仲几回答说："你要是因为国家的缘故，将音乐饮食的事情减下，我们大家就不敢批评。要是讲宋国的法律，死生的制度，先君已经有命令，群臣拼命来看守，不敢失落。为人臣的丢掉职守，常刑也不能赦免，我不是怕死，但是君的命令我也不能遵从。"宋公就走了，己亥这天，到了曲棘就死了。

经　十有二月，齐侯取郓。

传　十二月，庚辰，齐侯围郓[1]。

今注

1　郓：鲁地。此为西郓，在今山东郓城县。

今译

十二月庚辰，齐侯围了鲁国郓这地方。

传　初，臧昭伯如晋，臧会窃其宝龟偻句[1]，以卜为信与僭[2]，僭吉。臧氏老将如晋问，会请往。昭伯问家故，尽对，及内子与母弟叔孙，则不对，再三问不对。归及郊，会逆，问又如初。至次于外而察之，皆无之，执而戮之，逸奔郈，郈鲂假使为贾正[3]

焉。计于季氏，臧氏使五人以戈楯伏诸桐汝之闾，会出逐之，反奔，执诸季氏中门之外。平子怒曰："何故以兵入吾门？"拘臧氏老。季臧有恶，及昭伯从公，平子立臧会。会曰："偻句不余欺也。"

今注

1 偻句：龟所出的地名。

2 僭：不信。

3 贾正：管货物的官。

今译

最早的时候，臧昭伯到晋国去，臧会把他的偻句宝龟偷走，去占卜，信实同不信实，哪一种吉祥，不信很吉祥。臧氏家老将到晋国去问昭伯的起居，臧会就要求替他去。昭伯问他家里的事，全都回答，问到他的夫人同母弟叔孙，就不回答，再三地问，仍旧不回答。昭伯回来到了郊外，臧会去迎接他，仍旧问他，他又不回答。后来回到家，停留在家门外考察，全都没有这回事，想把他逮起来杀了，他就逃到郈的地方，郈使他做管市面上的官吏，后来他又送计簿到季孙氏家中，臧氏派了五个人，拿着枪同楯牌，埋伏到桐汝这个里的门口，等会出来，就追逐他，他就奔回到季氏家中，臧氏就把他在季氏中门的外面逮捕着。季孙意如生气说："为什么拿兵器到我家中？"就把臧氏家老拘捕了。季氏臧氏相怨恶，到了臧昭伯随着鲁昭公逃走，季孙意如就立了臧会。臧会就说："偻句龟真的不欺骗我。"

传 楚子使薳射城州屈，复茄人[1]焉，城丘皇，迁訾人[2]焉，使熊相禖郭巢，季然郭卷[3]。子大叔闻之，曰："楚王将死矣，使民不安其土，民必忧，忧将及王，弗能久矣。"

今注

1 茄人：疑在今安徽省怀远县境。

2 訾：在今河南省信阳县西北。

3 卷：《方舆纪要》说："河南叶县西南有卷城。"

今译

楚平王叫薳射修州屈这个城，使茄人回去住，修丘皇这个城，使訾人回去住，使熊相禖修巢城的外郭，季然修卷城的外郭。游吉听见了就说："楚平王将死了，使人民在土地上不能安居，人民必定忧愁，这愁将到了王，必不能长久了。"

昭公二十有六年（公元前五一六年）

传 二十六年，春，王正月，庚申，齐侯取郓。

今译

二十六年春，王正月庚申，齐侯占据了郓城。

经 二十有六年，春，王正月，葬宋元公。

传 葬宋元公，如先君，礼也。

今译

宋国举行宋元公的葬礼，与宋国先君的葬礼相同，这是合于礼的。

经 三月，公至自齐，居于郓。

经 夏，公围成。

传 三月，公至自齐，处于郓，言鲁地也。夏，齐侯将纳公，命无受鲁货。申丰从女贾，以币锦二两[1]，缚一如瑱[2]，适齐师，谓子犹之人高齮：“能货子犹，为高氏后，粟五千庾[3]。”高齮以锦示子犹，子犹欲之。齮曰：“鲁人买之，百两一布，以道之不通，先入币财。”子犹受之，言于齐侯曰：“群臣不尽力于鲁君者，非不能事君也，然据有异焉[4]。宋元公为鲁君如晋，卒于曲棘；叔孙昭子求纳其君，无疾而死。不知天之弃鲁耶？抑鲁君有罪于鬼神故及此也。君若待于曲棘，使群臣从鲁君以卜焉，若可，师有济也，君而继之，兹无敌矣。若其无成，君无辱焉。”齐侯从之，使公子钽[5]帅师从公。成大夫公孙朝谓平子曰：“有都，以卫国也，请我受师。”许之，请纳质，弗许，曰：“信女，足矣！”告于齐师曰：“孟氏，鲁之敝室也，用成已甚，弗能忍也，请息肩于齐。”齐师围成。成人伐齐师之饮马于淄者，曰：“将以厌众。”鲁成备而后告曰：“不胜众[6]。”师及齐师战于炊鼻[7]，齐子渊捷从洩声子[8]，射之，中楯瓦[9]，繇朐汏輈，匕入者三寸[10]，声子射其马，斩鞅，殪。改驾，人以为鬷戾也[11]而助之。子车[12]曰：“齐人也。”将击子车，子车射之殪。其御曰：“又之。”子车曰：“众可惧也。而不可怒也。”子囊带从野洩叱之[13]。洩曰：“军无私怒，报乃私也，将亢子。”又叱之[14]，亦叱之[15]。冉竖[16]射陈武子，中手，失弓而骂[17]。以告平子，曰：“有君子白皙鬒须眉，甚口[18]。”平子曰：“必子彊[19]也，无乃亢诸！”对曰：“谓之君子，何敢亢之。”林雍羞为颜鸣右，下[20]，苑何忌[21]取其耳，颜鸣去之。苑子之御曰：“视下！顾[22]。”苑子剌林雍，断其足，鑋[23]而乘于他车以归。颜鸣三入齐师，呼曰：“林雍乘。”

今注

1 以币锦二两：锦做的币两匹。

2 缚一如瑱：瑱是充耳。卷得如充耳大小，容易藏在怀中。

3 能货子犹，为高氏后，粟五千庾：子犹即梁丘据。若能把此货送给梁丘据，当为你请求作高氏的后人，并且另外送给你粟五千庾。

4　然据有异焉：我梁丘据也很以为古怪。

5　公子钼：齐大夫。

6　不胜众：意思告诉齐国说成邑不肯投降，我没有力量抵抗成的人多。

7　炊鼻：当在今山东省宁阳县境。

8　洩声子：鲁大夫。

9　射之中楯瓦：射他中到藤牌的上面。

10　繇朐汏辀，匕入者三寸：经过车的辕上面，箭头射进藤牌上三寸。

11　人以为鬷戾也：人是鲁人。以为是叔孙氏的司马鬷戾。

12　子车：即渊捷。

13　子囊带从野洩叱之：子囊带是齐大夫，野洩即声子。

14　又叱之：又骂他。

15　亦叱之：野洩也回声骂囊带。

16　冉竖：季孙氏的家臣。

17　失弓而骂：武子丢掉弓就骂。

18　有君子白皙鬒须眉，甚口：有一个人皮肤甚白，须眉全很浓，甚口是嘴很大。

19　子彊：就是陈武子的号。

20　林雍羞为颜鸣右，下：林雍做颜鸣的车右以为羞耻，所以下车来打仗。

21　苑何忌：是齐大夫。

22　视下顾：眼看着下边，意思是说斩他的脚。

23　鑋：音轻。用一条腿跳。

今译

三月，鲁昭公从齐国回来，住在郓这地方，这种说法，是表示这是鲁国的地方。夏天，齐侯将使昭公回到鲁国的都城，命令不要受季孙氏的货币。季孙氏的家臣申丰随着女贾，拿着锦币两匹，绻小如同一耳塞了，到齐国军队里，对梁丘据的家臣高齮说："你若能够把这个锦送给梁丘据，就为你请求立你为高氏的后人，并送你粮食五千庾。"高齮把这匹锦给梁丘据看，梁丘据很想着要，高齮就说："鲁人买这种，一百匹为数量，因为道路的不通，先拿这些来。"梁丘据接受了，对齐侯说："群臣对鲁君的不尽力，不是不能对你君侍奉，但是我觉得奇怪。宋元公因为鲁君的缘故到晋国去，死在曲棘这地方，叔孙婼使鲁昭公回国，没病就死了。不知道是天不要鲁国，或者是鲁昭公对鬼神有罪，所以到了这步田地。你若在曲棘等候，使群臣们随从着鲁君去占卜，若可以打胜仗，你就继续着前进。要不然，你又何必管这件事呢？"齐侯听他的话。就派了公子钽率领着军队，随从着鲁昭公。成邑的大夫公孙朝对季孙意如说："有都邑是为的保护国家的，请让我抵抗齐国军队。"答应他，请纳人质，季孙意如不答应，说："信你的话就够了。"公孙朝使诈告诉齐国军队说："孟孙氏是鲁国的坏人家，他使用成邑的人力物力已经很厉害，我们不能忍受，请到齐国来休息。"齐国军队就围了成邑。成邑的人去讨伐在淄这地方给马喝水的齐国军队，骗他们说："假装讨伐，使成人不知我们已降。"鲁国成邑预备好了然后对齐军说："成的人不肯降，我也没方法能胜他们。"季孙氏的军队及齐军在炊鼻这地方打仗，齐大夫渊捷跟从鲁大夫声子，用箭来射他，中了他的楯牌上，经过他的车轴箭射入楯牌上三寸深，声子射他的马，断了鞅，马死了，换了一辆车，鲁人们以为是叔孙的司马鬷戾而帮助他，渊捷说："齐国人啊！”将射渊捷，渊捷射他，他死了。渊捷的赶车人说：“再射旁人。”渊捷说：“可以使众人害怕，但不可使他发怒。”齐大夫子囊带追着声子骂他，声子说：“军队里没有私怒，要报复你，就是私心，将抵抗你。”囊带又骂他，声子也回骂他。季氏家臣冉竖射齐国的陈武子伤了他的手，武子丢掉弓就骂他。冉竖告诉季孙意如说：“有位君子，皮肤很白，须眉皆甚浓，大嘴。”季孙意如说：“这必定是陈武子，何不抵抗他。”回答说：“已经称他做君子了，何敢再抵抗他。”林雍做颜鸣的车右，以为羞耻，就下车来作战，苑何忌割下林雍的耳朵，颜鸣看见了就躲开了，苑何忌赶车人说：“你不往下看。”苑何忌就把林雍的脚斩断了，他一条腿跳着，坐了旁的车子回去了。颜鸣三次进入齐国军队，大喊说：“林雍上来坐吧！”

传 四月，单子如晋告急。五月，戊午，刘人败王城之师于尸氏[1]。戊辰，王城人、刘人战于施谷[2]，刘师败绩。

今注

1 尸氏：《方舆纪要》说：“尸氏在今河南偃师县西三十里，即子朝据王城，刘人则王城之师于尸氏是也。”

2 施谷：《方舆纪要》说：“大谷关在洛阳县东南大谷口。自偃师巩县至轘辕山，置有入关云。又颍阳在今登封偃师伊川三县交界处。”

今译

四月，单旗到晋国去告急。五月戊午，刘蚠的军队败王子朝的军队在尸氏这里。戊辰，王城的人同刘蚠的人在施谷打仗，刘的军队打败了。

经 秋，公会齐侯、莒子、邾子、杞伯盟于鄟陵。

传 秋，盟于鄟陵[1]，谋纳公也。

今注

1 鄟陵：在今沂水东北七十里，东郓之东北。

今译

秋天，在鄟陵盟会，这是齐侯想使鲁昭公回鲁国都城。

经 公至自会，居于郓[1]。

今注

1 此经无传。

今译

鲁昭公从开会回来，住到郓城。

传 七月己巳，刘子以王出。庚午，次于渠[1]。王城人焚刘。丙子，王宿于褚氏[2]。丁丑，王次于萑谷[3]。庚辰，王入于胥靡[4]。辛巳，王次于滑[5]。晋知跞、赵鞅帅师纳王，使女宽[6]守阙塞[7]。

今注

1 渠：《汇纂》说："即周阳渠，在王城东北，开渠引洛水，名曰阳渠。在今河南洛阳县。刘澄之《永初记》：言城西有阳渠，周公制之是也。亦谓之九曲渎。"

2 褚氏：今洛阳县东南，有褚氏聚。

3 萑谷：《汇纂》说："《后汉书》孙坚进军大谷，距洛九十里，其谷连亘至颍阳县，何进设八关，大谷其一也。周之施谷、萑谷，其支径耳。"

4 胥靡：《汇纂》说："今河南偃师县东四十里，有胥靡城。"

5 滑：原本郑地，后入周，在今河南偃师县。

6　女宽：晋大夫。

7　阙塞：《河南府志》说："阙塞山一称伊阙，一作关塞，在今洛阳城西南二十五里，山之东有香山，西有龙门山。"

今译

七月己巳，刘盆领着敬王逃出。庚午，到渠这地方。王城的人把刘盆的封邑烧掉。丙子，敬王就住到褚氏。丁丑，敬王住到萑谷。庚辰，敬王进到胥靡。辛巳，王到了滑这地方。晋国知跞、赵鞅率领军队，使王回国，叫女宽守在关塞这地方。

经　九月，庚申，楚子居卒。

传　九月，楚平王卒。令尹子常欲立子西[1]，曰："大子壬[2]弱，其母非適也。王子建实聘之。子西长而好善，立长则顺，建善则治，王顺、国治，可不务乎？"子西怒曰："是乱国而恶君王也，国有外援[3]，不可渎也。王有適嗣，不可乱也。败亲、速雠、乱嗣，不祥，我受其名，赂吾以天下，吾滋不从也，楚国何为？必杀令尹！"令尹惧，乃立昭王。

今注

1　子西：平王的长庶子。

2　大子壬：楚昭王。

3　外援：指秦国。

今译

九月，楚平王死了。令尹子常想立平王的长庶子子西为楚王，他说："太子壬太年轻，他的母亲也不是嫡夫人。太子建先聘了他。子西年长而喜欢善行，立了长子是很顺的，建了善行则能够治，王立了很顺，国家能治理，这不可以办吗？"子西发怒说："这是乱国家而坏君王的名誉，国家有秦国作外援，不可以怠慢他，王有嫡的后人不可以乱，使亲人失败，而使敌人来得快，乱了嗣人是不祥瑞的，我不受这种恶名，把天下来贿赂我，我更不可听从，我要楚国干吗？必定杀掉令尹。”令尹害怕，就立了昭王。

经　冬，十月，天王入于成周，尹氏、召伯、毛伯以王子朝奔楚。

传　冬，十月，丙申，王起师于滑。辛丑在郊[1]，遂次于尸。十一月，辛酉，晋师克巩，召伯盈逐王子朝[2]，王子朝及召氏之族、毛伯得、尹氏固、南宫嚚奉周之典籍以奔楚，阴忌奔莒以叛[3]，召伯逆王于尸，及刘子单子盟，遂军圉泽，次于堤上[4]。癸酉，王入于成周。甲戌，盟于襄宫[5]，晋师成公般[6]成周而还。十二月，癸未，王入于庄宫[7]。王子朝使告于诸侯曰：“昔武王克殷，成王靖四方，康王息民，并建母弟以蕃屏周，亦曰：‘吾无专享文武之功，且为后人之迷败倾覆。而溺入于难，则振救之。’至于夷王，王愆于厥身[8]，诸侯莫不并走其望，以祈王身。至于厉王，王心戾虐，万民弗忍，居王于彘，诸侯释位以间王政，宣王有志而后效官。至于幽王，天不吊周，王昏不若，用愆厥位[9]，携王[10]奸命，诸侯替之，而建王嗣，用迁郏鄏。则是兄弟之能用力于王室也。至于惠王，天不靖周，生颓祸心，施于叔带，惠襄辟难，越去王都，则有晋郑咸黜不端，以绥定王家，则是兄弟之能率先王之命也。在定王六年，秦人降妖[11]曰：‘周其有頿王，亦克能修其职，诸侯服享，二世共职[12]，王室其有间王位，诸侯不图，而受其乱灾。’至于灵王，生而有頿，王甚神圣，无恶于诸侯，灵王景王[13]克终其世。今王室乱，单旗、刘狄[14]剥乱天下，壹行不若，谓‘先王何常之有，唯余心所命，其谁敢讨之’。帅群不吊之人，以行乱于王室，侵欲无厌，规求无度，贯渎鬼神，慢弃刑法，倍奸齐盟，傲很威仪，矫诬先王。晋为不道，是摄是赞，思肆其罔极。兹不穀震荡播越，窜在荆蛮，未有攸底。若我一二兄弟甥舅奖顺天法，无助狡猾，以从先王之命，毋速天罚，赦图不穀[15]，则所愿也，敢尽布其腹心，及先王之经，而诸侯实深图之。昔先王之命曰：‘王后无適，则择立长，年钧以德，德钧以卜，王不立爱，公卿无私，古之制也。’穆后及大子寿早夭即世，单刘赞私立少，以间先王，亦唯伯仲叔季图之。”闵马父闻子朝之辞曰：“文辞以行礼也，子朝干景之命，远晋之大，以专其志，无礼甚矣，文辞何为？”

今注

1 郊：在今河南省巩县西南。

2 召伯盈逐王子朝：召伯盈本来是子朝一党，因为晋国军队已经攻下巩这地方，所以他就知道子朝不能成功，就驱逐王子朝而改迎接敬王。

3 阴忌奔莒以叛：阴忌是子朝一党，逃奔到莒地对敬王反叛。莒在今河南伊川县南。

4 堤上：应在圉泽附近。

5 襄宫：周襄王的庙。

6 成公般：晋大夫。

7 庄宫：周庄王的庙在王城。

8 王愆于厥身：愆是身有恶疾。

9 用愆厥位：王昏迷不顺，所以失掉他的位子。

10 携王：是幽王的少子伯服。

11 秦人降妖：秦人降下妖言。

12 二世共职：指灵王同景王都谨于职守。

13　灵王景王：景王是灵王的儿子。

14　刘狄：就是刘蚠。

15　赦图不穀：赦我的忧虑而救我的患难。不穀，君王自称。

今译

冬天十月丙申，周敬王在滑这地方发起军队，辛丑，到了王子朝所占领郊的地方，接着到了尸这地方。十一月辛酉，晋国军队克了巩县，召伯盈本是王子朝的党羽，现在看见晋国军队占领了巩，知道王子朝不能成功，就把他驱逐出走，而迎接周敬王回来。王子朝同召氏的族人毛伯得、尹氏固、南宫嚚拿着周的典籍逃到楚国去，王子朝的党羽阴忌逃到莒的地方反叛了，召伯盈就去迎接敬王在尸这地方，并同刘蚠单旗盟誓，在圉泽整顿军队，并且到了堤上。癸酉，敬王进入成周。甲戌这天，在襄王的庙里盟誓，晋国军队留下晋大夫成公般戍守周国就回到晋国去了。十二月癸未，敬王进入了王城庄王的庙里。王子朝叫人告诉诸侯们说："从前武王胜了殷国，成王安定四方，康王安息人民，他们全都封建母弟，做周室的屏蕃，并且说：'我不要专享受文王武王的成功。并且为后人的迷败倾覆到了困难时，就去拯救。'到了夷王，王的身体恶疾，诸侯们没有一个不去祷告他的神，以保障王的身体。到了他的儿子厉王，王的心很戾虐，人民忍受不了，叫王住到彘这地方，诸侯们各离开他的位置，以保护王的政治，宣王年长有志向以后，然后才交还政权。到了他儿子幽王，天不保佑周国，天子昏乱不顺，就失掉他的王位，他的少子伯服，违背了天命，诸侯把他废了，而重新把平王找回来，就东迁到洛阳，这可以证明兄弟们能用力保护王室。到了惠王，天不安靖周室，生了王子颓藏有祸心，祸连叔带。惠王同襄王躲避祸难，离开王都城，就有晋国同郑国全都帮助黜去不端正的人，用以安定王室，这就是兄弟各国能够尊重先王的命令。在定王六年，秦人降下妖言说：‘周将来有个有胡子的王，也能够修明他的职务，诸侯全听从他，灵王景王二世都谨于职守，王室里恐怕有人妄想求得王位，诸侯不明白，而受他的乱灾。’到了灵王，生的时候就有胡子，他很神圣，对诸侯们没有做坏事，灵王景王都能善终地去世。现在王室混乱，单旗同刘狄乱了天下，专行不顺的事，他们说：‘先王有什么常法，应该照我心里所想的，谁还能够讨伐我呢？’率着一群不好的人，在王室里行乱，追求欲望永远没有餍足的时候，所求也没有限制，变化鬼神的典章，慢弃了刑法，背叛了王室，傲慢了威仪，说周景王的坏话，晋国不道德，就帮助它，不知到哪里为止。现在我动荡流离，逃到楚国，不知到什么程度，若是我一二兄弟甥舅国家，顺着天法，不帮助狡猾，遵从着天命，不至于得到天的处罚，赦去我的忧虑，而救我的患难，这就是我所愿意的，敢对你们宣布我心里所想的，同先王的经常，希望你们细想想。从前先王的命令说：‘王后没有嫡子，就立年长的，年纪若相同就以德行来论，德行若相同，就用占卜，王也不立爱的儿子，公卿们全没有私心，这是古代的制度。’穆后及太子寿都死了，单旗刘蚠赞用私心立年轻的，以违背先王的常制，也请诸侯们细想想。”鲁国的闵马父听见子朝所说的话，就说：“文辞是用来行礼的，子朝违背周景王的命令，远了晋国的大权，专门用他的思想，他的无礼太厉害了，文辞有什么用呢？”

传 齐有彗星，齐侯使禳之。晏子曰：“无益也，只取诬焉。天道不谄[1]，不贰其命，若之何禳之？且天之有彗也，以除秽也，君无秽德，又何禳焉？若德之秽，禳之何损？《诗》曰：‘惟此文王，小心翼翼，昭事上帝，聿怀多福，厥德不回，以受方国[2]。’

君无违德，方国将至，何患于彗？《诗》曰：‘我无所监，夏后及商，用乱之故，民卒流亡[3]。’若德回乱，民将流亡，祝史之为，无能补也。”公说，乃止。齐侯与晏子坐于路寝，公叹曰：“美哉室，其谁有此乎？”晏子曰：“敢问何谓也？”公曰：“吾以为在德。”对曰：“如君之言，其陈氏乎！陈氏虽无大德，而有施于民，豆、区、釜、钟之数，其取之公也薄[4]，其施之民也厚[5]。公厚敛焉，陈氏厚施焉，民归之矣。《诗》曰：‘虽无德与女，式歌且舞[6]。’陈氏之施，民歌舞之矣，后世若少惰，陈氏而不亡，则国其国也已。”公曰：“善哉，是可若何？”对曰：“唯礼可以已之。在礼，家施不及国，民不迁，农不移，工贾不变，士不滥，官不滔，大夫不收公利。”公曰：“善哉！我不能矣。吾今而后知礼之可以为国也。”对曰：“礼之可以为国也久矣，与天地并[7]。君令，臣共、父慈、子孝、兄爱、弟敬、夫和、妻柔、姑慈、妇听，礼也。君令而不违，臣共而不贰，父慈而教，子孝而箴，兄爱而友，弟敬而顺，夫和而义，妻柔而正，姑慈而从，妇听而婉，礼之善物也。”公曰：“善哉！寡人今而后闻此礼之上也！”对曰：“先王所禀于天地，以为其民也，是以先王上之。[8]”

今注

1　天道不谄：天道是不可以被疑惑的。

2　惟此文王，小心翼翼，昭事上帝，聿怀多福，厥德不回，以受方国：这是《诗经·大雅》的一句诗，意思是说周文王能小心地恭敬，侍奉上帝，专门为得到多福，不违背德行，所以四方的邦国全都归顺他。

3　我无所监，夏后及商，用乱之故，民卒流亡：这是一首《逸诗》，意思是说我所监戒的是夏朝同商朝，因为乱的缘故，人民全都逃亡。

4　其取之公也薄：他是以公量来收取。

5　其施之民也厚：指陈氏用私量来借贷。

6　虽无德与女，式歌且舞：这是《诗经·小雅》的一句诗，意思说虽没有德行给你，但是能叫你高兴的，歌唱并舞蹈。

7　与天地并：礼同天地并立。

8　是以先王上之：所以先王全以礼为最上。

今译

齐国有彗星出现，齐侯派人举行禳祭，去除灾害，晏子说："这没有用，只是欺骗人的，天道是不使人疑惑的，天命不能有两种，为什么还去除禳它？并且天上有彗星，是为除去秽气，你没有秽的德行，又何必去禳除呢？如果你有秽德，举行禳祭祷告也没有什么好处。《诗经·大雅》说：'这位文王，非常小心地来侍奉上帝，以得到很多的福气，他没有违德之行，就可以得到四方国家的来归。'你若没有违德之行，方国全要来归你，又何必怕彗星呢？《逸诗》中说过：'我所以为监戒的，是在夏同商，因为乱的缘故，人民全都散了。'要是违德乱行，人民将逃亡，祝史的祷告，没有用处。"齐侯高兴了就不禳除。齐侯同晏婴坐到路寝上，公叹着说："这屋子很美丽，谁将有这屋子？"晏婴说："请问这句话怎众讲？"公说："我以为在德。"回答说："若照你所说，恐怕是陈氏所有；陈氏虽没有大德行，但对人民很有施舍，豆、区、釜、钟的数目，他取人民很少，而施舍给人民很多。你上的税很多，陈氏施舍的很多，人民全归到他那儿去了。《诗经·小雅》说：'虽然没有德行给你们，你们也能很高兴地载歌且舞。'陈氏的施与，人民已对他歌舞，你的后代若稍懈惰，陈氏而不逃亡，那么国家就是他的国家了。"公就说："这很对，那么怎么办呢？"回答说："唯独礼可以胜他。论礼，大夫之家的施舍，不会施给国家，人民也不会搬家，农人不会改职业，工人商人不变化，士人不失掉职掌，官不怠慢，大夫们不私占公家的利益。”齐侯说：“这很好，但是我不能够。今后我方才知道礼可以守国家。”晏婴说：“礼的守国已经很久了，跟天地并立。君下令，臣恭敬，父慈，儿子孝，兄爱弟，弟敬兄，丈夫和顺，妻柔和，婆婆慈悲，儿妇们听从，这全是合于礼的。君下令而不违背，臣恭敬而没有二心，父亲慈祥而教训儿子，儿子孝顺而谏箴父亲的过失，哥哥亲爱而友，弟弟恭敬而顺从，丈夫和顺而合义，妻子柔和而合于正，婆婆慈悲而不自专，儿妇听从而婉顺，这全是礼的善事。”齐侯说：“这是很好的，寡人现在才知道，这是礼的最上。”晏婴说：“这是先王从天地接受了礼仪，而保护他的人民，所以先王以礼为最上。”

卷二十七　昭公七

昭公二十有七年（公元前五一五年）

经　二十有七年，春，公如齐。公至自齐，居于郓。

传　二十七年，春，公如齐。公至自齐，处于郓，言在外也[1]。

今注

1　言在外也：意思表示在鲁国都城以外。

今译

二十七年春，鲁昭公到齐国去。后又从齐国回来，居住在西郓，意思是说他不在鲁国都城里。

经　夏，四月，吴弑其君僚。

传　吴子欲因楚丧而伐之，使公子掩余、公子烛庸[1]帅师围潜[2]，使延州来季子聘于上国，遂聘于晋以观诸侯。楚莠尹然、王尹麇[3]帅师救潜，左司马沈尹戌帅都君子与王马之属以济师[4]，与吴师遇于穷[5]，令尹子常以舟师及沙汭[6]而还，左尹郤宛、工尹寿帅师至于潜，吴师不能退[7]。吴公子光曰："此时也，弗可失也。"告鱄设诸曰："上国有言曰：'不索何获？'我王嗣也[8]，吾欲求之，事若克，季子虽至，不吾废也。”鱄设诸曰：“王可弑也，母老子弱，是无若我何[9]。”光曰：“我尔身也！”夏，四月，光伏甲于堀室而享王，王使甲坐于道及其门[10]，门阶户席皆王亲也，夹之以铍[11]，羞者献体，改服于门外，执羞者坐行[12]而入，执铍者夹承之，及体以相授也。光伪足疾入于堀室。鱄设诸寘剑于鱼中以进，抽剑刺王，铍交于胷，遂弑王。阖庐[13]以其子为卿。季子至曰：“苟先君无废祀，民人无废主，社稷有奉，国家无倾，乃吾君也。吾谁敢怨？哀死事生，以待天命。非我生乱，立者从之，先人之道也。”复命哭墓[14]，复位而待。吴公子掩余奔徐，公子烛庸奔钟吾[15]，楚师闻吴乱而还。

今注

1　公子掩余、公子烛庸：他们两人全是吴王僚的母弟。

2　潜：《汇纂》说：“今安徽霍山县东北三十里有灊城。”

3　莠尹然、王尹麇：莠尹同王尹皆是楚国的官名，然同麇是他们两人的名字。

4　都君子与王马之属以济师：都君子是都邑中的士人，王马之属是楚王的养马官吏，使他们增加入军队。

5　穷：《一统志》说：“在霍邱县西。”

6　沙汭：《水道提纲》则以沙河上承颍汝诸水，至正阳关入淮，则以颍口为沙汭。

7　吴师不能退：楚国军队强，所以吴国军队没法退下去。

8　我王嗣也：公子光是吴王诸樊的儿子，所以他说我是王继嗣的人。

9　是无若我何：因为鱄设诸的母亲甚老，儿子很年轻，使我怎么办呢？

10　王使甲坐于道及其门：王使军队坐在道边一直到门口。

11　夹之以铍：铍等于剑。两边的人拿着剑来夹着他。

12　坐行：拿膝盖走。

13　阖庐：即公子光。

14　复命哭墓：到吴王僚的墓上哭，表示他已经回报使命。

15　钟吾：《一统志》说："今江苏宿迁县西北六十里有司吾城。"

今译

吴王要想趁楚平王的丧事，去伐楚国。使公子掩余、公子烛庸领了军队去围住了潜，差延州来季子，聘问中央各国，顺便聘问晋国，去观察诸侯的强弱。楚国的莠尹然、王尹麇领军队去救潜，左司马沈尹戌领了都邑的士人，和替王养马的官属，增添了楚国军队，和吴国兵相遇于穷这个地方。令尹子常用水兵行到沙水边便回去。左尹郤宛、工尹寿领军队到潜这地方，吴师夹住中间，不能退却。吴公子光说："此刻是可以弑王的时候了，弗可以再失机会的。"告诉鱄设诸说："中原有句话说：'不去找寻，哪里能够得到？'我是王的嫡嗣，我定要求得王位的。事情若能成就，季札虽来，也不会废掉我的。"鱄设诸说："王倒容易弑的，不过我母亲已老，儿子还小，这真没法，叫我怎么办呢？"光说："我就是你的身子，你的母子我自然应该养他们的。"夏天四月中，光伏甲士在地屋中请王宴会，王差甲士坐在道旁，直到光的门首，当门当阶的，主户主席的，都是王亲信的人。又拿短剑两面夹护着，凡献食的人定要解了衣，在门外换了衣服，才得进去。拿小菜的，要跪着走进，拿短剑的又两人夹着他，把剑接近他的身体，然后才可呈献给王，公子光却假装害了脚病，躲入地屋中，鱄设诸就放把剑在鱼腹中献进去，正抽剑刺那王，两边的剑便加交在鱄设诸胸前，便弑掉了王。阖庐后来把他的儿子做了卿。季札既回吴国说："如果先君没有废祀的祸，人民没有废主的忧愁，社稷有人奉承，国家没有倾覆的灾难，这便是我的君主，我怎敢怨谁？我不过哀伤死的，服侍生的，等候天命罢了。这又不是自我发生的乱子，立了谁就从谁，这是先人起的头呢。"便复使命在王僚的墓旁，痛哭了一场，才还他本来的官位，等待王的命令。吴公子掩余逃到徐国去，公子烛庸逃到钟吾去。楚师听得吴国起了乱子，便退师回去。

经 楚杀其大夫郤宛。

传 郤宛直而和[1]，国人说之。鄢将师为右领[2]，与费无极比而恶之[3]，令尹子常贿而信谗，无极谮郤宛焉，谓子常曰："子恶[4]欲饮酒。"又谓子恶："令尹欲饮酒于子氏。"子恶曰："我贱人也，不足以辱令尹。令尹将必来辱，为惠已甚，吾无以酬之，若何？"无极曰："令尹好甲兵，子出之，吾择焉。"取五甲五兵曰："寘诸门，令尹至必观之，而从以酬之[5]。"及飨日帷诸门左[6]。无极谓令尹曰："吾几祸子。子恶将为子不利，甲在门矣，子必无往。且此役也[7]，吴可以得志，子恶取赂焉而还，又误群帅，使退其师曰：'乘乱不祥。'吴乘我丧，我乘其乱，不亦可乎？"令尹使视郤氏，则有甲焉，不往。召鄢将师而告之[8]，将师退，遂令攻郤氏且爇之。子恶闻之，遂自杀也。国人弗爇，令曰："不爇郤氏，与之同罪。"或取一编菅焉，或取一秉秆焉[9]，国人投之，遂弗爇也，令尹炮之，尽灭郤氏之族党，杀阳令终与其弟完及佗与晋陈[10]及其子弟。晋陈之族呼于国曰："鄢氏、费氏自以为王，专祸楚国，弱寡王室，蒙王与令尹以自利也，令尹尽信之矣。国将如何？"令尹病之。

今注

1　直而和：以直道侍奉楚王，对于同事全用和顺。

2　右领：官名。

3　比而恶之：联合而恨郤宛。

4　子恶：就是郤宛。

5　从以酬之：就这样来酬报他。

6　帷诸门左：将军器搁到门左的帷帐中。

7　且此役也：这是指春天救潜的战役。

8　召鄢将师而告之：叫鄢将师来而告诉他，郤宛门口有甲兵想害令尹。

9　或取一编菅焉，或取一秉秆焉：有的拿着一束柴，有的拿着一把草。

10　晋陈：楚大夫，郤氏的一党。

今译

楚左尹郤宛既然正直又和气，国人很欢迎他。鄢将师做了右领的官，却和费无极结党厌恶那郤宛。令尹子常又喜欢私贿，相信坏话的，无极便去讲郤宛的短处。有一天，对子常说：“郤宛要请你喝酒呢。”一面又对郤宛道：“令尹要在你家中喝酒呢。”郤宛说：“我是贱人啊！够不上屈令尹的驾，令尹如果一定要来屈临，那是光荣极了，只我没有什么可以酬报他，怎么样呢？”无极说：“令尹是喜欢甲兵的，你只把甲兵搬些出来，让我替你选择一下。”便取了五副铁甲衣和五种兵器，对郤宛说：“放这些在门首，令尹到了，定要看的，便可这样酬报他。”到了宴会那一天，便张起帷帐在门的左边。把铁甲衣兵器放在那中间。无极便一面又对令尹说：“我几乎害了你，郤宛将要不利于你呢。铁甲衣已摆放门前了，你定然不可去的。并且救潜那回战争，吴国是可以败得的，只因为郤宛得了私贿，便退了回来，又迷惑许多将官，使他们退兵，说：‘趁人家的乱子，是不吉利的。’你想吴国也是趁我有丧事的，我趁了他有乱子，不也是可以的吗？”令尹便差人到郤氏去查看，果然有铁甲衣陈设着在门前，便不去，喊了鄢将师来告诉他，将师退下去，便发令攻打郤氏，并且放火烧他。郤宛听得这消息，竟把自己杀死。国人却知道他冤枉，不肯去烧他的房屋。因下令说：“不肯烧郤氏的，和他同罪！”于是有的拿了一束柴，有的拿了一把稻草，国人都丢在那里便走，烧也烧不起来。令尹便烧死那郤宛，完全灭掉郤氏的宗族戚党，杀死阳令终和他的弟完及佗，还有他的同党晋陈，以及他的子弟。于是晋陈的族人，在国中大呼说：“鄢氏费氏，自以为就是王了，专权害着楚国，使王室寡弱起来，欺瞒了王和令尹，专谋自私自利，连令尹也完全相信他们了，国家怎么得了？”令尹因此就厌恶他们。

经 秋，晋士鞅、宋乐祁犁、卫北宫喜、曹人、邾人、滕人会于扈。

传 秋，会于扈[1]，令城周[2]，且谋纳公也。宋卫皆利纳公，固请之。范献子取货于季孙，谓司城子梁与北宫贞子[3]曰：“季孙未知其罪而君伐之，请囚请亡，于是乎不获。君又弗克，而自出也，夫岂无备，而能出君乎？季氏之复[4]，天救之也，休公徒之怒，而启叔孙氏之心，不然，岂其伐人而说甲执冰以游。叔孙氏惧祸之滥，而自同于季氏，天之道也。鲁君守齐三年而无成，季氏甚得其民，淮夷与之。有十年之备，有齐楚之援，有天之赞，有民之助，有坚守之心，有列国之权而弗敢宣[5]也，事君如在国，故鞅以为难。二子皆图国者也，而欲纳鲁君，鞅之愿也，请从二子以围鲁，无成死之。”二子惧皆辞，乃辞小国，而以难复[6]。孟懿子阳虎[7]伐郓，郓人将战，子家子曰：“天命不慆久矣[8]，使君亡者必此众也。天既祸之而自福也，不亦难乎？犹有鬼神此必败也。呜呼！为无望也夫，其死于此乎。”公使子家子如晋，公徒败于且知[9]。

今注

1　扈：郑地。在今河南省原武县西北。

2　令城周：城字原作成，误，今改作城。

3　司城子梁、北宫贞子：司城子梁即宋国乐祁，北宫贞子是卫国北宫喜。

4　复：安定。

5　宣：用。

6　而以难复：以鲁昭公回国甚为困难，回复晋君。

7　阳虎：季孙氏的家臣。

8　天命不慆久矣：天命不可以疑惑已经很久了。

9　且知：《续山东考古录》说：“且知：在郓城东。”

今译

秋天，在扈这地方开会，为的使诸侯修周都城，并且计谋使鲁昭公回都城。宋国同卫国全以为使鲁昭公回国有利，坚决地请求晋国。士鞅受到季孙的贿赂，对宋国的乐祁同卫国的北宫喜说：“季孙不知道他的罪状，而鲁君就讨伐他，季孙请求囚禁，请求逃亡，全不获准。鲁君也没有打胜仗而自己逃出来，季孙氏毫无预备，就能使君出亡吗？季孙氏的安定是为天所救助，使公的党徒怒气止息，而使叔孙氏发生同心，要不如此，岂有伐人而脱下甲胄，拿着箭筒来游逛。叔孙氏很怕祸乱更大了，因此就同季氏同心，这是天的道理。鲁君守在齐国三年的工夫，毫无成就。季孙氏很得到人民的爱护，连淮夷全都跟他们相连。有十年的预备，有齐国楚国的援助，有天的赞许，有人民的帮助，有坚守的心，有国君的权力，而不敢宣布，侍奉鲁君如在国内一样，所以我以为这件事很难。你们二位全是想图谋国家的人，你们想使鲁君回国，这是我的愿望，请随从着两位，以围鲁国都城，若不成功，我们就死。”乐祁同北宫喜害怕了，就辞退想纳昭公回鲁的各小国，而以难叫鲁君回国告诉晋君。仲孙何忌同季孙氏的家臣阳虎，讨伐郓，郓人想打仗，子家羁说：“天命对鲁君已经毫不怀疑，使你逃亡的必是这班人。天既然降灾祸，而自以为福气，这不也很难吗？假设尚有鬼神，这必定要失败的。哎呀！没有希望了，你一定死在这里。”鲁昭公派子家羁到晋国去，昭公的党徒在且知这地方失败了。

经 冬，十月，曹伯午卒[1]。

今注

1 此经无传。

今译

冬天十月曹伯午死了。

经 邾快来奔[1]。

今注

1 此经无传。

今译

邾国的大夫邾快逃到鲁国来。

传 楚郤宛之难，国言未已，进胙者莫不谤令尹。沈尹戌言于子常曰：“夫左尹与中厩尹[1]莫知其罪，而子杀之，以兴谤讟，至于今不已，戌也惑之。仁者杀人以掩谤，犹弗为也。今吾子杀人以兴谤而弗图，不亦异乎！夫无极，楚之谗人也，民莫不知。去朝吴[2]，出蔡侯朱[3]，丧大子建，杀连尹奢[4]，屏王之耳目，使不聪明，不然，平王之温惠共俭有过成庄，无不及焉，所以不获诸侯，迩无极也[5]。今又杀三不辜以兴大谤[6]，几及子矣。子而不图，将焉用之？夫鄢将师矫子之命以灭三族。三族，国之良也，而不愆位[7]，吴新有君[8]，疆埸日骇，楚国若有大事，子其危哉？知者除谗以自安也，今子爱谗以自危也，甚矣其惑也！”子常曰：“是瓦之罪，敢不良图。”九月，己未，子常杀费无极与鄢将师，尽灭其族，以说于国，谤言乃止。

今注

1　左尹与中厩尹：左尹是郤宛，中厩尹是阳令终。

2　去朝吴：在鲁昭公十五年。

3　出蔡侯朱：在鲁昭公二十一年。

4　丧大子建杀连尹奢：在鲁昭公二十年。

5　迩无极也：阮刊本作“迩无及也”，今据《四部丛刊》影宋本校正。

6　杀三不辜以兴大谤：三不辜指郤氏、阳氏、晋陈氏。以兴了大的怨恨。

7　而不愆位：他们在职位上并没有过错。

8　吴新有君：吴国新立了阖庐。

今译

楚子常杀郤宛以后，贵族们一直谈论着不歇，凡进祭肉祝福的人，没有一个不毁谤令尹的。沈尹戌便对子常说：“左尹郤宛和中厩尹阳令终并没有哪个知道他们犯什么罪，你却把他杀了，因而兴起了许多毁谤怨恨你的话来，直到现在还没有停歇，我戌倒很疑心这事呢。慈善的人以杀人来遮盖那不好听的话，还不肯做的。现在你倒杀了人兴起那不好听的话来，还不肯早些打算，这不是很诧异的吗？那个无极是楚国挑拨是非的坏人，百姓没一个不知道他。赶掉朝吴，撵出蔡侯朱，丧失太子建，杀掉连尹伍奢，塞住平王的耳目，使他不聪明；否则像平王这么的温良慈惠，恭敬节俭，只有胜过成王及庄王，没有不及他们的地方。他所以会得不到诸侯的心服，只因是亲近了无极的缘故。如今又杀死三个无罪的族，兴起了大谤，怕就要害到你了！你还不早些打算，究竟要这挑拨是非的坏人，做什么呢？那个鄢将师假造了你的命令，灭那郤氏、阳氏、晋陈氏三族，这三族都是楚国的好人哩！在职位中又并没有什么差错，究竟为什么要杀他们？现在吴国新立了君，边界上天天有紧急消息传来，楚国如果一朝起了兵事，那么大众的心不向着你，看你到那时真危险极了！聪明的人，总是除掉挑拨是非的人，使得自身安静的。现在你反而爱那挑拨是非的人，使得自身危险，唉！厉害呀！这种可疑的事！”子常说：“这都是我瓦的罪，哪敢不好好打算呢？”九月己未那天，子常便杀掉费无极和鄢将师，完全灭了他的族人，讨国人的好，于是说难听的话方才从此停止。

传　冬，公如齐，齐侯请飨之[1]。子家子曰：“朝夕立于其朝，又何飨焉？其饮酒也。”乃饮酒，使宰献而请安[2]。子仲[3]之子曰重，为齐侯夫人，曰请使重见，子家子乃以君出。十二月，晋籍秦[4]致诸侯之戍于周，鲁人辞以难。

今注

1　齐侯请飨之：齐侯请设宴飨的礼。

2　使宰献而请安：诸侯宴大夫的礼，使宰为主人献酒，使齐侯退而自安。

3　子仲：是鲁公子慭。

4　籍秦：籍谈的儿子。

今译

冬天，鲁昭公到齐国都城，齐侯要宴飨他。子家羁说："早晚全立到他的朝廷上，还有什么飨宴的，这不过是喝酒而已。"就喝酒，叫宰献酒，而齐侯自请安息。公子慭的女儿叫重的，嫁给齐侯做夫人，叫她来见鲁昭公，子家羁就叫鲁昭公躲避出去。十二月，晋国籍秦叫诸侯的戍兵到周都城去，鲁国辞谢说有祸难。

经　公如齐，公至自齐，居于郓[1]。

今注

1　此经无传。

今译

鲁昭公到齐国，又从齐国回来，居住在郓。

昭公二十有八年（公元前五一四年）

经　二十有八年，春，王三月，葬曹悼公[1]。

今注

1　此经无传。

今译

二十八年，春，王三月，葬曹悼公。

经　公如晋，次于乾侯。

传　二十八年，春，公如晋，将如乾侯[1]。子家子曰："有求于人，而即其安，人孰矜之？其造于竟[2]。”弗听。使请逆于晋，晋人曰：“天祸鲁国，君淹恤在外，君亦不使一个[3]辱在寡人，而即安于甥舅，其亦使逆君[4]。”使公复于竟而后逆之[5]。

今注

1 乾侯：《一统志》说：“今河北成安县东南，有斥邱故城，即《春秋》乾侯。”

2 其造于竟：到了边境上等候晋国的命令。

3 一个：一个使臣。

4 其亦使逆君：叫齐国来迎接你。

5 而后逆之：派乾侯人去迎接他。

今译

鲁昭公到晋国去，将到乾侯这地方。子家羁说：“对人要求，而先到乾侯去安适，谁能够可怜他，应该到他边境上听候命令。”昭公不听。派人到晋国要求迎接他，晋人说：“天降祸给鲁国，鲁君留在外国，也不派一个人来告诉我，而在甥舅的国家安适，我将使齐国迎接你。”使鲁昭公回到晋国边境上，再令乾侯的人去迎接他。

经 夏，四月，丙戌，郑伯宁卒[1]。

今注

1 此经无传。

今译

夏四月丙戌，郑伯宁死了。

传 晋祁胜与邬臧通室[1]，祁盈[2]将执之，访于司马叔游[3]。叔游曰：“《郑书》有之：‘恶直丑正，实蕃有徒[4]。’无道立矣，子惧不免。《诗》曰：‘民之多辟，无自立辟[5]。’姑已若何[6]？”盈曰：“祁氏私有讨，国何有焉？”遂执之。祁胜赂荀跞，荀跞为之言于晋侯。晋侯执祁盈。祁盈之臣曰：“钧将皆死，慭[7]使吾君闻胜与臧之死也以为快。”乃杀之。夏，六月，晋杀祁盈及杨食我[8]，食我，祁盈之党也，而助乱，故杀之，遂灭祁氏、羊舌氏。初，叔向欲娶于申公巫臣氏[9]，其母欲娶其党。叔向曰：“吾母多而庶鲜[10]，吾惩舅氏矣。”其母曰：“子灵之妻杀三夫[11]一君[12]一子[13]而亡一国两卿[14]矣，可无惩乎？吾闻之甚美必有甚恶。是郑穆少妃姚子之子，子貉[15]之妹也，子貉早死无后，而天钟美于是，将必以是大有败也。昔有仍氏生女黰黑[16]，而甚美，光可以鉴，名曰玄妻[17]，乐正后夔取之，生伯封，实有豕心，贪惏无餍，忿纇无期[18]，谓之封豕。有穷后羿灭之，夔是以不祀。且三代之亡，共子之废，皆是物也。女何以为哉？夫有尤物，足以移人，苟非德义，则必有祸。”叔向惧，不敢取。平公强使取之，生伯石。伯石始生，子容之母走谒诸姑曰：“长叔姒生男。”姑视之，及堂，闻其声而还曰：“是豺狼之声也。狼子野心，非是莫丧羊舌氏矣。”遂弗视。

今注

1 祁胜与邬臧通室：祁胜同邬臧全都是祁盈的家臣，他们互相交换妻子。

2 祁盈：祁午的儿子。

3 司马叔游：司马侯的儿子。

4 恶直丑正，实蕃有徒：恨直爽的人同正直的人，这种人很多。

5 民之多辟，无自立辟：这是《诗经·大雅》的一句诗。意思说人民多乖僻时，不要自己立法条。

6　姑已若何：姑且止住如何。

7　憖：发印的音。

8　杨食我：杨是叔向的邑，食我是叔向的儿子。

9　申公巫臣氏：夏姬的女儿。

10　吾母多而庶鲜：我庶母很多而庶弟很少。

11　子灵之妻杀三夫：夏姬杀了三个丈夫，指陈国御叔，楚国连尹襄老，同申公巫臣。

12　一君：陈灵公。

13　一子：夏征舒。

14　两卿：孔宁、仪行父。

15　子貉：即郑灵公。

16　昔有仍氏生女黰黑：从前有仍氏生了一个女儿，头发很黑且好看。

17　玄妻：因为头发黑的缘故。

18　贪惏无餍，忿纇无期：贪心没有足够的时候，脾气坏得没有止境。

今译

晋大夫祁盈的家臣祁胜和邬臧，要好得竟交换了妻室。祁盈要去拘拿他们，先商酌于司马叔游那里。叔游说：“《郑书》上有的：‘害正直的人，实在很多。’现在无道的一派人正得了势，你怕免不掉灾祸了！《诗经》上说：‘人民多了邪辟的，不要独自立起规矩来。’我看姑且停了一会子怎样？”祁盈说：“这是祁氏私家应有的处罚，于国家有什么关系呢？”便把他们拘拿起来。祁胜暗中却使贿赂，荀跞便替他在晋侯面前说情，晋侯因祁盈擅出私刑，便拘禁了他。祁盈的家臣说：“同是要死的了，宁可使我主子听得胜和臧的死，做个畅快呢？”便把胜、臧二人杀死。夏天六月中。

晋国便杀祁盈及杨食我。食我是祁盈的党羽，因为他帮着闹乱子，所以杀死他；便灭掉祁氏和羊舌氏。从前叔向要想娶申公巫臣氏的女儿，他的母亲要他娶母党方面的人。叔向说："我庶母很多，庶弟却很少，我受够舅家性儿狭小的累了。"叔向的母亲说："子灵的妻子，害死了陈御叔、楚襄老、申公巫臣，三个丈夫；一个君陈灵公；一个儿子夏征舒，而且灭亡了一个陈国；又害得孔宁、仪行父两个卿弃位出奔，可不令人害怕吗？我听得很美丽的人，必定有很恶毒的性质。她是郑穆公的少妃姚子的女儿，子貉的妹子，子貉早死了，没有后代，天却聚了美在她一人的身上，厄必定是要靠她做个大破败的。从前有仍氏生一个女儿，头发乌黑，相貌又好，她皮肤头发的光，都可以照见人形，所以取名叫作'玄妻'。舜的典乐之长夔娶了她做妻，生了一个儿子叫伯封，实在是有猪那般的性子，贪得没有餍足，凶狠得没有分寸，大家便叫他'封豕'，后来是给有穷国的后羿灭掉的，夔就因此绝了祀。况且夏商周三代的灭亡，和晋太子申生的废立，都是为了这种女祸。你为什么要她呢？天地间有了异常好的东西，能够移得动人的心，如果不是有德义的得了他，一定有祸害的。"叔向听了母亲的话，害怕得很就不敢娶她。平公却硬使叔向娶她，生了个伯石。伯石初生的时候，子容的母亲，赶去告诉她婆婆说："大叔家的婶子，生了一男孩子呢。"婆婆便前去观看，走到厅堂上，听见了声音，便缩回来说："这是豺狼的声音！狼子野心，不是这东西，没有哪个能灭亡羊舌氏的了！"便不去看他。

经 六月，葬郑定公[1]。

今注

1　此经无传。

今译

六月给郑定公行葬礼。

经 秋，七月，癸巳，滕子宁卒[1]。

今注

1 此经无传。

今译

秋七月，癸巳，滕子宁死了。

传 秋，晋韩宣子卒，魏献子[1]为政，分祁氏之田以为七县[2]，分羊舌氏之田以为三县[3]，司马弥牟为邬[4]大夫，贾辛为祁[5]大夫，司马乌为平陵[6]大夫，魏戊为梗阳[7]大夫，知徐吾为涂水[8]大夫，韩固为马首[9]大夫，孟丙为盂[10]大夫，乐霄为铜鞮[11]大夫，赵朝为平阳[12]大夫，僚安为杨氏[13]大夫。谓贾辛、司马乌为有力于王室[14]，故举之，谓知徐吾、赵朝、韩固、魏戊余子之不失职，能守业者也。其四人[15]者皆受县而后见于魏子，以贤举也。魏子谓成鱄[16]："吾与戊也县，人其以我为党乎？"对曰："何也？戊之为人也，远不忘君，近不偪同[17]，居利思义，在约思纯[18]，有守心而无淫行，虽与之县，不亦可乎？昔武王克商，光有天下，其兄弟之国者十有五人，姬姓之国者四十人，皆举亲也。夫举无他，唯善所在，亲疏一也。《诗》曰：'惟此文王，帝度其心，莫其德音，其德克明，克明克类，克长克君。王此大国，克顺克比，比于文王，其德靡悔，既受帝祉，施于孙子[19]。'心能制义曰度，德正应和曰莫[20]，照临四方曰明，勤施无私曰类[21]，教诲不倦曰长[22]，赏庆刑威曰君，慈和遍服曰顺，择善而从之曰比，经纬天地曰文，九德不愆，作事无悔，故袭天禄，子孙赖之。主之举也，近文德矣，所及其远哉。"

贾辛将适其县，见于魏子，魏子曰："辛来，昔叔向适郑，鬷蔑恶[23]欲观叔向，从使之收器者[24]，而往立于堂下，一言而善。叔向将饮酒，闻之曰：'必鬷明也。'下执其手以上曰：'昔贾大夫恶，娶妻而美，三年不言不笑，御以如皋[25]，射雉获之，其妻始笑而言。贾大夫曰："才之不可以已，我不能射，女遂不言不笑夫。"今子少不飏，子若无言，吾几失子矣，言不可以已也如是。'遂如故知。今女有力于王室，吾是以举女，行乎，敬之哉，毋堕乃力！"仲尼闻魏子之举也，以为义，曰："近不失亲[26]，远不失举[27]，可谓义矣。"又闻其命贾辛也，以为忠。"《诗》曰：'永言配命，自求多福[28]。'忠也。魏子之举也义，其命也忠，其长有后于晋国乎。"

今注

1 魏献子：魏舒。

2 七县：邬、祁、平陵、梗阳、涂水、马首、盂。

3 三县：铜鞮、平阳、杨氏。

4 邬：《一统志》说："邬城在今山西介休县东北二十七里，今为邬城店，邬一作鄔。"

5 祁：《元和志》说："祁城在今山西省，祁县东南五里。"

6 平陵：《一统志》说："大陵故城，在今山西文水县东北二十五里。"

7 梗阳：《一统志》说："梗阳故城，在今山西清远县南关。"

8 涂水：《一统志》说："涂水故城在今山西榆次县西南二十里。"

9 马首：《元和志》说："马首故城在今山西寿阳县东南十五里。"

10 盂：《纪要》说："今山西阳曲县东北八十里有大盂城。"

11 铜鞮：《纪要》说："在今山西沁县南十里，有铜鞮故城。”

12 平阳：《一统志》说：“平阳故城在今山西临汾县西南。”

13 杨氏：《一统志》说：“杨城在今山西洪洞县东南十五里。”

14 谓贾辛、司马乌为有力于王室：他说贾辛同司马乌对周王室有贡献。

15 四人：指司马弥牟、孟丙、乐霄、僚安。

16 成鱄：晋大夫。

17 近不偪同：论近处说，他对于同僚们也不逼迫。

18 在约思纯：在贫乏时也没有狂滥的心。

19 惟此文王，帝度其心，莫其德音，其德克明，克明克类，克长克君，王此大国，克顺克比，比于文王，其德靡悔，既受帝祉，施于孙子：这是《诗经·大雅》的几句诗，意思是说这位文王，上帝知道他的心有轨度，他的美名传播四方，他的德行能够明白，也能够臻于善良，也能作君长，在这大国做王，能使人民顺从亲附。人民都亲附文王修德而没有遗憾。他既受了上帝的福祉，一直连到他的孙子。

20 德正应和曰莫：这是莫然的清静。

21 勤施无私曰类：施舍而没有私心，叫作类。

22 教诲不倦曰长：教诲旁人不疲倦叫作长。

23 鬷蔑恶：鬷蔑长得相貌很丑。

24 从使之收器者：他随从着收食器的人。

25 御以如皋：给他妻赶着车到皋泽这地方。

26 近不失亲：指魏戊。

27 远不失举：远处也不丢掉举贤人。

28 永言配命，自求多福：这是《诗经·大雅》的一句诗，意思说永久配合天命，自然可以得到很多的福禄。

今译

秋，晋国韩起死了，魏舒当政权，把祁氏的田地分成七县，分羊舌氏的田作成三县，司马弥牟做邬大夫，贾辛做祁大夫，司马乌做平陵大夫，魏戊做梗阳大夫，知徐吾做涂水大夫，韩固做马首大夫，孟丙做盂大夫，乐霄做铜鞮大夫，赵朝做平阳大夫，僚安做杨氏大夫。他说贾辛、司马乌是对周王室出过力，所以举他们。又说知徐吾、赵朝、韩固、魏戊皆是卿的庶子，不丢掉职守，能够看守他的事业的人。其余的四个人都受到县而后见魏舒，这是因为他们有贤才而被推举。魏舒对成鱄说："我把一个县给魏戊，人是不是说我有党派的？"回答说："为什么？戊这个人，远处不忘记人君，近处不逼迫同事，遇利时想到义礼，在贫乏时也没有狂滥的心，有守的心而没有淫乱的行为，就是给了他一个县，不也是可以吗？从前武王战胜商以后，有了天下，共封了兄弟国家十五个人，姬姓的国家四十个人，都是举的亲属，推举这件事，没有旁的方法，只有推举好的，亲属同疏远全都 样。《诗经·大雅》说：'这位文王，上帝知道他的心有轨度，他的美名传播四方，他的德行也很能够光明，能够光明，也能臻于善良，也能做长上，也能做君王。做大国的王，能够使人民顺从亲附。人民都亲附文王，修德而没有遗憾。他既然受到上帝的福祉，连着他的孙子。'心能制裁义礼叫作度，德行正直应和叫作莫，照临四方叫作明，施舍没有私心叫作类，教诲人民不倦怠叫作长，庆赏刑罚威严叫作君，慈和使天下全服叫作顺，挑选善事使他相从叫作比，经纬天地叫作文，九种德行全没有过失，做事没悔吝，所以能够世袭天禄，子孙全仰赖他，你这种推举，近于文德，所达到的很远了。"贾辛将要到祁县去了，去看魏舒。魏舒说："辛你来，从前叔向到郑国去，鬷蔑容貌很丑，想看叔向，便跟了收拾食器的一同前去，立在堂下面，忽然说了一句话却是很合道理的。叔向正是要喝酒，听得这句话，便说：'这一定是鬷蔑。'就走下堂去，搀了他的手上来说：'从前贾大夫相貌很丑，娶了个妻却很美貌。只是过了三年一直不说不笑，后来替她赶了车子到江边去，射一只野鸡，射得了，他的妻子方才言笑起来。贾大夫说："才干真是不能没有，倘我不能射，你便一辈子不说不笑了？"如今你年纪轻，面貌又显不出来，你如果没有那句话，我几乎错过你了。说话不能不说，竟有这般呢！'便和他像旧相识一样。如今你有功劳在王室中，我所以举你的，你快去罢，留心些啊！不要败坏你前日的功劳！"仲尼听了魏子的荐举，以为是合于事宜的，因说："近的不错过亲族，远的不错掉应该荐的人，可说是合宜了！"又听得他吩咐贾辛的话，以为是有忠心的。就说："《诗经》上说：'长久能配得天命，自然能有许多福气。'就是说的忠啊！魏子的荐举既合宜，他的吩咐又忠心，他能长有后代在晋国了！"

经 冬，葬滕悼公[1]。

今注

1 此经无传。

今译

冬天，给滕悼公下葬。

传 冬，梗阳人有狱，魏戊不能断，以狱上[1]，其大宗赂以女乐[2]，魏子将受之，魏戊谓阎没、女宽[3]曰："主以不贿闻于诸侯，若受梗阳人，贿莫甚焉！吾子必谏。"皆许诺，退朝待于庭[4]，馈入召之[5]，比置三叹。既食使坐，魏子曰："吾闻诸伯叔，谚曰：

'唯食忘忧。'吾子置食之间，三叹何也？"同辞而对曰："或赐二小人酒，不夕食。馈之始至，恐其不足，是以叹。中置自咎曰：岂将军食之，而有不足，是以再叹。及馈之毕，愿以小人之腹，为君子之心，属厌而已[6]。"献子辞梗阳人。

今注

1　狱上：把狱辞上报给魏舒。

2　其大宗赂以女乐：打官司的大宗送给魏舒女乐。

3　阎没、女宽：这二人全是魏舒的属大夫。

4　退朝待于庭：魏舒从晋君朝上退下来，阎没同女宽就等待魏舒停住。

5　馈入召之：送上饭来，魏舒就叫他们两人来吃饭。

6　属厌而已：只是为的吃饱就满足了。

今译

冬天，梗阳人有讼事，梗阳大夫魏戊不能判断曲直，把这起案子呈上魏舒。争讼的大宗，把一部女乐送给魏舒，魏舒快要受他的了。魏戊对阎没、女宽说："魏子是拿不受私贿有名于诸侯的，如果受了梗阳人的乐，便是私贿没有再厉害的了，你们应当去规谏的。"都允许了。那时魏子快要退朝，二人便等候在魏子家内的庭中，后来饭菜既送进，魏子便招二人去同吃，等吃完放着，共总连叹了三声，既吃完了，又吩咐他们暂坐。魏子说："我听见我伯叔说的，俗语说：'只有吃东西，可以忘掉忧愁。'你们完了一顿食的中间，连叹三声，是为什么呢？"二人同声回答说："有人赐给两个小人的酒，不等夜便吃，食物初送上的时候，只恐怕他不够饱，所以叹一声；吃到一半的时候，自己责备说：难道将军请他吃，还会有不够吗？所以再叹一声；等到食物上完了，却情愿拿小人的肚子，做君子的心，只求恰够便好了！"献子听了这话，被他感悟着，就辞去梗阳人的私贿。

昭公二十有九年（公元前五一三年）

经 二十有九年，春，公至自乾侯，居于郓，齐侯使高张来唁公。

经 公如晋，次于乾侯。

传 二十九年，春，公至自乾侯，处于郓，齐侯使高张来唁公，称主君[1]。子家子曰："齐卑君矣，君只辱焉。"公如乾侯[2]。

今注

1 称主君：照例君称大夫曰主君。

2 乾侯：晋地。在今河北省成安县东南。

今译

春天，鲁昭公从乾侯回来，居住在郓，齐侯派高张来向鲁昭公问候起居，称他为主君。这是等于君对大夫的称谓。子家羁说："齐国对你很瞧不起，这只得到羞辱。"鲁昭公因此又到乾侯。

传 三月，己卯，京师杀召伯盈、尹氏固，及原伯鲁之子[1]。尹固之复也，有妇人遇之周郊，尤之曰："处则劝人为祸，行则数日而反，是夫也，其过三岁乎？"夏，五月，庚寅，王子赵车入于鄻[2]以叛，阴不佞败之。

今注

1 召伯盈，尹氏固，原伯鲁之子：这全是王子朝的党羽。

2 王子赵车入于鄻：王子赵车是王子朝的党。鄻在今河南省宜阳县附近。

今译

三月己卯，周都城杀了召伯盈，同尹氏固，原伯鲁的儿子，这全是子朝的党羽。在前三年的时候，尹固同王子朝全逃到楚国去，后来尹固又逃回来，周国的一个女人，在都城的郊外碰见他，责备他说："住在这里就劝人作祸害，逃走了，几天又回来，这个人，还能过了三年吗？"夏五月庚寅，王子赵车逃到鄻去反叛，阴不佞把他打败了。

经 夏，四月，庚子，叔诣卒[1]。

今注

1 此经无传。

今译

夏四月庚子，叔诣死了。

传 平子每岁贾马[1]，具从者之衣屦而归之于乾侯，公执归马者卖之[2]，乃不归马。卫侯来献其乘马曰启服[3]，堑而死[4]，公将为之椟。子家子曰："从者病矣，请以食之。"乃以帏裹之。公赐公衍羔裘，使献龙辅[5]于齐侯，遂入羔裘，齐侯喜，与之阳谷[6]。公衍、公为之生也，其母偕出[7]，公衍先生，公为之母曰："相与偕出，请相与偕告。"三日，公为生，其母先以告，公为为兄，公私喜于阳谷，而思于鲁曰："务人[8]为此祸也，且后生而为兄，其诬也久矣！"乃黜之，而以公衍为大子。

今注

1 贾马：就是买马。

2 公执归马者卖之：公把归马的人逮起来而把他的马卖掉。

3 启服：马的名字。

4 堑而死：掉到一个沟里死了。

5 龙辅：玉名。

6 阳谷：今山东省阳谷县五十里有阳谷旧城。

7 其母偕出：他们两人的母亲，一同到产房。

8 务人：公为的名字。

今译

季孙意如每年买了马匹，便预备了鲁昭公随从的人员的衣服同鞋送到乾侯去。鲁昭公把送马的人逮起来，并且把他的马卖掉。于是季孙意如不再送马了。卫侯来送给昭公骑的马叫启服，掉到沟里死了，昭公将为它做棺材。子家羁说："随从的人都病了，不如给他们吃了。"就用窗帘包起来。昭公赐公衍羊皮皮袄，叫他献龙辅玉给齐侯，公衍同时把羔裘送给齐侯，齐侯很高兴就把阳谷的地方给他。公衍同公为出生的时候，他们的母亲一同到产房，公衍先生，公为的母亲说："我们一同出来的，应当一起告诉生子。"三天以后，公为生了，公为的母亲先去告诉昭公，公为就做了哥哥。鲁昭公很喜欢阳谷这块地，因此想到鲁国说："这个祸乱是公为所做的，并且后生而做哥哥，他的诬害已经甚久了！"就把他降下去，把公衍立为太子。

经 秋，七月。

传 秋，龙见于绛郊，魏献子问于蔡墨[1]，曰："吾闻之，虫莫知于龙，以其不生得也，谓之知，信乎？"对曰："人实不知，非龙实知。古者畜龙，故国有豢龙氏，有御龙氏[2]。"献子曰："是二氏者，吾亦闻之，而不知其故[3]，是何谓也？"对曰："昔有飂叔安[4]，有裔子曰董父[5]，实甚好龙，能求其耆欲以饮食之，龙多归之，乃扰畜龙以服事帝舜，帝赐之姓曰董，氏曰豢龙，封诸鬷川[6]，飂夷氏其后也，故帝舜氏世有畜龙。及有夏孔甲扰于有帝[7]，帝赐之乘龙，河汉各二，各有雌雄。孔甲不能食，而未获豢龙氏。有陶唐氏既衰，其后有刘累[8]，学扰龙于豢龙氏，以事孔甲，能饮食之。夏后嘉之，赐氏曰御龙，以更豕韦之后[9]，龙一雌死，潜醢以食夏后，夏后飨之，既而使求之，惧而迁于鲁县[10]，范氏其后也。”献子曰：“今何故无之？”对曰：“夫物，物有其官，官修其方，朝夕思之。一日失职，则死及之。失官不食，官宿其业，其物乃至，若泯弃之，物乃坻伏，郁湮不育[11]。故有五行之官，是谓五官，实列受氏姓，封为上公，祀为贵神，社稷五祀，是尊是奉。木正曰句芒[12]，火正曰祝融[13]，金正曰蓐收[14]，水正曰玄冥[15]，土正曰后土[16]。龙水物也，水官弃矣，故龙不生得。不然，《周易》有之。在乾䷀之姤䷫[17]曰：‘潜龙勿用。’其同人䷌[18]曰：‘见龙在田。’其大有䷍[19]曰：‘飞龙在天。’其夬䷪曰：‘亢龙有悔。’其坤䷁曰：‘见群龙无首，吉。’坤之剥䷖曰：‘龙战于野。’若不朝夕见，谁能物之？”献子曰：“社稷五祀，谁氏之五官也？”对曰：“少皞氏有四叔，曰重曰该，曰修曰熙，实能金木及水，使重为句芒，该为蓐收，修及熙为玄冥，世不失职，遂济穷桑[20]，此其三祀也。颛顼氏有子曰犁，为祝融，共工氏有子曰句龙，为后土，此其二祀也。后土为社，稷田正也，有烈山氏之子曰柱为稷，自夏以上祀之，周弃亦为稷，自商以来祀之。”

今注

1 蔡墨：晋大夫。

2 有豢龙氏，有御龙氏：豢是养，御是驾御。

3 而不知其故：《石经》《宋本》等书“而”下皆有“不”字，今照增。

4 飂叔安：飂是古国名，在今河南唐县南，叔安是君名。

5　董父：是他的后人姓董。

6　鬷川：按《方舆纪要》说："董泽在今山西闻喜县东北三十五里，一名董氏陂，又名豢龙池，即舜封董氏豢龙之所。"疑即鬷川。

7　及有夏孔甲扰于有帝：孔甲是少康以后第九代的君，他能顺从上帝的命令。

8　刘累：尧时的人名。

9　以更豕韦之后：以替代彭姓的豕韦的后人。

10　鲁县：《一统志》说："今河南鲁山县治，即鲁阳故城。"

11　郁湮不育：滞留而不生长。

12　木正曰句芒：句芒做木正的官。

13　火正曰祝融：祝融做火正的官。

14　金正曰蓐收：蓐收做金正的官。

15　水正曰玄冥：玄冥做水正的官。

16　土正曰后土：后土做土正的官。

17　在乾☰之姤☴：从乾卦变到姤卦。

18　其同人☲：同人卦。

19　其大有☲：大有卦。

20　穷桑：《山东通志》说："穷桑城在曲阜县城北。"

今译

秋天，龙出现在晋国都城绛的郊外，魏舒问蔡墨说："我听说，虫子里，没有再比龙更智慧的，因为它不能够活着得到，说它有智慧，这可靠吗？"回答说："人实在没有智慧，不是龙有智慧。古时候的人养龙，所以国家有豢龙氏同御龙氏。"魏舒说："这两个氏，我也常听说过，但是也不知道他的缘故，不知道应该怎么解释？"回答说："从前有一个飂叔安，他的后人有一个叫董父，很喜欢龙，能求到龙的嗜好，来给它吃喝，龙很多都跑到他那儿去，他就驯养龙以服侍帝舜，帝舜赐给他的姓叫董，这就是豢龙氏，封在鬷川这地方，鬷夷氏就是他的后人，所以帝舜的时候辈辈有畜龙。到了夏朝，孔甲能够顺着天命，上帝赏给他骑的龙，河水汉水各有二个，并且雌雄各一。孔甲不会豢养龙，因此他没有得到豢龙氏。陶唐氏衰危以后，他的后人，有刘累，学养龙到豢龙氏那里，以侍奉孔甲，能够给龙饮食。夏后就很高兴，赐给他一个姓叫御龙氏，以代理豕韦的后人，笼里一条雌龙死了，刘累就偷偷把它做成酱肉，给孔甲吃了，后来孔甲叫他找这条龙，刘累害怕，就迁到鲁县，范氏就是他的后人。”魏舒说：“现在为什么没有龙？”回答说：“每件事物，各有它的官来管，官者能够修整它的方法，早晚全研究。一天失掉职务，就牵连到死。没有官就不享受俸禄，官也安稳他的事业，如此，这件东西就会来，若把他毁弃了，物就隐藏，停止不生育。所以有五行的官，叫作五官，他们全有氏姓，爵位等于上公，死了就祭祀等于贵神，社稷五祀，是被尊重而敬奉的。木正叫作句芒，火正叫作祝融，金正叫作蓐收，水正叫作玄冥，土正叫作后土。龙是水中的动物，水官已不存在，所以龙不能活着得到。否则，《周易》里常见过，在乾卦变到姤卦里边说：‘潜龙不要用。’他的同人卦说：‘见龙在田。’大有卦说：‘飞龙在天。’夬卦说：‘亢龙有悔。’坤卦说：‘见群龙无首，吉。’坤卦变到剥卦说：‘龙战于野。’若不早晚看见，谁能够描写这件物？”魏舒说：“社稷五祀，全都是谁的官？”回答说：“少皞氏有四位叔，叫重，叫该，叫脩，叫熙，他们全懂金木同水，就派重为句芒，该为蓐收，修同熙做玄冥，代代不丢掉职守，遂使穷桑氏成功，这就是三种祭祀。颛顼氏有一个儿子叫犁，他做祝融，共工氏有一个儿子叫句龙做后土，这又是两种祭祀。后土就是社，稷是管田地的，烈山氏的儿子叫作柱为稷，自夏朝以上全祭祀他，周弃也叫作稷，自从商以后来祭祀他。”

经 冬，十月，郓溃[1]。

今注

1 此经无传。

今译

冬天十月郓自己逃溃了。

传 冬，晋赵鞅、荀寅帅师城汝滨[1]，遂赋晋国一鼓铁，以铸刑鼎，著范宣子所为刑书焉。仲尼曰："晋其亡乎！失其度矣。夫晋国将守唐叔之所受法度以经纬其民，卿大夫以序守之，民是以能尊其贵，贵是以能守其业，贵贱不愆，所谓度也。文公是以作执秩之官，为被庐之法，以为盟主。今弃是度也，而为刑鼎，民在鼎矣，何以尊贵，贵何业之守？贵贱无序，何以为国？且夫宣子之刑，夷之蒐也，晋国之乱制也，若之何以为法？"蔡史墨[2]曰："范氏、中行氏其亡乎，中行寅为下卿而干上令，擅作刑器以为国法，是法奸也。又加范氏焉，易之亡也。其及赵氏，赵孟与焉，然不得已，若德可以免。"

今注

1 汝滨：《一统志》说："陆浑今河南嵩县，汝水源出鲁阳县之大盂山，与嵩县为近。"

2 蔡史墨：即蔡墨。

今译

冬天，晋国赵鞅、荀寅率领着军队修汝滨这个城，就使晋国出一鼓铁，铸成刑鼎，就刻上士匄所着的刑书。仲尼就说："晋恐怕要亡了，丢掉他的制度了。晋国应该接受唐叔所定的法度，以治理他的人民，卿大夫们按着位次来守唐叔的法度，人民因此能够尊重他的贵人，贵人们也因此能够守住他的事业，贵贱不变，就是所谓制度。晋文公所以做执秩的官，立了被庐的法律，所以做了盟主。现在把这制度全毁，而做刑鼎，人民全以鼎为贵，何以尊重贵人，贵有什么职业可守？贵贱全没有次序，怎么样成国家呢？并且士匄这个刑典，是出在夷的大蒐，这是晋国的乱制度，如何能给他做成法律。”史墨说：“范氏中行氏恐怕将亡了，中行寅做下卿而干犯上边的命令，造作刑鼎为国家的法律，这是以奸为法。又加上范氏亡得更快。又连上赵氏，因为当时赵孟也参加，但他是不得已而从之，他有德行还可以免祸。”

昭公三十年（公元前五一二年）

经 三十年，春，王正月，公在乾侯。

传 三十年，春，王正月，公在乾侯，不先书郓与乾侯，非公，且征过也[1]。

今注

1 非公，且征过也：说公不合理，且证明他的错误。

今译

三十年春天，鲁昭公在乾侯，《春秋》上不写郓同乾侯，这是以公为错误，并且证明他的过错。

经 夏，六月，庚辰，晋侯去疾卒。

经 秋，八月，葬晋顷公。

传 夏，六月，晋顷公卒。秋，八月，葬，郑游吉吊且送葬。

魏献子使士景伯诘之曰："悼公之丧，子西吊，子蟜送葬[1]，今吾子无贰何故？"对曰："诸侯所以归晋君，礼也。礼也者，小事大，大字小之谓。事大在共其时命[2]，字小在恤其所无[3]，以敝邑居大国之间，共其职贡与其备御，不虞之患，岂忘共命。先王之制，诸侯之丧，士吊，大夫送葬，唯嘉好聘享三军之事，于是乎使卿。晋之丧事，敝邑之间，先君有所助执绋[4]矣，若其不间，虽士大夫有所不获数矣。大国之惠，亦庆其加[5]，而不讨其乏，明厎其情，取备而已，以为礼也。灵王之丧，我先君简公在楚，我先大夫印段实往，敝邑之少卿[6]也，王吏不讨，恤所无也。今大夫曰：'女盍从旧。'旧有丰有省，不知所从。从其丰则寡君幼弱，是以不共，从其省则吉在此矣。唯大夫图之。"晋人不能诘。

今注

1　子西吊，子蟜送葬：这件事发生在鲁襄公十五年。

2　事大在共其时命：侍奉大国在随时受它临时的命令。

3　字小在恤其所无：怜恤小国在供给它所没有的。

4　执绋：拉着棺材前面的绳索，为的是送葬。

5　大国之惠，亦庆其加：大国的恩惠，对于它能增加典礼，也很高兴。

6　少卿：年少的卿。

今译

夏天六月，晋顷公死了。秋天八月下葬，郑国游吉来吊唁并且送葬。魏舒派士景伯来问他说："悼公的丧事时，子西来吊丧，子蟜来送葬，现在你没有副使，是什么缘故？"回答说："诸侯所以归于晋君，是礼的关系。礼是指小国侍奉大国，大国扶养小国。侍奉大国是对它随时的命令全都恭敬。扶养小国在怜恤它所没有的，我们在大国中间供给它的职责，还有预备临时的事情，哪敢忘了奉行命令。照先王的制度，诸侯的丧礼，士去吊唁，大夫送葬，只有庆贺访问以及军事方才派卿，晋国的丧事，如果遇见我们闲暇的时候，先君也曾来执绋，要是没有闲暇时，虽然士大夫，也不能完全讲礼数。大国的恩惠，对于它有增加时，很高兴，也不讨伐它的缺礼，这只是明白其实情，以取备成礼而已。周灵王的葬事，我先君简公恰好在楚国，我先大夫年轻的卿印段实在到周都城去，王的官吏也不以为不好，因为怜恤我们所没有的。现在你大夫说：'你何不照旧呢？'论起旧的，有丰盛有简省，不知道从哪一种。论其丰盛的，寡君幼弱所以没有办法；要从简省，我游吉在这儿。请大夫细想想。"晋人没有办法责问。

经 冬十有二月，吴灭徐，徐子章羽奔楚。

传 吴子使徐人执掩余，使钟吾人执烛庸，二公子奔楚。楚子大封而定其徙[1]，使监马尹开大心逆吴公子使居养[2]，莠尹然、左司马沈尹戌城之[3]，取于城父与胡田以与之，将以害吴也。子西谏曰："吴光新得国，而亲其民，视民如子，辛苦同之，将用之也。若好吴边疆，使柔服焉，犹惧其至，吾又疆其雠以重怒之，无乃不可乎？吴，周之胄裔也，而弃在海滨，不与姬通，今而始大，比于诸华，光又甚文，将自同于先王[4]，不知天将以为虐乎？使翦丧吴国而封大异姓乎？其抑亦将卒以祚吴乎？其终不远矣。我盍姑亿[5]吾鬼神，而宁吾族姓，以待其归，将焉用自播扬焉。"王弗听。吴子怒，冬，十二月，吴子执钟吾子，遂伐徐，防山以水之[6]。己卯，灭徐，徐子章禹断其发，携其夫人以逆吴子，吴子唁而送之，使其迩臣从之，遂奔楚。楚沈尹戌帅师救徐，弗及，遂城夷[7]，使徐子处之。吴子问于伍员曰："初而言伐楚[8]，余知其可也，而恐其使余往也！又恶人之有余之功也。今余将自有之矣，伐楚何如！”对曰：“楚执政众而乖。莫适任患，若为三师以肄焉，一师至，彼必皆出，彼出则归，彼归则出，楚必道敝。亟肄以罢之，多方以误之，既罢而后以三军继之，必大克之。”阖庐从之，楚于是乎始病。

今注

1 楚子大封而定其徙：楚王给他很多土田，并规定他们的住处。

2 养：《汇纂》说：“今河南沈邱县东有养城。”

3 城之：筑城墙。

4 先王：指太王王季。

5 亿：等于安定。

6 防山以水之：壅徐国的山，使它出水以灌徐都城。

7 夷：即城父，今安徽省亳县东南，涡阳县西北。

8 初而言伐楚：你最初说伐楚国。在鲁昭公二十年。

今译

吴王差徐人捉拿掩余，差钟吾人捉拿烛庸，二公子闻知了消息，就逃奔到楚国去。楚王便大大封给他们土田，使其定居，差监马尹叫大心的，迎接吴公子们，使居住在养那里；差莠尹然、左司马沈尹戌替他们修城池，又取城父和胡田给他们，为的是要想害吴国。子西谏说：“吴公子光新近获得了吴国，亲爱他的人民，看待人民像儿子一般，辛苦也大家同受，将来正要利用他们呢？如果和吴国的边疆上能要好些，使他们软服了我，还怕他侵伐我，现在我却又加强了他的仇敌，重重地惹怒他，怕是不可以的罢？吴国是周朝的后代，却丢弃在海边上，不和姓姬的各国相通连，直到现在方强大起来，可同中原各国相仿佛。光又甚文雅，也许它会同太王王季一样兴盛起来！不知道天是将要使吴为虐呢？还是要消灭了吴国，把土地封大异姓呢？还是终究要降福在吴国呢？它的分晓怕并不久远了，我们何不姑且安定我的祖宗，稳定我的子孙，慢慢等待它的归结；为什么先要自己这么虚张声势呢？”王不听他的话。吴王果然大怒，冬天十二月中，吴王捉住钟吾子，便又去伐徐国，防壅了山，使水灌那徐国都城。己卯那天，灭掉徐国；徐子章禹便剪断头发带了他的夫人一同去迎接吴王。吴王安慰他一番，便送他出境去，使他亲信的臣子跟着，便逃到楚国去。楚沈尹戌正领着兵要来救徐国，却已经来不及了，便筑城在夷这地方，使徐子住在那里。吴王问伍员说：“从前你说去伐楚国，我原知道是可以的，不过我恐怕他要差我前去；又厌恶他人抢了我的功劳去。如今我将要自己得这功劳了，去伐楚国你看怎众样？”子胥回答说：“楚国执政的大臣，又是多，又是乖张，没有一个担当国家患难的。如果我们用三支兵去突袭，一支兵到了，他们一定便都出来，等他们既出以后，我们便回来，他们既回去以后，我们便再出去。那么楚兵一定要在路上赶疲乏了，屡次去突袭他们，使他们疲乏；又多从各方面攻打，去迷误他们，等得他们既经疲极了，然后才拿三军接着攻进，那一定能大胜了。”阖庐依了他的计划，楚国到这时候方才开始衰败。

昭公三十有一年（公元前五一一年）

经　三十有一年，春，王正月，公在乾侯。

传　三十有一年，春，王正月，公在乾侯，言不能外内也[1]。

今注

1　言不能外内也：意思是说，他也不能在外，也不能在内。

今译

三十一年春天正月，鲁昭公住在乾侯，《春秋》上如此记载，表示他既不能外得齐晋的帮助，国内也不能为臣子所容纳。

经 季孙意如会晋荀跞于适历。

经 晋侯使荀跞唁公于乾侯。

传 晋侯将以师纳公，范献子曰："若召季孙而不来，则信不臣矣，然后伐之，若何？"晋人召季孙，献子使私焉，曰："子必来，我受其无咎[1]。"季孙意如会晋荀跞于适历[2]，荀跞曰："寡君使跞谓吾子何故出君？有君不事，周有常刑，子其图之。"季孙练冠麻衣跣行[3]伏而对曰："事君臣之所不得也，敢逃刑命。君若以臣为有罪，请囚于费以待君之察也，亦唯君。若以先臣之故，不绝季氏而赐之死。若弗杀弗亡，君之惠也，死且不朽。若得从君而归，则固臣之愿也，敢有异心。"夏，四月，季孙从知伯[4]如乾侯，子家子曰："君与之归，一慙之不忍，而终身慙乎？"公曰："诺。"众曰："在一言矣，君必逐之[5]。"荀跞以晋侯之命唁公，且曰："寡君使跞以君命讨于意如，意如不敢逃死，君其入也。"公曰："君惠顾先君之好，施及亡人，将使归粪除宗祧以事君，则不能见夫人[6]已。所能见夫人者有如河！"荀跞掩耳而走，曰："寡君其罪之恐，敢与知鲁国之难。臣请复于寡君。"退而谓季孙："君怒未怠，子姑归祭[7]。"子家子曰："君以一乘入于鲁师，季孙必与君归。"公欲从之，众从者胁公不得归。

今注

1 我受其无咎：我保证你没有危险。

2 适历：《春秋释地》说："以适历音滴沥，在今河北大名县废魏县城，地在乾侯东北，荀跞一面会季孙，一面嘱孟孙从荀跞如乾侯，道路甚顺。"

3 练冠麻衣跣行：练冠是布的帽子，麻衣是深颜色的布衣服，跣行是不穿鞋。

4　知伯：荀跞。

5　君必逐之：晋君必定把季孙意如驱逐走。

6　夫人：指季孙。

7　子姑归祭：你姑且回去代表君去祭祀。

今译

晋侯将以军队送鲁昭公回国，士鞅说："要是叫季孙来，而他不来，那么他就真正不再臣服了，然后再讨伐他，怎么样？"晋人就来叫季孙，士鞅偷着派人告诉他："你必须要来，我可以担保没有罪过。"于是季孙意如就到适历这地方去会见晋国荀跞，荀跞说："寡君派跞来问你，为什么将鲁君驱逐出来？有位君而不侍奉他，周本来有常的刑法，你必须想想吧！"季孙意如就穿着丧服，布的帽子，不穿鞋，伏在地上回答说："侍奉鲁君是我所希望而不得的，我岂敢逃避刑法呢？鲁君若以我为有罪，请囚在费这地方，以待君的考察，也听着君办。要是因为先臣的缘故，不使季氏绝后，而只赐我死，那也照你办。要是不杀我，也不令我逃亡，这是君的恩惠，我就死也不朽烂。若能跟着君回国，这实在是我的愿望，还敢有另外的心吗？"夏天四月，季孙意如随着荀跞到乾侯去，子家羁对鲁昭公说："君与他回去吧，不忍一次的羞辱，而变成终身羞辱吗？"昭公说："好吧！"其余的众人说："就在一句话，你必定告诉晋君驱逐季孙。"荀跞用晋君的命令去问候鲁昭公并且说："寡君派我用你的命令讨伐意如，意如不敢逃死，已来迎君，你就回国吧！"昭公说："你惠顾到先君的和好，连及逃亡的人，将派我回去打扫宗庙以侍奉你，就不能见这个人。我要是见这个人，就跟黄河的水一样。"荀跞掩着耳朵就走了，说："我们寡君很怕因为使你回国而得到罪状，现在你不回，我们怎么敢与闻鲁国的祸难。我们就请回答寡君的话去。”他就退下对季孙说：“鲁君的怒还没有止息，你姑且回去替他祭宗庙吧！”子家羁又说：“你以一乘车进到鲁国军队里，季孙必定跟你回去。”昭公想听从这办法，可是很多随从的人胁迫他不得回去。

经 夏，四月，丁巳，薛伯穀卒。

传 薛伯穀卒，同盟故书。

今译

薛伯穀死了，因为同盟的缘故，所以写到《春秋》上。

经 秋，葬薛献公[1]。

今注

1 此经无传。

今译

秋天给薛献公行葬礼。

传 秋，吴人侵楚，伐夷侵潜六[1]，楚沈尹戌帅师救潜，吴师还，楚师迁潜于南冈[2]而还。吴师围弦[3]，左司马戌、右司马稽帅师救弦，及豫章，吴师还，始用子胥之谋也。

今注

1 夷侵潜六：夷一作彝，即城父。六即故六国在今安徽省六安。潜即霍山。

2 南冈：《左通补释》说：“以霍山县东北三十里有灊城，南冈即汉置县处也。”

3 弦：楚地，在今河南潢川县西南。

今译

秋天，吴人侵略楚国，伐夷同潜六三个地方，楚国沈尹戌率领军队救潜，吴国军队就回去了。楚国军队也把潜的人民迁到南冈，然后他们也回去。这时吴国军队又围了弦这地方，楚国的左司马戌、右司马稽率着军队去救弦，到了豫章，吴国军队就回去了，这是第一次用伍子胥的计谋。

经 冬，黑肱以滥来奔。

传 冬，邾黑肱以滥[1]来奔，贱而书名[2]，重地故也。君子曰："名之不可不慎也如是！夫有所有名而不如其已[3]，以地叛，虽贱必书地，以名其人，终为不义，弗可灭已。是故君子动则思礼，行则思义；不为利回[4]，不为义疚[5]，或求名而不得[6]，或欲盖而名章，惩不义也，齐豹为卫司寇，守嗣大夫，作而不义，其书为盗[7]，邾庶其[8]、莒牟夷[9]、邾黑肱[10]以土地出，求食而已，不求其名，贱而必书。此二物者，所以惩肆而去贪也。若艰难其身，以险危大人[11]，而有名章彻[12]，攻难之士将奔走之，若窃邑叛君以徼大利而无名，贪冒之民将寘力焉。是以《春秋》书齐豹曰盗，三叛人名，以惩不义，数恶无礼，其善志也。故曰《春秋》之称微而显[13]，婉而辨，上之人能使昭明，善人劝焉，淫人惧焉，是以君子贵之。"

今注

1 滥：《一统志》说："在今山东滕县东南六十里。"

2 贱而书名：他不是命卿而写到《春秋》上。

3 夫有所有名而不如其已：虽然有名字，有地位，但是不如没有。

4 不为利回：不为利而摇动正心。

5 不为义疚：不为义所病。

6 或求名而不得：或想出名而不能得到。

7 其书为盗：这是昭公二十年齐豹想得名，而《春秋》上写他为盗，使他求名而不得。

8 邾庶其：在襄公二十一年。

9 莒牟夷：在昭公五年。

10 邾黑肱：见此段。

11 大人：在位的人。

12 而有名章彻：他的勇名，就可以四布。

13 微而显：文微细而义很显明。

今译

冬，邾国的黑肱以滥这地方逃到鲁国，他地位很低下，而《春秋》上写着他的名字，因为重视地的缘故。君子说："名的不可以不慎重，就是这个样子。有的有名就不如没有，以地反叛，虽然地位贱，必写上地并写上这个人的名字，这一下始终是不义，是没法灭掉，所以君子动必定想到礼，行必想到义，不为利益而变他的正心，不为义而不动，有的是求名而不得，有的是想掩盖而愈发，把名字更张明，这是因为惩戒不义的缘故。齐豹为卫国的司寇，接着上辈做大夫，做的事情不合义理，就把他写成盗，邾庶其、莒牟夷、邾黑肱以土地出奔，这只不过是求得饮食，并不求得出名，他们地位贱，而必定写在《春秋》上。这两件事，为的是惩戒放肆而去贪心的人。要是自己做得很艰难，以害在位的人，而得了勇士的名，做祸难的人，全都要追随他。要是窃取一个土地，背叛国君以得到大的利益，而不记录他的名字，贪冒的人民将尽力来做。所以《春秋》写齐豹叫作强盗，三个反叛的全有人名，这是惩戒无义的人，反对无礼的，这是善于记事。所以说《春秋》的称为文章隐微而意思显著，文辞委婉而宗旨明白，在位的人能够这样办，好人全部都很被劝，坏人就很害怕，所以君子颇以为贵。”

经 十有二月，辛亥，朔，日有食之。

传 十二月，辛亥，朔，日有食之。是夜也，赵简子梦童子羸而转以歌[1]，旦占诸史墨曰：“吾梦如是，今而日食，何也？”对曰：“六年及此月也，吴其入郢乎，终亦弗克。入郢必以庚辰，日月在辰尾[2]，庚午之日，日始有谪[3]，火胜金故弗克。”

今注

1 梦童子羸而转以歌：羸同裸。梦见一个小孩子没有穿衣服婉转地歌唱。

2 日月在辰尾：辰尾是龙的尾。

3 日始有谪：日开始有变气。

今译

十二月辛亥初一，晋国有日食，这天夜里，赵鞅梦见一个童子不穿衣服婉转地歌唱，早晨就问史墨说：“我梦见如此，今天就日食，是什么缘故？”史墨回答说：“六年以后，到了这个月，吴国恐怕就要进入楚国都城郢，但是终久也没有成功。入郢必定在庚辰那天，日月全在龙尾，自从庚午那天，太阳方始变化，火胜金，所以不能成功。”

昭公三十二年（公元前五一〇年）

经 三十有二年，春，王正月，公在乾侯，取阚[1]。

今注

1 此经无传。

今译

三十二年，春王正月，昭公在乾侯，取阚的地方。

传 三十二年，春，王正月，公在乾侯，言不能外内，又不能用其人也[1]。

今注

1 又不能用其人也：其人指子家羁。

今译

三十二年，春王正月，昭公在乾侯，《春秋》上说昭公在乾侯，意思说不能够外边得到齐晋的帮助，又不能听从子家羁的话。

经 夏，吴伐越。

传 夏，吴伐越，始用师于越也。史墨曰："不及四十年，越其有吴乎？越得岁[1]，而吴伐之，必受其凶。"

今注

1 越得岁：岁是岁星，这年岁星方达到吴越的分野。

今译

夏天，吴国讨伐越国，开始用军队来伐越国，晋国的史墨说："不到四十年，越国恐怕就要占据了吴国？越国得了岁星，而吴来讨伐它，必定受到它的凶灾。"

经 秋，七月。

经 冬，仲孙何忌会晋韩不信、齐高张、宋仲几、卫世叔申、郑国参、曹人、莒人、薛人、杞人、小邾人城成周。

传 秋，八月，王使富辛与石张如晋，请城成周[1]，天子曰："天降祸于周，俾我兄弟[2]，并有乱心，以为伯父忧，我一二亲昵甥舅不遑启处，于今十年，勤戍五年，余一人无日忘之，闵闵焉如农夫之望岁，惧以待时。伯父若肆大惠，复二文[3]之业，弛周室之忧，徼文武之福，以固盟主，宣昭令名，则余一人有大愿矣。昔成王合诸侯城成周以为东都，崇文德焉。今我欲徼福假灵于成王，修成周之城，俾戍人无勤，诸侯用宁，蝥贼远屏，晋之力也，其委诸伯父，使伯父实重图之。俾我一人无征怨于百姓，而伯父有荣施，先王庸之[4]。”范献子谓魏献子曰：“与其戍周，不如城之，天子实云。虽有后事，晋勿与知，可也。从王命以纾诸侯，晋国无忧，是之不务，而又焉从事。”魏献子曰：“善。”使伯音[5]对曰：“天子有命，敢不奉承以奔告于诸侯，迟速衰序于是焉在。”冬，十一月，晋魏舒、韩不信如京师，合诸侯之大夫于狄泉寻盟，且令城成周，魏子南面。卫彪傒[6]曰：“魏子必有大咎，干位以令大事，非其任也。《诗》曰：‘敬天之怒，不敢戏豫，敬天之渝，不敢驰驱[7]。’况敢干位以作大事乎？”己丑，士弥牟营成周，计丈数，揣高卑，度厚薄，仞沟洫，物土方，议远迩，量事期，计徒庸[8]，虑财用，书糇粮[9]，以令役于诸侯，属役赋丈[10]，书以授帅[11]，而效诸刘子，韩简子临之以为成命。

今注

1　请城成周：请修成周的城。

2　兄弟：指王子朝。

3　二文：指文侯仇及文公重耳。

4　先王庸之：先王将以为有大功。

5　伯音：韩不信。

6　彪傒：卫大夫。

7　敬天之怒，不敢戏豫，敬天之渝，不敢驰驱：《诗经·大雅》的一句诗，意思是说怕上天的发怒，所以不敢游戏，又怕天的变化，所以不敢奔走。

8　计徒庸：算计用人的数目。

9　书糇粮：写上粮食的数目。

10　属役赋丈：算计每个诸侯所应修城墙的尺寸数目。

11　书以授帅：写好了给诸侯大夫们。

今译

秋天八月，王派富辛同石张到晋国去，请修理成周的城。天王说："天降给周灾祸，使我们兄弟们全有乱心，为伯父的忧愁，我一两个亲戚同甥舅不能安居乐业，一直到现在已经十年，并且晋国又派兵来戍守周都，到了现在又五年了，我没有一天忘记诸侯辛劳，我很忧愁，跟农夫的忧饥，等待来岁收成一般。伯父若能展放大的恩惠，恢复文侯仇同文公重耳的大业，解除周室的忧虑，得到周文王武王的福气，以稳固盟主，宣布昭示令名，我就有大的愿望了。从前周成王联合诸侯，修了成周这个城，作为东都，尊崇文王的德行。我现在想着得到福祉同成王的神灵，修筑成周的城，使戍守的人不必永远勤劳，诸侯得到安静，坏的人远去，这是晋的力量，我就把这件事交给伯父，请伯父细想想。使我不必得到百姓的怨恨，而伯父也有光荣的施舍，先王全以为大功了。"士鞅对魏舒说："与其戍守周国，不如修成周的城，这是天子所说的话，虽然以后再有什么事情发生，晋国可以不必知道，遵从王的命令，以安定诸侯，晋国无忧虑，这种不管，又去管什么？"魏舒说："很好。"派韩不信回答说："天子既有命令，我敢不接受去奔告诸侯们？迟速同次序，皆尊重王所命令的。"冬十一月，晋国魏舒、韩不信到京都会合诸侯的大夫们在狄泉这地方，寻找盟誓，并且叫他们修成周的城，魏舒就南面当政权。卫国大夫彪傒说："魏舒必定有大罪咎，干犯君的位子，发号令，办大事，这不是他所应当做的。《诗经·大雅》说：'敬奉上天的怒，不敢游戏，敬奉上天的变化，也不敢出去奔走。'何况敢侵犯君位来做大事情呢？"己丑，士弥牟经营成周城，计算丈数，揣度高下，度量厚薄，查看沟洫的深浅，并相度土的方向，商量所取土的远近，需要多少工时，计用人工的多少，及财用的多寡，写明粮食的多少，把数目告诉诸侯，每个诸侯所应当修城的丈尺，写成告诉诸侯大夫，末了交给刘子，韩不信来看过，做成了修城的成法。

经 十有二月，己未，公薨于乾侯。

传 十二月，公疾，遍赐大夫，大夫不受。赐子家子双琥[1]、一环、一璧、轻服[2]，受之，大夫皆受其赐。己未，公薨。子家子反赐于府人曰："吾不敢逆君命也。"大夫皆反其赐。书曰："公薨于乾侯。"言失其所也。赵简子问于史墨曰："季氏出其君，而民服焉，诸侯与之，君死于外，而莫之或罪何也。"对曰："物生有两，有三，有五，有陪贰，故天有三辰，地有五行，体有左右，各有妃耦，王有公，诸侯有卿，皆有贰也。天生季氏以贰鲁侯，为日久矣。民之服焉，不亦宜乎？鲁君世从其失，季氏世修其勤，民忘君矣。虽死于外，其谁矜之？社稷无常奉，君臣无常位，自古以然。故《诗》曰：'高岸为谷，深谷为陵[3]。'三后之姓[4]，于今为庶，主所知也。在易卦，雷乘乾曰大壮䷡[5]，天之道也。昔成季友桓之季也，文姜之爱子也，始震而卜，卜人谒之曰：'生有嘉闻，其名曰友，为公室辅。'及生，如卜人之言，有文在其手曰友，遂以名之。既而有大功于鲁，受费以为上卿。至于文子武子[6]，世增其业，不废旧绩。鲁文公薨而东门遂杀適立庶，鲁君于是乎失国，政在季氏，于此君也四公矣。民不知君，何以得国。

是以为君，慎器与名，不可以假人。”

今注

1　双琥：是玉器。

2　轻服：细巧的衣服。

3　高岸为谷，深谷为陵：《诗经·小雅》的一句诗。意思是说高的地方可以变成深谷，深的山谷也可以变成丘陵。

4　三后之姓：三后是指虞、夏、商。

5　雷乘乾曰大壮䷡：大壮的卦是震卦，在乾卦的上面，震就等于雷。

6　文子、武子：文子是季孙行父，武子是季孙宿。

今译

十二月，鲁昭公有病，遍赐随着昭公在乾侯的各大夫，大夫们不敢接受。赐给子家羁两个玉琥，一个环一个璧，精细的衣服，子家羁接受了，于是各大夫都接受。己未，昭公死了。子家羁把昭公所赐的东西返回管财产的人说：“我不敢违背君的命令。”大夫们全都退还所接受的赏赐。《春秋》上写着说：“鲁昭公死在乾侯。”意思说他失掉他所应住的地方。赵鞅问史墨说：“季孙氏把鲁君驱逐出国，而鲁国人民全服从他，诸侯也同季孙氏来往，鲁君死在国外，而没有人说季孙的罪。这是为什么？”回答说：“物生下来有两，有三，有五，有陪衬的，所以天有日月星三辰，地有五行，身体有左右，各有配偶，王有公，诸侯有卿，全都是有陪二。天生下季氏为鲁国的陪二已经很久，人民服从他，不也是应当的吗？鲁君代代增加他的失德，季孙氏代代增加他的勤劳，人民全忘了鲁君，虽死在国外，谁还可怜他？国家没有常奉，君臣没有常的位子，自古以来常常如此。所以《诗经·小雅》有句诗说：‘高的地方常常变成深谷，深谷也常常变成丘陵。’虞夏商三代的姓氏，到现在变成庶民，这是你所知道的。在《易经》上有一卦，震在乾上就叫作大壮，这是天的道理。从前鲁国的季友是桓公的小儿子，文姜的爱子，在未生以前就占卜，占卜的人说：‘生下来以后有好的名气在世上，他的名字叫友，可以做鲁国公室的辅佐。’到了生下以后，就跟卜人所说的话一样。有一个花纹在他手里叫作友，就给他取了这个名字。后来立僖公，在鲁国有大功，受了费这地方做上卿的官。到了季孙行父同季孙宿，代代增加他的事业，不废旧的功劳。鲁文公死了，东门襄仲杀嫡子立庶子，鲁君因此失掉政权，政权才在季氏手里，到了鲁昭公，经过鲁文公，成公，襄公连昭公共四个公，人民不知道这个君，这个君怎样能得到政权。所以人君对于器同名都应当慎重，不可以假借给别人。”

卷二十八 定公上

定公元年（公元前五〇九年）

经 元年，春，王。

经 三月，晋人执宋仲几于京师。

传 元年，春，王正月，辛巳，晋魏舒合诸侯之大夫于狄泉[1]，将以城成周，魏子莅政。卫彪傒[2]曰："将建天子[3]，而易位以令，非义也。大事奸义，必有大咎，晋不失诸侯，魏子其不免乎？"是行也，魏献子属役于韩简子[4]及原寿过[5]，而田于大陆[6]，焚焉。还，卒于宁[7]，范献子去其柏椁，以其未复命而田也。孟懿子会城成周，庚寅，栽[8]。宋仲几不受功，曰："滕、薛、郳，吾役也[9]。"薛宰曰："宋为无道，绝我小国于周，以我适楚，故我常从宋。晋文公为践土之盟[10]曰：'凡我同盟，各复旧职。'若从践土，若从宋，亦唯命。"仲几曰："践土固然[11]。"薛宰曰："薛之皇祖奚仲居薛，以为夏车正，奚仲迁于邳[12]，仲虺居薛，以为汤左相，若复旧职，将承王官，何故以役诸侯？"仲几曰："三代各异物，薛焉得有旧？为宋役，亦其职也。"士弥牟曰："晋之从政者新[13]，子姑受功，归吾视诸故府。"仲几曰："纵子忘之，山川鬼神，其忘诸乎？"士伯怒，谓韩简子曰："薛征于人，宋征于鬼，宋罪大矣。且己无辞而抑我以神，诬我也。启宠纳侮[14]，其此之谓矣。必以仲几为戮。”乃执仲几以归，三月，归诸京师。城三旬而毕，乃归诸侯之戍。齐高张后，不从诸侯，晋女叔宽曰：“周苌弘、齐高张皆将不免，苌叔违天，高子违人[15]。天之所坏，不可支也，众之所为，不可奸也。”

今注

1　狄泉：周地，在今河南省洛阳县东北二十五公里，一作翟泉。

2　卫彪傒：卫大夫。

3　将建天子：建立天子的都城。

4　韩简子：晋大夫韩起。

5　原寿过：周大夫。

6　大陆：《水经注》引《魏土地记》说：“修武县西北二十五里，有吴泽水，陂南北二十许里，东西三十里。”魏献子田大陆，即吴泽矣。在今河南省修武县西北。

7　宁：晋地，《一统志》说：今河南获嘉县治，本古修武故城，即故宁也。

8　栽：开始做版筑。

9　滕、薛、郳吾役也：这三国全都为我们宋国工作。

10　践土之盟：在僖公二十八年。

11　践土固然：盟誓中说“从旧”，就仍旧为宋国工作。

12　邳：在今江苏省邳县。

13　晋之从政者新：现在晋国掌政权者是新人，指范献子。

14　启宠纳侮：开始宠爱必至于受侮。

15　苌叔违天，高子违人：苌弘违反天命，高张违反众人的意愿。

今译

元年春王正月，辛巳，晋国魏舒召集诸侯的大夫们在狄泉会合，为了建筑成周城，魏舒主持这件事。卫彪傒说："将建设天子的住所，而超越自己的地位来下命令，这是不合于义的。遇见大事情而干犯义，必定有大过错，晋国不失掉诸侯支持的话，魏舒恐怕不免于祸难。"这一次，魏舒把这工役全交给韩不信同周大夫原寿过，而自己到大陆去打猎，被火所焚伤。回来就死在宁这地方。士鞅把他的柏木的椁去掉，因为他没有复命就去打猎。仲孙何忌去开会，为了修成周的城，庚寅开始做版筑。宋仲几不愿接受工程任务，说："滕、薛、郳三国都为我宋国工作。"薛国的大夫说："宋国无道，拒绝我们小国同周室相通，率领我们侍奉楚国，所以我们常跟随着宋国。晋文公在践土盟会时说：'凡是我们同盟的人，各恢复旧的职务。'或是从践土，或者随从宋国，全都听候命令。"仲几说："盟誓中说从旧，就仍旧为宋工作吧。"薛大夫说："薛的皇祖奚仲在薛住着，做夏朝车正的官，奚仲后来迁邳，仲虺仍住在薛，做成汤的左相，要是恢复旧的职务，将担任王的官吏，怎么能够为诸侯服工役？"仲几就说："三代的情形各不相同，薛怎么能按旧章办事呢？薛为宋的工役，也是他的职责。"士弥牟说："晋国执政权的人新上任，你姑且接受这任务，回去以后，我再看看旧的章程如何？"仲几说："纵然你忘了，山川鬼神还能忘了吗？"士弥牟发怒，对韩不信说："薛拿人做证据，宋拿鬼做证据，宋的罪更大了。并且本人没话可说而拿神压迫我，这是诬赖我。开始宠爱，就会受到羞辱，说的恐怕就是这种事，必须惩罚仲几。"就把仲几逮起来，三月，送到京师，修城三十天就完了，就叫诸侯的戍兵回国。齐国高张来得晚，不能跟上诸侯们工作，晋国女叔宽说："周的苌弘、齐的高张都将不免于患，苌弘违背天，高张违背人。周室为天所坏，没法来支援，大家所做的事不可以违背。”

经 夏，六月，癸亥，公之丧至自乾侯。

经 戊辰，公即位。

经 秋，七月，癸巳，葬我君昭公。

传 夏，叔孙成子[1]逆公之丧于乾侯，季孙曰：“子家子亟言于我，未尝不中吾志也，吾欲与之从政，子必止之，且听命焉。”子家子不见叔孙，易几而哭[2]。叔孙请见子家子，子家子辞曰：“羁未得见，而从君以出，君不命而薨，羁不敢见。”叔孙使告之曰：“公衍公为实使群臣不得事君，若公子宋[3]主社稷，则群臣之愿也。凡从君出而可以入者，将唯子是听。子家氏未有后，季孙愿与子从政，此皆季孙之愿也，使不敢[4]以告。”对曰：“若立君，则有卿士大夫与守龟在，羁弗敢知。若从君者，则貌而出者[5]入可也，寇而出者[6]行可也。若羁也则君知其出也，而未知其入也，羁将逃也。”丧及坏隤[7]，公子宋先入，从公者皆自坏隤反[8]。六月癸亥，公之丧至自乾侯。戊辰，公即位。季孙使役如阚将沟焉[9]。荣驾鹅[10]曰：“生不能事，死又离之，以自旌也。纵子忍之，后必或耻之。”乃止。季孙问于荣驾鹅曰：“吾欲为君谥[11]，使子孙知之。”对曰：“生弗能事，死又恶之，以自信也，将焉用之？”乃止。秋，七月，癸巳，葬昭公于墓道南。孔子之为司寇也，沟而合诸墓。

今注

1　叔孙成子：叔孙婼的儿子叔系不敢。

2　易几而哭：几是聚哭的会，换了时间，以免与叔孙相见。

3　公子宋：昭公的弟弟定公。

4　不敢：叔孙的名字。

5　貌而出者：以义从公，与季孙并无仇怨。

6　寇而出者：与季孙有仇怨。

7　坏隤：当在今山东省郓城县境。

8　从公者皆自坏隤反：向后走等于不回鲁国。

9　季孙使役如阚将沟焉：阚是鲁群公墓所在地，在今山东省汶上县西南三十五公里，使人做沟使昭公墓与先君不能相连。

10　荣驾鹅：鲁大夫。

11　我欲为君谥：给他坏的谥号。

今译

夏天，叔孙不敢到乾侯去迎接鲁昭公的灵柩，季孙意如说："子家羁屡次同我说话，未尝不合于我的意思，我想使他随从我办理政事，你必须留住他，而且听他的意见。"子家羁不见叔孙不敢，早晨晚上哭临的时候，换了时间而去。叔孙请见他，子家羁辞谢说："羁未尝得见你，就跟着君逃出来，君未曾命我见你，就死了，所以我不敢见你。"叔孙派人告诉他说："公衍同公为两个人，实在使群臣不能侍奉昭公，若是昭公弟弟公子宋主持国家，这就符合群臣的愿望。凡是出来跟随君主而可以回去的，皆听候你的命令。子家氏没有立后人，季孙很想与你同掌政权，这完全是季孙的愿望，使不敢告诉你。"子家羁回答说："要是立君，就有卿士大夫跟占卜的龟存在，我当然不敢知道。要是从君出来的，跟季孙没有怨恨的，就可以回去。若跟季孙为敌人的，就可以出奔。只有我自己，则君知道我出来，而不知道我回去，我将逃亡。"到了坏隤的地方，公子宋先回去，跟昭公逃亡在外的，全从坏隤出奔。六月癸亥，昭公的尸体从乾侯回来。戊辰，定公即位。季孙派工人到鲁先公墓地阚地去，准备挖条沟。荣驾鹅说："活着不能够侍奉他，死了又使他同祖先分离，以自己表章。纵然你可以忍受，以后你的子孙必定以为羞耻。”季孙就停止了。季孙又问荣驾鹅说：“我想给君立个谥号，使以后的子孙全都知道。”回答说：“生不能侍奉他，死了还憎恶他，以表示自己的不忠，这又何必呢？”季孙就不办。秋七月癸巳，在墓道的南边葬了昭公。孔子做司寇的时候，四面给昭公墓挖沟，使它同鲁先君的墓道相连。

经 九月，大雩[1]。

今注

1 此经无传。

今译

九月，鲁国行求雨的典礼。

经 立炀宫。

传 昭公出，故季平子祷于炀公。九月，立炀宫[1]。

今注

1 炀公：是伯禽的儿子，是鲁国第一次以小宗代大宗的君，所以季孙祷告他。详见李宗侗著《中国古代社会新研》及《中国古代社会史》。

今译

昭公出奔时，季孙意如对炀公祷告。九月就立了炀公的庙。

传 周巩简公[1]弃其子弟而好用远人[2]。

今注

1 巩简公：周卿士。

2 远人：指异族。

今译

周卿士巩简公，抛弃他的子弟而好用远人。

经 冬，十月，陨霜杀菽[1]。

今注

1 此经无传。

今译

冬天十月，下霜毁掉很多豆苗。

定公二年（公元前五〇八年）

经 二年，春，王正月。

今译

二年，春，王正月。

传 二年，夏，四月，辛酉，巩氏之群子弟贼简公[1]。

今注

1 这节与去年一节相连，足证《春秋》与《左氏春秋》是两部书，而《左氏》非为解释《春秋》而作。

今译

夏天四月辛酉，巩氏的群子弟偷杀巩简公。

经 夏，五月，壬辰，雉门及两观灾[1]。

今注

1 雉门及两观灾：雉门是公宫的南门，两观是左右的阙，发生了火灾。此经无传。

今译

五月壬辰，鲁公宫的南门同它左右两观全着了火。

经 秋，楚人伐吴。

传 桐[1]叛楚，吴子使舒鸠氏[2]诱楚人，曰："以师临我[3]，我伐桐，为我使之无忌[4]。"秋，楚囊瓦伐吴师于豫章[5]。吴人见舟于豫章，而潜师于巢。冬，十月，吴军楚师于豫章，败之，遂围巢，克之，获楚公子繁[6]。

今注

1 桐：偃姓国，《一统志》说：在今安徽桐城县北。

2 舒鸠氏：楚属国，在今安徽舒城县境。

3 以师临我：使舒鸠人引诱楚国攻击吴国。

4 我伐桐，为我使之无忌：吴假作畏楚，讨叛楚的桐，使楚人不疑心。

5 豫章：楚地，在今安徽省寿县城西四十里寿春古城。

6 公子繁：楚守巢大夫。

今译

桐国叛楚国，吴王叫舒鸠氏引诱楚国人，说："用军队来威吓我，我就伐桐，使楚国对吴国没有疑忌。"秋，楚囊瓦领着军队到豫章伐吴国，吴国人的舟师到豫章，而偷着派军队到巢。冬天十月，吴国军队在豫章打败了楚国，就围了巢，战胜它，捕获了楚公子繁。

经 冬，十月，新作雉门及两观[1]。

今注

1 此经无传。

今译

冬天十月，重新修理鲁公宫的南门同两观。

传 邾庄公与夷射姑[1]饮酒，私出[2]，阍乞肉焉，夺之杖以敲之。

今注

1 夷射姑：邾大夫。射音亦。

2 私出：私避饮酒逃出。

今译

邾庄公同邾大夫夷射姑喝酒，偷着逃出，看门的人向他要肉吃，他夺掉看门人的杖，敲打看门人的头。

定公三年（公元前五〇七年）

经 三年，春，王正月，公如晋，至河乃复[1]。

今注

1 此经无传。

今译

三年春王正月，鲁定公到晋国去，到了黄河边就回来。

经 二月，辛卯，邾子穿卒。

传 三年，春，二月，辛卯，邾子在门台[1]临廷，阍以缾水沃廷，邾子望见之怒。阍曰："夷射姑旋焉[2]。"命执之，弗得，滋怒，自投于床，废[3]于炉炭，烂，遂卒。先葬以车五乘，殉五人。庄公卞急而好洁，故及是。

今注

1　门台：门上有台。

2　旋焉：曾经小便。

3　废：废等于堕下。

今译

三年春二月辛卯，邾庄公在门楼的台上看着庭院，看门的人拿水来洗刷庭院，邾庄公看见了很生气。把门的人说："夷射姑在这里小便了。"他就叫人逮捕夷射姑，得不到，越发恼怒，自己从床上跳下来，掉到炉炭中，伤重而死。葬的时候用车五辆，用五个人殉葬。庄公性子很急又喜欢干净，所以到了如此地步。

经　夏，四月。

经　秋，葬邾庄公。

传　秋，九月，鲜虞人败晋师于平中[1]，获晋观虎，恃其勇也。

今注

1　平中：晋地，当在今河北省平山、唐县、新乐诸县境。

今译

秋天九月，鲜虞人在平中这地方打败了晋师，得了晋国的观虎，因为他仗着他很勇敢，轻敌了，所以被俘获。

经　冬，仲孙何忌及邾子盟于拔。

传　冬，盟于郯[1]，修邾好也。

今注

1　郯：郯即拔，程发轫教授说："案拔《公羊传》作枝，枝与滋同音通假，滋阳以滋山得名，在今山东省滋阳县境。"

今译

冬天，仲孙何忌与邾子在郯这地方盟会，这是为了与邾国修好。

传 蔡昭侯为两佩[1]与两裘，以如楚，献一佩一裘于昭王。昭王服之以享蔡侯，蔡侯亦服其一。子常欲之，弗与，三年止之。唐成公[2]如楚，有两肃爽马[3]，子常欲之，弗与，亦三年止之。唐人或相与谋，请代先从者，许之。饮先从者酒，醉之，窃马而献之子常，子常归唐侯。自拘于司败，曰："君以弄马之故隐君身，弃国家群臣，请相夫人[4]以偿马，必如之。"唐侯曰："寡人之过也，二三子无辱！"皆赏之。蔡人闻之固请而献佩于子常。子常朝，见蔡侯之徒，命有司曰："蔡君之久也，官不共也。明日礼不毕将死。"蔡侯归及汉，执玉而沉，曰："余所有济汉而南者，有若大川！"蔡侯如晋，以其子元与其大夫之子为质焉，而请伐楚。

今注

1 两佩：两件佩玉。

2 唐成公：唐惠侯的后人。

3 肃爽：骏马的名字。

4 相夫人：帮助养马的人。

今译

蔡昭侯做了两个玉佩跟两个皮袄到楚国去，贡献一块玉佩跟一件皮袄给楚昭王。昭王穿戴好来同蔡昭侯吃饭，蔡昭侯也穿戴着同样的皮袄和玉佩。囊瓦很想要，不给他，就叫蔡昭侯住在楚国三年。唐成公到楚国去，有两匹肃爽马，囊瓦也想要，他不给，也叫他住在楚国三年。唐国人互相商量，请替代先去的人，唐成公答应了。就给先去的人酒喝，使他喝醉，就乘着机会偷掉了马而献给囊瓦，囊瓦就使唐成公回国了。偷马的人自己到法官那里去自首说："君因为弄马，身陷困境，弃掉国家，我们群臣请求帮助养马的来赔偿这马，必定跟原马一样。"唐成公说："这是寡人的过错，你们不必羞辱自己。"就给他们赏赐。蔡人听见了，坚决地要求蔡昭侯把玉佩献给囊瓦。囊瓦上朝见了蔡侯的从人，又命有司说："蔡君长久在楚国，是因为楚国的官吏没有预备好供给蔡君的礼品，明天礼品预备不好，我必定处死你。"蔡昭侯回来到了汉水，把玉沉入水中，说："我要是再过汉水而到南方去，以大水为誓！"蔡昭侯到晋国，拿他的儿子元同大夫的儿子为人质，请伐楚国。

定公四年（公元前五〇六年）

经 四年，春，王二月，癸巳，陈侯吴卒[1]。

今注

1 此经无传。

今译

春王二月癸巳，陈侯吴死了。

经 三月，公会刘子、晋侯、宋公、蔡侯、卫侯、陈子、郑伯、许男、曹伯、莒子、邾子、顿子、胡子、滕子、薛伯、杞伯、小邾子、齐国夏于召陵，侵楚。

传 四年，春，三月，刘文公[1]合诸侯于召陵[2]，谋伐楚也。晋荀寅求货于蔡侯，弗得，言于范献子曰："国家方危，诸侯方贰，将以袭敌，不亦难乎？水潦方降，疾疟方起，中山[3]不服，弃盟取怨，无损于楚，而失中山，不如辞蔡侯。吾自方城以来[4]，楚未可以得志，只取勤焉。”乃辞蔡侯。晋人假羽旄于郑，郑人与之。明日或旆以会，晋于是乎失诸侯。将会，卫子行敬子[5]言于灵公曰：“会同难[6]，啧有烦言，莫之治也，其使祝佗[7]从。”公曰：“善。”乃使子鱼。子鱼辞曰：“臣展四体，以率旧职，犹惧不给，而烦刑书。若又共二[8]，徼大罪也。且夫祝，社稷之常隶也。社稷不动，祝不出竟，官之制也。君以军行，祓社衅鼓，祝奉以从，于是乎出竟。若嘉好之事，君行师从，卿行旅从，臣无事焉。”公曰：“行也。”及皋鼬[9]，将长蔡于卫。卫侯使祝佗私于苌弘曰：“闻诸道路，不知信否，若闻蔡将先卫，信乎？”苌弘曰：“信，蔡叔康叔之兄也，先卫，不亦可乎？”子鱼曰：“以先王观之，则尚德也。昔武王克商，成王定之，选建明德以蕃屏周，故周公相王室以尹天下，于周为睦，分鲁公[10]以大路大旂，夏后氏之璜[11]，封父之繁弱[12]，殷民六族，条氏、徐氏、萧氏、索氏、长勺氏、尾勺氏[13]，使帅其宗氏，辑其分族，将其类丑，以法则周公，用即命于周，是使之职事于鲁，以昭周公之明德，分之土田陪敦[14]，祝、宗、卜、史[15]，备物典策[16]，官司彝器，因商奄之民，命以《伯禽》[17]，而封于少皞之虚[18]。分康叔[19]以大路、少帛、綪茷、旃旌、大吕[20]，殷民七族，陶氏、施氏、繁氏、锜氏、樊氏、饥氏、终葵氏，封畛土略。自武父[21]以南及圃田[22]之北竟，取于有阎之土[23]以共王职，取于相土之东都[24]，以会王之东蒐，聃季[25]授土，陶叔[26]授民，命以《康诰》而封于殷虚[27]，皆启以商政，疆以周索[28]。分唐叔[29]以大路，密须[30]之鼓，阙巩[31]沽洗[32]怀姓九宗，职官五正[33]，命以《唐诰》而封于夏虚，启以夏政[34]，疆以戎索。三者皆叔也，而有令德，故昭之以分物，不然，文武成康之伯犹多，而不获是分也，唯不尚年也。管蔡启商，惎间王室[35]，王于是乎杀管叔而蔡[36]蔡叔，以车七乘，徒七十人。其子蔡仲改行帅德，周公举之以为己卿士，见诸王而命之以蔡，其命书云：'王曰：胡！无若尔考之违王命也！'若之何其使蔡先卫也？武王之母弟八人：周公为大宰，康叔为司寇，聃季为司空，五叔无官，岂尚年哉？曹文之昭也，晋武之穆也，曹为伯甸[37]，非尚年也。今将尚之，是反先王也。晋文公为践土之盟，卫成公不在，夷叔其母弟也，犹先蔡，其载书云：'王若曰：晋重[38]鲁申[39]卫武[40]蔡甲午[41]郑捷[42]齐潘[43]宋王臣[44]莒期[45]'藏在周府，可覆视也。吾子欲复文武之略，而不正其德，将如之何？"苌弘说，告刘子，与范献子谋之，乃长卫侯于盟。反自召陵，郑子大叔未至而卒，晋赵简子为之临，甚哀，曰："黄父之会[46]，夫子语我九言曰：'无始乱，无怙富，无恃宠，无违同，无敖礼，无骄能[47]，无复怒[48]，无谋非德[49]，无犯非礼[50]。'"

今注

1　刘文公：周卿士王有伯。

2　召陵：今河南省郾城县东北四十五里，有召陵城。

3　中山：即鲜虞。

4　吾自方城以来：晋败楚并侵略方城在鲁襄公十六年。

5　子行敬子：卫大夫。

6　会同难：会盟的事不易处理。

7　祝佗：卫太祝名佗字子鱼。

8　若又共二：若兼任两个职务。

9　皋鼬：郑地，《一统志》说：在今河南临颍县南。

10　鲁公：周公子伯禽。

11　夏后氏之璜：夏朝传下来的一块玉，《周礼》说"半璧曰璜"。

12　封父之繁弱：《左通补释》说：封父亭在今河南省封丘县治。

13　殷民六族，条氏、徐氏、萧氏、索氏、长勺氏、尾勺氏：鲁国的小人阶级都是殷遗民，所以鲁国有亳社。

14　陪敦：陪敦就是附庸。

15　祝、宗、卜、史：太祝、宗人、太卜、太史。

16　典策：杜预以为即《春秋》的同类。

17　命以伯禽：《伯禽》是诰命的一篇，同《康诰》相类。

18　而封于少皞之虚：今山东省曲阜县东北八里有少皞陵。

19　康叔：卫始封祖。

20　少帛、绮茷、旃旌、大吕：少帛是杂色的帛，绮茷是用红色的草染的，用这种帛做的旗叫作旃，用羽毛做的叫作旌，大吕是钟名。

21　武父：程发轫氏说当在今河北省大名县以北。

22　圃田：在今河南省中牟县西北七里。

23　有阎之土：江永说应在今河南省洛阳县西南。

24　取于相土之东都：王国维说："宋之国都确为昭明相土之故都。"在今河南省商丘县南。

25　聃季：周公弟，任司空。

26　陶叔：任司徒。

27　殷虚：河南省的邺县及朝歌县皆旧殷墟。

28　索：启鲁卫两国。

29　唐叔：晋国始封祖。

30　密须：旧国名。

31　阙巩：甲的名字。

32　沽洗：钟名。

33　怀姓九宗，职官五正：怀姓是唐国的遗民，九宗是分为九族。

34　启以夏政：用夏朝的风俗来开启他，比如在春秋时晋国仍用夏正。

35　惎间王室：毒害王室。

36　蔡蔡叔：《正义》引《说文》："槃，散之也，从米杀声，……写者全类蔡字。"侗案放逐蔡叔，所以下文说"以车七乘，徒七十人"，前后相呼应。

37　曹为伯甸：曹封爵较小，只是伯爵，且是甸服。

38　晋重：晋文公。

39　鲁申：鲁僖公。

40　卫武：卫国叔武。

41　蔡甲午：蔡庄侯。

42　郑捷：郑文公。

43　齐潘：齐昭公。

44　宋王臣：宋成公。

45　莒期：莒兹丕公。

46　黄父之会：在昭公二十五年。

47　无骄能：不要以自己的能力傲视旁人。

48　无复怒：不要对同一事再次发怒。

49　无谋非德：不做不合于德行的事。

50　无犯非礼：不做不合礼的事。

今译

四年春三月，刘文公在召陵会合诸侯，为的是要讨伐楚国。晋国荀寅对蔡昭侯要求财货，而不能得。他就对士鞅说："国家方在危险的时候，诸侯方有二心，这时候去偷袭敌人，不也是很难的吗？水灾要来了，传染病也要起了，鲜虞不服从晋国，舍弃晋楚的盟誓招来怨恨，这种情形对楚国并没有损失，而我方却丢掉鲜虞，不如辞谢蔡昭侯。我们自从侵略方城以来，对楚也未能得志，只是使军队劳苦而已。”就辞谢了蔡昭侯。晋人从前向郑国借羽毛的旌旗，郑人给了他，第二天就打着这大旗去开会，晋国因此就失掉诸侯的心。开会以前，卫大夫子行敬子对卫灵公说：“会盟的事很难办，到了辩争的时候，没人能够处理，不如叫祝佗跟着去开会。”灵公说：“很好。”就叫祝佗跟去。祝佗辞谢说：“我竭尽全力，做旧的工作，尚且怕不能成功，受到刑罚。要是兼着两个职务，必定得到大罪过。并且祝是国家的贱臣，国家不动，祝官就不出边境，这是官职的制度。君要以军队行，事先对社神祓除不祥，把鼓也涂上血，祝奉着社神跟着君去，于是就跟着出境。至于朝会的事情，君要去，有两千五百人的军队跟随，卿要去，就令五百人的军队跟随，我并没有什么事情。”卫灵公说：“去吧！”到了皋鼬，听说将使蔡侯比卫侯先歃血。卫侯就派祝佗偷着对苌弘说：“听见道路上传闻，但不知可靠不可靠，说蔡将先卫歃血，这话可信吗？”苌弘说：“可信，蔡叔是康叔的哥哥，先让卫歃血不也可以吗？”祝佗说：“以先王的法律来看，就以德行为上。从前周武王战胜了商国，周成王安定天下，选了很多有德的人做周室的屏藩，所以周公辅佐王室以安定天下，对于周，周公是最亲睦的，分给鲁公伯禽以金车，大的旗子，夏后氏的璜玉，封父的繁弱弓，加上殷民六族：条氏、徐氏、萧氏、索氏、长勺氏、尾勺氏，叫他们率领他的宗族，联合他的分族，率领他的众民，追随着周公，听从周公的命令，到鲁国去做事，用以昭宣周公的明德，分给他土田还有附庸的国家，太祝、宗人、太卜和太史，书写用的竹简，百官和常用的器物，安抚商奄的人民，做了《伯禽》这篇封诰，而封他在少皞这地方。分给康叔以大的车，杂色的帛，红颜色的旌旗，各种旗，大吕的钟，殷民七族：陶氏、施氏、繁氏、锜氏、樊氏、饥氏、终葵氏，封地自武父以南一直到圃田的北境，还有阎这块地方，以履行对王室的义务，再给他相土的东都，帮助周王在东方打猎，司空聃季交给他土地，司徒陶叔交给他人民，用《唐诰》来册命他，封他在殷墟，鲁卫两国皆用商朝的政治来开启他，而以周法来疆理他。分给唐叔以大的路车，密须国的鼓，阙巩的盔甲，沽洗的钟，怀姓的旧民九宗，五种长官，用《唐诰》来册命他，而封在夏虚这地方，用夏朝的政治开启他，而以戎狄的法律来疆理他。这三位全是天子的兄弟，他们皆有很好的德行，故用分物来宣扬他们的德行。不然文、武、成、康时封的人很多，而不分到各种物件，就是因为他并不以年龄为主。管叔、蔡叔联络商朝，毒害周王室，于是周成王杀了管叔，而放逐蔡叔，用车七辆，跟蔡叔一同被放逐的有七十人。他的儿子蔡仲改了行为，崇奉德行，周公就推举他做自己的卿士，使他见了王，而命他为蔡侯，册命书定着：'王说：胡！不要像你父亲那样，违背王的命令。'怎么能叫蔡在卫的前面呢？武王的同母弟兄八个人，周公做太宰，康叔做司寇，聃季做司空，其余的五位没有官做，这岂是以年龄为标准推举吗？曹国君主是文王的后代，晋国君主是武王的后代。曹国是伯爵，而在甸服的位子，这也不是崇尚年龄。现在要崇尚年龄，这是反对先王的旧办法。晋文公做践土的盟会时，卫成公不参加，夷叔是他同母弟弟，尚且在蔡先，据他的盟誓书说：'王这样说：晋重、鲁申、卫武、蔡甲午、郑捷、齐潘、宋王臣、莒期。'藏在周的府库中，可以去翻看。你想恢复周文武的规矩，而不恢复他的德行，那将怎么办呢？"苌弘高兴了，就告诉刘子，同士鞅去商量，歃血时就把卫侯搁在前边。从召陵地方回来，郑国游吉未到国内就死了，晋国的赵鞅，为他哭泣，很哀痛地说："黄父的盟会时，他告诉我九句话说：'不要开始作乱，不要以富而骄，不要恃着长官的宠爱，不要违背同事，不要傲视礼节，不要以能力傲视人，不要为一件事重复地发怒，不要谋划坏事，不要做不合正义的事情。'"

经 夏，四月，庚辰，蔡公孙姓帅师灭沈，以沈子嘉归，杀之。

今译

夏四月庚辰，蔡公孙姓率领军队灭沈，把沈子嘉逮回来，杀了他。

经 五月，公及诸侯盟于皋鼬。

今译

五月，鲁定公同诸侯在皋鼬会盟。

经 杞伯成卒于会[1]。

今注

1　此经无传。

今译

杞伯成在会盟时死了。

经 六月，葬陈惠公[1]。

今注

1　此经无传。

今译

六月，给陈惠公下葬。

经 许迁于容城[1]。

今注

1　容城：《地名补注》说容城在河南叶县西。此经无传。

今译

许国迁到容城去了。

经 秋，七月，公至自会[1]。

今注

1　此经无传。

今译

秋七月，鲁定公开会回来。

经 刘卷[1]卒[2]。

今注

1　刘卷：就是刘文公。

2　此经无传。

今译

刘文公死了。

经 葬杞悼公[1]。

今注

1　此经无传。

今译

给杞悼公下葬。

经 楚人围蔡[1]。

今注

1　此经传在“沈人不会于召陵”一段。

今译

楚国人围了蔡。

经 晋士鞅、卫孔圉[1]帅师伐鲜虞[2]。

今注

1 孔圉：是孔羁的孙子。

2 此经无传。

今译

晋国士鞅、卫国的孔圉讨伐鲜虞。

经 葬刘文公[1]。

今注

1 此经无传。

今译

给刘文公下葬。

经 冬，十有一月，庚午，蔡侯以吴子及楚人战于柏举，楚师败绩，楚囊瓦出奔郑。庚辰，吴入郢。

传 沈人不会于召陵，晋人使蔡伐之。夏，蔡灭沈。秋，楚为沈故，围蔡。伍员为吴行人以谋楚。楚之杀郤宛也[1]，伯氏之族出，伯州犁之孙嚭为吴太宰以谋楚。楚自昭王即位，无岁不有吴师，蔡侯因之，以其子乾与其大夫之子为质于吴。冬，蔡侯、吴子、唐侯伐楚，舍舟于淮汭[2]，自豫章与楚夹汉。左司马戌[3]谓子常曰："子沿汉而与之上下，我悉方城外以毁其舟[4]，还塞大隧、直辕、冥厄[5]，子济汉而伐之，我自后击之，必大败之。"既谋而行。武城黑[6]谓子常曰："吴用木也，我用革也，不可久也，不如速战。”史皇[7]谓子常：“楚人恶子而好司马，若司马毁吴舟于淮，塞城口[8]而入，是独克吴也，子必速战，不然不免。”乃济汉而陈，自小别至于大别[9]，三战，子常知不可[10]，欲奔。史皇曰：“安求其事[11]，难而逃之，将何所入？子必死之，初罪必尽说[12]。”十一月，庚午，二师陈于柏举[13]。阖庐之弟夫槩王晨请于阖庐曰：“楚瓦[14]不仁，其臣莫有死志。先伐之，其卒必奔，而后大师继之，必克。”弗许。夫槩王曰：“所谓臣义而行，不待命者，其此之谓也。今日我死，楚可入也。”以其属五千先击子常之卒，子常之卒奔，楚师乱，吴师大败之，子常奔郑，史皇以其乘广死[15]。吴从楚师及清发[16]，将击之，夫槩王曰：“困兽犹斗，况人乎？若知不免而致死，必败我。若使先济者知免，后者慕之，蔑有斗心矣。半济而后可击也。”从之，又败之。楚人为食，吴人及之奔，食而从之，败诸雍澨[17]，五战及郢。己卯，楚子取其妹季芈畀我[18]以出，涉雎，鍼尹固与王同舟，王使执燧象以奔吴师[19]。庚辰，吴入郢，以班处宫[20]，子山[21]处令尹之宫，夫槩王欲攻之，惧而去之，夫槩王入之。左司马戌及息而还，败吴师于雍澨，伤[22]。初，司马臣阖庐，故耻为禽焉，谓其臣曰：“谁能免吾首？”吴句卑曰：“臣贱，可乎？”司马曰：“我实失子[23]，可哉！”三战皆伤，曰：“吾不可用也已！”句卑布裳刭而裹之[24]，藏其身而以其首免。楚子涉雎济江入于云中[25]，王寝盗攻之，以戈击王，王孙由于以背受之，中肩，王奔郧，钟建负季芈以从，由于徐苏而从。郧公辛之弟怀将弑王，曰：“平王杀吾父，我杀其子，不亦可乎？”辛曰：“君讨臣，谁敢雠之？君命天也，若死天命，将谁雠？《诗》曰：‘柔亦不茹，刚亦不吐，不侮矜寡，不畏强御[26]。’唯仁者能之，违强陵弱非勇也，乘人之约非仁也，灭宗废祀[27]非孝也，动无令名非知也，必犯是，余将杀女。”鬬辛与其弟巢以王奔随。吴人从之，谓随人曰："周之子孙在汉川者，楚实尽之。天诱其衷，致罚于楚，而君又窜之[28]，周室何罪？君若顾报周室，施及寡人，以奖天衷[29]，君之惠也，汉阳之田，君实有之。"楚子在公宫[30]之北，吴人在其南。子期似王[31]，逃王而己为王曰："以我与之，王必免。"随人卜与之，不吉，乃辞吴曰："以随之辟小而密迩于楚，楚实存之，世有盟誓，至于今未改。若难而弃之，何以事君？执事之患，不唯一人，若鸠楚竟[32]，敢不听命。"吴人乃退。鑢金[33]初官于子期氏，实与随人要言[34]，王使见，辞曰："不敢以约[35]为利。"王割子期之心[36]，以与随人盟。初，伍员与申包胥友，其亡也，谓申包胥[37]曰："我必复楚国[38]。"申包胥曰："勉之。子能复之，我必能兴之。"及昭王在随，申包胥如秦乞师曰："吴为封豕长蛇，以荐食上国，虐始于楚，寡君失守社稷，越在草莽，使下臣告急曰：'夷德无厌，若邻于君，疆埸之患也。逮吴之未定，君其取分焉[39]。若楚之遂亡，君之土也。若以君灵抚之[40]，世以事君。'"秦伯使辞焉，曰："寡人闻命矣，子姑就馆，将图而告。"对曰："寡君越在草莽，未获所伏[41]，下臣何敢即安？"立依于庭墙而哭，日夜不绝声，勺饮不入口，七日。秦哀公为之赋《无衣》[42]，九顿首[43]而坐，秦师乃出。

今注

1　楚之杀郤宛也：此事在鲁昭公二十七年。

2　淮汭：在今河南省固始县北。

3　左司马戌：即沈尹戌。

4　我悉方城外以毁其舟：我用方城外的全军力量毁掉吴国的船只。

5　大隧、直辕、冥厄：《方舆纪要》说：平靖关西北。河南省信阳城九十里，即古冥阨也。黄岘关又名九里关，在湖北应山县东北九十里，北去信阳九十里，即古直辕也。武阳关一名礼山关，在应山县东北三十里，（今置礼山县在礼山之北）西北至信阳一百五十里，即古大隧也。

6 武城黑：楚国武城大夫。

7 史皂：楚大夫。

8 城口：大隧、直辕、冥厄三隘道的总名称。

9 小别至于大别：杨守敬地图以大别山在光黄之间，而以罗田县北松子关西为大别山，柏举东南为小别山，与传文俱合。

10 子常知不可：子常知道不可能战胜吴国。

11 安求其事：安定时候求掌执政事。

12 初罪必尽说：最初的罪行因战死必可皆被赦免。

13 柏举：楚地，在今湖北麻城县东北十五里。

14 楚瓦：子常名囊瓦。

15 史皇以其乘广死：乘子常的车，伪为元帅，奋战而死。

16 清发：水名，《一统志》说：石岩山在（湖北省）安陆县南十里，北临涢水，即清发水也。

17 雍澨：又东绕天门城之西南，《府志》谓之三叉河，杨图谓之三岔河，即春秋之雍澨，在今天门县城之西。

18 季芈畀我：《正义》引服虔以为畀我是季芈的字。

19 王使执燧象以奔吴师：是在象尾上烧着火使它们奔向吴国军队。

20 以班处宫：照着班次来住进楚王宫。

21 子山：是阖庐的儿子。

22 败吴师于雍澨，伤：他将吴国军队在雍澨打败，但他也受了伤。

23 我实失子：不知你的贤能。

24　句卑布裳刭而裹之：句卑将已死的沈尹戌的头割下，并用衣裳将他裹起来。

25　云中：云梦泽在湖北云梦县西七里。

26　柔亦不茹，刚亦不吐，不侮矜寡，不畏强御：这是《诗经·大雅·烝民》篇的一句，意思是说柔和不怕，刚强也不怕，不欺侮没有配偶的人，也不怕强有力的人。

27　灭宗废祀：杀君王必被全家无后。

28　又窜之：又将他藏起。

29　以奖天衷：使天意能成功。

30　公宫：随国的公宫。

31　子期似王：子期是昭王庶兄公子结，他与昭王面貌相像。

32　若鸠楚竟：若能安定楚国全境。

33　鑢金：人名。

34　实与随人要言：他与随人说要保护楚王及子期。

35　不敢以约为利：不敢用要言为利益。

36　王割子期之心：王割子期心前边的血。

37　申包胥：楚大夫。

38　我必复楚：我必对楚国报复。

39　君其取分焉：你也可以得到一份楚地。

40　若以君灵抚之：若是用你的神灵来安抚楚国。

41　未获所伏：尚未能得到安身处。

42　无衣：《诗经·秦风》中的一篇诗。

43　九顿首而坐：《无衣》共三章，每歌一章就顿首三次，共九顿首方才坐下。

今译

沈国人不到召陵来会，晋国差蔡人去伐他。夏天，蔡国灭掉沈国。到了秋天，楚国因为沈，围住蔡国。伍员做了吴国行人的官，专谋算楚国。楚国杀郤宛的时候，郤宛同党伯氏的一族是逃出来的，伯州的孙子叫嚭，做了吴国的太宰，也就谋算楚国。楚国自从昭王即了位以后，没有一年没有吴国的军队来。蔡侯靠有吴国，就把他的儿子乾和他大夫的儿子，给吴国做人质。到冬天的时候，蔡侯、吴王、唐侯便一同去伐楚国，到了淮汭地方，便舍舟登陆，从豫章和楚国夹了汉水排成军阵，左司马戌对子常说："你只沿了汉水上下拦住他，我带领方城以外的军队，去毁坏他的船，回来又塞住大隧、直辕、冥厄各要隘，然后你再渡过汉水去攻打他，我从背后夹击他，那么一定可以把他打得大败。"商量完了便出发。后来叫黑的武城大夫又对子常说："吴是用木为兵器的，我们是用皮做兵器的，我们不能长久和他相持，不如赶快同他交战。"史皇对子常说："楚人都厌恶你，却欢迎司马，如果司马在淮水毁坏了吴船，塞阻了三隘口回来，这分明是他独自战胜吴国了。你一定要速战，否则免不了罪的。"便渡过汉水去排成阵势，从小别山一直排到大别山，总共战了三次，子常知道不能得胜，想要逃走。史皇说："安定的时候想要执政，遇到祸难了便逃走，有哪里可让你逃过去呢？你一定要死在这里，死了以后，那从前贪财惹祸的罪，还全都可以赦免。"十一月庚午那天，两国的兵马排列在柏举这地方。阖庐的兄弟夫槩王，早晨请求阖庐说："楚国的囊瓦待人不好，他的臣子没有死战的心志，我先去攻打，他的军队一定逃走的，然后大军再跟上来，便能胜他了。"吴王不允许。夫槩王说："所谓人臣见到符合义的事便干，不等待命令的，就是这个意思了。今天我拼了一死，定可攻进楚国的。"便带领他手下的五千兵，先去攻打子常的兵，子常的兵果然逃走，楚师大乱，吴兵大胜。子常就逃到郑国了。史皇坐了他的兵车，奋战而死。吴兵追赶楚兵，到了清发河边，将要攻击他们了，夫槩王说：“已被围困了的野兽，还要做最后的争斗，何况是人呢？如果他们知道免不掉，出了死力，那么定可败我的。如果使他们先渡过河，知道可以逃掉了，后渡的羡慕着先渡的，便没有斗的信念了，等他一半渡过的时候才可攻击他们。”吴王依了他的计划，便又打败楚师，楚人刚刚歇下做饭食，吴人追到了，楚人便逃，吴人吃了他们做的饭食，再追上去在雍澨这地方打败他们。总共战了五次，便打进楚都郢城中去。己卯那天，楚王带了他的妹妹季芈畀我逃走。渡过睢水时，鍼尹固和王坐在一艘船上，王便差他烧火把系在象尾上，去冲击吴师。庚辰这一天，吴师进了郢，依班次的尊卑，住在楚王的宫中。吴王的儿子子山住在令尹的宫中，夫槩王怒他倾轧自己，要攻击他，子山吓得逃去。夫槩王便住进令尹的宫中。左司马沈尹戌到了息这地方，听得楚师已败，便带兵回来。他在雍澨那里打败吴兵，身上受了重伤，司马因从前曾经做过阖庐的臣子，耻于被吴擒去，便对他的手下人说：“谁能够取了我的头逃脱的？”吴句卑说：“我身份低微，可用吗？”司马说：“我实在没看出你是贤人，有什么不可以呢？”司马经过三次战争，都是受了重伤的，因说：“我再也没用了！”便死去，句卑就用布裙，斩了司马的头裹好了，藏匿了他的尸体，单拿他的头逃脱。楚子渡过睢水，又渡过江，走进云梦的泽中去，正卧着，有个强盗去劫他，用戈刺王，王孙由于在旁边，便用自己的背去受刺来的戈，中在肩上，王趁势便逃到郧城去。钟建驮了季芈，跟着楚昭王，王孙渐渐地苏醒过来，也跟了楚王。郧公辛的兄弟叫怀，将要杀王，说：“平王杀我父亲，我现在杀他的儿子，不也是可以的吗？”辛说：“那是君讨臣，谁敢和他为仇？君命犹如天一般，如果死在天命，还可和哪个做仇人呢？《诗经》上说：‘柔弱的也不凌辱他，刚强的也不畏惧他。不要欺侮鳏寡，不要怕那强暴。’这是只有仁心的人能够做到的。害怕强的欺侮弱的，便不是勇敢；趁他人危险时害他，便不是仁；犯了灭宗废祀的罪，便不是孝；举动没有好名誉，便不是聪明；你如果一定要做这事，我便先要杀了你了。”鬬辛便和他的兄弟巢，同楚王逃往随国去。吴人还追赶着，对随人说：“周的子孙在汉川的，楚国实在是全都灭尽了。天使他良心发现，弄这惩罚给楚国，你君却又窝藏他，周室究竟有什么罪？你君如果顾全周室，连带施恩于我，成就天意的，这就是你君的恩惠，汉阳的田亩，你君都可以用。”楚子那时在随宫的北面，吴人在他的南面，子期的相貌很像楚昭王，他想使王逃去，自己扮作王，因此说：“把我给了他们，你王定可免祸了。”随人占卜把楚王给吴军的结果，却是不吉利，便辞谢吴人说：“我随国偏僻弱小，却接近了楚国，楚国实在是保全我的，世代有盟誓，直到现在还没有改过，如果有了灾难便丢开不管，怎样可以事君呢？你执事的忧患，不单是楚王一人。如果以后安宁了楚国，哪敢不听你的命令！”吴人因此便退去。鑢金当初是在子期那里做官的，暗中实在是他先和随人说定了，不要将楚王给吴国的，并且要放脱子期。后来楚王知道了，喜欢他有这忠心，使他进去见，鑢金推辞说：“我不敢靠这一说就弄好处呢！”楚王又因子期尽忠，就在子期的胸口，割出血来，和随人订盟，表示至心诚意。当初伍员和申包胥是很要好的朋友，后来伍员逃出来的时候，对申包胥说：“我定要报复这楚国的。”申包胥说：“大家勉力去做，你能报复它，我定能复兴它的。”等到楚昭王逃到随国去，申包胥便逃到秦国去借救兵。说：“吴国竟像封豕长蛇一般，屡次侵犯中原，它的酷虐，开始于楚国，寡君失了社稷，逃在草莽中，差我下臣来告急说：‘蛮夷是贪得无厌的，如果和你君紧邻，便是你边疆上的祸患呢！趁吴国还没有安定的时候，你君也可分些楚国田地的。如果楚国从此便亡，这就是你君的土地，若靠你君的威灵，仍旧安定过来，那么我们便世代服侍你的君王。'”秦伯使人去辞谢他说：“寡人已经知道了，你姑且到客馆中去等待，等我们打算好了，再来告诉你。”申包胥回答说：“寡君逃在草莽中，不得安居，下臣怎敢安居呢？”便靠了庭墙哭泣，日夜不断，一滴水都不进口，总共哭了七日，秦哀公给他赋《无衣》的一章诗。申包胥便叩了九个头坐着，秦国军队方才出动。

定公五年（公元前五〇五年）

经 五年，春，王三月，辛亥，朔，日有食之[1]。

今注

1 此经无传。

今译

五年春王三月辛亥朔，鲁国有日食。

传 五年，春，王人杀子朝于楚[1]。

今注

1 这是乘楚国乱事的缘故。

今译

五年春，周王的人在楚国杀了王子朝。

经 夏，归粟于蔡。

传 夏，归粟于蔡，以周亟矜无资[1]。

今注

1 以周亟矜无资：为的是救助急难并怜悯无帮助的人。

今译

夏天，鲁国送粮食到蔡国，为的是救助有急难的人，并且怜悯没有得到帮助的人。

经 於越入吴。

传 越入吴，吴在楚也[1]。

今注

1 吴在楚也：因为吴国军队正在楚国。

今译

越国攻击吴国，因为吴国军队在楚国。

经 六月，丙申，季孙意如卒。

传 六月，季平子行东野[1]，还未至，丙申，卒于房[2]。阳虎将以玙璠[3]敛，仲梁怀[4]弗与，曰："改步改玉[5]。"阳虎欲逐之，告公山不狃[6]，不狃曰："彼为君也[7]，子何怨焉？"既葬，桓子[8]行东野，及费，子泄为费宰，逆劳于郊，桓子敬之，劳仲梁怀，仲梁怀弗敬。子泄怒，谓阳虎子行之乎[9]？

今注

1 东野：《左通补释》说东野应近山东费县。

2 房：当以山东省曲阜县东二十里防山为近似。

3 玙璠：是鲁君所佩美玉。

4 仲梁怀：季氏的家臣。

5 改步改玉：所佩的玉随着地位改变。

6 公山不狃：季氏臣，费宰，字子泄。

7　彼为君也：家臣称季氏为君。

8　桓子：意如的儿子，季孙斯。

9　谓阳虎子行之乎：叫阳虎可以逐仲梁怀。

今译

六月，季孙意如到东野这地方去，回来没到鲁国都城，丙申死在房这地方。阳虎将要把玙璠搁在棺材里，而季孙家臣仲梁怀不给他，并且说："改了地位，就改了所佩的玉。"阳虎想把他驱逐出去，告诉费宰公山不狃，不狃说："他是为了季孙，你何必怨恨呢？"下葬以后，季孙意如的儿子季孙斯到东野去，路过费这地方，公山不狃做费宰，到郊外去迎接，季孙斯对他很恭敬，他也劳问仲梁怀，仲梁怀对他不恭敬。公山不狃恼了，对阳虎说，可以驱逐仲梁怀了！

经　秋，七月，壬子，叔孙不敢卒[1]。

今注

1　此经无传。

今译

秋七月，壬子，叔孙不敢死了。

传　申包胥以秦师至，秦子蒲、子虎帅车五百乘以救楚。子蒲曰："吾未知吴道[1]。"使楚人先与吴人战而自稷[2]会之，大败夫槩王于沂[3]，吴人获薳射[4]于柏举，其子帅奔徒[5]，以从子西，败吴师于军祥[6]。秋，七月，子期、子蒲灭唐[7]。九月，夫槩王归，自立也，以与王战而败，奔楚为堂谿氏。吴师败楚师于雍澨[8]，秦师又败吴师，吴师居麇[9]，子期将焚之，子西曰："父兄亲暴骨焉，不能收，又焚之，不可。"子期曰："国亡矣，死者若有知也，可以歆旧祀，岂惮焚之？”焚之而又战，吴师败。又战于公婿之谿[10]，吴师大败，吴子乃归，囚闉舆罢[11]。闉舆罢请先，遂逃归。叶公诸梁[12]之弟后臧从其母于吴，不待而归，叶公终不正视。

今注

1　吾未知吴道：我不知道吴国打仗的方法。

2　稷：《汇纂》说：在今河南省桐柏县境。

3　沂：《汇纂》说：在今河南省正阳县境。

4　薳射：是楚大夫。

5　奔徒：类似于游击队。

6　军祥：《汇纂》说：当在随县西南，近钟祥之地。

7　子期、子蒲灭唐：楚国司马子期同秦国派来的援军子蒲，因为唐国帮助吴国伐楚国，就灭了唐国。

8　雍澨：在今湖北省天门县西南，水名，通于汉江。

9　麇：据《太平御览》，郧乡县本古麇国，是其明证。

10　公婿之谿：《释地》谓在今云梦北之义堂镇。

11　闉舆罢：是楚大夫。

12　叶公诸梁：即沈诸梁。

今译

申包胥领了秦兵到来，秦国的子蒲、子虎带了兵车五百乘来救楚国，子蒲说：“我不知道吴国军队的战术。”便派楚人先和吴人交战，秦兵从稷地会合拢去，在沂地大败夫槩王。吴人在柏举地方捉住薳射，他的儿子便领了败兵，跟着子西，败吴师于军祥。秋天七月，子期、子蒲灭掉唐国。九月，夫槩王便回国，自立为吴王，和阖庐战，被打败，仍旧逃到楚国，后来变为堂谿氏。吴兵在雍澨打败楚兵，秦兵又出来杀败吴兵。吴兵屯扎在麇那里，楚子期要用火烧他。子西说：“父兄亲族的骸骨，都暴露在野外，不能收拾，却又用火烧他，不好！”子期说：“国家已经亡了，死的人如果有知觉，恢复了楚国，可以祭祀不废，难道还怕火烧吗？”便烧了再战，吴师果然败了，又战于公婿的谿上，吴师又大败，吴王便回国，囚住了闉舆罢。闉舆罢请求先赶往吴国去，趁空却逃回楚国。楚国叶公诸梁的兄弟后臧，跟了他的母亲同在吴国做俘虏，后来听说楚国又安定了，便不等他母亲，只管自己回去，叶公厌恶他不义，从来没有正眼看过他。

传 乙亥，阳虎囚季桓子及公父文伯[1]而逐仲梁怀，冬，十月，丁亥，杀公何藐[2]。己丑，盟桓子于稷门[3]之内。庚寅，大诅，逐公父歜及秦遄[4]，皆奔齐。

今注

1 公父文伯：即公父歜。

2 公何藐：是季氏的族人。

3 稷门：鲁南城门。

4 秦遄：季孙意如的姑姑的女婿。

今译

乙亥，阳虎把季孙斯同公父文伯囚起来，而驱逐仲梁怀。冬十月丁亥，杀了公何藐。己丑，在稷门里面与季孙斯盟誓。庚寅大诅咒，驱逐了公父文伯同秦遄，他们全逃到齐国去。

传 楚子入于郢。初，鬬辛闻吴人之争宫也，曰：“吾闻之，不让则不和，不和不可以远征。吴争于楚必有乱，有乱则必归，焉能定？”楚王之奔随也，将涉于成臼[1]，蓝尹亹[2]涉其帑，不与王舟。及宁，王欲杀之。子西曰：“子常唯思旧怨以败，君何效焉？”王曰：“善，使复其所，吾以志前恶。”王赏鬬辛、王孙由于、王孙圉、钟建、鬬巢、申包胥、王孙贾、宋木、鬬怀[3]。子西曰："请舍怀也。"王曰："大德灭小怨，道也。"申包胥曰："吾为君也，非为身也。君既定矣，又何求？且吾尤子旗[4]，其又为诸？"遂逃赏。王将嫁季芈，季芈辞曰："所以为女子，远丈夫也，钟建负我矣。"以妻钟建，以为乐尹[5]。王之在随也，子西为王舆服以保路，国于脾泄[6]，闻王所在而后从王。王使由于城麇，复命，子西问高厚焉，弗知。子西曰："不能如辞[7]，城不知高厚小大，何知。"对曰："固辞不能，子使余也。人各有能有不能，王遇盗于云中，余受其戈，其所犹在。"袒而视之背曰："此余所能也，脾泄之事，余亦弗能也。"

今注

1　成臼：《一统志》说：臼水在今湖北钟祥县东南三十里，其入汉处仍名臼口。

2　蓝尹亹：是楚大夫。

3　鬬辛、王孙由于、王孙圉、钟建、鬬巢、申包胥、王孙贾、宋木、鬬怀：这九个人全都是跟从楚昭王出奔有功的人。

4　子旗：是蔓成然。

5　乐尹：管乐器的大夫。

6　脾泄：《汇纂》说：地近郢都，当在荆州府境。

7　不能如辞：要是自己知道不能够，当辞掉这种职务。

今译

楚子居然回去，进了郢城。当初，鬬辛听得吴人争宫的事情，便说："我听说不让便是不和，不和便不可以到远地去征讨的。现在吴人争于楚境，一定有乱子，有了乱子，那么一定要回去，哪里能够平定楚国呢！"楚王逃往随国的时候，将要渡过臼水，蓝尹叫亹的，先要渡他的妻子，不肯把船给王。等到太平了，王要杀他，子西说："子常为了旧怨才失败的，君为什么要学他呢？"王说："对的，使他恢复到老职务去，记着我日前的过失。"楚王又念着大家的功，赏了鬬辛、王孙由于、王孙圉、钟建、鬬巢、申包胥、王孙贾、宋木、鬬怀。子西说："请不要赏鬬怀。"楚王说："他终究听了兄的话，免掉我的大难，这是大德呢！有了大德，不可再记小怨，这才合道理呢！"申包胥说："我原是为国君，并不是为我自己一身，君王既然安定了，我还求什么？并且我曾经责备过子旗的，我难道自己再做他吗？"便逃避赏赐不受。楚王将要嫁季芈了，季芈说："所以称为女子，是因为能和丈夫远离，钟建已经负过我了。"便给钟建做妻，楚王叫他做乐尹。楚王在随国的时候，子西恐怕国人溃散，所以假装王的车服，保护过路的人，在脾泄地方立国。后来听说王已在随国了，方才跟去。王差王孙由于造麇地的城，造好了来复命的时候，子西问城的高度和厚度，王孙由于却不知道。子西说："既然知道自己干不了，应当推辞，造了城不知道高厚大小，还有什么事能知道呢？"王孙由于回答说："我原是推辞干不了的，你定要派我哪！人们各有会与不会，王遇见强盗在云中，我受了一刀，伤口还在这里呢！"就露出他的背脊说："这是我会做的，至于脾泄的事情，我却不会的。"

经 冬，晋士鞅帅师围鲜虞。

传 晋士鞅围鲜虞，报观虎之败[1]也。

今注

1 观虎之败：定公三年，鲜虞人逮着晋国观虎。

今译

晋国士鞅围了鲜虞，这是为报复定公三年，鲜虞人逮着观虎的那场战役。

定公六年（公元前五〇四年）

经 六年，春，王正月，癸亥，郑游速帅师灭许，以许男斯归。

传 六年，春，郑灭许，因楚败也。

今译

六年，春，郑国灭掉许国，因为楚国战败。

经 二月，公侵郑。

传 二月，公侵郑，取匡，为晋讨郑之伐胥靡也[1]。往不假道于卫，及还，阳虎使季孟自南门入，出自东门，舍于豚泽[2]，卫侯怒，使弥子瑕[3]追之。公叔文子[4]老矣，辇而如公，曰："尤人而效之，非礼也。昭公之难，君将以文之舒鼎[5]、成之昭兆[6]、定之鞶鉴[7]，苟可以纳之，择用一焉，公子与二三臣之子，诸侯苟忧之，将以为之质[8]，此群臣之所闻也。今将以小忿蒙旧德，无乃不可乎？大姒之子，唯周公康叔为相睦也，而效小人以弃之，不亦诬乎？天将多阳虎之罪以毙之，君姑待之，若何？"乃止。

今注

1 胥靡：在今河南省偃师县东南。

2 豚泽：在今河南省濮阳县东南境。

3 弥子瑕：卫国的嬖大夫。

4 公叔文子：公叔发。

5 文之舒鼎：卫文公的舒鼎。

6 成之昭兆：卫成公的宝龟。

7 定之鞶鉴：卫定公的带子上边以铜镜子为装饰。

8 将以为之质：做人质，使鲁昭公回国。

今译

二月，鲁定公侵略郑国，占据匡这地方，这是晋国讨伐郑国攻胥靡这地方的缘故。去的时候经过卫国而不借道，到了回来的时候，阳虎使季孙同孟孙从南门进去，而自东门出来，住到豚泽这地方，卫侯因此发怒，派弥子瑕去追他们。公叔发已经老了，坐着车到卫侯那里去，说："说人家不好而又效法他，这是不合于礼的。鲁昭公遇见祸难时，你准备用卫文公的舒鼎、卫成公的宝龟、卫定公带镜子的带作为赏赐，只要可以使鲁昭公回国，选择一个用都可以，公子同群臣的儿子，诸侯假设愿意，就拿他们做人质，这是群臣所听说过的。现在要以小的愤怒覆盖了旧德，这不也是不可以的吗？太姒的儿子中间，只有周公同康叔相亲爱，而你仿效小人，把他们的相好扔掉，不也是不可以吗？皇天将使阳虎的罪状增多，使他灭亡，你何不稍等一等呢？"卫侯就停止出兵。

经 公至自侵郑[1]。

今注

1 此经无传。

今译

鲁定公从侵略郑国回来。

经 夏，季孙斯、仲孙何忌如晋。

传 夏，季桓子如晋，献郑俘也。阳虎强使孟懿子往报夫人之币，晋人兼享之，孟孙立于房外，谓范献子曰："阳虎若不能居鲁而息肩于晋，所不以为中军司马者，有如先君。"献子曰："寡君有官，将使其人，鞅何知焉。"献子谓简子曰："鲁人患阳虎矣！孟孙知其衅，以为必适晋，故强为之请以取入焉[1]。”

今注

1 故强为之请以取入焉：所以强替他请求以使他入晋国。

今译

夏天，季孙斯到晋国去，为了献郑国的俘虏。阳虎强使仲孙何忌去报答晋国夫人的聘问，晋侯让他们一起宴享。仲孙何忌立在房的外面，对士鞅说：“阳虎若不能住在鲁国，而逃到晋国，你们不要请他做中军司马，敢以先君做起誓。”士鞅说：“晋国的君有官出缺，就派他应当派的人，我又怎么能够知道呢？”士鞅对赵鞅说：“鲁国人以阳虎为祸患，仲孙何忌知道这个缘故，以为阳虎必逃到晋国来，所以强替他请求，使晋国知道他会来。”

传 四月，己丑，吴大子终累[1]败楚舟师，获潘子臣小惟子[2]及大夫七人，楚国大惕，惧亡。子期又以陵师败于繁扬[3]，令尹子西喜曰：“乃今可为矣。”于是乎迁郢于鄀[4]而改纪其政，以定楚国。

今注

1 终累：阖庐的儿子，夫差的哥哥。

2 潘子臣、小惟子：二人是楚国水师的将领。

3 陵师败于繁扬：陵师就是陆军，繁扬在今河南省新蔡县北。

4 鄀：在今湖北省自忠县东南。

今译

四月己丑，吴国太子终累，打败楚国的水师，捕获了楚将领潘子臣同小惟子，还有七个大夫，楚国人大惊，很怕亡国。子期又将楚国陆军在繁扬打败，令尹子西欢喜地说：“现在就可以有办法治理国家了。”就迁都到鄀这地方，而改革了政治，以安定楚国。

传 周儋翩[1]率王子朝之徒，因郑人将以作乱于周，郑于是乎伐冯、滑[2]、胥靡、负黍[3]、狐人[4]、阙外[5]。六月，晋阎没戍周，且城胥靡。

今注

1 儋翩：是子朝的党余。

2 冯、滑：《汇纂》说：外《东观汉记》，以魏之别封华侯，华侯孙长卿食采于冯城即此。滑在今河南省偃师县南二十里。

3 负黍：《一统志》说：今河南登封县西南二十七里，有负黍聚。

4 狐人：案颍阴在今河南省禹县东南四十里，其颍水北岸，有狐人亭。

5 阙外：《汇纂》说：即伊阙外之邑，在洛阳县之南，阙塞山下。

今译

周国儋翩率领着王子朝的余党，利用郑国人想在周国作乱，郑于是就伐冯、滑、胥靡、负黍、狐人、阙外六个地方。六月晋国的阎没率领军队戍守周国，并且修理胥靡这个城。

经 秋，晋人执宋行人乐祁犁。

传 秋，八月，宋乐祁言于景公曰："诸侯唯我事晋，今使不往，晋其憾矣。"乐祁告其宰陈寅[1]。陈寅曰："必使子往。"他日，公谓乐祁曰："唯寡人说子之言，子必往。"陈寅曰："子立后而行，吾室亦不亡，唯君亦以我为知难而行也。"见溷而行[2]。赵简子逆而饮之酒于绵上[3]，献杨楯[4]六十于简子。陈寅曰："昔吾主范氏，今子主赵氏，又有纳焉，以杨楯贾祸，弗可为也已。然子死晋国，子孙必得志于宋。”范献子言于晋侯曰：“以君命越疆而使，未致使而私饮酒，不敬二君，不可不讨也。”乃执乐祁。

今注

1 乐祁告其宰陈寅：乐祁把他同宋景公谈的话，告诉他的宰陈寅。

2 见溷而行：溷是乐祁的儿子。使他见了宋景公，将来立他为继承人。

3 绵上：在山西翼城县西。

4 杨楯：杨木做的盾牌。

今译

秋天，八月，宋国卿乐祁对宋景公说：“诸侯只有我们侍奉晋国，现在若不去，晋国恐怕将要不高兴。”乐祁把这话告诉他的宰陈寅。陈寅说：“这样他必定派你去。”另一天，宋景公对乐祁说：“我很喜欢你那句话，你必定去。”陈寅告诉乐祁说：“你立了继承人再走，这样，我们家室就不会亡，君也以为我知道很难才去的。”乐祁带着他的儿子溷见了宋景公，就走了。赵鞅迎接他到晋国的绵上喝酒，乐祁献给他杨树做的盾牌六十个。陈寅说：“从前我们以范氏为主，现在你以赵氏为主，并且又送了礼物，拿杨树盾牌招来灾祸，这恐怕没有办法。但你死在晋国，子孙必在宋国得志。”士鞅对晋侯说：“受了宋君的命令，越过别国来出使，还没有返命而偷喝酒，这是对于晋、宋两国的君全不恭敬，这不可以不讨伐。”就把乐祁逮住了。

经 冬，城中城[1]。

今注

1 此经无传。

今译

冬天，修筑中城。

传 阳虎又盟公及三桓于周社，盟国人于亳社，诅于五父之衢。

今译

阳虎又同鲁定公和孟孙、季孙、叔孙在周社盟誓，又同贵族们在亳社盟誓，在五父大街上诅咒。

经 季孙斯、仲孙何忌帅师围郓[1]。

今注

1 此经无传。

今译

季孙斯、仲孙何忌率领军队围了郓。

传 冬，十二月，天王处于姑莸[1]，辟儋翩之乱也。

今注

1 姑莸：在今河南省偃师县境。

今译

冬天十二月，周敬王到姑莸这地方，这是为了躲避儋翩的乱子。

定公七年（公元前五〇三年）

经 七年，春，王正月。

传 七年，春，二月，周儋翩入于仪栗[1]以叛。

今注

1　仪栗：在今河南新安宜阳县境。

今译

七年二月，周儋翩入仪栗反叛了。

传　齐人归郓、阳关[1]，阳虎居之以为政[2]。

今注

1　阳关：今山东省宁阳县东北有阳关故城。

2　阳虎居之以为政：阳虎是季孙氏的重要家臣。住在那里掌握政权。

今译

齐国人把郓、阳关送回鲁国，阳虎住到那里管理政权。

经　夏，四月。

传　夏，四月，单武公[1]、刘桓公[2]败尹氏于穷谷[3]。

今注

1　单武公：是单穆公的儿子。

2　刘桓公：是刘蚠的儿子。

3　穷谷：在河南洛阳城南五十里。

今译

夏天四月，单武公同刘桓公伐尹氏，在穷谷这地方把他打败了。

经　秋，齐侯、郑伯盟于咸。

经　齐人执卫行人北宫结以侵卫，齐侯、卫侯盟于沙。

传　秋，齐侯、郑伯盟于咸[1]。征会于卫，卫侯欲叛晋，诸大夫不可。使北宫结如齐，而私于齐侯曰：“执结以侵我。”齐侯从之，乃盟于琐[2]。

今注

1 咸：在今河南濮阳县东南。

2 琐：《左通补释》说：以沙亭左氏谓之琐，在今河北大名县东。

今译

秋天，齐侯、郑伯在咸这地方会盟。在卫国召集诸侯会见，卫侯想对晋国反叛，很多大夫们认为不可以。卫侯派北宫结到齐国去，而偷着告诉齐侯说：“把北宫结逮起来，然后来侵略卫国。”齐侯听了他的话，就同卫国在琐这地方盟会。

经 大雩[1]。

今注

1 此经无传。

今译

鲁国行求雨的典礼。

经 齐国夏帅师伐我西鄙。

传 齐国夏伐我，阳虎御季桓子，公敛处父[1]御孟懿子，将宵军齐师，齐师闻之，堕伏而待之[2]。处父曰：“虎不图祸，而必死[3]。”苫夷[4]曰：“虎陷二子于难，不待有司，余必杀女。”虎惧乃还，不败。

今注

1 公敛处父：孟孙氏家臣，做成宰。

2　堕伏而待之：以堕毁军队引诱敌人，而在后面设伏兵等待。

3　虎不图祸而必死：如果阳虎不预备祸难就必定要死。

4　苫夷：季孙氏的家臣。

今译

齐国国夏率领军队讨伐鲁国。阳虎为季孙斯驾车，公敛处父给仲孙何忌驾车，想在夜里去攻打齐国军队，齐军听说了，就堕毁了军队引诱敌人，而在后面设了伏兵等着。公敛处父说："阳虎要不引出祸来，就必定死。"季孙氏家臣苫夷说："阳虎想把季孙斯同仲孙何忌陷在难中，不必等到官吏来，我就必定杀你。"阳虎害怕了就回来，军队也没有失败。

经　九月，大雩[1]。

今注

1　此经无传。

今译

九月行求雨典礼。

经　冬，十月。

传　冬，十一月戊午，单子、刘子逆王于庆氏[1]，晋籍秦送王。己巳，王入于王城，馆于公族党氏[2]而后朝于庄宫。

今注

1　庆氏：守姑莸的大夫。

2　党氏：周大夫。

今译

冬天十一月戊午，单武公、刘桓公到姑莸迎接敬王，晋国籍秦送王。己巳这天，王进入王城，住到公族党氏家里，然后到庄王庙里上朝。

卷二十九　定公下

定公八年（公元前五〇二年）

经　八年，春，王正月，公侵齐。

传　八年，春，王正月，公侵齐，门于阳州[1]，士皆坐列[2]，曰："颜高之弓六钧[3]。"皆取而传观之，阳州人出，颜高夺人弱弓，籍丘子鉏[4]击之，与一人俱毙。偃且射子鉏，中颊殪[5]。颜息[6]射人中眉，退曰："我无勇，吾志其目也。"师退，冉猛[7]伪伤足而先，其兄会乃呼曰："猛也殿。"

今注

1　阳州：原为鲁邑，后属齐，在今山东东平县东北。

2　士皆坐列：全坐在地下观看。

3　颜高之弓六钧：颜高是鲁人，他的弓重量有一百八十斤，合今六十斤不到。

4　籍丘子鉏：是齐国人。

5　偃且射子鉏中颊殪：颜高躺下，起来再射子鉏，射中了他的脸颊，死了。

6　颜息：鲁人。

7　冉猛：鲁人。

今译

八年春王正月，鲁定公侵略齐国，攻打阳州的城门，军队全都排成行列坐在那里，说："颜高的弓有一百八十斤重。"全都将弓传观。这时阳州人出来，颜高夺了一个没有力量的弓，籍丘子钼来打他，颜高和另一个人全躺下了。颜高躺下就射子钼，射中了脸，子钼就死了。颜息射人中了他的眉，他回来说："我没有本事，我目的在他的眼睛。"军队退的时候，冉猛假装伤了腿，想先回去，他的哥哥冉会大声说："你只能殿后。"

经 公至自侵齐[1]。

今注

1 此经无传。

今译

鲁定公从侵略齐国回来。

传 二月，己丑，单子伐谷城[1]，刘子伐仪栗。辛卯，单子伐简城[2]，刘子伐盂[3]，以定王室。

今注

1 谷城：《河南通志》说：在今洛阳城西北二十五里。

2 简城：《汇纂》说：周有简师父，简城盖其采邑。

3 盂：应在洛阳附近。

今译

二月己丑，单武公讨伐谷城，刘桓公讨伐仪栗。辛卯，单武公讨伐简城，刘桓公讨伐盂，以安定王室。

传 赵鞅言于晋侯曰："诸侯唯宋事晋，好逆其使，犹惧不至，今又执之，是绝诸侯也。将归乐祁。”士鞅曰：“三年止之，无故而归之，宋必叛晋。”献子私谓子梁[1]曰：“寡君惧不得事宋君，是以止子，子姑使溷代子。”子梁以告陈寅，陈寅曰：“宋将叛晋，是弃溷也，不如待之[2]。”乐祁归，卒于大行[3]。士鞅曰：“宋必叛，不如止其尸以求成焉。”乃止诸州。

今注

1 子梁：即乐祁。

2 不如待之：不如在此地等候，不要让你的儿子来替你。

3 大行：晋地，在山西晋城及河南沁阳的中间。

今译

赵鞅对晋侯说：“诸侯只有宋国侍奉晋国，好好地迎接他，尚恐怕他不来，现在又把他逮捕，这是同诸侯断绝。不如把乐祁送回。”士鞅说：“三年留着他，现在没有缘故而送回他，宋国必定对晋国反叛。”士鞅偷着对乐祁说：“我们晋君很怕不能侍奉宋君，所以叫你住到晋国，你姑且使你儿子乐溷替你。”乐祁告诉陈寅，陈寅说：“宋将反叛晋国，这是等于舍弃乐溷了，不如等着。”乐祁回来，死在大行山。士鞅说：“宋必定要反叛，不如留下他的尸首，以求和平。”就把乐祁尸首搁在州这地方。

经 二月，公侵齐。

传 公侵齐，攻廪丘[1]之郛，主人焚衝[2]，或濡马褐以救之[3]，遂毁之，主人出，师奔[4]。阳虎伪不见冉猛者曰：“猛在此必败。”猛逐之[5]，顾而无继，伪颠。虎曰：“尽客气也[6]！”

今注

1 廪丘：齐地，在今山东范县东南七十里。

2 焚衝：烧掉战车。

3　或濡马褐以救之：或者把马衣弄湿以救火。

4　师奔：去救护的军队逃走了。

5　猛逐之：冉猛追赶他。

6　尽客气也：这全是假的勇气。

今译

鲁定公侵略齐国，攻打廪丘的外城，主人烧了战车，有人把马衣浇上水去救，因此就毁掉了外城，主人出来了，援助的军队就逃走了。阳虎假装没有看见冉猛的样子说："冉猛要在此地，必定要打败仗。"冉猛要追逐廪丘人，看后边没人跟着他，就假装摔倒。阳虎就说："这全是客气，不是真正勇敢。"

经　三月，公至自侵齐[1]。

今注

1　此经无传。

今译

三月，定公从侵略齐国回来。

传　苫越生子，将待事而名之，阳州之役获焉，名之曰阳州[1]。

今注

1　名之曰阳州：取名叫阳州。

今译

苫越生了儿子，要等着有意义的事发生，给他取名字，阳州这一战，他有所捕获，就给他儿子取名叫阳州。

经　曹伯露卒[1]。

今注

1　此经无传。

今译

曹伯露死了。

经　夏，齐国夏帅师伐我西鄙。

经　公会晋师于瓦。

传　夏，齐国夏、高张伐我西鄙，晋士鞅、赵鞅、荀寅救我。公会晋师于瓦[1]，范献子执羔，赵简子、中行文子皆执雁，鲁于是始尚羔[2]。

今注

1　瓦：《汇纂》说：在河南滑县东南，有瓦亭冈集，古瓦亭也。

2　鲁于是始尚羔：鲁国因此以羔羊为最尊贵。

今译

夏天，齐国国夏同高张伐鲁国西部边境，晋国士鞅同赵鞅、荀寅来救鲁国。鲁定公到瓦这地方会合晋国军队，士鞅手里拿着羔羊，赵鞅同荀寅全拿着雁，鲁国由此就开始以羔羊为尊贵。

经　公至自瓦[1]。

今注

1　此经无传。

今译

鲁定公从瓦回来。

经　秋，七月，戊辰，陈侯柳卒[1]。

今注

1　此经无传。

今译

秋七月戊辰，陈侯柳死了。

传　晋师将盟卫侯于鄟泽[1]，赵简子曰："群臣谁敢盟卫君者？"涉佗、成何[2]曰："我能盟之。"卫人请执牛耳[3]。成何曰："卫吾温原也，焉得视诸侯？"将歃，涉佗捘卫侯之手及捥[4]，卫侯怒。王孙贾[5]趋进曰："盟以信礼也，有如卫君，其敢不唯礼是事，而受此盟也。"卫侯欲叛晋，而患诸大夫。王孙贾使次于郊，大夫问故，公以晋诟语之，且曰："寡人辱社稷，其改卜嗣，寡人从焉。"大夫曰："是卫之祸，岂君之过也。"公曰："又有患焉，谓寡人必以而子与大夫之子为质。"大夫曰："苟有益也，公子则往，群臣之子敢不皆负羁绁以从。"将行，王孙贾曰："苟卫国有难，工商未尝不为患，使皆行而后可。"公以告大夫，乃皆将行之。行有日，公朝国人，使贾问焉，曰："若卫叛晋，晋五伐我，病何如矣？"皆曰："五伐我犹可以能战。"贾曰："然则如叛之，病而后质焉，何迟之有？"乃叛晋。晋人请改盟，弗许。

今注

1　鄟泽：鄟泽近卫都，疑在今河南濮阳县西南。

2　涉佗、成何：二人皆晋大夫。

3　卫人请执牛耳：照道理尊者是拿着牛耳朵。

4　涉佗捘卫侯之手及捥：涉沱挤卫侯手上的血一直到手腕上。

5　王孙贾：卫大夫。

今译

晋国军队将到鄟泽这地方去同卫侯盟誓。赵鞅说："你们群臣，谁敢同卫君盟誓？”晋大夫涉佗、成何说：“我们敢同他盟誓。”卫国人要求拿着牛的耳朵。成何说：“卫等于晋国的温、原两个县，怎么能比诸侯呢？”将歃血时，涉佗挤卫侯手上的血一直到腕子上，卫侯发怒。王孙贾跑上去说：“盟誓足以表示礼，就是卫君也不敢不尊重礼，而受这盟誓。”卫侯想对晋国反叛，就怕各大夫不听从。王孙贾出主意，使卫侯立在郊外，大夫们问为什么他不进都城，卫侯就把晋国对他的羞辱说了，并且又说：“寡人辱没了国家，你们可以占卜立旁人，我一定听从你们。”大夫们说：“这是卫国的祸，岂是你的过呢？”卫侯就说：“还有别的祸患，叫我必定拿我的儿子同大夫的儿子做人质。”大夫们说：“假如有益处，公子必去，群臣们的儿子，谁也不敢不背着羁绁跟着去。”将去的时候，王孙贾说：“假设卫国有祸难，工人、商人们未尝不为卫国的祸患，使他们全跟着去才可以。”卫侯告诉诸大夫们，叫工人、商人们全都去。已经定好日子要走了，卫侯见贵族，派公孙贾问他们说：“若卫国叛了晋国，晋国打我们五次，我们成了什么样子呢？”回答说：“打我们五次，我们还可以作战。”公孙贾说：“那不如反叛了晋国，被打以后然后去送人质，那又怎么会晚呢？”就叛了晋国。晋人要求改盟誓，卫国不答应。

经 晋士鞅帅师侵郑，遂侵卫。

传 秋，晋士鞅会成桓公[1]侵郑，围虫牢，报伊阙[2]也。遂侵卫。

今注

1 成桓公：周卿士。

2 伊阙：即阙塞，在洛阳西南。

今译

秋天，晋士鞅会同周卿士成桓公侵略郑国，围了虫牢，这是报复伊阙的事情。接着侵略卫国。

经 葬曹靖公[1]。

今注

1 此经无传。

今译

给曹靖公行葬礼。

经 九月，葬陈怀公[1]。

今注

1 此经无传。

今译

九月给陈怀公行葬礼。

经 季孙斯、仲孙何忌帅师侵卫。

传 九月，师侵卫，晋故也[1]。

今注

1 晋故也：鲁为晋讨卫。

今译

九月，鲁国军队侵略卫国，这是为了帮助晋国。

经 冬，卫侯、郑伯盟于曲濮[1]。

今注

1 此经无传。

今译

冬，卫侯、郑伯在曲濮这地方盟誓。

经 从祀先公。

经 盗窃宝玉大弓。

传 季寤[1]、公钼极[2]、公山不狃[3]皆不得志于季氏，叔孙辄[4]无宠于叔孙氏，叔仲志[5]不得志于鲁，故五人因阳虎。阳虎欲去三桓，以季寤更季氏[6]，以叔孙辄更叔孙氏[7]，己更孟氏[8]。冬，十月，顺祀先公而祈焉，辛卯，禘于僖公。壬辰，将享季氏于蒲圃而杀之，戒都车曰癸巳至[9]，成宰公敛处父告孟孙曰："季氏戒都车何故？"孟孙曰："吾弗闻。"处父曰："然则乱也，必及于子，先备诸。"与孟孙以壬辰为期。阳虎前驱，林楚御桓子，虞人以铍盾夹之[10]，阳越殿[11]，将如蒲圃。桓子咋[12]谓林楚曰："而先皆季氏之良也，尔以是继之。"对曰："臣闻命后，阳虎为政，鲁国服焉，违之征死，死无益于主。"桓子曰："何后之有？而能以我适孟氏乎？"对曰："不敢爱死，惧不免主？"桓子曰："往也。"孟氏选圉人之壮者三百人以为公期[13]筑室于门外，林楚怒马，及衢而骋[14]，阳越射之不中，筑者阖门。有自门间射阳越，杀之。阳虎劫公与武叔[15]以伐孟氏，公敛处父帅成人自上东门[16]入，与阳氏战于南门之内，弗胜，又战于棘下[17]。阳氏败，阳虎说甲如公宫，取宝玉大弓以出，舍于五父之衢，寝而为食。其徒曰："追其将至？"虎曰："鲁人闻余出，喜于征死，何暇追余？"从者曰："嘻，速驾，公敛阳在。"公敛阳请追之，孟孙弗许。阳欲杀桓子[18]，孟孙惧而归之，子言[19]辨舍爵于季氏之庙而出，阳虎入于讙、阳关[20]以叛。

今注

1 季寤：季孙斯的弟弟。

2 公钼极：季孙斯的族子。

3 公山不狃：是费宰。

4 叔孙辄：叔孙氏的庶子。

5 叔仲志：叔仲带的孙子。

6 更季氏：替代季孙。

7 更叔孙氏：替代叔孙武叔。

8 己更孟氏：阳虎自己替代孟孙。

9 戒都车曰癸巳至：令都邑的兵车戒备，告诉他说癸巳这天起兵。

10 虞人以铍盾夹之：管打猎的官拿着剑同盾牌两边夹立。

11 阳越：是阳虎的从弟。

12 咋：忽然。

13 公期：孟孙氏的支子。

14 及衢而骋：到大街上就打马赶紧走。

15 武叔：叔孙不敢的儿子叔孙州仇。

16 上东门：鲁都城的东面的北门。

17 棘下：《左通补释》说：鲁南门曰稷门，稷棘声近，则棘下即稷门之下。

18 阳欲杀桓子：公敛阳想把季孙斯杀掉。

19 子言：季寤。

20 谨、阳关：《方舆纪要》说：谨在山东泰安县西南，阳关在泰安县东南六十里之阳关村。

今译

季寤、公钼极、公山不狃，皆在季孙氏处不得志，叔孙辄也没得到叔孙氏的宠爱，叔仲志也在鲁国不得志。所以这五个人全利用阳虎。阳虎想着去掉三桓，用季寤替代季孙斯，用叔孙辄替代叔孙州仇，他自己替代仲孙何忌。冬天十月，顺祀鲁国的先公以备祈祷，辛卯，大禘僖公庙，壬辰，将在蒲圃宴享季孙斯，把他杀掉，阳虎告诫鲁国都城的兵车说，癸巳那天就来。成宰公敛处父告诉孟孙说："季孙要都城的兵车戒备，这是什么缘故呢？"仲孙何忌说："我没有听说。"处父说："那么就是有乱事，这种乱事必定连着你，不如先预备好了。"就与仲孙何忌商量，定了壬辰这天为举动日期。阳虎为季孙斯的前驱，林楚替季孙斯驾车，后边是打猎的官，用剑同盾牌，左右夹道走，阳越在最后。将到浦圃去，季孙斯忽然对林楚说："你的先人全是对季孙氏有功的人，你可以接着来做。"回答说："我得到命令很晚，阳虎当政，鲁国人全都服从他，违背了他，就要死，死也对主人没有用处。"季孙斯说："有什么晚的呢？你能把我送到孟孙氏那里去吗？"回答说："我不敢爱惜死亡，但很怕对主人没有用处。"季孙斯说："去吧。"孟孙氏选了养马的壮丁三百人为公期在门外修房子，林楚到了大街上，就打着马急往前走。阳越射箭，没有打中，筑房子的人就关上门。有人在大门前射阳越，把他杀了。阳虎劫了鲁定公跟叔孙州仇，来讨伐孟孙氏，公敛处父率领成人从上东门进入，与阳虎在南门的里头打仗，没有打胜，又在棘下打仗。阳氏打败了，阳虎脱掉甲胄，到鲁公的宫里，拿走了夏后氏的璜玉同封父的繁弱弓，住在五父的大街上，睡在那里又吃东西。他左右的人说："追兵就要来。"阳虎说："鲁国人听见我走了，庆幸没有死亡，有什么时间追我呢？"左右人说："赶紧驾车吧！公敛处父在。"公敛处父请求追阳虎，孟孙不答应。公敛处父想杀季孙斯，孟孙害怕，叫季孙斯回去。季寤拿爵杯在季氏的庙周围献酒而出。阳虎就进入齐鲁的边境讙同阳关两个地方反叛了。

传 郑驷歂[1]嗣子大叔为政。

今注

1 驷歂：是驷乞的儿子。

今译

郑国驷歂接着游吉掌政权。

定公九年（公元前五〇一年）

经 九年，春，王正月。

传 九年，春，宋公使乐大心盟于晋，且逆乐祁之尸，辞伪有疾，乃使向巢如晋盟，且逆子梁之尸。子明[1]谓桐门右师出，曰："吾犹衰绖而子击钟何也？"右师曰："丧不在此故也。"既而告人曰："已衰绖而生子，余何故舍钟？"子明闻之怒，言于公曰："右师将不利戴氏，不肯适晋，将作乱也，不然无疾。"乃逐桐门右师。

今注

1 子明：乐祁的儿子乐溷。

今译

春天，宋公派乐大心到晋国去盟会，并且迎接乐祁的尸首，乐大心辞谢，假装有病，就改派向巢到晋盟会，且迎接乐祁的尸首。乐溷把乐大心驱逐出门说："我尚在穿孝，你为什么就敲钟？"乐大心说："丧事不在此地的缘故。"后来他就对旁人说："他穿着孝，而生了孩子，我为什么一定不能敲钟？"乐溷听见这话就恼了，对宋景公说："乐大心将对戴氏族不利，他不肯到晋国去，就是因为他想作乱的缘故，否则他并没有病。”宋公就把乐大心赶走了。

经 夏四月戊申，郑伯虿卒[1]。

今注

1 此经无传。

今译

夏四月戊申郑伯虿死了。

传 郑驷歂杀邓析[1]而用其竹刑[2]。君子谓子然[3]于是不忠，苟有可以加于国家者，弃其邪可也。《静女》之三章，取彤管焉[4]。《竿旄》[5]何以告之，取其忠也。故用其道，不弃其人。《诗》云：“蔽芾甘棠，勿翦勿伐，召伯所茇[6]。”思其人犹爱其树，况用其道而不恤其人乎？子然无以劝能矣。

今注

1 邓析：郑大夫。

2 竹刑：写在竹简上的刑法。

3 子然：即驷歂。

4 《静女》之三章，取彤管焉：《诗经·邶风》的一篇诗。彤管是红颜色的笔，是古代女史记事用的。

5 《竿旄》：是《鄘风》的一篇诗。

6 蔽芾甘棠，勿翦勿伐，召伯所茇：《诗经·召南》的一句诗。意思是说很茂盛的甘棠树，也不要剪掉，这是召伯听讼执法的地方。

今译

郑国驷歂杀了邓析，而用他在竹简上所写的刑法。君子说驷歂如此就是不忠，只要有益于国家，指出他的错就可以了。《静女》

诗的三章，他的目的全在于彤管。《竿旄》这篇诗“何以告之”只是取他的忠心而已。所以用他的道理，不要舍弃那个人。《诗经》说：“很茂盛的甘棠树，不要剪它，也不要砍它，这是召伯听讼执法的地方。”想这人尚且喜爱他的树，何况用他的道理，而不怜恤他的人呢？驷歂这样做，不能鼓励有能力的人。

经 得宝玉大弓。

传 夏，阳虎归宝玉大弓[1]，书曰得器用也，凡获器用曰得，得用焉曰获。六月，伐阳关。阳虎使焚莱门[2]，师惊，犯之而出奔齐，请师以伐鲁曰：“三加必取之。”齐侯将许之。鲍文子[3]谏曰：“臣尝为隶于施氏矣，鲁未可取也，上下犹和，众庶犹睦，能事大国[4]，而无天菑，若之何取之？阳虎欲勤齐师也，齐师罢，大臣必多死亡，己于是乎奋其诈谋。夫阳虎有宠于季氏，而将杀季孙以不利鲁国，而求容焉，亲富不亲仁，君焉用之？君富于季氏而大于鲁国，兹阳虎所欲倾覆也。鲁免其疾，而君又收之，无乃害乎？”齐侯执阳虎，将东之，阳虎愿东，乃囚诸西鄙，尽借邑人之车，锲其轴麻，约而归之。载葱灵[5]寝于其中而逃。追而得之，囚于齐，又以葱灵逃，奔宋，遂奔晋，适赵氏。仲尼曰：“赵氏其世有乱乎？”

今注

1 阳虎归宝玉大弓：阳虎送还宝玉同大弓。宝玉就是定公四年所说“夏后氏之璜”。大弓就是“封父之繁弱”。

2 莱门：阳关邑门。

3 鲍文子：即鲍国。

4 能事大国：能侍奉晋国。

5 葱灵：辎重车的名字。

今译

夏天，阳虎归还了夏后氏的璜同封父的繁弱弓。《春秋》写的意思是说得到一个用器，凡是得到器用叫作得，得用的东西叫作获。六月，讨伐阳关。阳虎让人焚烧阳关的莱门，鲁国军队害怕，阳虎就率着他的军队逃到齐国去，请齐国出兵伐鲁国说："三次加兵讨伐鲁国，必定得到鲁国。"齐侯想要答应他。鲍国谏诤说："我曾经在鲁国的施氏工作，鲁国没办法拿下，上下全很和睦，庶人也很和睦，能侍奉大国晋，而没有天灾流行，怎么样能拿下它？阳虎是想劳苦齐国军队，齐国军队疲倦了，大臣们必定多死亡，借此他就用他的阴谋。从前阳虎获得季氏的宠爱，而将杀季孙斯，对鲁国不利，以求容纳自己，他这个人亲富不亲仁，这种人有什么用处呢？你比季氏富而又大于鲁国，所以阳虎就想把你毁掉。鲁国免掉他的病，而你收纳他，这岂不是有害吗？"齐侯就把阳虎逮起来，想叫他往东边去，阳虎答应往东边去，齐侯就把他送到西边囚起来。他借了邑中人的车，把它的轴用刀子刻了，使它缩小，归还给邑人。他睡在一个辎重车中就逃走了。齐人把他追上，囚到齐国都城，他又睡在一个辎重车里逃到宋国，又逃到晋国，住到赵氏。仲尼说："赵氏恐怕世世代代有乱子了。"

经 六月，葬郑献公[1]。

今注

1 此经无传。

今译

六月，给郑献公下葬。

经 秋，齐侯、卫侯次于五氏。

传　秋，齐侯伐晋夷仪[1]。敝无存[2]之父将室之，辞以与其弟，曰：“此役也不死，反必娶于高、国。”先登，求自门出，死于霤下[3]。东郭书让登[4]，犁弥从之曰：“子让而左，我让而右，使登者绝而后下[5]。”书左，弥先下。书与王猛息，猛曰：“我先登。”书敛甲曰：“曩者之难，今又难焉。”猛笑曰：“吾从子如骖之有靳[6]。”晋车千乘在中牟[7]，卫侯将如五氏[8]，卜过之龟焦。卫侯曰：“可也。卫车当其半，寡人当其半，敌矣。”乃过中牟，中牟人欲伐之，卫褚师圃亡在中牟曰：“卫虽小，其君在焉，未可胜也，齐师克城而骄，其帅又贱[9]，遇必败之，不如从齐。”乃伐齐师败之[10]，齐侯致禚、媚、杏[11]于卫。齐侯赏犁弥，犁弥辞曰：“有先登者，臣从之，晳帻而衣狸制[12]。”公使视东郭书，曰：“乃夫子也，吾贶子。”公赏东郭书，辞曰：“彼宾旅也[13]。”乃赏犁弥。齐师之在夷仪也，齐侯谓夷仪人曰：“得敝无存者，以五家免[14]。”乃得其尸，公三襚之[15]，与之犀轩与直盖[16]，而先归之，坐引者，以师哭之[17]，亲推之三[18]。

今注

1　夷仪：今山东聊城县西南十二里有夷仪城。

2　敝无存：齐国人。

3　霤下：屋檐底下。

4　东郭书让登：东郭书让旁人在后面而自己先登。

5　后下：下是进城。

6　吾从子如骖之有靳：我跟着你如同车架旁边的马随着车中间的马。骖是驾车旁边的马，靳是驾车中间的马。

7　中牟：在今河南汤阴县西五十里。

8　五氏：《纪要》说：今河北邯郸县西有五氏城，亦曰寒氏城。

9　其帅又贱：指东郭书地位低下。

10　乃伐齐师败之：就去打齐国军队，把他们打败了。据《哀公十五年》说这次战役得到齐国战车五百辆。

11　禚、媚、杏：《春秋大事表》说：禚在山东长清县境，媚在禹城县境，杏在博平县境。

12　狸制：狸子皮的皮袄。

13　彼宾旅也：他同我等于宾主相让，同进同退。

14　以五家免：可以免去五家的税收役事。

15　公三襚之：齐侯给蔽无存穿上三层襚衣。

16　与之犀轩与直盖：给他犀牛装饰的车，同高的伞盖。

17　坐引者以师哭之：命挽丧车者停柩跪下，用军队来哭祭。

18　亲推之三：齐侯亲自推敝无存的丧车，车轮子转了三次。

今译

秋天，齐侯伐晋国的夷仪。齐人敝无存的父亲将给他娶妻，他辞让给他弟弟说："这一战以后，若不死，回来必定娶高氏或国氏的女子。"他先登上城，又要从门进去，结果战死在屋檐底下。东郭书要旁人让他先登，犁弥跟着他说："你到左边我到右边，这样没有人上城了，然后再下去。"东郭书从左边上，犁弥先下城。东郭书同王猛休息，王猛说："我先登城的。"东郭书拿起盔甲说："从前很难，现在更难了。"王猛笑说："我跟着你，如同驾沿车旁的马，随从车中间的马。"晋国兵车一千辆在中牟这地方。卫侯想到五氏去，占卜路过中牟，龟板焦了。卫侯说："可以。卫国的兵车当一半，我寡人也当他的一半。"就过了中牟，中牟人想伐卫国军队，卫国褚师圃逃亡在中牟说："卫国虽然小，他的君在这里，不可以战胜他。齐国军队得了夷仪而骄傲，他的将领东郭书又地位低贱，遇见齐国军队必定打败他，不如攻击齐国军队。"就讨伐齐国军队打败他们了。齐侯就把禚、媚、杏几个地方给了卫国。齐侯想赏犁弥，犁弥辞让说：“有人比我先登，我跟了他后面，他的军衣白而外边有貍皮袄。”齐侯使他看东郭书，他说：“就是他，我祝贺你。”齐侯赏东郭书，他辞让说：“我跟他同进退。”就赏了犁弥。齐国军队在夷仪时，齐侯对夷仪的人说：“得到敝无存的人，我可以给他免五家的税收役事。”得到他的尸首，齐侯给他三重的襚衣，更给他卿所坐的犀牛装饰的车同高盖，使他先回去，命挽丧车者停柩跪下，用军队来哭祭，齐侯推他丧车三次。

经 秦伯卒[1]。

今注

1 此经无传。

今译

秦伯死了。

经 冬，葬秦哀公[1]。

今注

1 此经无传。

今译

冬，给秦哀公行葬礼。

定公十年（公元前五〇〇年）

经 十年，春，王三月，及齐平。

传 十年，春，及齐平。

今译

春天，鲁国同齐国讲和。

经 夏，公会齐侯于夹谷。

传 夏，公会齐侯于祝其实夹谷[1]，孔丘相。犁弥言于齐侯曰："孔丘知礼而无勇，若使莱人以兵劫鲁侯，必得志焉。"齐侯从之。孔丘以公退曰："士兵之[2]！两君合好，而裔夷之俘以兵乱之，非齐君所以命诸侯也。裔不谋夏，夷不乱华，俘不干盟，兵不偪好，于神为不祥，于德为愆义，于人为失礼，君必不然。"齐侯闻之，遽辟之[3]。将盟，齐人加于载书曰："齐师出竟，而不以甲车三百乘从我者，有如此盟。"孔丘使兹无还[4]揖对曰："而不反我汶阳之田，吾以共命者，亦如之。"齐侯将享公，孔丘谓梁丘据曰："齐鲁之故[5]，吾子何不闻焉？事既成矣，而又享之，是勤执事也。且牺象不出门，嘉乐不野合[6]，飨而既具，是弃礼也，若其不具，用秕稗也。用秕稗君辱，弃礼名恶，子盍图之？夫享所以昭德也，不昭不如其已也。"乃不果享。齐人来归郓、讙、龟阴之田[7]。

今注

1 夹谷：《山东通志》说：夹谷在博山县东境。

2 士兵之：叫士卒用武器打莱人。

3 遽辟之：马上叫莱人的军队退下去。

4 兹无还：鲁大夫。

5 故：旧事。

6 嘉乐不野合：嘉乐就是钟磬，应该在房中奏乐，不能在野外举行。

7 郓、讙、龟阴之田：郓即西郓，今山东郓城县。讙，鲁邑，在今山东泰安县西南，地近肥城。龟阴之田应在汶水之阳，今泰安县境内。

今译

夏天，鲁定公见齐侯于祝其，实在就在夹谷。孔子做了鲁定公赞礼的人，齐大夫犁弥对齐侯说："孔丘虽然懂得礼节，却不勇敢的，如果差莱人用兵器去劫鲁侯，一定能够称我们的心意。"齐侯就依了他去做。孔丘便同定公退下说："军士们，用武器去击莱人，岂有两君会合着和好，却被远夷的囚虏拿兵器来扰乱的？这不是齐君吩咐诸侯聚会的好意呢！远方的人不当来谋算中原，夷狄不当来扰乱华夏，囚虏不当惹触盟誓，兵戎不当逼近盟好；如果这么做了，在神明前便是不祥，在道德上便是失掉义，在人事便是失掉礼，齐君一定不会这样的。"齐侯听得这话，心中惭愧，便使莱兵避去。将要结盟的时候，齐人在盟书上记载说："将来齐兵出境去征伐诸侯，鲁国却不拿兵车三百乘跟我的，便当受这会盟誓的诅咒。"孔丘派大夫兹无还作揖回答说："如果你们不还我汶阳的田地，我若供应你的，也像这般。"齐侯将要享宴定公。孔丘对梁丘据说："齐鲁两个的老规矩，你难道没有听说过吗？盟事已经完毕了，却又要设起宴来，这是空劳你齐国的执事吗？况且礼器是列在朝廷宗庙中，不出国门的；钟磬是不能奏于野外的；如果设宴的礼乐完备了，这就是弃宗庙的礼仪在野外；如果设宴不备礼乐，这就是好比舍了五谷用秕稗了。礼节不备，是辱了两国的君；弃掉礼仪，是恶名声，你为什么不打算一下呢？那宴享是昭明道德的，没有道德可昭，还不如罢了！"便没有宴享。后来齐人却来归还郓、瓘、龟阴的田。

经 公至自夹谷[1]。

今注

1　此经无传。

今译

鲁定公从夹谷回来。

经　晋赵鞅帅师围卫。

传　晋赵鞅围卫，报夷仪也。初，卫侯伐邯郸午[1]于寒氏[2]，城其西北而守之，宵熸[3]，及晋围卫，午以徒七十人门于卫西门，杀人于门中，曰："请报寒氏之役。"涉佗曰："夫子则勇矣！然我往，必不敢启门。"亦以徒七十人且门焉，步左右皆至，而立如植，日中不启门乃退。反役，晋人讨卫之叛故曰："由涉佗，成何。"于是执涉佗以求成于卫，卫人不许。晋人遂杀涉佗，成何奔燕。君子曰："此之谓弃礼必不钧，《诗》曰：'人而无礼，胡不遄死[4]？'涉佗亦遄矣哉！"

今注

1　邯郸午：晋国守邯郸的大夫。

2　寒氏：即五氏，见去年。

3　宵熸：在夜里邯郸午的军队全散了。

4　人而无礼，胡不遄死：《诗经·鄘风》的一句。意思说人若没有礼节，为什么不快死呢？

今译

晋国赵鞅围了卫国都城，这是为了报复夷仪的战役。当初，卫侯到寒氏这地方讨伐邯郸午，筑城于其西北之地而守之，夜里邯郸午的军队全散了。到了晋国围卫国，邯郸午率领着七十个人去攻打卫都城西门，在门里杀了人，并且说："这是为了报复寒氏的战役。"涉佗说："他是很勇敢了，我要去那里，他必不敢开启城门。”也率领着七十个人到城门前，来回地走，而立着像一块木头一样，到了中午门不敢开，就退下来。从这战役回来，晋人讨伐卫国反叛的原因，卫国人说：“这全是由于涉佗同成何。”就把涉佗逮起来，并向卫国求和平，卫人不答应。晋人就杀了涉佗，成何逃到燕国去了。君子说：“这是叫作丢掉礼，必不能平均，《诗经》上说过：‘人要是没有礼节为什么不赶紧死呢？’涉佗也很快了。”

经 齐人来归郓、讙、龟阴田。

经 叔孙州仇、仲孙何忌帅师围郈。

经 秋，叔孙州仇、仲孙何忌帅师围郈。

传 初，叔孙成子欲立武叔，公若藐[1]固谏曰：“不可。”成子立之而卒。公南[2]使贼射之，不能杀。公南为马正，使公若为郈宰。武叔既定，使郈马正侯犯杀公若，不能，其圉人[3]曰：“吾以剑过朝，公若必曰：‘谁之剑也？’吾称子以告，必观之，吾伪固而授之末，则可杀也。”使如之。公若曰：“尔欲吴王我乎！”遂杀公若。侯犯以郈叛[4]，武叔懿子围郈，弗克。秋，二子及齐师复围郈，弗克，叔孙谓郈工师驷赤[5]曰：“郈非唯叔孙氏之忧，社稷之患也，将若之何？”对曰：“臣之业在《扬水》卒章之四言矣[6]。”叔孙稽首。驷赤谓侯犯曰：“居齐鲁之际而无事，必不可矣。子盍求事于齐以临民，不然将叛。”侯犯从之。齐使至，驷赤与郈人为之宣言于郈中曰：“侯犯将以郈易于齐，齐人将迁郈民。”众凶惧。驷赤谓侯犯曰：“众言异矣，子不如易于齐，与其死也，犹是郈也，而得纾焉，何必此？齐人欲以此偪鲁，必倍与子地。且盍多舍甲于子之门，以备不虞。”侯犯曰：“诺。”乃多舍甲焉。侯犯请易于齐，齐有司观郈，将至，驷赤使周走呼曰：“齐师至矣！”

郈人大骇，介侯犯之门甲以围侯犯，驷赤将射之[7]，侯犯止之曰：“谋免我。”侯犯请行，许之[8]。驷赤先如宿[9]，侯犯殿，每出一门，郈人闭之。及郭门，止之曰：“子以叔孙氏之甲出，有司若诛之，群臣惧死。”驷赤曰：“叔孙氏之甲有物[10]，吾未敢以出。”犯谓驷赤曰：“子止而与之数。”驷赤止而纳鲁人，侯犯奔齐，齐人乃致郈。

今注

1 公若藐：叔孙氏的族人。

2 公南：叔孙氏的家臣，与叔孙武叔一党。

3 圉人：武叔的圉人。

4 侯犯以郈叛：侯犯是叔孙氏的家臣，以郈反叛。

5 工师驷赤：工师是掌工匠的官，驷赤是人名。

6 臣之业在《扬水》卒章之四言矣：《扬水》是《诗经·唐风》的篇名，卒章是最后一章，四言是四个字。就指的是“吾闻有命”，意思说我已接受你的命令。

7 驷赤将射之：驷赤假装为侯犯射郈人。

8 许之：郈人答应了。

9 宿：在今山东省东平县东二十里。

10 叔孙之甲有物：叔孙氏的盔甲上有标志。

今译

最初，叔孙不敢想立叔孙州仇，公若藐强谏他说：“不可。”叔孙不敢把他立了就死了。公南使人射他，不能够射死。公南做马正，叫公若做郈宰。叔孙州仇的位子既然固定了，使郈的马正侯犯去杀公若，不能成功。州仇赶马的人说：“我拿着宝剑经过朝堂，公若必定问：‘这是谁的剑呢？’我告诉他是你的。他必定要看。我假装不懂礼节，而把宝剑的尖交给他，就可以把他杀掉。”

侯犯就叫他这样做。公若说："你想把我当吴王吗？"管马人就把公若杀掉。侯犯在郈反叛。叔孙州仇同仲孙何忌围了郈，没有攻下。秋天，叔孙州仇又同仲孙何忌以及齐国军队围了郈，仍旧不能战胜，叔孙州仇对郈的工师驷赤说："郈不只是叔孙氏的忧虑，也是国家的患难，这怎么办呢？"他回答说："我的事业在《扬水》诗篇末了那四字句。"叔孙州仇对他叩头。驷赤对侯犯说："在齐鲁的中间，而无所服侍，这是必定不可能的，你何不去侍奉齐国以统治人民，要不然人民将要反了。"侯犯听了他的话。齐国派使臣来到，驷赤同郈人在郈中宣言："侯犯将拿郈同齐国交换地方，齐国人将把郈的人民迁走。"郈人很害怕。驷赤对侯犯说："众人的话全改变了，你与其死了，不如同齐国交换。这还是郈，而得纾展，何必要这地方？齐人想着拿郈来逼迫鲁国，必定加倍给你地方。你何不在你的门口多预备军队，以防意外的事情？"侯犯说："好。"就多预备军队在门口。侯犯到齐国请求交换，齐国的官吏派人到郈观看，将到时，驷赤派人到处跑着说："齐国军队来了！"郈的人民非常惊骇，就用侯犯门口的军队来包围侯犯，驷赤假装要射郈人，侯犯指着他说："你只要帮我逃走就好。"侯犯请求出逃，郈人答应他。驷赤先到宿这地方，侯犯在后面，每出一个门，郈人就把它关上。到了外郭的门，人们叫他站住说："你把叔孙氏的盔甲拿出去，官吏若诅咒我们，我们很怕死亡。"驷赤说："叔孙氏的盔甲有标志，我不敢拿出去。"侯犯对驷赤说："你站在这里跟他点清数目。"驷赤站着就把鲁国人叫进来，侯犯就逃到齐国去。齐人就把郈交回鲁国。

经 宋乐大心出奔曹，宋公子地出奔陈。

经 宋公子弟辰暨仲佗、石彄出奔陈。

传 宋公子地[1]嬖蘧富猎[2]，十一分其室而以其五与之。公子地有白马四，公嬖向魋[3]，魋欲之，公取而朱其尾鬣以与之[4]，地怒，使其徒扶魋而夺之。魋惧将走，公闭门而泣之，目尽肿。母弟辰曰："子分室以与猎也，而独卑魋，亦有颇焉。子为君礼，不过出竟，君必止子。"公子地出奔陈，公弗止。辰为之请，弗听。辰曰："是我迋[5]吾兄也！吾以国人出，君谁与处？"冬，母弟辰暨仲佗、石彄[6]出奔陈。

今注

1 公子地：宋景公的弟弟，公子辰的哥哥。

2 向魋：魋音颓，是司马桓魋。

3 蘧富猎：是宋大夫。

4 以与之：把这几匹马给向魋。

5 迋：音逛，欺骗。

6 仲佗、石彄：仲佗是仲几的儿子。石彄是褚师段的儿子。二人全是宋国的卿。

今译

宋国公子地嬖爱蘧富猎，把自己家财分成十一份，把五份给了他。公子地有白马四匹。宋景公喜爱的向魋想要这些马，景公拿到这些马，把它们的尾巴染成红颜色给了向魋，公子地恼了，使他的门徒打向魋，夺掉他的马。向魋害怕，将出逃，宋景公关着门哭他，眼全肿了。他的母弟辰说："你分财产给蘧富猎而小视向魋，这也不公平。你应该让着君，顶多不过逃出境外，君必定拦住你。"公子地就逃到陈国去，宋景公不拦止。公子辰替他请求，不听从。公子辰说："这是欺骗我的哥哥！我要同贵族全逃出，君又同谁治理国家？"冬天，母弟辰同仲佗、石彄两个卿全逃到陈国去。

经 冬，齐侯、卫侯、郑游速会于安甫[1]。

今注

1　此经无传。

今译

冬天，齐侯、卫侯、郑游速会于安甫。

经 叔孙州仇如齐。

传 武叔聘于齐，齐侯享之曰："子叔孙若使郈在君之他竟，寡人何知焉？属与敝邑际，故敢助君忧之。"对曰："非寡君之望也，所以事君，封疆社稷是以[1]，敢以家隶勤君之执事。夫不令之臣，天下之所恶也，君岂以为寡君赐？"

今注

1　封疆社稷是以：这是为的封疆同国家。

今译

叔孙州仇到齐国聘问，齐侯宴享他说："子叔孙啊！要是郈在鲁国旁的边境上，我怎么能知道？你因为邻着我们国家，所以帮着你来忧虑。"回答说："这不是我们君希望的，我们所以侍奉你，是为的国家的缘故，我哪里敢用家里的事麻烦你的官吏。这种不好的臣子，是天下所厌恶的，君王难道用这赏赐寡君？"

定公十有一年（公元前四九九年）

经 十有一年，春，宋公之弟辰及仲佗、石驱、公子地自陈入于萧以叛。

经 夏，四月。

经 秋，宋乐大心自曹入于萧。

传 十一年，春，宋公母弟辰暨仲佗、石彄、公子地入于萧以叛。秋，乐大心从之，大为宋患，宠向魋故也[1]。

今注

1 宠向魋故也：这是宠爱向魋的缘故。

今译

十一年春，宋公的母弟辰同仲佗、石彄、公子地到了萧反叛了。秋天，乐大心也跟去了，这成了宋国的大祸患，这是对于向魋宠爱的缘故。

经 冬，及郑平，叔还如郑莅盟。

传 冬，及郑平，始叛晋也[1]。

今注

1 始叛晋也：鲁国自僖公以来一直服从晋国到现在，方才与晋国不合，所以说始叛晋。

今译

冬天，鲁国同郑国讲和，这时鲁国开始对晋国反叛。

定公十有二年（公元前四九八年）

经 十有二年，春，薛伯定卒[1]。

今注

1 此经无传。

今译

春天，薛伯定死了。

经 夏，葬薛襄公[1]。

今注

1 此经无传。

今译

夏天，给薛襄公行葬礼。

经 卫公孟彄帅师伐曹。

传 十二年，夏，卫公孟彄伐曹，克郊[1]，还，滑罗殿[2]，未出[3]，不退于列[4]。其御曰："殿而在列，其无勇乎？"罗曰："与其素厉，宁为无勇[5]。"

今注

1 郊：在今山东省曹县境。

2 滑罗：卫大夫。

3 未出：还没有出曹境。

4 不退于列：滑罗不退在行列的后面。

5 与其素厉，宁为无勇：与其空有勇猛之名，宁可被人说没有勇气。

今译

夏天，卫公孟彄伐曹，占据了郊这地方，回来的时候，滑罗殿后，没有出曹境，滑罗不退到行列的后面，他的车夫说："殿后而在行列中，这恐怕是缺乏勇气吧？"滑罗说："与其空有勇猛的名，宁可被人说没有勇气。"

经 叔孙州仇帅师堕郈。

经 季孙斯、仲孙何忌帅师堕费。

传　仲由[1]为季氏宰，将堕三都[2]，于是叔孙氏堕郈。季氏将堕费，公山不狃、叔孙辄帅费人以袭鲁。公与三子入于季氏之宫，登武子之台，费人攻之，弗克，入及公侧[3]，仲尼命申句须、乐颀[4]下伐之，费人北，国人追之，败诸姑蔑[5]，二子[6]奔齐，遂堕费。将堕成，公敛处父谓孟孙："堕成，齐人必至于北门，且成孟氏之保障也，无成是无孟氏也，子伪不知，我将不堕。"冬，十二月，公围成，弗克。

今注

1　仲由：即子路。

2　三都：指费、郈、成。

3　入及公侧：到了台的底下。

4　申句须、乐颀：二人全是鲁大夫。

5　姑蔑：在今山东省泗水县东南四十五里。

6　二子：指公山不狃同叔孙辄。

今译

孔子弟子仲由做季氏宰，将毁掉费、郈、成三个大都。这时叔孙氏毁掉郈。季孙氏将毁费，公山不狃、叔孙辄率领费人来偷袭鲁都城。鲁定公同仲孙何忌、叔孙州仇、季孙斯入了季氏的宫里，登到季孙宿的台上，费人攻打他们，不能胜，只攻到台下，仲尼叫申句须、乐颀下台来讨伐他们，费人被打败，贵族们追上去，又在姑蔑打败他，公山不狃同叔孙辄逃到齐国去，就毁掉费的城。将毁成，公敛处父对孟孙说："要是毁掉成，齐国人必定来到鲁国都城的北门，并且成是孟孙氏的保障，没有成就没有孟孙氏了。你假装不知道，我将不毁去成。"冬天十二月，鲁定公围了成，没有能够胜利。

经 秋，大雩[1]。

今注

1 此经无传。

今译

秋天，鲁国行求雨的典礼。

经 冬，十月，癸亥，公会齐侯盟于黄[1]。

今注

1 此经无传。

今译

冬天十月癸亥，鲁定公与齐侯在黄会盟。

经 十有一月，丙寅朔，日有食之[1]。

今注

1 此经无传。

今译

十一月丙寅初一，鲁国有日食。

经 公至自黄[1]。

今注

1 此经无传。

今译

定公从黄回来。

经 十有二月，公围成，公至自围成[1]。

今注

1　此经无传。

今译

十二月，鲁定公围成，后从围成回来。

定公十有三年（公元前四九七年）

经　十有三年，春，齐侯、卫侯次于垂葭。

传　十三年，春，齐侯、卫侯次于垂葭实郹氏[1]，使师伐晋，将济河，诸大夫皆曰："不可。"邴意兹[2]曰："可。锐师伐河内[3]，传必数日而后及绛，绛不三月不能出河，则我既济水矣。"乃伐河内，齐侯皆敛诸大夫之轩，唯邴意兹乘轩。齐侯欲与卫侯乘[4]，与之宴，而驾乘广载甲焉。使告曰："晋师至矣。"齐侯曰："比君之驾也，寡人请摄[5]。"乃介而与之乘，驱之。或告曰："无晋师。"乃止。

今注

1　垂葭实郹氏：《续山东考古录》：菏泽县在周时有葭密邑。《左传地名补注》：以垂葭即葭密，在菏泽县西北二十五里。

2　邴意兹：齐大夫。

3　河内：《汇纂》说：今河南汲县县治。

4　齐侯欲与卫侯乘：齐侯想同卫侯坐在一辆车上。

5　寡人请摄：请用我的车代用。

今译

齐侯、卫侯在垂葭，实在就是郹氏，叫军队去讨伐晋国，将渡过黄河，诸大夫都说："不可以。"只有齐大夫邴意兹说："可以。派了强的军队过河去伐河内的地方，要是河内派人去告诉晋国，必须几天的工夫才能到晋国首都绛，由绛这地必须三个月晋国军队方能达到黄河。这时间我们已经渡过黄河了。”齐侯就叫军队去伐河内，齐侯把各大夫的轩车全都收了，只有邴意兹独乘轩车。齐侯想与卫侯共乘一辆车，请卫侯吃饭，而驾了兵车载着盔甲，使人诈告说：“晋国军队来了。”齐侯对卫侯说：“等你预备好，我先拿我的车代替你的车。”就穿上盔甲跟他坐着车一同往前去。有人告诉齐侯说：“并没有晋国军队。”他就止住了。

经 夏，筑蛇渊囿[1]。

今注

1 此经无传。

今译

夏天，鲁国筑蛇渊囿。

经 大蒐于比蒲[1]。

今注

1 比蒲：疑即鲁东门外之蒲圃。此经无传。

今译

在比蒲大蒐。

经 卫公孟彄帅师伐曹[1]。

今注

1 此经无传。

今译

卫国公孟彄率领着军队讨伐曹国。

经 秋，晋赵鞅入于晋阳以叛。

经 冬，晋荀寅、士吉射入于朝歌以叛，晋赵鞅归于晋。

传 晋赵鞅谓邯郸午曰："归我卫贡五百家，吾舍诸晋阳。"午许诺。归告其父兄，父兄皆曰："不可，卫是以为邯郸[1]，而寘诸晋阳，绝卫之道也。不如侵齐而谋之。"乃如之而归之于晋阳。赵孟怒，召午而囚诸晋阳，使其从者说剑而入[2]，涉宾[3]不可。乃使告邯郸人曰："吾私有讨于午也，二三子唯所欲立[4]。"遂杀午。赵稷[5]、涉宾以邯郸叛。夏，六月，上军司马籍秦围邯郸。邯郸午，荀寅之甥也，荀寅，范吉射之姻也[6]，而相与睦，故不与围邯郸，将作乱。董安于[7]闻之，告赵孟曰："先备诸！"赵孟曰："晋国有命，始祸者死，为后可也。"安于曰："与其害于民，宁我独死，请以我说。"赵孟不可。秋，七月，范氏、中行氏伐赵氏之宫，赵鞅奔晋阳，晋人围之。范皋夷[8]无宠于范吉射，而欲为乱于范氏，梁婴父嬖于知文子，文子欲以为卿，韩简子与中行文子[9]相恶，魏襄子亦与范昭子相恶[10]，故五子[11]谋，将逐荀寅而以梁婴父代之，逐范吉射而以范皋夷代之。荀跞言于晋侯曰："君命大臣，始祸者死，载书在河，今三臣始祸，而独逐鞅，刑已不钧矣，请皆逐之。"冬，十一月，荀跞、韩不信、魏曼多奉公以伐范氏、中行氏，弗克。二子将伐公，齐高彊[12]曰："三折肱知为良医[13]，唯伐君为不可，民弗与也，我以伐君在此矣。三家未睦，可尽克也，克之君将谁与？若先伐君，是使睦也。"弗听，遂伐公。国人助公，二子败，从而伐之，丁未，荀寅、士吉射奔朝歌，韩魏以赵氏为请，十二月，辛未，赵鞅入于绛，盟于公宫。

今注

1 卫是以为邯郸：因为卫国有五百家在邯郸，所以和邯郸亲近。

2　说剑而入：摘下宝剑进来。

3　涉宾：邯郸午的家臣。

4　二三子唯所欲立：你们随便立什么人都可以。

5　赵稷：邯郸午的儿子。

6　荀寅、范吉射之姻也：荀寅的儿子娶了范吉射的女儿。

7　董安于：赵氏家臣。

8　范皋夷：范氏的庶子。

9　中行文子：即荀寅。

10　魏襄子、范昭子：魏襄子是魏曼多，范昭子是士吉射。

11　五子：范皋夷、梁婴父、知文子、韩不信、魏曼多。

12　齐高彊：齐国子尾的儿子。昭公十年逃到鲁国，后又逃到晋国。

13　三折肱知为良医：如果胳膊断了三次，找医生多了，久之，自己有了经验，也可成为良医了。

今译

晋国赵鞅对邯郸午说："将卫国所贡的五百家交给我，我要把他们搬到晋阳去住。"邯郸午答应了。他回去就告诉他的尊长，他的尊长全说："不可以。卫国是因为有五百家在邯郸，所以跟你很亲善，把他们迁到晋阳，这是断绝卫的道路。不如侵略齐国，然后再用计谋把他们迁到晋阳。"就这样把他们迁到晋阳。赵鞅发怒，叫邯郸午到晋阳去，把他囚在那里，把随他去的人，全叫他们摘下宝剑再进去，邯郸午的家臣涉宾不肯摘宝剑，赵鞅就派人告诉邯郸人说："我是私人对邯郸午，讨他的罪，你们可以商议立邯郸午的宗亲。"赵鞅就杀了邯郸午。邯郸午的儿子同涉宾就以邯郸反叛了。夏天六月，晋国上军司马籍秦围了邯郸。邯郸午是荀寅的外甥，而荀寅是范吉射的亲家，他们几个人素来很和睦，所以他们两人不参加围邯郸的事，而想反叛。赵鞅的臣董安于听见了，就告诉赵鞅说："何不先预备呢？"赵鞅说："晋国的命令，先造成祸乱的要被判死刑，可以稍晚一点。"董安于说："与其伤害人民，不如我独自死，以后请拿我来解释。"赵鞅认为不可以。秋天七月，范氏、中行氏来讨伐赵鞅住的宫室，赵鞅就逃到晋阳去了，晋人派军队围了晋阳。范皋夷得不到范吉射的宠爱，而想在范氏作乱，梁婴父甚为荀跞所宠爱，荀跞想叫他做晋国的卿，韩不信同荀寅很不好，魏曼多也同范吉射很不好。所以他们五人谋算，想着驱逐掉荀寅，而以梁婴父替代他，驱逐掉范吉射，而以范皋夷替代他。荀跞对晋侯说："你有命令说大臣们始作祸乱的就得死，这个盟誓的书沉到黄河里，现在荀寅、范吉射、赵鞅开始作乱，而单独驱逐赵鞅，这刑罚已经不平等，请把他们三人全驱逐出去。"冬天十一月，荀跞、韩不信、魏曼多奉着晋侯去讨伐范氏、中行氏。没能打胜。韩不信、魏曼多二人将讨伐晋侯。齐国的高彊说："三次折断手臂，找医生多了，久之，自己有了经验，也可成为良医了。只是伐君不可以，因为人民不愿参与，我就因为伐君所以逃到晋国。现在范、魏、韩三家并不和睦，可以把他们全打败了，把他们打败了，晋侯将依靠谁呢？要是你先伐君，这是使他们和睦。"他们不听，就伐晋侯。国人帮助晋侯，韩不信同魏曼多失败了，大家一起讨伐他们。丁未，荀寅、范吉射逃到朝歌去，韩不信、魏曼多请求宽恕赵鞅，十二月辛未，赵鞅回到绛，在公的宫中盟誓。

经　薛弑其君比[1]。

今注

1　此经无传。

今译

薛人弑杀他的君比。

传 初，卫公叔文子朝，而请享灵公，退见史鰌[1]而告之。史鰌曰："子必祸矣，子富而君贪，其及子乎？"文子曰："然，吾不先告子，是吾罪也。君既许我矣，其若之何？"史鰌曰："无害，子臣可以免。富而能臣，必免于难，上下同之。戍[2]也骄，其亡乎。富而不骄者鲜，吾唯子之见。骄而不亡者，未之有也，戍必与焉。"及文子卒，卫侯始恶于公叔戍，以其富也。公叔戍又将去夫人之党[3]，夫人愬之曰："戍将为乱。"

今注

1 史鰌：即史鱼，是卫大夫。

2 戍：公叔文子的儿子。

3 夫人之党：卫灵公的夫人的党徒。

今译

当初，卫国公叔发入朝请卫灵公到他家中享宴，回来见到史鰌告诉他这件事。史鰌说："你必定引了祸患来，你很有钱，而君很贪心，罪过必然落到你的身上。"公叔发说："对了，我不早先告诉你知道，是我的过错。现在君已经答应我，那怎么办呢？"史鰌说："不要紧，你要保持着君臣的礼节，就可以免除罪状，有钱而当人臣，必定免于祸难，上下是一样的。你的儿子戍骄傲，恐怕要逃亡了。有钱而不骄傲这种人很少，我只看见你。骄傲而不逃亡的世上没有过，戍必定是其中的一个。"到了公叔发死了，卫侯开始厌恶公叔戍，因为他太有钱，公叔戍又想去掉卫灵公的夫人南子的党徒。夫人告诉卫灵公说："公叔戍将作乱了。"

定公十有四年（公元前四九六年）

经 十有四年，春，卫公叔戍来奔。卫赵阳出奔宋。

传 十四年，春，卫侯逐公叔戍与其党，故赵阳[1]奔宋，戍来奔。

今注

1 赵阳：赵氏同族。

今译

春天，卫侯驱逐公叔戍同他的党徒，所以赵阳逃到宋国，公叔戍逃到鲁国。

传 梁婴父恶董安于，谓知文子曰："不杀安于，使终为政于赵氏，赵氏必得晋国。盍以其先发难也，讨于赵氏。"文子使告于赵孟曰："范、中行氏虽信为乱，安于则发之，是安于与谋乱也，晋国有命，始祸者死，二子[1]既伏其罪矣，敢以告[2]。"赵孟患之。安于曰："我死而晋国宁，赵氏定，将焉用生？人谁不死，吾死莫矣。"乃缢而死。赵孟尸诸市而告于知氏曰："主命戮罪人，安于既伏其罪矣，敢以告。"知伯[3]从赵孟盟，而后赵氏定，祀安于于庙。

今注

1 二子：指士吉射同荀寅。

2 敢以告：意思说董安于有罪。

3 知伯：荀跞。

今译

梁婴父厌恶董安于，便对荀跞说："不杀董安于，使他终久在赵氏掌握政权，那么赵氏必定要得到晋国。何不在他发难以前，先讨伐赵鞅呢？”荀跞使人告诉赵鞅说：“范氏同中行氏，虽然曾经作乱，但是这个祸乱是董安于引起来的，就是安于曾经参加这个祸乱，晋国的命令，开始作乱的人处死刑，范吉射同荀寅已经得到他们的罪状，我敢把这情形告诉你。”赵鞅听了这话，颇以为患。董安于说：“我若死了，晋国得到安宁，赵氏得到安定，何必活着，人谁不死，我已经死得很晚了。”就上吊死了。赵鞅把他尸首摆到市面上，告诉荀跞说：“你命我杀罪人，董安于已服了他的罪，谨此奉告。”荀跞就同赵鞅盟誓，然后赵氏安定，就把董安于祭祀在赵氏的庙中。

经 二月，辛巳，楚公子结、陈公孙佗人帅师灭顿，以顿子牂归。

传 顿子牂欲事晋背楚而绝陈好，二月，楚灭顿。

今译

顿子牂想侍奉晋国背叛楚国而断绝与陈国的友好，二月，楚国就把顿国灭掉了。

经 夏，卫北宫结来奔。

传 夏，卫北宫结来奔，公叔戌之故也。

今译

夏天，卫国北宫结逃到鲁国，是公叔戌的缘故。

经 五月，於越败吴于槜李。

经 吴子光卒。

传 吴伐越，越子句践[1]御之，陈于槜李[2]。句践患吴之整也，使死士再禽焉，不动[3]，使罪人三行属剑于颈[4]而辞曰："二君有治[5]，臣奸旗鼓[6]，不敏于君之行前，不敢逃刑，敢归死。"遂自刭也。师属之目，越子因而伐之，大败之。灵姑浮[7]以戈击阖庐，阖庐伤将指[8]，取其一屦[9]，还，卒于陉[10]，去檇李七里。夫差使人立于庭，苟出入，必谓己曰："夫差，而忘越王之杀而父乎？"则对曰："唯，不敢忘。"三年乃报越。

今注

1　句践：越王允常的儿子。

2　檇李：檇音醉。在秀水县西南七十里。按秀水在今浙江省嘉兴县，檇李在县南四十五里。

3　不动：吴国军队不为惊动。

4　属剑于颈：把剑搁到脖子上。

5　二君有治：二位君治理军队。

6　臣奸旗鼓：我犯了军令。

7　灵姑浮：越大夫。

8　将指：脚上的大脚趾。

9　取其一屦：灵姑浮拿到他的一只鞋。

10　陉：在檇李北七里。

今译

吴国讨伐越国，越王句践来抵御吴兵，在檇李这里摆开阵势。越王句践颇为吴国军队的整齐忧虑，使敢死队两次进攻，生擒了吴军前列士卒，而吴国军队仍不被惊动。句践又派了罪人排成三行把宝剑搁到脖子上，然后说："二位君方治理军队，我们干犯了军令，在君主的队列前显示出无能，我也不敢逃脱刑罚，人敢一死而已。"就自杀了。吴国军队全看着他们，越王就乘这机会去进攻他们，把他们打败。灵姑浮用戈来打阖庐，阖庐伤了脚上的大脚趾，灵姑浮拿了他一只鞋，阖庐回去的时候死在陉这地方，离檇李七里远。他的儿子夫差叫人立到庭中，不管是出进，必对他说：“夫差，你忘了越王杀你的父亲吗？”就回答说：“是，不敢忘记！”经过了三年，就报复了越国。

经 公会齐侯、卫侯于牵。

经 公至自会[1]。

今注

1 此经无传。

经 秋，齐侯、宋公会于洮。

经 天王使石尚来归脤[1]。

今注

1 此经无传。

今译

周天王使石尚来鲁国送祭社神的肉。

经 卫世子蒯聩出奔宋。

经 卫公孟彄出奔郑。

传 晋人围朝歌，公会齐侯、卫侯于脾、上梁之间[1]，谋救范、中行氏，析成鲋、小王桃甲[2]率狄师以袭晋，战于绛中，不克而还，士鲋奔周，小王桃甲入于朝歌。秋，齐侯、宋公会于洮[3]，范氏故也。卫侯为夫人南子召宋朝[4]，会于洮，大子蒯聩[5]献盂[6]于齐，过宋野，野人歌之曰：“既定尔娄猪，盍归吾艾豭[7]。”大子羞之，谓戏阳速[8]曰：“从我而朝少君[9]，少君见我，我顾乃杀之。”速曰：“诺。”乃朝夫人，夫人见大子，大子三顾，速不进。夫人见其色[10]，啼而走，曰：“蒯聩将杀余！”公执其手以登台，大子奔宋，尽逐其党，故公孟彄出奔郑，自郑奔齐。大子告人曰：“戏阳速祸余！”戏阳速告人曰：“大子则祸余。大子无道，使余杀其母，余不许，将戕于余。若杀夫人，将以余说，余是故许而弗为，以纾余死。谚曰：‘民保于信’，吾以信义也。”

今注

1　脾、上梁之间：即牵。在河南省浚县北十八里。

2　析成鲋、小王桃甲：二人全是晋大夫，范氏、中行氏的党羽。

3　洮：在今山东省濮县。

4　宋朝：南子是卫灵公夫人，是宋国的女儿。宋朝是宋公子，以前与南子私通。

5　大子蒯聩：是卫灵公的太子。

6　盂：在今河南省濮阳县东南。

7　既定尔娄猪，盍归吾艾豭：既然定了你的娄猪，为什么不还给我老的雄猪。娄猪是生子的猪，指南子而言。

8　戏阳速：是太子家臣。

9　少君：指南子而言。

10　夫人见其色：夫人看见太子的脸色有变化。

今译

晋国军队围了朝歌，鲁定公到牵这地方与齐侯、卫侯相会，这是因为打算去救范氏、中行氏的，析成鲋同小王桃甲率领狄国军队去偷袭晋国，在晋都城绛打仗，没有成功就回来，析成鲋逃到周，小王桃甲逃到朝歌。秋天，齐侯、宋公在洮盟会，这也是因为想救范氏。卫侯为他的夫人南子叫宋朝到卫国来，在洮会盟时，卫国太子蒯聩献盂这地方给齐国，经过宋国野地时，野地人唱着说：“既然安定了你的生子的猪，何不把我们的老猪归还呢？”太子以为羞耻，对他的家臣戏阳速说：“跟着我去朝见夫人，夫人要见我，我回头，你就把她杀掉。”戏阳速说：“好。”就去朝见夫人，夫人也接见太子，太子三次回头，而戏阳速不往前进。夫人看见太子变脸色，吓得哭了，去见灵公说：“蒯聩将要杀我。”灵公拉着她的手登到台上去。太子就逃到宋国去，卫灵公把太子党羽全赶走了，所以公孟彄逃到郑国，从郑国又逃到齐国。太子告诉旁人说：“戏阳速给我引起祸患。”戏阳速告诉旁人说：“是太子害了我，太子没道理，派我把他母亲杀掉。我若不答应，就要杀我。我若杀夫人，就赖在我身上，所以我答应而不做，以免我的死。俗话说：‘人民以信用保其身。’我是拿义来做信用。”

经 宋公之弟辰自萧来奔[1]。

今注

1　此经无传。

今译

宋公之弟辰从萧逃到鲁国。

经 大蒐于比蒲[1]。

今注

1　此经无传。

今译

在比蒲大蒐。

经 邾子来会公[1]。

今注

1　此经无传。

今译

邾子到鲁国与定公会盟。

传 冬，十二月，晋人败范、中行氏之师于潞，获籍秦、高彊。又败郑师及范氏之师于百泉[1]。

今注

1　百泉：《方舆纪要》说：苏门山在今河南辉县西北七里，一名百门山，有百门泉。

今译

冬天十二月，晋人在潞这地方打败了范氏同中行氏的军队，捕获籍秦、高彊，又在百泉这地方，打败了郑国军队同范氏军队。

经 城莒父及霄[1]。

今注

1　莒父及霄：莒父在今山东省莒县西南，有子夏祠，《论语·子夏》为莒父宰是也。霄在今莒县境。此经无传。

今译

鲁国修莒父同霄的城。

定公十有五年（公元前四九五年）

经 十有五年，春，王正月，邾子来朝。

传 十五年，春，邾隐公来朝，子贡观焉。邾子执玉高，其容仰，公受玉卑，其容俯。子贡曰："以礼观之，二君者皆有死亡焉！夫礼，死生存亡之体也，将左右周旋进退俯仰于是乎取之，朝祀丧戎于是乎观之。今正月相朝，而皆不度[1]，心已亡矣，嘉事不体，何以能久？高仰骄也，卑俯替也，骄近乱，替近疾，君为主，其先亡乎！”

今注

1　而皆不度：都不合法度。

今译

春天，邾隐公来鲁国朝见，子贡去看。邾子玉拿得很高，他的脸往上仰，鲁定公受玉很谦卑，他的表现低下。子贡就说：“以礼貌来看，两个君全将死亡；礼，是死生存亡的表现，将由左右周旋，进或退、俯或仰来看他，由上朝祭祀、丧祭打仗去观看。现在是正月相朝见，而全不合于法度，心已经失礼了，上朝的礼节不合适，怎么样能长久呢？高仰是骄傲，卑俯是失败，骄傲近于乱，失败近有病，鲁君做主人，恐怕要先死了！”

经　鼷鼠食郊牛，牛死，改卜牛[1]。

今注

1　此经无传。

今译

小老鼠吃了祭天的牛，牛死了，就改占卜用。

经　二月，辛丑，楚子灭胡，以胡子豹归。

传　吴之入楚也，胡子尽俘楚邑之近胡者。楚既定，胡子豹又不事楚，曰：“存亡有命，事楚何为？多取费焉。”二月，楚灭胡。

今译

吴国攻入楚国时，胡子把楚国近于胡国的城的人民全都俘虏了。楚国安定以后，胡子豹又不侍奉楚国，他说：“存亡全都有天命，何必侍奉楚国呢？只是多花钱而已。”二月，楚国灭了胡国。

经 夏，五月，辛亥，郊[1]。

今注

1 此经无传。

今译

夏天五月辛亥这天，郊天。

经 壬申，公薨于高寝。

传 夏，五月，壬申，公薨。仲尼曰：“赐[1]不幸言而中，是使赐多言者也。”

今注

1 赐：即子贡，姓端木。

今译

五月壬申，鲁定公死在高寝宫里。仲尼说：“端木赐不幸把事情说中了，是叫赐多说话了。”

经 郑罕达帅师伐宋。

传 郑罕达[1]败宋师于老丘[2]。

今注

1 罕达：是子齹的儿子。

2 老丘：《寰宇记》说：今河南陈留县东北四十五里，有老邱城。

今译

郑国罕达在老丘这地方打败了宋国军队。

经 齐侯、卫侯次于渠蒢。

传 齐侯、卫侯次于蘧挐[1]，谋救宋也。

今注

1 蘧挐：在今河南省长垣县北。

今译

齐侯同卫侯住到蘧挐，是打算救宋国。

经 郝子来奔丧[1]。

今注

1 此经无传。

今译

郝子来鲁国奔丧。

经 秋，七月，壬申，姒氏卒。

经 八月，庚辰，朔，日有食之[1]。

今注

1 此经无传。

今译

八月，庚辰初一，鲁国有日食。

经 九月，滕子来会葬[1]。

今注

1 此经无传。

今译

九月滕子来参加葬礼。

经 丁巳，葬我君定公，雨不克葬。戊午，日下昃乃克葬。辛巳，葬定姒。

传 秋，七月，壬申，姒氏卒，不称夫人，不赴且不袝也[1]。葬定公，雨不克襄事，礼也。葬定姒，不称小君，不成丧也。

今注

1 不赴且不袝也：不告诉旁国丧事，并且不袝在她婆婆的庙中。

今译

秋七月壬申，定公夫人定姒死了，不称夫人，因为不讣告给诸侯而且不袝在她婆婆的庙中。葬定公，天下雨，不能够办事，这是合礼的。葬定姒，《春秋》上不写小君，因为没有成丧礼。

经 冬，城漆。

传 冬，城漆[1]，书不时告也[2]。

今注

1 漆：邾邑，在今山东邹县北。

2 书不时告也：不按时候通知别处。

今译

冬天，修漆城，《春秋》上这么写表示不按时候通知旁处。

卷三十　哀公上

哀公元年（公元前四九四年）

经　元年，春，王正月，公即位[1]。

今注

1　此经无传。

今译

元年春王正月，鲁哀公行即位礼。

经　楚子、陈侯、随侯、许男围蔡。

传　元年，春，楚子围蔡，报柏举也[1]。里而栽[2]，广丈高倍[3]，夫屯昼夜九日[4]，如子西之素[5]。蔡人男女以辨[6]，使疆于江汝之间而还，蔡于是乎请迁于吴。

今注

1　报柏举也：柏举之役在定公四年。

2　里而栽：围着蔡都城一里开始做版筑。

3　广丈高倍：宽有一丈，高两丈。

4　夫屯昼夜九日：在垒里边军队屯在那里九天的工夫。

5　如子西之素：跟子西原定的办法一样。

6　蔡人男女以辨：蔡人分成男女来分着出降。

今译

春天，楚王围蔡国都城，这是报复柏举的战役，离城一里远，就筑起版筑来，厚有一丈，高有两丈。军队在里边屯守，经过九昼夜的工夫，同楚令尹子西本来的计划一样。蔡国人分成男女两队出城来投降，使他们住在江水同汝水的中间，楚国军队方才回来，蔡国请求迁到吴国去。

经　鼷鼠食郊牛，改卜牛。

今译

小黑老鼠食了祭天的牛，就改卜牛。

传　吴王夫差败越于夫椒[1]，报檇李也，遂入越。越子以甲楯五千保于会稽[2]，使大夫种因吴大宰嚭以行成，吴子将许之。伍员曰："不可。臣闻之，树德莫如滋，去疾莫如尽，昔有过浇[3]，杀斟灌以伐斟鄩[4]，灭夏后相[5]，后缗方娠[6]，逃出自窦，归于有仍[7]，生少康焉，为仍牧正，惎浇能戒之。浇使椒[8]求之，逃奔有虞，为之庖正，以除其害。虞思于是妻之以二姚[9]，而邑诸纶[10]，有田一成，有众一旅，能布其德，而兆其谋，以收夏众，抚其官职。使女艾谍浇[11]，使季杼诱豷[12]，遂灭过戈[13]，复禹之绩，祀夏配天，不失旧物。今吴不如过，而越大于少康，或将丰之，不亦难乎？句践能亲而务施，施不失人，亲不弃劳，与我同壤而世为仇雠，于是乎克而弗取，将又存之，违天而长寇雠，后虽悔之，不可食已！姬之衰也，日可俟也，介在蛮夷而长寇雠，以是求伯，必不行矣。"弗听。退而告人曰："越十年生聚而十年教训，二十年之外，吴其为沼乎？"三月，越及吴平。吴入越，不书，吴不告庆，越不告败也。

今注

1 夫椒:《通典》说:“包山一名夫椒山,即今江苏吴县太湖中之西洞庭山是也。”

2 会稽:在今浙江省绍兴县东南十二里。

3 有过浇:过是古国。浇是寒浞的儿子。

4 斟灌、斟鄩:古代两国,与夏同姓。

5 夏后相:是夏启的孙子。

6 后缗方娠:后缗是夏后相的妻子,方怀孕。

7 有仍:《续山东考古录》:以济宁城为古仍国,周为任国,仍任古通用,《左传·桓公五年》“仍叔之子,杀梁作任”是也。

8 椒:是浇的臣子。

9 二姚:虞君的两个女儿为少康的妻子。

10 纶:《方舆纪要》:故纶城在今河南虞城县东南三十五里。

11 使女艾谍浇:女艾是少康臣子,去侦察浇。

12 季杼谍诱豷:季杼是少康的儿子后杼,引诱浇的弟弟豷。

13 过、戈:过是浇的国,戈是豷的国。

今译

吴王夫差在夫椒打败越国的军队,这是为的报复槜李的失败,就进入越国去。越王带着拿盔甲同盾牌的五千兵退到会稽山保存实力,使越大夫种利用吴国大宰嚭同吴国要求和平。吴王想答应他。伍员说:“不可以。我听说过,树德行,最好不断增加,去掉毛病必须除根。从前有过的浇杀了斟灌,攻打斟鄩,接着灭了夏后相,夏后相的夫人后缗,方有喜,从隧道逃出,逃回她的母家有仍去,生了少康,少康做有仍国牧马的长官,他恨浇,但对他戒备。浇叫椒去寻求他,少康就逃到有虞去,做他厨子的长官,以保护他自己，躲避害他的人。虞国的君虞思，就把他两个女儿嫁给少康，使他住到纶这地方，有十里见方的田地，有五百人的军队，能宣扬他的德行，执行他的计谋，收聚夏国的众民，设立了官职，叫他臣女艾侦察浇，叫他儿子季杼引诱浇的弟弟豷，就灭了过、戈两国，光复禹的土地，祭祀夏的祖先，上配皇天，不失掉旧的事物。现在吴国不如过国，而越国比少康还大，要使他更丰大了，这不是必为吴国的祸难吗？句践这人能亲爱民众，而又善于施舍，所加施舍，皆得其人；亲爱民众，不会遗漏他们的小劳。跟吴国在同一块地方，而辈辈作仇敌，现在把他打胜，而又不占领他地方，这是保存他，违背天命而增长敌人，以后后悔也来不及了。姬姓的衰危，眼看着就可以来到。处在蛮夷中间而使仇人增加，拿这个来求当霸主，必定不能成功。”吴王不听。伍员退下告诉旁人说：“越国十年生聚，十年教训人民，二十年以后，吴国就变成池沼了。”三月，越国同吴国讲和。吴国攻进越国不写在《春秋》上，因为吴国不记庆贺，越国也不记失败。

经 夏，四月，辛巳，郊[1]。

今注

1 此经无传。

今译

夏天四月，辛巳，举行郊天的礼。

传 夏，四月，齐侯、卫侯救邯郸，围五鹿[1]。

今注

1 五鹿：在今河北省大名（原为元城）县东南四十五里。

今译

夏天四月，齐侯、卫侯去救邯郸，围了晋国五鹿这地方。

传 吴之入楚也，使召陈怀公，怀公朝国人而问焉，曰："欲与楚者右，欲与吴者左。陈人从田，无田从党。"逢滑当公而进[1]，曰："臣闻国之兴也以福，其亡也以祸。今吴未有福，楚未有祸。楚未可弃，吴未可从，而晋盟主也，若以晋辞吴若何？"公曰："国胜君亡[2]，非祸而何？"对曰："国之有是多矣，何必不复？小国犹复，况大国乎？臣闻国之兴也，视民如伤，是其福也。其亡也，以民为土芥，是其祸也。楚虽无德，亦不艾杀其民。吴日敝于兵，暴骨如莽[3]，而未见德焉，天其或者正训楚也。祸之适吴，其何日之有？"陈侯从之。及夫差克越，乃修先君之怨，秋，八月，吴侵陈，修旧怨也。

今注

1　逢滑当公而进：逢滑向着陈怀公走来。

2　国胜君亡：吴国胜了楚国，楚君也逃走了。

3　暴骨如莽：暴露在野地的骨头，如草那么多。

今译

吴国攻入楚国时，叫人去召陈怀公，陈怀公叫贵族们上朝问他们说："想同楚国一同的站到右边，想同吴国一同的站到左边。都邑之人按田的位置站，没有田地的就跟族党站。"逢滑直向着陈怀公走去说："我听说国家兴盛，因为有福祉，亡国，因为有祸乱。现在吴国没有福，楚国没有祸。楚国不可以舍弃，吴国不可以听从，而晋国是我们的盟主，要是以晋国为理由，来辞谢吴国，怎么样？"陈怀公说："吴国胜了楚国，楚君又逃亡，这不是祸是什么？"回答说："国家有这种情形的很多，何必不复兴呢？小国尚可以复兴，何况楚是大国呢？我听说国家的兴盛，是因为它看人民如看受伤的人一样，这就是它的福祉，亡的时候看人民如草一样，这就是它的祸。楚国虽没有德，也不常杀它的人民。吴国使它人民，常暴露在兵祸中，它人民的白骨跟草一般多，而没见它的德，上天或者正教训楚国，祸乱就到吴国，没有多少日子了。”陈怀公就听他的话。等到夫差战胜越国以后，就着手为先君报仇。秋天八月，吴国侵了陈国，这是修整旧的怨望。

经 秋，齐侯、卫侯伐晋。

传 齐侯、卫侯会于乾侯，救范氏也。师及齐师、卫孔圉、鲜虞人伐晋，取棘蒲[1]。

今注

1 棘蒲：《一统志》说：棘蒲故城，在今河北省赵县城中。

今译

齐侯、卫侯在乾侯会见，为了救范氏。鲁国的军队同齐国军队、卫国孔圉、鲜虞人伐晋国，占据棘蒲这地方。

传 吴师在陈，楚大夫皆惧曰：“阖庐惟能用其民，以败我于柏举，今闻其嗣又甚焉，将若之何？”子西曰：“二三子恤不相睦，无患吴矣。昔阖庐食不二味，居不重席，室不崇坛[1]，器不彤镂[2]，宫室不观[3]，舟车不饰，衣服财用，择不取费[4]。在国，天有菑疠，亲巡其孤寡而共其乏困；在军，熟食者分[5]而后敢食，其所尝者卒乘与焉[6]。勤恤其民而与之劳逸，是以民不罢劳，死不知旷，吾先大夫子常易之，所以败我也。今闻夫差次有台榭陂池焉，宿有妃嫱嫔御焉，一日之行，所欲必成，玩好必从，珍异是聚，观乐是务，视民如雠，而用之日新，夫先自败也已，安能败我？”

今注

1　室不崇坛：屋子不起高坛。

2　器不彤镂：物件不刻上红颜色的花。

3　宫室不观：宫室没有台榭。

4　择不取费：物件全取坚固不尚细致。

5　熟食者分：热的吃的，必须分给别人。

6　其所尝者卒乘与焉：他所吃的珍贵的食物，普通的士兵也吃了。

今译

吴国军队仍旧在陈国，楚大夫全害怕了，说："吴王阖庐能用他的人民，所以在柏举这地方打败我们楚国，现在听说他的嗣君又更厉害，那怎么办呢？"令尹子西就说："你们只应当忧虑自己不相和睦，不要以吴国为祸患。从前吴王阖庐，吃食只是一味，住的地方也不用两层的席，屋子底下也不起坛，器具全不雕花，宫室里头也没有台榭，舟同车全不装饰，衣服财用不要最好的。在国家里面，天降下疫疠，有传染病，他就亲自巡视孤儿寡妇，而供给他们的乏困；在军中，凡有好的食物，必遍分给兵士吃，然后自己才敢吃。他有了好吃的，兵士们全参加。他常常抚恤他的人民而同他们一样的劳苦安逸，所以人民并不劳苦，死了也知道没有白白死去，我们楚国的先大夫子常，跟他做法相反，所以我们被吴国打败。现在听说夫差，住的地方有台榭、水池子，夜里也有妃嫱嫔御。一日的工夫，所希望的事，必定做成，好玩的必定要带着，珍奇的东西要聚在一块儿，游观乐事必须要做，看人民跟仇人一样，而每天用他们，吴国是先自己败亡了，怎么能够使我失败？"

经 冬，仲孙何忌帅师伐邾[1]。

今注

1 此经无传。

今译

冬天，仲孙何忌率领军队去讨伐邾国。

传 冬，十一月，晋赵鞅伐朝歌。

今译

冬天十一月，晋国赵鞅伐朝歌，为的讨伐范氏、中行氏。

哀公二年（公元前四九三年）

经 二年，春，王二月，季孙斯、叔孙州仇、仲孙何忌帅师伐邾，取漷东田及沂西田。癸巳，叔孙州仇、仲孙何忌及邾子盟于句绎。

传 二年，春，伐邾，将伐绞[1]，邾人爱其土，故赂以漷沂之田[2]而受盟。

今注

1 绞：《汇纂》说：在今山东滕县县境。

2 漷沂之田：《一统志》说：漷水在今山东滕县南十五里，即南沙河也。沂西田在今山东费县东南，小沂水西南。

今译

哀公二年春，鲁国伐邾国的绞邑，邾人喜爱他们的土田，就利用漷水同沂水沿边田地作贿赂来受盟誓。

经 夏，四月，丙子，卫侯元卒。

经 滕子来朝[1]。

今注

1 此经无传。

今译

滕子到鲁国来朝见。

经 晋赵鞅帅师纳卫世子蒯聩于戚。

传 初卫侯游于郊，子南仆[1]。公曰："余无子[2]，将立女。"不对。他日又谓之，对曰："郢不足以辱社稷，君其改图，君夫人在堂，三揖在下[3]，君命只辱。"夏，卫灵公卒。夫人曰："命公子郢为大子，君命也。"对曰："郢异于他子，且君没于吾手，若有之，郢必闻之。且亡人之子辄在[4]。"乃立辄。六月，乙酉，晋赵鞅纳卫大子于戚，宵迷。阳虎曰："右河而南必至焉[5]。"使大子绕[6]，八人衰绖，伪自卫逆者，告于门，哭而入，遂居之。

今注

1 子南仆：子南是卫灵公的儿子公子郢，给卫灵公驾车。

2 余无子：因为蒯聩出奔了，所以他没有太子。

3 三揖在下：三揖指卿、大夫、士。

4 且亡人之子辄在：逃亡的人指蒯聩，他的儿子出公辄。

5 右河而南必至焉：从河的右边走往南去，必定达到。这时候黄河从北边流，戚在河的外边。

6 大子绕：太子穿着丧服。

今译

当初，卫灵公到郊外去游玩，他的儿子公子郢驾着车。灵公说："我现在没有了太子，将立你为太子。"郢不回答。另一天又对他说，他回答说："我不能羞辱国家，请君另作打算吧。君夫人在堂上，卿大夫士在堂下，君的命令只能得到耻辱！”夏天，卫灵公死了，郢夫人说：“立公子郢为太子，这是君的命令。”他就回答说：“郢同旁的儿子不一样，并且君死时我在身边，假设有这一回事，我必定能知道，并且蒯聩的儿子辄尚且存在。”卫人就立了辄为君。六月乙酉，晋国赵鞅送蒯聩到戚去，夜里迷了路，阳虎说：“右边顺着黄河走再向南，必能到戚这地方。”使太子穿着丧服，八个人穿着丧衣装作自卫来接蒯聩的，告诉戚守门的人，哭着就进去了。

经 秋，八月，甲戌，晋赵鞅帅师及郑罕达帅师战于铁，郑师败绩。

传 秋，八月，齐人输范氏粟，郑子姚、子般[1]送之，士吉射逆之，赵鞅御之，遇于戚。阳虎曰：“吾车少，以兵车之旆与罕驷兵车先陈，罕驷自后随而从之，彼见吾貌，必有惧心，于是乎会之[2]，必大败之。”从之，卜战龟焦[3]。乐丁[4]曰：“《诗》曰：‘爰始爰谋，爰契我龟[5]。’谋协，以故兆询可也。”简子誓曰：“范氏、中行氏反易天明[6]，斩艾百姓，欲擅晋国而灭其君，寡君恃郑而保焉。今郑为不道，弃君助臣，二三子顺天明，从君命，经德义，除诟耻，在此行也。克敌者上大夫受县，下大夫受郡，士田十万，庶人工商遂[7]，人臣隶圉免[8]。志父[9]无罪，君实图之，若其有罪，绞缢以戮，桐棺三寸，不设属辟[10]，素车朴马[11]，无入于兆[12]，下卿之罚也。”甲戌将战，邮无恤[13]御简子，卫太子为右，登铁[14]上，望见郑师众，大子惧自投于车下，子良授大子绥而乘之曰：“妇人也！”简子巡列曰：“毕万匹夫也，七战皆获，有马百乘，死于牖下。群子勉之，死不在寇。”繁羽御赵罗，宋勇[15]为右。罗无勇，麇之[16]，吏诘之，御对曰：“痁作而伏。”卫大子祷曰：“曾孙蒯聩敢昭告皇祖文王，烈祖康叔，文祖襄公[17]，郑胜[18]乱从，晋午[19]在难，不能治乱，使鞅讨之，蒯聩不敢自佚，备持矛焉[20]，敢告无绝筋，无折骨，无面伤，以集大事，无作三祖羞，大命不敢请，佩玉不敢爱。”郑人击简子，中肩，毙于车中[21]，获其蠭旗[22]，大子救之以戈，郑师北，获温大夫赵罗。大子复伐之，郑师大败，获齐粟千车。赵孟喜曰：“可矣！”傅傁[23]曰：“虽克郑，犹有知在，忧未艾也。”初，周人与范氏田，公孙尨[24]税焉，赵氏得而献之，吏请杀之，赵孟曰：“为其主也，何罪？”止而与之田。及铁之战，以徒五百人宵攻郑师，取蠭旗于子姚之幕下，献曰：“请报主德！”追郑师，姚、般、公孙林殿而射，前列[25]多死。赵孟曰：“国无小。”既战，简子曰：“吾伏弢呕血，鼓音不衰[26]，今日我上也。”大子曰：“吾救主于车，退敌于下，我右之上也。”邮良曰：“我两靷将绝，吾能止之[27]，我御之上也。”驾而乘材，两靷皆绝。

今注

1 子姚、子般：子姚是罕达，子般是驷弘。

2 会之：联合起来作战。

3 卜战龟焦：龟裂了卜兆不成。

4 乐丁：是晋大夫。

5 爰始爰谋，爰契我龟：这是《诗经·大雅》的一句诗。先开始计谋，然后去占卜。

6 反易天明：指不侍奉君长。

7 庶人工商遂：庶人同工人、商人全可以做官。

8 人臣隶圉免：做人臣同隶圉全免去奴隶的工作。

9 志父：据服虔说：赵鞅反叛以后就改名叫志父。

10 不设属辟：在棺材里不要再有近身的小棺材。

11 素车朴马：素的车辆，坏的马，用以拉棺材。

12 无入于兆：不要入到祖先的坟地中。

13　邮无恤：即王良。

14　铁：《一统志》说：在今河北濮阳县北五里，一称铁邱。

15　繁羽、赵罗、宋勇：三人都是晋大夫。

16　麇之：捆起来。

17　文祖襄公：蒯聩的祖父。

18　郑胜：郑声公的名字。

19　晋午：晋定公的名字。

20　备持矛焉：做戎右。

21　毙于车中：躺在车中。

22　蠭旗：是旗子名。

23　傅傁：赵鞅的属臣。

24　公孙龙：龙音旁，是范氏的臣。

25　前列：排在队前面的人。

26　吾伏弢呕血，鼓音不衰：我伏在弓衣上吐血，敲鼓的声没有止住。

27　我两靷将绝，吾能止之：靷音引。我两个缰绳将断，我能阻止他不断。

今译

秋天八月，齐人输送粟给范氏，郑大夫子姚同子般护送去的。范氏的士吉射在路上迎接，赵鞅便去抵拒他，在戚这地方碰见。阳虎说："我们的车子甚少，现在只能把兵车的先锋队，和子姚、子般的兵车混列成阵势，子姚、子般再从后追赶上来，他见了我的景象，不知虚实，一定有畏惧的心，于是合拢去交战，必定可以大败他的。"赵鞅依了他的话，及至占卜时，龟兆却焦了不成功。晋大夫乐丁说："《诗经》上说：'先谋划，然后再卜筮，两相契合，就是吉利。'如谋划与卜兆结果相同，便拿从前卫太子的卜兆作为吉利的结果，也可以的，不必再卜了。”赵鞅誓师说：“范氏、中行氏违反天的明德，不事君上，杀戮人民，想专擅晋国的政权，要灭他的国君。寡君是要靠郑国保护的。现在郑国却做无道的事情，丢开君主，帮助臣子，我们这些人，顺着天的明德，听从君的命令；经营有德的义事；要除去诟骂的羞耻，都全靠这次战争了！克服敌国以后，上大夫可受县邑；下大夫可受郡邑；兵士可受田十万亩；庶人及工商人，都能得仕进；人臣及隶圉们都得免去厮役。我这次如果没有罪，只请君主商酌；如果有了罪，就受绞缢的死刑，死后用三寸厚的桐棺，外面不用套材，拿素车朴马装载着柩，不要进入祖先墓地，这是下卿的刑罚啊。”甲戌那天，两军将要交战了，邮无恤驾了简子的车子。卫太子做了车右，登上铁丘去，望见郑国的兵很多，太子害怕得跌出车外去，子良便拉根上车的绳索给太子，使他爬上来说：“你真像妇人一样！”赵鞅周巡在行伍中说：“从前晋献公的臣子毕万，原是个微贱的人，却七次战争都有斩获；后来做了大夫，有了四百匹马，死在牖下，得以寿终。你们都要勉力些，打仗是不一定会死的！”繁羽替赵罗驾了车子，宋勇做了车右，赵罗是没有勇气的，就在车上用绳束缚住他。有军吏诘问为什么要这样子，繁羽答说：“疟疾发作了，所以缚在那里的。”卫太子祷告说：“曾孙蒯聩，敢昭告皇祖周文王，烈祖卫康叔，文祖卫襄公，现在郑声公胜，跟着奸人为乱，晋定公午，陷在患难中，不能治这乱事，使鞅出来征讨。我蒯聩不敢自己贪安逸，也备位拿着长矛，充作戎右，敢祈告神灵，不要使我绝了筋，不要使我折了骨，不要使我伤损了面目；以能成功这件大事，不要成为三位祖先的羞耻，大命虽然不敢请，佩玉却也不敢爱惜。”郑人击中了赵鞅的肩，倒在车中，郑人抢去一面蠭旗，太子便拿戈救，郑师才败下去，温大夫赵罗却仍被他们捉去。太子便再去攻打，郑国军队才大败，掳得齐国的粟一千车。赵鞅快活地说："现在好了！"赵鞅的属下傅傻说："虽然胜了郑国，还有知氏存在，忧患还没有清除呢！"起初周人给了范氏田，公孙龙替范氏去收田租，赵氏众人捉了龙来献给赵简子，军吏请求杀死他，赵鞅说："他也是为他主人出力啊！有什么罪？"便阻止不杀，又还了他的田租。等到这会儿铁丘的战争，他便领了徒众五百人，趁夜间去攻打郑师，取那在子姚的帐幔下的蠭旗，回来献给简子说："请报你主子的恩德。"追赶郑师的当儿，子姚、子般、公孙林做了押队，向后射箭。晋兵的前排兵士死得很多。赵鞅说："你们留意，不可看轻它是小国。"战斗结束以后，赵鞅说："我伏在弓衣上边吐血，鼓声却仍旧不息，今天是我的功劳为上！"太子说："我在车上救你，到车下退敌兵，我要算戎右中上等的了！"邮良说："我驾着的马，两条肚带要断了，我却能使它不断，我要算驾车子中上等的了！"便再搭马在横木上，一拖之后，两条马肚带果然都断掉了。

经 冬，十月，葬卫灵公[1]。

今注

1　此经无传。

今译

冬天十月，给卫灵公行葬礼。

经 十有一月，蔡迁于州来，蔡杀其大夫公子驷。

传 吴洩庸如蔡纳聘而稍纳师，师毕入，众知之。蔡侯告大夫杀公子驷以说[1]，哭而迁墓。冬，蔡迁于州来。

今注

1　杀公子驷以说：杀公子驷以做解说。

今译

吴洩庸往蔡国去聘问，就逐渐将军队带进去，军队都进去了，蔡人方才知道，蔡侯告知大夫们，杀了公子驷以做解说，哭着往墓地中告蔡先君。冬天，蔡就迁到州来。

哀公三年（公元前四九二年）

经 三年，春，齐国夏、卫石曼姑帅师围戚。

传 三年，春，齐、卫围戚，求援于中山[1]。

今注

1 中山：即鲜虞。在今河北省新乐县西南四十五里。

今译

春天，齐国的国夏同卫国的石曼姑率领着军队围戚地，戚人要求鲜虞帮助。

经 夏，四月，甲午，地震[1]。

今注

1 此经无传。

今译

夏天四月甲午这天，鲁国地震。

经 五月，辛卯，桓宫、僖宫灾。

传 夏，五月，辛卯，司铎[1]火，火逾公宫，桓、僖灾[2]，救火者皆曰："顾府[3]。"南宫敬叔[4]至，命周人出御书俟于宫[5]，曰："庀，女而不在死。"子服景伯至，命宰人出礼书[6]，以待命，命不共，有常刑，校人乘马[7]，巾车脂辖[8]，百官官备，府库慎守，官人肃给，济濡帷幕[9]，郁攸从之，蒙葺公屋，自大庙始，外内以悛[10]，助所不给，有不用命，则有常刑无赦。公父文伯至，命校人驾乘车[11]，季桓子至，御公立于象魏之外，命救火者伤人则止，财可为也，命藏象魏[12]曰："旧章不可亡也！"富父槐至曰："无备而官办者，犹拾沈也。"于是乎去表之槀，道还公宫[13]。孔子在陈，闻火曰："其桓、僖乎！"

今注

1 司铎：是宫名。

2 桓、僖灾：桓公同僖公的庙也着火。

3 顾府：注意藏财物的府库。

4 南宫敬叔：孔子弟子南宫阅。

5 周人出御书俟于宫：周人是管周代典籍的人，把鲁君看的书拿出来，在宫里等候。

6 命宰人出礼书：叫总宰的属下拿出管礼的书。

7 校人乘马：掌马的预备好马。

8 巾车脂辖：管车的涂上油脂在车轴上。

9 济濡帷幕：把帷帐全拿水湿了。

10 以悛：按着次序的先后。

11 乘车：鲁君坐的车。

12 象魏：象魏是城门之阙，公布有教民的法令。

13 道还公宫：开出道路围绕着宫，使火不致烧到公宫。

今译

五月辛卯，司铎宫起火，火超过公所住的宫，桓公同僖公的庙也连上了，救火的人都说："注意救府库。"南宫阅来了，叫管周代典籍的官赶快将鲁君常读的简册拿出来在宫中等着，说："预备好了，你要不在就将你处死。"子服景伯来了，叫家宰的属员拿礼书出来等待命令，要不恭敬命令，就有常例的刑法；又叫掌马的人排列好马，掌车的人在车轴上涂上油，百官预备，严慎守着府库，馆人努力救火，将帷帐用水湿了，顺着火气将公家的屋，由太庙开始，以次序蒙上，在后的人支援在前的人，有不听从的，不能赦免。公父文伯来了，叫掌马的驾上哀公所坐的车。季孙斯来了，驾着公所坐的车到象魏门的外边，叫救火者人受伤了就止着，钱财仍可以想办法，又叫他们将象魏典章藏起来，他说："旧章不可以失掉！"富父槐来了说："不预备救火，而各自治己所掌的官事，是救不了火的。"就去掉火道所经过的积稾，使火不至于达到公宫。孔子在陈国听见火灾，就说："恐怕是桓公同僖公的庙呀！"

经 季孙斯、叔孙州仇帅师城启阳[1]。

今注

1 启阳：《一统志》说：在今山东临沂县北十五里有开阳故城。此经无传。

今译

季孙斯同叔孙州仇率领军队修启阳城。

经 宋乐髡帅师伐曹[1]。

今注

1 此经无传。

今译

宋国乐髡率领军队讨伐曹国。

传 刘氏、范氏[1]世为昏姻，苌弘事刘文公，故周与范氏，赵鞅以为讨。六月，癸卯，周人杀苌弘。

今注

1　刘氏、范氏：刘氏周卿士，范氏是晋大夫。

今译

周卿士刘氏同晋国范氏代代通婚，苌弘侍奉刘蚠，所以周与范氏相连，赵鞅颇以为非。六月癸卯，周人杀了苌弘。

经　秋，七月，丙子，季孙斯卒。

传　秋，季孙有疾，命正常[1]曰："无死，南孺子[2]之子男也，则以告而立之，女也，则肥[3]也可。"季孙卒，康子即位。既葬，康子在朝。南氏生男，正常载以如朝，告曰："夫子有遗言，命其圉臣曰：'南氏生男，则以告于君与大夫而立之。'今生矣，男也，敢告。"遂奔卫，康子请退，公使共刘[4]视之，则或杀之矣，乃讨之，召正常，正常不反。

今注

1　正常：是季孙斯的宠臣。

2　南孺子：季孙斯的夫人。

3　肥：季康的名字。

4　共刘：是鲁大夫。

今译

秋，季孙斯有了病，告诉他的家臣正常说："你不要死，南孺子要生下了男孩，你就去告诉君把他立了；若是女孩，就立了肥罢！"季孙斯死了，季孙肥即位。季孙斯下葬了，季孙肥正在公朝上，南氏生了男孩，正常抱着到朝上报告说："季孙有遗言告诉我说：'南氏要生男孩，你就告诉君同大夫们立了他。'现在生了一个男孩，特来告。"正常就逃到卫国去了。季孙肥请求退位，哀公叫大夫共刘去看，已经被人杀掉，就讨伐那杀小孩的。叫正常回来，正常也畏惧不敢回来。

经 蔡人放其大夫公孙猎于吴[1]。

今注

1 此经无传。

今译

蔡人放逐他的大夫公孙猎到吴国去。

经 冬，十月，癸卯，秦伯卒[1]。

今注

1 此经无传。

今译

冬十月癸卯，秦伯死了。

传 冬，十月，晋赵鞅围朝歌，师于其南，荀寅伐其郛，使其徒自北门入，己犯师而出。癸丑，奔邯郸。十一月，赵鞅杀士皋夷，恶范氏也。

今译

冬十月，晋国赵鞅围了朝歌，军队在南方，荀寅伐他的外郭，使他的党徒从北门进来，他自己直接打对方的军队而出，癸丑这天逃到邯郸去了，十一月，赵鞅杀了士皋夷，因为他恨范氏。

经 叔孙州仇、仲孙何忌帅师围邾[1]。

今注

1 此经无传。

今译

叔孙州仇同仲孙何忌率领军队围邾国都城。

哀公四年（公元前四九一年）

经 四年，春，王二月，庚戌，盗杀蔡侯申，蔡公孙辰出奔吴。

今译

四年，春天二月，庚戌这天，强盗杀了蔡侯申，蔡国公孙辰逃到吴国去。

经 葬秦惠公[1]。

今注

1 此经无传。

今译

给秦惠公行葬礼。

经 宋人执小邾子[1]。

今注

1 此经无传。

今译

宋人逮捕了小邾子。

经 夏，蔡杀其大夫公孙姓、公孙霍。

传 四年，春，蔡昭侯将如吴，诸大夫恐其又迁也承[1]，公孙翩[2]逐而射之，入于家人而卒。以两矢门之，众莫敢进。文之锴[3]后至，曰："如墙而进，多而杀二人。"锴执弓而先，翩射之中肘，错遂杀之，故逐公孙辰而杀公孙姓、公孙盱[4]。

今注

1　承：承音惩。杜预注说这是楚国话。《正义》："惩创往年之迁，恐其更复迁徙"。

2　公孙翩：蔡大夫。

3　文之锴：蔡大夫。

4　公孙盱：公孙盱即公孙霍。都是蔡大夫，全是反对蔡昭侯的党羽。

今译

春天，蔡昭侯将到吴国去，诸大夫恐怕他又迁国，非常的畏惧，公孙翩追着去射他，他进到家中就死了。公孙翩拿着两支箭立在门前看守，众人没有敢向前的。文之锴最后来了，就说："如墙并排地向前进，至多也不过射伤二人。"他就拿着弓领先，公孙翩射中他的肘。文之锴遂杀了公孙翩，因此将公孙辰放逐而杀了公孙姓及公孙霍。

经　晋人执戎蛮子赤归于楚。

传　夏，楚人既克夷虎[1]，乃谋北方，左司马眅、申公寿余、叶公诸梁[2]致蔡于负函[3]致方城之外于缯关[4]，曰："吴将泝江入郢，将奔命焉。"为一昔之期，袭梁及霍[5]，单浮余[6]围蛮氏，蛮氏溃，蛮子赤奔晋阴地[7]，司马[8]起丰析[9]与狄戎，以临上[10]雒，左师军于菟和[11]，右师军于仓野[12]，使谓阴地之命大夫士蔑[13]曰："晋楚有盟，好恶同之，若将不废，寡君之愿也。不然，将通于少习[14]以听命。"士蔑请诸赵孟，赵孟曰："晋国未宁，安能恶于楚，必速与之。"士蔑乃致九州之戎[15]，将裂田以与蛮子而城之，且将为之卜。蛮子听卜，遂执之与其五大夫以畀楚师于三户[16]，司马致邑立宗焉，以诱其遗民，而尽俘以归。

今注

1 夷虎：蛮夷对楚国反叛。

2 左司马眅、申公寿余、叶公诸梁：三人都是楚大夫。

3 负函：在今河南省信阳县境。

4 缯关：在今河南省方城县境。

5 梁霍：《水经注》说："汝水之右，有霍阳聚，汝水迳其北，东合霍阳山水，水出南山。杜预曰：'河南梁县有霍山者也。'其水东北流，迳霍阳聚东。"

6 单浮余：是楚大夫。

7 阴地：在河南卢氏县东北。

8 司马：指左司马眅。

9 丰析：《方舆纪要》说：丰城在今河南析川县西南，析在内乡县西，有淅阳城。

10 上雒：在今陕西商县县治。

11 菟和：菟和山在商县东一百一十里。

12 仓野：《一统志》引《水经注》说："丹水自仓野，又东历兔和山。"是苍野聚在菟和山之西。

13 使谓阴地之命大夫士蔑：派人通知晋国派驻阴地的大夫士蔑。

14 少习：在商县东南一百八十里。

15 九州之戎：晋城陆浑戎，散居在九个州乡，故名九州之戎。

16 三户：《一统志》说：三户城在河南析川县西南。

今译

夏天，楚国已经克服反叛的蛮夷，就进而谋划北方，左司马眅、申公寿余及叶公诸梁在负函这地方会合蔡旧民众，在缯关这地方会聚方城外的人民，说："吴国将逆流来攻进楚都郢，大家要奔命去救。"连夜就决定明天袭了梁同霍，楚大夫单浮余围了蛮氏，蛮氏溃散，蛮子赤逃到晋国阴地。司马眅召集楚邑丰同析的群众及狄戎，以威胁上雒，左师陈列在菟和，右师陈列在仓野，派人通知晋国派驻阴地的大夫士蔑说："晋国与楚国有盟誓，好恶都相同。若仍旧不改，这是我君的愿望；否则将通往少习以等候命令。"士蔑请示赵鞅，赵鞅说："晋国尚未能安宁，何能再开罪楚国人，赶快给他。"士蔑就送九州的戎，诈言将分田地给蛮子为他修城，并说为他占卜。蛮子来听占卜，士蔑就将他同五大夫一齐捉住，全都在三户这地方交给楚国军队，楚国又诈作邑立宗，以引诱他分散的人民，全都俘虏来。

经 城西郛[1]。

今注

1 此经无传。

今译

修鲁都城的西面外郭。

经 六月，辛丑，亳社灾[1]。

今注

1 此经无传。

今译

六月，鲁国的亳社神庙火灾。

经 秋，八月，甲寅，滕子结卒[1]。

今注

1　此经无传。

今译

秋八月，甲寅，滕顷公死了。

经　冬，十有二月，葬蔡昭公[1]。

今注

1　此经无传。

今译

冬十二月，为蔡昭公行葬礼。

经　葬滕顷公[1]。

今注

1　此经无传。

今译

为滕顷公行葬礼。

传　秋，七月，齐陈乞[1]、弦施[2]、卫甯跪救范氏。庚午，围五鹿。九月，赵鞅围邯郸。冬，十一月，邯郸降，荀寅奔鲜虞，赵稷奔临[3]。十二月，弦施逆之，遂堕临。国夏伐晋，取邢[4]、任[5]、栾[6]、鄗[7]、逆畤[8]、阴人[9]、盂[10]、壶口[11]，会鲜虞纳荀寅于柏人[12]。

今注

1　陈乞：是陈僖子。

2　弦施：即弦多。

3　临：在今河北省临城县西南十里，有古临城。

4　邢：今河北邢台县。

5 任：在今河北任县东南。

6 栾：在今河北栾城东南。

7 鄗：在今河北柏乡县北二十二里。

8 逆畤：在今河北省完县东南二十里。

9 阴人：在今山西平顺及壶关附近。

10 盂：在今壶关平顺附近。

11 壶口：在今山西长治县东南十三里，狭形如壶口。

12 柏人：在今河北尧山县西北十二里。

今译

秋天七月，齐国陈乞、弦施同卫国甯跪救范氏，庚午围晋地五鹿。九月，赵鞅围邯郸。冬十一月，邯郸投降，荀寅遂逃往鲜虞，赵午的儿子赵稷逃往临。十二月，弦施迎着赵稷遂毁掉临的城墙。齐国国夏伐晋国，占据晋国的邢、任、栾、鄗、逆畤、阴人、盂、壶口八个城，弦施又会合鲜虞将荀寅纳到柏人城中。

哀公五年（公元前四九〇年）

经 五年，春，城毗[1]。

今注

1 此经无传。

今译

五年，春天，鲁国修筑毗的城池。

传 五年，春，晋围柏人，荀寅、士吉射奔齐。初，范氏之臣王生恶张柳朔[1]，言诸昭子[2]使为柏人[3]，昭子曰："夫非而雠乎？"对曰："私雠不及公，好不废过，恶不去善，义之经也，臣敢违之。”及范氏出[4]，张柳朔谓其子：“尔从主，勉之，我将止死，王生授我矣[5]！吾不可以僭之。”遂死于柏人。

今注

1 张柳朔：范氏的家臣。

2 昭子：范吉射。

3 柏人：派张柳朔做柏人宰。

4 及范氏出：范氏由柏人出奔齐国。

5 王生授我矣：王生给我死节之地。

今译

春天，晋国围了柏人城，荀寅同士吉射逃到齐国去了。当初，范氏的家臣王生甚恨张柳朔，告诉士吉射使张柳朔作柏人宰。士吉射问：“他不是你的仇人吗？”回答说：“私仇不能危害公事，喜好一个人，不废除他的过错，厌恶一个人，不抹杀他的好处，这是正常道理，臣哪里敢违背呢？”等到范氏出奔，张柳朔对他的儿子说：“你随着他去吧！我将不出奔而死，王生已给我死节之地啦，我不可以骗他！”就死在柏人。

经 夏，齐侯伐宋[1]。

今注

1 此经无传。

今译

夏天，齐侯伐宋国。

经 晋赵鞅帅师伐卫。

传 夏，赵鞅伐卫，范氏之故也，遂围中牟。

今译

晋国赵鞅率领军队伐卫，是因为范氏，就围了中牟。

经 秋，九月，癸酉，齐侯杵臼卒。

传 齐燕姬生子不成而死[1]，诸子鬻姒之子荼嬖[2]，诸大夫恐其为大子也，言于公曰："君之齿长矣！未有大子若之何？"公曰："二三子间于忧虞，则有疾疢，亦姑谋乐，何忧于无君？"公疾，使国惠子、高昭子[3]立荼，寘群公子于莱[4]。秋，齐景公卒。冬，十月，公子嘉、公子驹、公子黔奔卫，公子鉏、公子阳生来奔。莱人歌之曰："景公死乎不与埋，三军之事乎不与谋，师乎师乎？何党之乎[5]？"

今注

1 燕姬生子不成而死：燕姬是齐景公夫人，生的儿子没有行冠礼就死了。

2 诸子鬻姒之子荼嬖：庶公子是景公的妾鬻姒的儿子，名字叫荼，很受宠爱。

3 国惠子、高昭子：国惠子是国夏，高昭子是高张。

4 莱：《汇纂》说："今山东黄县东南有莱子城。"

5 师乎师乎，何党之乎：众多的人到哪里去呢？

今译

齐景公的夫人燕姬生的儿子不及成年就死了，他的妾鬻姒的儿子荼甚得宠爱，大夫们恐怕他成了太子，对景公说："你的年纪大了，没有太子怎么办呢？"公回答说："你们不要发愁，发愁容易有病，何不常想快乐，何必怕没有君呢？"公有病，叫国夏同高张立荼，叫公子们都到莱去。秋，齐景公死了。冬十月，公子嘉、公子驹同公子黔都逃到卫国去，公子鉏同公子阳生逃到鲁国。莱人为他们歌唱："景公死了呀不能参加葬礼，三军的事呀不能与计谋，这一群人将往哪里去呀！”

传 郑驷秦富而侈，嬖大夫也，而常陈卿之车服于其庭，郑人恶而杀之。子思[1]曰：“《诗》曰：‘不解于位，民之攸塈[2]。’不守其位而能久者鲜矣。《商颂》曰：‘不僭不滥，不敢怠皇，命以多福[3]。’”

今注

1 子思：是子产的儿子国参。

2 不解于位，民之攸塈：《诗经·大雅·假乐》的一句诗。意思是说如果对他职位不懈怠，人民就能够安息。

3 不僭不滥，不敢怠皇，命以多福：这是《商颂》的一句诗。意思说不差池，也不敢满溢，不敢懈怠闲暇，就可以得到上天所命很多的福气。

今译

郑国驷秦富而且侈，他只是嬖大夫，可是他常在庭中陈列卿的衣服及车，郑人怨恨就杀了他。国参说：“《诗》说过：‘在位若不懈怠，人民就能安息了。’在位子上不能慎守，而能长久的甚少。《商颂》说：‘不差错也不自满溢，不敢懈怠闲暇，上天自然降下给他很多福气。’”

经 冬，叔还如齐。

今译

冬天，叔还到齐国去了。

经 闰月，葬齐景公[1]。

今注

1　此经无传。

今译

闰月，为齐景公举行葬礼。

哀公六年（公元前四八九年）

经　六年，春，城邾瑕[1]。

今注

1　邾瑕：《山东通志》说："邾瑕城在山东济宁县东南二十里，与负瑕为近，邾氏居此，因名邾瑕。"此经无传。

今译

鲁国修邾瑕城。

经　晋赵鞅帅师伐鲜虞。

传　六年，春，晋伐鲜虞，治范氏之乱也。

今译

六年春天，晋国赵鞅率领军队伐鲜虞，为的治理范氏的乱事。

经　吴伐陈。

传　吴伐陈，复修旧怨也。楚子曰："吾先君与陈有盟[1]，不可以不救。"乃救陈，师于城父[2]。

今注

1　与陈有盟：在鲁昭公十三年。

2　城父：在今安徽省亳县东南七十里。

今译

吴国讨伐陈国，为的修整旧的怨望。楚昭王说："我的先君与陈旧有盟誓，不能不去救他。"就去救陈，将军队驻扎在城父这地方。

经 夏，齐国夏及高张来奔。

传 齐陈乞伪事高、国者，每朝必骖乘焉，所从必言诸大夫，曰："彼皆偃蹇[1]，将弃子之命皆曰：'高、国得君，必偪我，盍去诸？'固将谋子，子早图之，图之莫如尽灭之，需事之下也。"及朝则曰："彼虎狼也，见我在子之侧，杀我无日矣！请就之位。"又谓诸大夫曰："二子者祸矣，恃得君而欲谋二三子，曰：'国之多难，贵宠之由，尽去之而后君定。'既成谋矣，盍及其未作也，先诸？作而后悔，亦无及也。"大夫从之，夏，六月，戊辰，陈乞、鲍牧[2]及诸大夫以甲入于公宫。昭子闻之，与惠子乘如公，战于庄[3]败，国人追之，国夏奔莒，遂及高张、晏圉[4]、弦施来奔。

今注

1 偃蹇：骄傲。

2 鲍牧：鲍围的孙子。

3 庄：江永说："即庄岳。"

4 晏圉：晏婴的儿子。

今译

齐国陈乞装作高张、国夏的党徒，每逢上朝就坐在他们的车上，随从时必说诸大夫的坏话，他说："他们都很骄傲，将不听你的命令，他们皆说：'高、国皆得到君心，必要逼迫我们，何不离开他们！'他们就要算计你们，你要早算计他们，也就是尽灭掉他们，迟缓是最下的策略。"在朝上又说："他们全是虎狼，看见我在你们的身旁，就随时要杀我了，请准我到原位上去。”又对诸大夫说：“他们两人要有祸了，仗着得君就想算计你们，他们说：‘国中多祸难，就因为这些贵宠的人，把他们去掉，君就可以安定了。’此事他们已经谋算好了，何不在他们未动以前先动呢？以后后悔也来不及了。”大夫们听从了。夏六月戊辰，陈乞、鲍牧同大夫们率领军队进入公宫，高张听见了，就同国夏坐车到公处，在庄开战，高、国失败了，贵族们追赶他们，国夏逃到莒国，又同高张、晏圉、弦施奔到鲁国。

经 叔还会吴于柤[1]。

今注

1 此经无传。

今译

鲁国叔还同吴国在柤这地方会盟。

经 秋，七月，庚寅，楚子轸卒。

传 秋七月，楚子在城父，将救陈，卜战不吉，卜退不吉。王曰：“然则死也，再败楚师，不如死！弃盟逃雠，亦不如死。死一也，其死雠乎？”命公子申[1]为王，不可，则命公子结[2]，亦不可，则命公子启[3]，五辞而后许。将战，王有疾。庚寅，昭王攻大冥[4]，卒于城父。子闾退曰：“君王舍其子而让群臣，敢忘君乎？从君之命，顺也，立君之子，亦顺也，二顺不可失也。”与子西、子期谋，潜师闭途[5]，逆越女之子章[6]，立之而后还。是岁也，有云如众赤鸟，夹日以飞三日。楚子使问诸周大史，周大史曰：“其当王身乎？若禜之，可移于令尹司马。”王曰：“除腹心之疾，而寘诸股肱，何益？不穀不有大过，天其夭诸？有罪受罚，又焉移之？”遂弗禜。初，昭王有疾，卜曰：“河为祟。”王弗祭，大夫请祭诸郊。王曰：“三代命祀，祭不越望[7]，江汉睢章，楚之望也。祸福之至，不是过也。不穀虽不德，河非所获罪也。”遂弗祭。孔子曰：“楚昭王知大道矣！其不失国也宜哉！《夏书》曰：‘惟彼陶唐，帅彼天常，有此冀方。今失其行，乱其纪纲，乃灭而亡[8]。’又曰：‘允出兹在兹[9]。’由己率常可矣。”

今注

1　公子申：即子西。

2　公子结：就是子期。

3　公子启：是公子闾。以上三人都是昭王的哥哥。

4　大冥：《汇纂》说：“当在今河南淮阳项城县境。”

5　潜师闭途：秘密地发动军队，关闭道路，为的外人不能通消息。

6　章：是惠王的名字。

7　祭不越望：诸侯祭祀不能超过境内的山川。

8　惟彼陶唐，帅彼天常，有此冀方，今失其行，乱其纪纲，乃灭而亡：这是《逸书》。意思是说唐尧能够遵守天的常道，有了这个冀方，现在失了他的道路，把纪纲全都乱了，就灭亡了。

9　允出兹在兹：这是一句《逸书》。信用出自自己，福祉也在自己。

今译

秋天七月，楚昭王在城父，将去救陈国，占卜作战不吉祥，占卜退兵也不吉祥，昭王就说：“只有死了，再使楚国军队打败仗，不如死；弃掉盟誓而逃避仇人，也不如死。死是同样的，还是抗击仇人而死为上。”叫子西为王，不允诺；又叫子期为王，也不允诺；就叫子闾为王，五次推辞方允诺。将要作战，楚昭王病了。庚寅那天，昭王攻大冥的吴国军队，死在城父。子闾退下来说：“君王舍了他的儿子而让位给群臣，敢忘了君的恩德吗？听从君的命令是顺，立君的儿子也是顺，二顺不可以失落。”他同子西、子期商量好，断绝交通，暗派军队迎接昭王的妾越女所生的儿子章立为楚王，然后全部退还楚都。这一年有云，样子像红鸟，在太阳旁随着飞有三日，昭王派人去问周太史，周太史说：“这必然与王身有关系，若祷告可以转移到令尹或司马身上。”王说：“除掉心腹的痛，放在四肢上，有什么好处呢？我要没有大的过错，天岂能使我早死？若有罪就当受罚，又何能转移呢？”又不告祷除。当初，昭王有了病，占卜说黄河作怪，王不肯祭告。大夫们请到都城外去祭，王就说：“三代命令的祭祀不超过国内山川，江、汉、睢、章四水是楚国所望祭的，祸福的来到，不超过它们。我虽没有德行，不会得罪了黄河。”就不去祭。孔子说：“楚昭王懂得大道理，他应当不会失掉楚国！《夏书》说：‘只有陶唐，遵守上天的常理，享有冀这地方，现在失掉他们的道路，乱了他的纪纲，就灭亡了。’又说：‘信用出自自己，福祉也在自己。’由自己遵守常理也可以了。”

经　齐阳生入于齐，齐陈乞弑其君荼。

传　八月，齐邴意兹[1]来奔。陈僖子使召公子阳生，阳生驾而见南郭且于[2]曰：“尝献马于季孙，不入于上乘，故又献此，请与子乘之。”出莱门[3]而告之故。阚止[4]知之，先待诸外。公子曰：“事未可知，反与壬[5]也处。”戒之遂行，逮夜至于齐，国人知之。僖子使子士之母养之[6]，与馈者皆入。冬，十月，丁卯，立之，将盟[7]，鲍子醉而往，其臣差车鲍点[8]曰：“此谁之命也？”陈子曰：“受命于鲍子。”遂诬鲍子曰：“子之命也？”鲍子曰：“女忘君之为孺子[9]牛而折其齿乎？而背之也。”悼公[10]稽首曰：“吾子奉义而行者也，若我可，不必亡一大夫[11]，若我不可，不必亡一公子[12]，义则进，否则退，敢不唯子是从，废兴无以乱，则所愿也。”鲍子曰：“谁非君之子？”乃受盟。使胡姬以安孺子如赖[13]，去鬻姒[14]，杀王甲，拘江说，囚王豹[15]于句窦之丘[16]。公使朱毛[17]告于陈子曰：“微子则不及此，然君异于器，不可以二，器二不匮，君二多难，敢布诸大夫。”僖子不对而泣曰：“君举不信群臣乎？以齐国之困，困又有忧，少君不可以访，是以求长君，庶亦能容群臣乎？不然，夫孺子何罪？”毛复命，公悔之。毛曰：“君大访于陈子，而图其小可也。”使毛迁孺子于骀[18]，不至，杀诸野幕之下，葬诸殳冒淳[19]。

今注

1　邴意兹：高国党徒，是齐大夫。

2　南郭且于：即齐公子钼，住在鲁国都城南郭。

3　莱门：鲁都城的郭门。

4　阚止：是阳生的家臣，就是子我。

5　壬：是阳生的儿子齐简公。

6　使子士之母养之：子士之母是陈僖子的妾。

7　将盟：与诸位大夫盟誓。

8　差车鲍点：差车是管王车的官，鲍点是鲍牧的家臣。

9　孺子：就是荼。

10　悼公：即阳生。

11　一大夫：指鲍牧。

12　一公子：阳生自称。

13　使胡姬以安孺子如赖：胡姬是景公的妾，安孺子就是荼。赖在历城县东境，与章丘县接界。

14　去鬻姒：把荼的母亲鬻姒也除掉。

15　王甲、江说、王豹：全是景公的嬖臣。

16　句窦之丘：在今山东临淄县附近。

17　朱毛：齐大夫。

18　骀：在山东省章丘县境。

19　殳冒淳：在章丘县北境。

今译

八月，齐高国党徒邴意兹逃来。陈乞派人叫齐悼公回国，悼公乘车去见南郭且于说："以前尝献马给季孙，但是马不太好，所以又送上这匹，请同你共乘它看看。"出了莱门以后方告诉他真正原因。悼公的家臣阚止已经知道了，就等在外边。悼公说："事情能否成尚不可知，你回家去先同我的儿子壬同等着消息吧。"又告诫他不要露出话，就返齐了。乘夜到了齐都，国人都知道。陈乞让他的妾照顾阳生，让阳生随着送饭的人进入齐公宫。冬十月丁卯，立他为齐君。将与诸大夫们盟誓，鲍牧去开会，当时已喝醉，他的臣差车叫鲍点的问道："这是谁的命令？"陈乞说："从鲍子处受的命令。"他就诬赖鲍牧说："这是你的命令。"鲍牧说："你忘了景公扮作牛使孺子牵着折落君的牙，现在可反背叛君吗？"悼公向鲍牧叩头说："你是遵奉义理来办的，要是我可以做君，不必使一位大夫死亡；要是我不可以，不必亡一位公子。合义就前进，否则就后退，不敢不听你的话。废君或立君皆不要发生乱事，就是我的志愿。"鲍牧说："谁不是君的儿子。"就接受盟誓，使胡姬领着安孺子到赖去，并去掉鬻姒，杀掉王甲，拘捕江说，囚禁王豹在句窦之丘。悼公叫朱毛告诉陈乞说："不是你，我就到不了现在的地位，但是君同器具不同样，不可以有两个。器具有两个反能不缺匮，君有两个就多了患难，我敢布告给大夫知道。"陈乞不回答，流泪说道："君对于群臣都不信吗？齐国内困于饥荒，外有兵戈的恐惧，少君无办法，所以求长君，或者也可容纳群臣吗？不然，这个孺子又有何罪呢？”朱毛回告，悼公颇以失言为后悔。朱毛说：“访问大政于陈乞，而自己计划小的事情。”就派朱毛送孺子到骀，未到，就将他杀在野外幕中，葬在殳冒淳这地方。

经 冬，仲孙何忌帅师伐邾[1]。

今注

1 此经无传。

今译

冬天，鲁国仲孙何忌率领军队讨伐邾国。

经 宋向巢帅师伐曹[1]。

今注

1 此经无传。

今译

宋国向巢率领军队讨伐曹这地方。

哀公七年（公元前四八八年）

经 七年，春，宋皇瑗帅师侵郑。

经 晋魏曼多帅师侵卫。

传 七年，春，宋师侵郑，郑叛晋故也[1]。晋师侵卫，卫不服也[2]。

今注

1 郑叛晋故也：郑国开始反叛晋国在鲁定公八年。

2　卫不服也：鲁哀公五年晋国伐卫国，到现在卫国还不肯服从晋国。

今译

七年春天，宋国皇瑗率领军队侵略郑国，因为郑国对晋国反叛。晋国魏曼多侵略卫国，因为卫国至今未尝服从。

经　夏，公会吴于鄫。

传　夏，公会吴于鄫[1]，吴来征百牢[2]。子服景伯对曰："先王未之有也！"吴人曰："宋百牢我，鲁不可以后宋。且鲁牢晋大夫过十[3]，吴王百牢不亦可乎？"景伯曰："晋范鞅贪而弃礼，以大国惧敝邑，故敝邑十一牢之，君若以礼命于诸侯，则有数矣。若亦弃礼，则有淫者矣[4]。周之王也，制礼上物，不过十二，以为天之大数也。今弃周礼，而曰必百牢，亦唯执事。"吴人弗听。景伯曰："吴将亡矣！弃天而背本[5]，不与必弃疾于我。"乃与之。大宰嚭召季康子，康子使子贡辞。大宰嚭曰："国君道长，而大夫不出门，此何礼也？"对曰："岂以为礼？畏大国也。大国不以礼命于诸侯，苟不以礼，岂可量也。寡君既共命焉，其老岂敢弃其国？大伯端委以治周礼，仲雍嗣之，断发文身，蠃以为饰[6]，岂礼也哉？有由然也。"反自鄫，以吴为无能为也。

今注

1　鄫：今山东省峄县东。

2　百牢：一百俱牛肉。

3　且鲁牢晋大夫过十：这指晋大夫范鞅在鲁昭公二十一年。

4　则有淫者矣：就有超过的。

5　弃天而背本：放弃天理而背了周礼的本。

6　蠃以为饰：光着身上，文身做装饰。

今译

夏天，哀公到鄫去与吴王聚会，吴向鲁国要求百牢的食物。子服景伯回答说："先王没有这种制度！"吴人就说："宋人曾给过我一百牢，鲁不可比宋减少。并且鲁曾给过晋大夫十牢以上，给吴王百牢，不也可以吗？"景伯说："晋国范鞅贪心而放弃礼节，用大国的力量使我们害怕，所以我们给他十一牢，你要是用礼节来命令诸侯们，就有合礼的常数；你若是废弃礼节，就有超过的。周最兴盛的时候，定礼最多的是天子的牢，不过十二，这是天的大数目。现在要放弃周礼，必要百牢，这也是你的主意！"吴国人不听从。景伯说："吴就要灭亡了，放弃天理而背弃周礼的本，不给它必把它的凶恶放在我们的身上！"就给了他。太宰嚭叫季孙斯去，季孙斯叫子贡辞谢。太宰嚭说："国君常常在道路上奔走，而大夫不出门，这是何种礼节？"回答说："哪里是礼节呢？就是因为怕大国。大国不用礼节来命令诸侯，它要不用礼，岂能够用分量来量。我们的寡君既然听从了命令，他的大夫岂敢放弃他的国家？太伯穿着朝服戴着朝帽，以奉行周朝的礼节，他弟弟仲雍接着他做君，断了头发，身上画着花纹，赤着身体做装饰，这岂是合于礼的吗？这是有缘故的。"自鄫会盟以后，以为吴国没有能力作为了。

经 秋，公伐邾。八月，己酉，入邾，以邾子益来。

传 季康子欲伐邾，乃飨大夫以谋之。子服景伯曰："小所以事大，信也。大所以保小，仁也。背大国不信，伐小国不仁，民保于城，城保于德。失二德[1]者，危将焉保？"孟孙曰："二三子以为何如？恶贤而逆之。"对曰："禹合诸侯于涂山，执玉帛者万国，今其存者无数十焉，唯大不字小，小不事大也。知必危[2]，何故不言。”“鲁德如邾，而以众加之，可乎？”不乐而出。秋，伐邾，及范门[3]，犹闻钟声。大夫谏不听，茅成子[4]请告于吴，不许，曰：“鲁击柝闻于邾，吴二千里，不三月不至，何及于我？且国内岂不足？”成子以茅[5]叛。师遂入邾，处其公宫，众师昼掠，邾众保于绎。师宵掠，以邾子益[6]来，献于亳社，囚诸负瑕[7]，负瑕故有绎。邾茅夷鸿以束帛乘韦自请救于吴，曰：“鲁弱晋而远吴，冯恃其众，而背君之盟，辟[8]君之执事，以陵我小国，邾非敢自爱也，惧君威之不立，君威之不立，小国之忧也。若夏盟于鄫衍[9]，秋而背之，成求而不违，四方诸侯，其何以事君？且鲁赋八百乘，君之贰也，邾赋六百乘，君之私也。以私奉贰，唯君图之。”吴子从之。

今注

1　二德：信同仁。

2　知必危：知道要伐邾必定有危险。

3　范门：邾都城郭门。

4　茅成子：邾大夫茅夷鸿。

5　茅：在今山东省济宁县东南五十里，古邾水入泗水处的西边。

6　邾子益：邾隐公。

7　负瑕：《方舆纪要》说：瑕邱城在滋阳城西北二十五里，鲁负瑕邑也。

8　辟：轻视。

9　鄫衍：即鄫，见前。

今译

季孙肥打算伐邾国，就请大夫们吃饭来商量。子服景伯说：“小国能够侍奉大国，就是因为信用的关系，大国能够保护小国，就是因为仁爱的关系。违背大国的吴，失了信用，讨伐小国的邾，不仁爱，人民是受城池的保护，城池是受德行的保护，失掉信用同仁爱两种德，有危险将如何保护呢?”孟孙氏说：“你们诸位以为怎么样？安于景伯的贤言，不应该反对他。”大夫们回答说：“禹在涂山会合诸侯，拿着玉帛来加入盟誓的有一万个国家，现在存在的没有几十个，这就因为大国不能抚养小国，小国不能侍奉大国。如果知道伐邾必定危险，大家为何不说话？不说话就是因为知道没有危险。”孟孙氏不高兴地说：“鲁国的德同邾国一样，而拿军队的力量压制它，可以吗?”孟孙不高兴就走了。秋天鲁国讨伐邾国，到了邾国都城的郭门范门，还听见邾国敲钟的声音，大夫们谏箴，季孙不听，邾大夫茅夷鸿请到吴国去告诉，邾隐公不答应，说：“鲁国敲柝的音，邾国可以听见，吴国离邾国两千里，没三个月的工夫，到不了我们这里，并且国内的力量，尚不能抵抗鲁国吗?”茅夷就以他的封邑茅反叛了，鲁国军队就进了邾国都城，住到公宫里，军队白天就抢掠财物，邾国残余的众人退保到绎山。军队夜里抢掠，把邾隐公带到负瑕这地方，负瑕本来是有绎的地方。邾国的茅夷鸿拿着钱币自己往吴国求救说：“鲁国看晋国弱小而离吴国远，仗着人多势众，背叛你的盟约，看不起你的官吏，来压迫我们小国。邾不敢爱惜自己，而是怕你的威严不立。你的威严不立，是小国的忧愁。要是夏天在鄫盟会，秋天就背了盟约，鲁国达成他的需求而吴国不反对，四方的诸侯，怎样能侍奉你呢？并且鲁国军队有八百辆车，等于是你的对手，邾的军队有六百辆车，是你的部属。用部属侍奉对手，请你细想想吧!”吴王就听了他的话。

经 宋人围曹。

经 冬，郑驷弘帅师救曹。

传 宋人围曹，郑桓子思[1]曰："宋人有曹，郑之患也，不可以不救。"冬，郑师救曹，侵宋。初，曹人或梦众君子立于社宫，而谋亡曹，曹叔振铎请待公孙彊，许之。旦而求之曹，无之。戒其子曰："我死，尔闻公孙彊为政，必去之。"及曹伯阳即位，好田弋，曹鄙人公孙彊好弋，获白鴈献之，且言田弋之说，说之，因访政事，大说之，有宠，使为司城以听政。梦者之子乃行。彊言霸说于曹伯，曹伯从之，乃背晋而奸宋，宋人伐之，晋人不救，筑五邑于其郊，曰黍丘[2]、揖丘[3]、大城[4]、钟[5]、邘[6]。

今注

1 桓子思：子产的儿子国参，谥号为桓子。

2 黍丘：在今河南省夏邑县西南。

3 揖丘：在今山东省曹县界。

4 大城：在今山东省菏泽县境。

5 钟：在今山东省定陶县界。

6 邘：在今山东省定陶县境。

今译

宋国人围了曹国，郑国的国参说："宋国人占据了曹国，这是郑国的祸患，我们不能不去救它。"冬天，郑国军队去救曹国，侵略宋国。当初，曹国有人梦见贵族们立到社宫中，计划灭亡曹国的事情，曹国的始祖曹叔振铎请等候公孙彊来到，贵族们全答应了。早晨去寻找这个人，曹国并没有。做梦的人告诉他儿子说："我死了以后，你若听见公孙彊当政，必须要逃出曹国。"到了曹伯阳做了君以后，他喜欢打猎，曹国的乡下人公孙彊也好打猎，得到白鴈献给曹伯阳，并且说打猎的方法，曹伯阳听了很高兴。曹伯阳就问他政治，大为高兴，宠爱他，使他做司城的官以掌政权。做梦的人的儿子，就逃出曹国。公孙彊又对曹伯说称霸的方法，曹伯听从他，就背叛了晋国，而与宋国不和，宋国人讨伐他，晋国人不救。曹伯阳建筑五个城在他的都城外，叫作黍丘、揖丘、大城、钟、邘。

哀公八年（公元前四八七年）

经 八年，春，王正月，宋公入曹，以曹伯阳归。

传 八年，春，宋公伐曹，将还，褚师子肥[1]殿，曹人诟之，不行，师待之，公闻之怒，命反之，遂灭曹。执曹伯及司城彊以归，杀之。

今注

1 褚师子肥：宋大夫。

今译

八年春天，宋伐曹国都城，将回国的时候，宋大夫褚师子肥殿后，曹国人骂他，因此殿后军队就不走了，宋国军队全都等待他，宋公听说，就恼怒了，叫军队回去，把曹国灭了。逮捕曹伯及公孙彊，回宋国把他们杀掉。

经 吴伐我。

传 吴为邾故，将伐鲁，问于叔孙辄。叔孙辄对曰："鲁有名而无情[1]，伐之必得志焉。"退而告公山不狃，公山不狃曰："非礼也，君子违[2]不适雠国，未臣而有伐之[3]，奔命焉[4]，死之可也，所托也则隐。且夫人之行也，不以所恶废乡，今子以小恶而欲覆宗国，不亦难乎？若使子率[5]，子必辞，王将使我。"子张[6]疾之。王问于子泄，对曰："鲁虽无与立，必有与毙。诸侯将救之，未可以得志焉。晋与齐、楚辅之，是四雠也[7]，夫鲁，齐、晋之唇，唇亡齿寒，君所知也，不救何为？”三月，吴伐我，子洩率，故道险，从武城[8]。初，武城人或有因于吴竟田焉，拘鄫人之沤菅者曰：“何故使吾水滋[9]？”及吴师至，拘者道之，以伐武城，克之。王犯[10]尝为之宰，澹台子羽[11]之父好焉，国人惧。懿子谓景伯：“若之何？”对曰：“吴师来，斯与之战，何患焉？且召之而至，又何求焉？”吴师克东阳[12]而进，舍于五梧[13]，明日舍于蚕室[14]。公宾庚、公甲叔子[15]与战于夷[16]，获叔子与析朱钼。献于王，王曰：“此同车必使能，国未可望也！”明日，舍于庚宗[17]，遂次于泗上。微虎[18]欲宵攻王舍，私属徒七百人，三踊于幕庭，卒三百人，有若与焉[19]，及稷门之内[20]，或谓季孙曰：“不足以害吴，而多杀国士，不如已也。”乃止之。吴子闻之，一夕三迁。吴人行成，将盟，景伯曰：“楚人围宋，易子而食，析骸而爨，犹无城下之盟，我未及亏，而有城下之盟，是弃国也。吴轻而远，不能久，将归矣，请少待之。”弗从。景伯负载造于莱门[21]，乃请释子服何于吴，吴人许之，以王子姑曹当之而后止，吴人盟而还。

今注

1 鲁有名而无情：鲁国有大国的名气，而没有实力。

2 违：逃亡。

3 未臣而有伐之：没有在彼国称臣，而彼国讨伐本国。

4 奔命焉：回到他的原国。

5 若使之率：若叫你率领着吴国军队。

6 子张：叔孙辄。

7 是四雠也：晋、齐、楚同鲁四国是吴国的仇人。

8 武城：今山东省费县西南。

9 水滋：水边变成浊水。

10 王犯：吴大夫。

11 澹台子羽：是武城人，孔子弟子。

12 东阳：在山东费县西南七十里，今为关阳镇。

13 五梧：在今山东费县西六十里，东阳之北。

14 蚕室：江永说：春秋滕不属鲁，当在费县西北境。

15 公宾庚、公甲叔子：全是鲁大夫。

16 夷：在费县西。

17 庚宗：在山东泗水县东。

18 微虎：鲁大夫。

19 卒三百人，有若与焉：末了挑选三百人，有若在内。有若是孔子弟子。

20 及稷门之内：三百人走到稷门里头。

21 负载造于莱门：背着盟誓的书到莱门去。

今译

吴国因为邾国，将伐鲁国，吴王问鲁人叔孙辄，叔孙辄回答说："鲁国有大国的名气，而没有实力，伐它必定得到好处。"说了以后，就去告诉公山不狃，公山不狃说："这是不合于礼的，君子逃亡不到仇敌国家，假设没有在这国做他的臣子，而这国讨伐本国，那就奔回本国，拼命到死好了，要是在自己托身之国，就该为旧国隐恶。并且人逃亡的时候，不以私怨废弃乡党，你现在以小的不高兴，而想把国家毁掉，不也很难吗？假若派你率领吴军，你必定辞让，吴王将派我。"叔孙辄因此很为难。吴王问公山不狃，回答说："鲁国虽然好像不能自立，但在危急时必有人死命为国。诸侯将来救它，我们不可能得志。晋国同齐国、楚国帮助它，与鲁国等于吴国的四个仇敌，鲁国是齐国同晋国的嘴唇，嘴唇丢掉，牙就感觉寒冷，你是知道的，不救怎么办呢？"三月，吴伐鲁国，公山不狃统率，故意经过困难的道路，经过武城。当初，有武城人利用吴国的境界在那里种田，把鄫人种地的逮起来说："何故使我们水脏了？"到了吴国军队来了，被拘捕的人引路去伐武城，把它占据了。吴国的大夫王犯，曾经做过武城宰，澹台子羽的父亲跟他很交好，鲁国人全害怕了。孟孙何忌对子服景伯说："怎么办呢？"回答说："吴国军队来了，就跟它作战，何必害怕呢？并且是我们伐邾引来吴师，那有什么办法呢？"吴国军队占据东阳再往前进，住到五梧，第二天住到蚕室，公宾庚同公甲叔子跟吴国军队在夷这地方打仗，吴国捕获了叔子同析朱鉏，献给吴王，因为他们三个人同车，吴王就说："同车三人都能死战，可见国家能用人，如此鲁国未可以盼望被我们得到。"第二天，吴国军队住到庚宗，往前进就住到泗水的上面。鲁大夫微虎想着夜里攻打吴王所住的地方，集合他手下的七百个人，在帐幕前面的院子三次跳跃，后来选出三百个人，孔子弟子有若在其中，这三百个人走到稷门的里面，有人对季孙说："此举不足以害吴国，而会死亡很多鲁国的国士，不如止住吧！"就阻止他们去。吴王听说，害怕了，一夜的工夫搬了三次住处。吴国人要求和平，将行盟誓，子服景伯说："从前楚国人围了宋国都城，宋国人换了儿子来吃，砍了人的骨头烧饭，尚且没有在城下盟会，我们现在尚没有完全失败，而做了城下的盟会，这是等于弃国家了。吴国人轻佻而道路很远，他们不能久待，将要回国，请你稍微地等一等吧。"季孙不听从。子服景伯就背着盟书到莱门，本来鲁国预备留子服景伯在吴国做人质，吴国答应了，因此鲁国人又要求，拿吴王子姑曹来鲁国做人质，吴王就不要子服景伯，吴国人盟誓以后就回去了。

经 夏，齐人取讙及阐。

经 归邾子益于邾。

传 齐悼公之来也，季康子以其妹妻之，即位而逆之，季鲂侯[1]通焉，女言其情，弗敢与也，齐侯怒。夏，五月，齐鲍牧帅师伐我，取讙及阐。或谮胡姬[2]于齐侯曰："安孺子之党也！"六月，齐侯杀胡姬。齐侯使如吴请师，将以伐我，乃归邾子。邾子又无道，吴子使大宰子余[3]讨之，囚诸楼台，栫之以棘[4]，使诸大夫奉大子革[5]以为政。

今注

1 季鲂侯：是季康子的叔父。

2 胡姬：是齐景公的妾。

3 大宰子余：就是太宰嚭。

4 栫之以棘：用带刺的棘树环绕着房子。

5 太子革：即邾桓公。

今译

齐悼公到鲁国来的时候，季孙肥把妹妹嫁给他，悼公即位以后，派人来接，季孙肥的叔叔季鲂侯与她私通，季孙肥的妹妹告诉季孙肥这种情形，就不敢叫她去齐国，齐悼公很生气。夏天五月，齐国的鲍牧率领军队伐鲁国，占据了讙同阐两个地方。有人说胡姬的坏话，对齐悼公说："她是安孺子的党羽。"六月，齐悼公把胡姬杀掉。齐悼公派人到吴国请求军队，来伐鲁国，就把邾隐公送回去了。邾隐公在国无道，吴王派大宰嚭去讨伐他，把他囚在楼台上面，四面用棘树围绕，叫诸大夫奉太子革行使政权。

经 秋，七月。

传 秋及齐平，九月，臧宾如[1]如齐莅盟，齐闾丘明[2]来莅盟，且逆季姬以归，嬖。鲍牧又谓群公子曰："使女有马千乘乎[3]？”公子愬之，公谓鲍子：“或谮子，子姑居于潞[4]以察之，若有之，则分室以行，若无之，则反子之所。”出门，使以三分之一行。半道使以二乘。及潞，麇之[5]以入，遂杀之。

今注

1 臧宾如：臧会的儿子。

2 闾丘明：闾丘婴的儿子。

3 使女有马千乘乎：意思是使你能做君。

4 潞：《汇纂》说：在齐之郊外。即山东临淄附近。

5 麇之：把他捆起来。

今译

秋天同齐国讲和，九月，臧宾如到齐国去参加盟誓，齐国就派闾丘明到鲁国来参加盟会，并且迎接季孙肥的妹妹，回去以后很得宠爱。鲍牧又对齐国各公子说：“你愿意有千匹马吗？”公子就告诉齐悼公，悼公告诉鲍牧说：“有人说你的坏话，你姑且到潞这地方住，容我细细地考察，若有这回事，就把你财产分了然后走，要是没有就可以回到你原位。”出门以后，叫他拿财产的三分之一去。走一半的道路，只准许他带着两辆车，到了潞这地方，把他捆起来，就把他杀了。

经 冬，十有二月，癸亥，杞伯过卒[1]。

今注

1 此经无传。

今译

冬十二月，癸亥，杞僖公死了。

经 齐人归讙及阐。

传 冬，十二月，齐人归讙及阐，季姬嬖故也。

今译

冬十二月，齐国人来归还讙及阐这两个地方，因为季孙肥的妹妹得宠爱。

哀公九年（公元前四八六年）

经 九年，春，王二月，葬杞僖公[1]。

今注

1 此经无传。

今译

九年春王二月，为杞僖公行葬礼。

传 九年，春，齐侯使公孟绰[1]辞师于吴。吴子曰："昔岁寡人闻命，今又革之，不知所从，将进受命于君。"

今注

1 公孟绰：齐大夫。

今译

齐侯派公孟绰到吴国去辞谢派军队。吴王说："以前已奉有命令，现在又有改变，不知该听从什么，我将前往贵国听命于君。"

经 宋皇瑗帅师取郑师于雍丘。

传 郑武子賸之嬖许瑕求邑[1]，无以与之，请外取，许之，故围宋雍丘[2]，宋皇瑗围郑师，每日迁舍[3]，垒合，郑师哭。子姚[4]救之大败。二月，甲戌，宋取郑师于雍丘，使有能者无死，以郑张与郑罗[5]归。

今注

1　武子賸之嬖许瑕求邑：武子賸就是罕达，他喜欢的一个属臣叫许瑕，想要一块田地。

2　雍丘：《一统志》说：今河南杞县县治。

3　每日迁舍：每天修堡垒成了以后，就迁往另一处再修堡垒，为的使雍丘外边能够合围。

4　子姚：即罕达。

5　郑张、郑罗：全是有能力的郑大夫。

今译

郑罕达的宠臣要求一个封邑，已经没有封地了，无法给他，许瑕请求到国外去寻找，罕达答应了，所以围了宋国的雍丘。宋皇瑗围了许瑕的军队，每次修完堡垒就迁地方，等到堡垒合围，郑国军队都哭了。罕达来救，被宋师打得大败。二月甲戌，宋在雍丘的地方消灭了郑国的军队，留有能力的人一条生路，把有能力的郑张同郑罗带回到宋国。

经　夏，楚人伐陈。

传　夏，楚人伐陈，陈即吴故也。

今译

夏天，楚人伐陈，陈国与吴联络的缘故。

经　秋，宋公伐郑。

传　宋公伐郑[1]。

今注

1　宋公伐郑：为报复雍丘的战役。

今译

宋公伐郑，为了报复雍丘的战役。

传 秋，吴城邗沟[1]，通江淮。

今注

1 邗沟：按即今日江都县南之瓜州，至淮阴北神堰间之运河。

今译

秋天，吴在邗沟筑城通长江与淮水，这是后来运河的开始。

传 晋赵鞅卜救郑，遇水适火，占诸史赵、史墨、史龟[1]，史龟曰："是谓沈阳[2]，可以兴兵，利以伐姜，不利子商[3]，伐齐则可，敌宋不吉。"史墨曰："盈水名也，子水位也，名位敌不可干也[4]。炎帝为火师，姜姓其后也。水胜火，伐姜则可。"史赵曰："是谓如川之满，不可游也。郑方有罪，不可救也。救郑则不吉，不知其他。"阳虎以周易筮之，遇泰☷☰之需☵☰[5]，曰："宋方吉，不可与也。微子启帝乙之元子也。宋郑甥舅也。祉禄也，若帝乙之元子，归妹而有吉禄，我安得吉焉？"乃止。

今注

1 史赵、史墨、史龟：全是晋太史。

2 是谓沈阳：因为火是阳遇到水就沉下去，所以叫沈阳（沈通沉）。

3 不利子商：对于伐宋国不合适。

4 名位敌不可干也：两个水全茂盛，所以不能干犯。

5 遇泰☷☰之需☵☰：遇见泰卦变成了需卦。

今译

晋赵鞅占卜伐郑，遇见水同火的兆，问史赵、史墨同史龟，史龟说：“这名为沈阳，可以兴起军队，对于伐姜有利，而不利于伐商，伐齐就可以，讨伐宋国就不吉祥。”史墨说：“盈是水的名，子是水的位，名位皆盛不可以侵犯。炎帝为水师，姜姓是炎帝的后人，水可以胜火，所以伐姜就可以。”史赵说：“这是等于河水方满，不可以去游水，郑方有罪，不可以去救，救郑就不吉，其他都不知道。”阳虎又用周易来占卜，遇见泰卦䷊变到需卦䷄，说：“宋方吉，不可与交战，微子启是帝乙的大儿子，宋与郑又是甥舅的国家，祉是福禄，若是帝乙的大儿子嫁他的妹妹而有吉禄，我又如何能得到吉呀？”就止住不打仗。

经 冬，十月。

传 冬，吴子使来，儆师伐齐。

今译

冬天，吴王派人告诉鲁国预备军队伐齐。

哀公十年（公元前四八五年）

经 十年，春，王二月，邾子益来奔。

经 公会吴伐齐。

传 十年，春，邾隐公来奔，齐甥也，故遂奔齐。公会吴子、邾子、郯子伐齐南鄙，师于郎[1]。

今注

1 郎：在今山东蒙阴县之北，复兴县境。

今译

十年春王二月，邾隐公奔鲁国来，他是齐国的外甥，所以又从鲁国逃到齐国。鲁哀公会合吴王、邾子，同郯子伐齐国的南边，驻军在郧这地方。

经 三月，戊戌，齐侯阳生卒。

传 齐人弑悼公，赴于师，吴子三日哭于军门之外，徐承[1]帅舟师，将自海入齐，齐人败之，吴师乃还。

今注

1 徐承：吴大夫。

今译

齐人弑齐悼公，讣告送到军队中，吴王在军门的外面哭了三天，吴大夫徐承率领着舟师从海上攻入齐国，齐国军队将他打败了，吴国舟师就退回国了。

经 夏，宋人伐郑[1]。

今注

1 此经无传。

今译

夏天，宋国军队征伐郑国。

经 晋赵鞅帅师侵齐。

传 夏，赵鞅帅师伐齐，大夫请卜之，赵孟曰："吾卜于此起兵[1]，事不再令[2]，卜不袭吉[3]，行也！"于是乎取犁[4]及辕[5]，毁高唐[6]之郭，侵及赖[7]而还。

今注

1 吾卜于此起兵：就说去年曾经占卜伐宋不吉，伐齐就可以动兵。

2 事不再令：不必再求。

3　卜不袭吉：占卜也不会重复的吉祥。

4　犁：《续山东考古录》说：在今济阳县西南五十里。

5　辕：《续山东考古录》说：在今山东齐河县西北二十五里之瑗县故城。

6　高唐：《一统志》说：在今山东禹城西北。

7　赖：《方舆纪要》说：今山东聊城县西有赖亭。

今译

夏，晋赵鞅率军队伐齐国，大夫请求占卜。赵鞅说："去年我已经占卜伐齐动兵，事情不要再求，占卜不会再遇到吉兆，去吧！"就占领犁同辕，毁了高唐的外城，侵略到了赖，就回来了。

经　五月，公至自伐齐[1]。

今注

1　此经无传。

今译

五月，鲁哀公从伐齐回来。

经　葬齐悼公[1]。

今注

1　此经无传。

今译

齐国为齐悼公行葬礼。

经　卫公孟彄自齐归于卫[1]。

今注

1　此经无传。

今译

卫国公孟彄从齐国回到卫国。

经 薛伯夷卒[1]。

今注

1 此经无传。

今译

薛惠公死了。

经 秋，葬薛惠公[1]。

今注

1 此经无传。

今译

秋天，为薛惠公行葬礼。

传 秋，吴子使来复儆师。

今译

秋天，吴王派人来鲁国再次要求预备军队。

经 冬，楚公子结帅师伐陈。

经 吴救陈。

传 冬，楚子期伐陈，吴延州来季子救陈，谓子期曰："二君[1]不务德，而力争诸侯，民何罪焉。我请退以为子名，务德而安民。"乃还。

今注

1 二君：指楚君、吴君。

今译

冬天，楚公子伐陈，吴季札救陈，对子期说："吴楚两君不务德行，而力争诸侯，人民有何罪呀？我将退下使你得名，务德行而安定人民，那就好了！"吴国军队就退走了。

哀公十有一年（公元前四八四年）

经 十有一年，春，齐国书帅师伐我。

传 十一年，春，齐为鄎故[1]，国书、高无丕帅师伐我。及清[2]，季孙谓其宰冉求[3]曰："齐师在清，必鲁故也，若之何？"求曰："一子守，二子从公御诸竟。"季孙曰："不能。"求曰："居封疆之间。"季孙告二子[4]，二子不可。求曰："若不可，则君无出，一子帅师，背城而战，不属者非鲁人也。鲁之群室[5]，众于齐之兵车，一室敌车优矣，子何患焉？二子之不欲战也宜，政在季氏。当子之身，齐人伐鲁而不能战，子之耻也，大不列于诸侯矣。"季孙使从于朝，俟于党氏之沟[6]，武叔呼而问战焉，对曰："君子有远虑，小人何知？"懿子强问之。对曰："小人虑材而言，量力而共者也。"武叔曰："是谓我不成丈夫也！"退而蒐乘，孟孺子泄[7]帅右师，颜羽御，邴泄[8]为右，冉求帅左师，管周父御，樊迟[9]为右。季孙曰："须也弱！"有子[10]曰："就用命焉！"季氏之甲七千，冉有以武城人三百为己徒卒，老幼守宫，次于雩门[11]之外，五日右师从之[12]。公叔务人[13]见保者而泣曰："事充[14]，政重[15]，上不能谋，士不能死，何以治民？吾既言之矣，敢不勉乎？"师及齐师战于郊，齐师自稷曲[16]，师不逾沟，樊迟曰："非不能也，不信子也。请三刻而逾之。"如之，众从之，师入齐军[17]，右师奔，齐人从之[18]，陈瓘、陈庄[19]涉泗，孟之侧后入以为殿，抽矢策其马曰："马不进也！"林不狃之伍[20]曰："走乎？"不狃曰："谁不如？[21]"曰："然则止乎？"不狃曰："恶贤[22]。"徐步而死。师获甲首八十[23]，齐人不能师。宵谍曰："齐人遁。"冉有请从之三，季孙弗许。孟孺子语人曰："我不如颜羽，而贤于邴洩。子羽锐敏[24]，我不欲战而能默。洩曰：'驱之[25]。'"公为与其嬖僮汪锜乘，皆死，皆殡。孔子曰："能执干戈，以卫社稷，可无殇也。"冉有用矛于齐师，故能入其军，孔子曰："义也！"

今注

1 齐为鄎故：为去年鄎的战役。

2 清：《方舆纪要》说：清亭在山东长清县东南。

3 冉求：鲁人，孔子弟子。

4 二子：指叔孙、孟孙。

5 群室：都城所住的。

6 党氏之沟：《方舆纪要》说：庄公台在今曲阜县东北八里，庄公三十二年，筑台临党氏，见孟任是也。

7 孟孺子洩：孟懿子的儿子孟武伯。

8 邴洩、颜羽：全是孟氏家臣。

9 樊迟：鲁人，孔子弟子。

10 有子：就是冉求。

11 雩门：鲁都城南门。

12 五日右师从之：五日以后，右师才追上。

13 公叔务人：是公为。

14 事充：工作很多。

15 政重：赋税很重。

16 稷曲：《春秋大事表》说：曲阜县北宁阳东有曲池，疑即稷曲。

17 师入齐军：师指鲁国冉求所有的军队。

18 齐人从之：齐人跟着追逐右师，意思是说右师打败了。

19 陈瓘、陈庄：二人是齐大夫。

20 林不狃之伍：林不狃所率领的五人队。

21 谁不如：我不如谁，还想跑吗？

22 恶贤：那也算不得贤。

23 师获甲首八十：师获穿甲的头八十个。

24 子羽锐敏：子羽即颜羽，很精锐，意思说他想作战。

25 驱之：逃走。

今译

十一年的春天，齐悼公因为鲁国伐郳，派国书、高无丕率领军队讨伐鲁国。到了清这地方，季孙对他的家宰冉求说："齐兵在清，一定是因为我鲁国，怎么办呢？"冉求回答说："你季孙一人守国，派叔孙、孟孙二人跟了公在边境上抵御。"季孙说："我无法调动他们的。"冉求说："那么叫他们在境内近郊的地方抵抗。"季孙便告诉叔孙、孟孙，二人不肯。冉求说："如果二人不肯，鲁君也不必亲自出兵，只你一人领兵背着城和齐一战罢了。不跟你战的，便不是鲁人。鲁国都邑的卿大夫之家，总要比齐国的兵车多些，一家对敌一车，总有余的了。你为什么要忧患呢？他们二人不要战，是应该的，现在政权都在你季氏手上；当你执政的时候齐人来伐，却不能打仗，这是你的羞耻，恐怕不能列在诸侯中了。"季孙便使冉求跟自己上朝，等在党氏的沟边；叔孙州仇看见冉求，便喊着问战事，冉求回答说："君子有远大的计虑，我们小人知道什么呢？"孟孙何忌又强问他，冉求回答说："小人是估计了材具才说话，打量了能力才供事的。"州仇说："这分明是说我不成个丈夫了。"退下去便大阅他的军队。孟孺子泄领了右师，颜羽赶着兵车，邴洩做了车右。冉求领了左师，管周父驾了兵车，樊迟做了车右。季孙肥说："樊须太怯弱。"冉求说："须年少，能够听话的。"季氏的兵甲共有七千，冉有又把三百个武城人做了自己的亲兵，老的小的，都坐守宫室，扎兵在南城门外，过了五天，右师方才出来跟上。公为看见守城池的痛哭说："公事真烦，租税真多，只苦着百姓，在上位的不能谋算国事，士人又不能出死力，怎样可以治民呢？我既说了他人，自己敢不竭力吗？"鲁兵和齐兵战于郊外，齐兵从稷曲前来，鲁兵却不敢渡过沟去抵敌。樊迟说："这不是不能逾沟，实在是不相信你的号令，请和他们约定三刻时候一定要逾沟的。"便依着樊迟的话，众人方才跟过去。冉求的左师攻进齐军，右师却逃跑，齐人追赶右师，陈瓘、陈庄渡过泗水来追鲁师，孟之侧晚进城来，做了个押队的，却抽支箭鞭马说："是马走不快呢！"林不狃的一排兵说："走吧！"不狃说："我不如哪个，却要逃走？"那排兵说："那么停在此地战吧！"不狃说："那也算不得贤。"便从容缓步地走了，死在兵中。冉求的兵得了甲首八十具。齐人却不能成队伍了。夜间的探子来报说："齐人已经逃走了。"冉有请求去追齐师，一共请求了三次，季孙却不允许。后来孟孺子对人说："我虽不及颜羽，却比邴洩好些，子羽是精锐敏疾，要想战的。我虽则不要战，嘴里却也不说要逃，洩只是说：'赶马逃吧！'"公为和他的爱童叫汪锜的，一同坐着车子，都战死了。殡葬的时候，孔子说："能够执了干戈保护社稷的，也可以不用夭殇的礼了！"冉有只因用矛于齐师，所以能攻进他的军中。孔子说："这便是义。"

经 夏，陈辕颇出奔郑。

传 夏，陈辕颇出奔郑。初，辕颇为司徒，赋封田以嫁公女[1]，有余，以为己大器[2]，国人逐之，故出。道渴，其族辕咺进稻醴、梁糗、腵脯焉，喜曰："何其给也？"对曰："器成而具[3]。"曰："何不吾谏？"对曰："惧先行。"

今注

1　赋封田以嫁公女：把封内的田地，全都加上特别税，为的嫁公的女儿。

2　大器：钟鼎一类的器皿。

3　器成而具：你那大器做成时，我就预备好了给你食物。

今译

夏天，陈国的辕颇逃到郑国去。当初，辕颇做司徒的官，把封内的田地全都上税，为的嫁公的女儿，剩下的钱，就给自己做钟鼎这类的大器，贵族们恨他，就把他驱逐出国。道上很渴，他同族的人辕咺，进奉稻做的酒、高粱做的干饭、肉做的饼，他很高兴，说："怎么这样充足呢？"回答说："你做的大器成了，我就预备好了给你食物。"辕颇就说："你何不谏诤我呢？"回答说："恐怕你不听我的话，而我被驱逐出去。"

经　五月，公会吴伐齐。

经　甲戌，齐国书帅师及吴战于艾陵，齐师败绩，获齐国书。

传　为郊战故，公会吴子伐齐。五月，克博[1]。壬申，至于嬴[2]，中军从王[3]，胥门巢将上军，王子姑曹将下军，展如[4]将右军。齐国书将中军，高无丕将上军，宗楼将下军。陈僖子谓其弟书[5]："尔死，我必得志。"宗子阳与闾丘明相厉也[6]。桑掩胥御国子[7]，公孙夏曰："二子必死。"将战，公孙夏命其徒歌《虞殡》[8]，陈子行命其徒具含玉[9]，公孙挥命其徒曰："人寻约，吴发短[10]。"东郭书曰："三战[11]必死，于此三矣。"使问弦多[12]以琴，曰："吾不复见子矣！”陈书曰：“此行也，吾闻鼓而已，不闻金矣。”甲戌，战于艾陵[13]，展如败高子[14]，国子败胥门巢[15]，王卒助之，大败齐师，获国书、公孙夏、闾丘明、陈书、东郭书，革车八百乘，甲首三千以献于公[16]。将战，吴子呼叔孙[17]曰：“而事何也[18]？”对曰：“从司马[19]。”王赐之甲剑铍曰：“奉尔君事，敬无废命。”叔孙未能对，卫赐[20]进曰：“州仇奉甲从君而拜。”公使大史固归国子之元，寘之新箧，褽之以玄纁，加组带焉，寘书于其上曰：“天若不识不衷，何以使下国？”

今注

1 博：《山东通志》说：“在泰安县东南三十里。”

2 嬴：《山东通志》说：“在莱芜县西北四十里。”

3 中军从王：吴国中军随从吴王。

4 胥门巢、王子姑曹、展如：三人全是吴大夫。

5 书：陈书号子占。

6 宗子阳与闾丘明相厉也：二人相勉励效死战。

7 国子：即国书。

8 《虞殡》：送葬的歌曲。表示他预备战死。

9 含玉：死后所含的玉石。

10 人寻约、吴发短：每人准备一条八尺长的绳子，吴国人头发短。表示用绳子穿吴国人的脑袋。

11 三战：指夷仪、五氏同这一次。

12 弦多：齐人。

13 艾陵：《山东通志》说：“在山东莱芜县东南。”

14 高子：齐国上军。

15 国子败胥门巢：吴国上军战败。

16 以献于公：献给鲁哀公。

17　叔孙：指叔孙州仇。

18　而事何也：你是什么职务。

19　从司马：听从吴国司马的命令。

20　卫赐：子贡，姓端木。是孔子弟子。

今译

为上一次在都城外面打仗的事，鲁哀公会合吴王讨伐齐国。五月，占领了博这地方。壬申，到达嬴这地方，吴国的中军随从吴王，胥门曹率领上军，王子姑曹率领下军，展如率领右边的军队。齐国是国书率领中军，高无丕率领上军，宗楼率领下军。陈乞对他弟弟陈书说："你要战死，我必定能够得志。"宗楼同闾丘明互相勉励效死战。桑掩胥为国书驾着车，公孙夏说："你们两人必要战死。"将要作战，公孙夏叫他的党徒唱送葬的歌曲。陈逆叫他的党徒预备死后含的玉，公孙挥叫他徒众说："每人准备一条八尺长的绳子，吴国人头发短。"东郭书说："三次作战，我必定要死，我已经打过夷仪、五氏两次战争，加上这次作战，就变成三次战役。"派一个人去送一张琴给齐人弦多，并且说："我不能再看见你了。"陈书就说："这一次我只能听见敲鼓，听不见敲金器收兵的声音。"甲戌这天，在艾陵作战，吴国的展如打败了齐国的上军高无丕，齐国的国书打败了吴国的上军胥门巢，吴王的中军帮助他们，大败齐国军队，逮住了国书、公孙夏、闾丘明、陈书、东郭书，缴获兵车八百辆、戴甲的三千首级来献给鲁哀公。将要打仗的时候，吴王喊住叔孙州仇，问他说："你的职务是什么？"回答说："我听候吴国司马的命令。"吴王给了他盔甲、宝剑还有刀，说："奉行你的君的事情，不要废掉他的命令。"叔孙州仇没法回答，子贡往前说："州仇捧着盔甲从着君拜受。"鲁哀公派大史固送回国书的头给齐国，放到新的箧子里，荐用玄纁，加上丝带，并且放了一个简书说："上天若不知道坏人，怎么能够使令下国。"

传 吴将伐齐，越子率其众以朝焉，王及列士皆有馈赂。吴人皆喜，唯子胥惧曰："是豢吴也夫！"谏曰："越在我，心腹之疾也，壤地同而有欲于我，夫其柔服求济其欲也，不如早从事焉。得志于齐，犹获石田也，无所用之。越不为沼，吴其泯矣！使医除疾，而曰必遗类焉者，未之有也。《盘庚之诰》曰：'其有颠越不共，则劓殄无遗育，无俾易种于兹邑[1]。'是商所以兴也，今君易之，将以求大，不亦难乎？"弗听。使于齐属其子于鲍氏，为王孙氏。反役，王闻之，使赐之属镂[2]以死，将死曰："树吾墓槚，槚可材也，吴其亡乎！三年其始弱矣，盈必毁，天之道也。"

今注

1 其有颠越不共，则劓殄无遗育，无俾易种于兹邑：是《商书》的一句，意思是说，有人要是纵横不恭敬，就把他割绝，不要再使他有后人，不要使他后代在这里。

2 属镂：是宝剑名。

今译

吴国将要去伐齐，越王勾践带领群臣来朝吴国，对吴王和群臣，一概都有送的东西，吴人都很喜欢。只有伍子胥害怕说："这是养吴人，像畜生一般吗？"就谏诤吴王说："越国的在我吴国，好比是人们心腹的毛病，土地相接却又对我吴国有欲念，他这种服软的手段，不过是要满足他的欲念。不如早些解决了他吧！得志于齐国，譬如得石田一样，有什么用处呢？若不灭掉越国，吴国定要被越国灭掉了！譬如使医生治病，却说必定要留些病根的，这是从来没有的！《商书·盘庚》篇说：'诸臣有纵横不依命令的，就铲除他，不要使他发展，不要使他的种族在这地方延续下去。'这就是商朝所以能够振兴的原因。现在君王却和这道理相反，想要霸诸侯，扩大国家，不是很难吗？"吴王不听他的话。子胥后来出使到齐国去，便把他的儿子托鲍氏寄养，改姓叫王孙氏。艾陵的战役回来后，吴王闻知这事，便差人赐他一把属镂的剑，叫他自杀。子胥将死的时候，吩咐说："我死之后，我的坟上替我种棵檟树，等到檟树长大了，可以做材料用了，吴国便要亡了！从现在再过三年，吴国就要衰弱。盈满极了，定要毁坏的，这是天然的道理。"

经 秋，七月，辛酉，滕子虞毋卒[1]。

今注

1 此经无传。

今译

秋天七月辛酉，滕子虞毋死了。

传 秋，季孙命修守备曰："小胜大祸也，齐至无日矣。"

今译

秋天，季孙命修整守备，说："小国胜了大国，这就是祸害，齐国随时可以来了。"

经 冬，十有一月，葬滕隐公[1]。

今注

1 此经无传。

今译

冬天十一月，给滕隐公下葬。

经 卫世叔齐出奔宋。

传 冬，卫大叔疾[1]出奔宋。初，疾娶于宋子朝，其娣嬖[2]。子朝出[3]，孔文子使疾出其妻而妻之，疾使侍人诱其初妻之娣，寘于犁[4]，而为之一宫如二妻。文子怒，欲攻之，仲尼止之，遂夺其妻。或淫于外州，外州人夺之轩以献[5]，耻是二者，故出。卫人立遗，使室孔姞[6]。疾臣向魋[7]，纳美珠焉，与之城鉏[8]。宋公求珠，魋不与，由是得罪。及桓氏出[9]，城鉏人攻大叔疾，卫庄公复之，使处巢[10]，死焉，殡于郧[11]，葬于少禘[12]。初，晋悼公子慭亡在卫，使其女仆而田，大叔懿子[13]止而饮之酒，遂聘之，生悼子[14]。悼子即位，故夏戊[15]为大夫。悼子亡，卫人翦夏戊[16]。孔文子之将攻大叔也，访于仲尼，仲尼曰："胡簋[17]之事，则尝学之矣，甲兵之事，未之闻也。"退，命驾而行，曰："鸟则择木，木岂能择鸟？"文子遽止之曰："圉岂敢度其私，访卫国之难也。"将止，鲁人以币召之，乃归。

今注

1 大叔疾：即世叔齐。

2 其娣嬖：她陪嫁的女子很得他宠爱。

3 子朝出：子朝出奔。

4 犁：江永说：在今山东范县境。

5 外州人夺之轩以献：外州在今山东郓城范县间。外州人夺他的车献给卫君。

6 立遗使室孔姞：立了疾的弟弟遗，叫他娶疾的夫人。

7 疾臣向魋：疾做宋国向魋的臣子。

8 城鉏：在今河北省东明县境。

9 桓氏出：在鲁定公十四年。

10 巢：《寰宇记》说：今河南睢县西南二十里有巢亭。

11 郥：在今河南睢县境。

12 少禘：在今河南睢县境。

13 大叔懿子：大叔仪的孙子。

14 悼子：大叔疾。

15 夏戊：悼子的外甥。

16 卫人翦夏戊：卫人削翦夏戊的封爵同田地。

17 胡簋：是礼器，夏朝叫胡，周朝叫簋。

今译

冬天，卫大叔疾逃到宋国去。当初，大叔疾娶了宋子朝的女儿为妻，她陪嫁的女子很得宠爱，后来子朝出奔了，孔圉使大叔疾跟他的妻子离婚，而把自己的女儿嫁给他，大叔疾使他的佣人引诱他最初的妻子的陪嫁女子住到犁这地方，给她盖所房子，如两个妻子一样。孔圉发怒了，想率领军队攻打他，孔子阻止他，就只夺回他的女儿。大叔疾有时候在外州这地方淫乱，外州人夺掉他的车献给卫君。大叔疾对这两件事颇引为羞辱，所以出奔。卫人就立了他弟弟遗，使孔圉的女儿孔姞嫁给他的弟弟。他给向魋做臣子，送向魋美丽珍珠，向魋就把城钼这地方给他。后来宋公也要求珍珠，向魋不给，因此就得罪了宋公。到了桓氏出奔，城钼人攻击大叔疾，卫庄公叫他回来，就叫他住到巢这地方，死在那里，就在郥这地方出殡了，葬到少禘这地方。当初，晋悼公的儿子慭逃亡在卫国，使他的女儿驾着车去打猎，大叔懿子叫他们停住，给他们酒喝，就聘了他的女儿为妻，生下了大叔疾。大叔疾即卿位以后，夏戊就做了大夫。大叔疾逃亡以后，卫人就削翦夏戊的封邑。孔圉从前想攻大叔疾时，曾访问孔子，孔子说："礼器的事情我学过，打仗的事情我没听说过。"出来，就命令驾车，说："鸟可以选择树木，树岂能选择鸟？"孔圉赶紧止住他说：

"我圉岂敢问我的私事，是为的访问卫国的祸难。"孔子正要留在卫国，恰好鲁国人用货币来请他回国，就回去了。

传 季孙欲以田赋[1]，使冉有访诸仲尼。仲尼曰："丘不识也。"三发[2]，卒曰："子为国老，待子而行，若之何子之不言也？"仲尼不对，而私于冉有曰："君子之行也，度于礼，施取其厚，事举其中，敛从其薄，如是则以丘亦足矣。若不度于礼，而贪冒无厌，则虽以田赋，将又不足。且子季孙若欲行而法，则周公之典在，若欲苟而行，又何访焉。"弗听。

今注

1 田赋：田税。

2 三发：三次发问。

今译

季孙肥想着根据田来上税，派冉有去问孔子。孔子说："我不知道。"三次发问，末了冉有就说："你是国老，等着你来办，为什么你不说话？"孔子不公开回答，私下告诉冉有说："君子行使政权，按礼节来度量，施舍取他最厚的，事情举行中间的，赋税用最微薄的，如此讲起来，就按着丘来上税也可以够了。要是不顺着礼节，又贪图无厌，虽然按照田亩来上税，赋税又将不足用。且你季孙若将行你的法度，周公的旧典已经存在，要想着随便来做，又何必问呢？"不听。

哀公十有二年（公元前四八三年）

经 十有二年，春，用田赋。

传 十二年，春，王正月，用田赋。

今译

十二年春王正月，根据田亩来上税。

经 夏，五月，甲辰，孟子卒。

传 夏，五月，昭夫人孟子卒。昭公娶于吴，故不书姓。死不赴，故不称夫人。不反哭，故不言葬小君。孔子与吊，适季氏，季氏不绕[1]，放绖[2]而拜。

今注

1 绕：丧礼的帽子。

2 绖：身上捆着麻。

今译

夏天五月，鲁昭公的夫人孟子死了。昭公是娶自吴国，因为鲁国与吴国同姓，所以不写姓。她死了以后，也不送讣告给各国，所以也不称夫人。不反哭于寝，所以不说葬小君。孔子去吊丧，到了季孙氏那里，季孙氏不戴丧服的帽子，没有穿麻衣就拜谢。

经 公会吴于橐皋。

传 公会吴于橐皋[1]，吴子使大宰嚭请寻盟[2]，公不欲，使子贡对曰："盟所以周信也，故心以制之，玉帛以奉之，言以结之，明神以要之，寡君以为苟有盟焉，弗可改也已。若犹可改，日盟何益？今吾子曰：'必寻盟。'若可寻也，亦可寒也。"乃不寻盟。

今注

1 橐皋：《江南通志》说：在今安徽巢县西北六十里，有柘皋镇，一名会吴城。

2 寻盟：重申鄫地的盟誓。

今译

鲁哀公到橐皋去跟吴王会盟，吴王派太宰嚭请求重申鄫地的盟誓，鲁哀公不愿意，叫子贡回答说："盟会为的是坚固信用，所以用心来约束它的意义，用玉币来奉明神，用言语完成它，用神明来保佑它，寡君以为苟有盟誓，就不能改变了，要是尚可以改变，每天会盟又有什么用处呢？现在你说'必定要重申盟誓'，若可以重申，也就可以取消了。"于是就不重申盟誓。

经 秋，公会卫侯、宋皇瑗于郧。

传 吴征会于卫。初，卫人杀吴行人且姚而惧，谋于行人子羽[1]。子羽曰："吴方无道，无乃辱吾君，不如止也。"子木[2]曰："吴方无道，国无道必弃疾于人，吴虽无道，犹足以患卫。往也，长木之毙，无不摽也[3]，国狗之瘈，无不噬也[4]，而况大国乎？"秋，卫侯会吴于郧[5]，公及卫侯、宋皇瑗盟，而卒辞吴盟。吴人藩卫侯之舍，子服景伯谓子贡曰："夫诸侯之会，事既毕矣，侯伯致礼，地主归饩，以相辞也。今吴不行礼于卫，而藩其君舍以难之，子盍见大宰。"乃请束锦以行[6]，语及卫故。大宰嚭曰："寡君愿事卫君，卫君之来也缓，寡君惧，故将止之。"子贡曰："卫君之来，必谋于其众，其众或欲或否，是以缓来。其欲来者，子之党也。其不欲来者，子之雠也。若执卫君，是堕党而崇雠也，夫堕子者得其志矣。且合诸侯而执卫君，谁敢不惧？堕党崇雠而惧诸侯，或者难以霸乎？"大宰嚭说，乃舍卫侯。卫侯归，效夷言，子之[7]尚幼，曰："君必不免，其死于夷乎？执焉而又说其言，从之固矣。"

今注

1 子羽：卫大夫。

2　子木：卫大夫。

3　无不摽也：打击没有打不着的。

4　国狗之瘈无不噬也：一国的狗发狂没有不咬人的。

5　郧：《方舆纪要》说：今江苏如皋东十里有立发霸，古发扬也，一名古郧，一称会盟原。

6　请束锦以行：拿着锦去贿赂吴国。

7　子之：公孙弥牟。

今译

吴国到卫国去参加会盟。当初，卫国人杀了吴国的行人且姚，就害怕了，同卫大夫行人子羽商量。子羽说："吴王不讲道理，你要去了，一定被羞辱，不如不去吧！"卫大夫子木就说："吴国不讲道理，一个国家不讲道理，必定把坏事推到旁人身上，吴王虽没有道理，尚可以为卫国的祸患。去吧！长木头倒下，无人不被它打，一国的狗要疯了，没有人不被咬，何况吴国这个大国呢？"秋天，鲁哀公同卫侯、宋皇瑗盟会，终究辞掉同吴国的盟会。吴人把卫侯住的地方围上藩篱，子服景伯对子贡说："诸侯的会盟既然已经完了事，侯伯行礼节，地主送食物，以互相辞让。现在吴国不对卫国行礼，而把卫君的屋子围上，使他为难，你何不往见太宰嚭呢？"子贡就请捆一束锦去，讲话中谈到卫国。太宰嚭说："寡君很愿意侍奉卫君，卫君来得太慢，寡君害怕了，所以想把他逮起来。"子贡说："卫君来的时候，必定跟他的众人商量，因为有人赞成，有人反对，所以来得很缓慢。赞成来的人是你的党羽。不赞成来的人是你的仇敌，你们若把卫君逮住，这使党羽不满，而使仇人高兴。反对你们的就得意了。并且集合诸侯，而把卫君逮起来，谁能够不害怕呢？毁了你的同党使仇人高兴，再加上诸侯害怕，这恐怕很难以称霸主了。"太宰嚭听这话高兴了，就放了卫侯。卫侯回到国里，常效法吴国的方言，公孙弥牟当时还小，他就说："君必不免于祸难，或者要死于夷这地方。被夷逮捕了，而又喜欢它的方言，必定要死在夷了。"

经 冬，十有二月，螽。

传 冬，十二月螽，季孙问诸仲尼，仲尼曰："丘闻之，火伏而后蛰者毕，今火犹西流，司历过也[1]。"

今注

1 司历过也：这是管历官的过错。

今译

冬天十二月，鲁国有蝗虫，季孙肥问孔子，孔子回答道："我听说，心星不见了，飞虫全不飞了。现在心星尚且出现，这是管历法的官少算了一个闰月的过错。"

经 宋向巢帅师伐郑。

传 宋郑之间有隙地焉，曰弥作[1]、顷丘[2]、玉畅[3]、嵒[4]、戈[5]、锡[6]，子产与宋人为成曰："勿有是。"及宋平元之族自萧奔郑[7]，郑人为之城嵒、戈、锡。九月，宋向巢伐郑，取锡，杀元公之孙，遂围嵒。十二月，郑罕达救嵒。丙申，围宋师。

今注

1 弥作：应在今河南陈留杞县、太康县境。

2 顷邱：即陈留之老邱。

3 玉畅：即陈留之斗城。

4 嵒：音岩。在通许。

5 戈：近河南杞县。

6 锡：在河南封丘之黄池。

7　宋平元之族自萧奔郑：在鲁定公十五年。

今译

宋国同郑国的中间有些空地，叫作弥作、顷丘、玉畅、嵒、戈、锡，子产跟宋人订条约说："谁也不要有这块地方。"等到宋平元公的族人从萧逃到郑国去，郑国人给他修筑嵒、戈、锡三个城。九月，宋国向巢率领军队伐郑国，占据锡，杀了元公的孙子，就围了嵒这个城。十二月，郑国罕达去救故嵒。丙申，围了宋国的军队。

哀公十有三年（公元前四八二年）

经　十有三年，春，郑罕达帅师取宋师于嵒。

传　十三年，春，宋向魋救其师[1]，郑子賸使徇曰："得桓魋者有赏。"魋也逃归，遂取宋师于嵒，获成讙、郜延[2]，以六邑为虚。

今注

1　救其师：救去年宋国围嵒的军队。

2　成讙、郜延：二人都是宋大夫。

今译

十三年春天，宋桓魋救他的军队，郑国罕达叫郑国军队说："得到宋国桓魋的人有赏赐。"向魋听到这话就逃回去了，郑国就取了围嵒的宋国军队，捕获了宋大夫成讙同郜延，又把六个城夷成了空隙之地。

经　夏，许男成卒[1]。

今注

1　此经无传。

今译

夏天，许男成死了。

经 公会晋侯及吴子于黄池。

传 夏，公会单平公[1]、晋定公、吴夫差于黄池[2]。

今注

1 单平公：周卿士。

2 黄池：《寰宇记》说：黄池在今河南封邱县西南七里，东西广三里。

今译

夏天，鲁哀公在黄池这地方会见了周王卿士单平公、晋定公、吴王夫差。

传 六月，丙子，越子伐吴，为二隧[1]，畴无余、讴阳[2]自南方，先及郊，吴大子友、王子地、王孙弥庸、寿於姚自泓[3]上观之，弥庸见姑蔑[4]之旗，曰："吾父之旗也，不可以见雠而弗杀也！"大子曰："战而不克，将亡国，请待之。"弥庸不可，属徒五千，王子地助之。乙酉，战，弥庸获畴无余，地获讴阳。越子至，王子地守。丙戌，复战，大败吴师，获大子友、王孙弥庸、寿於姚。丁亥，入吴。吴人告败于王，王恶其闻也[5]，自刭七人于幕下。

今注

1 隧：即道。

2 畴无余、讴阳：二人是越大夫。

3 泓：在今江苏吴县东南五里。

4 姑蔑：《一统志》说：姑蔑故城，在今浙江龙游县北，今人呼为寺城麓。

5　王恶其闻也：吴王很怕别的诸侯们听见。

今译

六月丙子，越王勾践伐吴国，分成两路，越大夫畴无余同讴阳从南边走，先到了吴国都城的郊外，吴国的太子友、王子地、王孙弥庸同寿於姚在泓水上观看越国的军队，弥庸看见姑蔑的旗帜就说："这是我父亲的旗帜，不可以看见仇人而不杀他们。"太子友说："打仗而不能够战胜就要亡了国家，请等等再说吧！"弥庸不肯，他就会合他的党徒五千人，王子地帮助他。乙酉打仗，王孙弥庸逮获畴无余，王子地捕获讴阳。后来越王勾践率领军队来了，吴国的王子地采取守势。丙戌再打仗，越国大败吴国军队，捕获了太子友、王孙弥庸、寿於姚。丁亥，越国军队进入吴国都城。吴国人派人到黄池去告诉吴王打了败仗，吴王恐怕诸侯们听见了，自己动手把他幕下的七个人全杀了。

经　楚公子申帅师伐陈[1]。

今注

1　此经无传。

今译

楚国公子申率领军队讨伐陈国。

经　於越入吴。

今译

越王侵入吴国。

经　葬许元公[1]。

今注

1　此经无传。

今译

给许元公行葬礼。

传　秋，七月，辛丑，盟，吴晋争先。吴人曰："于周室我为长。"晋人曰："于姬姓我为伯。"赵鞅呼司马寅[1]曰："日旰矣[2]，大事未成，二臣[3]之罪也。建鼓整列，二臣死之，长幼必可知也。"对曰："请姑视之。"反曰："肉食者无墨[4]，今吴王有墨，国胜乎[5]？大子死乎？且夷德轻，不忍久，请少待之。"乃先晋人。吴人将以公见晋侯，子服景伯对使者曰："王合诸侯，则伯帅侯牧以见于王，伯合诸侯，则侯帅子男以见于伯，自王以下，朝聘玉帛不同，故敝邑之职贡于吴有丰，于晋无不及焉，以为伯也。今诸侯会而君将以寡君见晋君，则晋成为伯矣。敝邑将改职贡，鲁赋于吴八百乘，若为子男，则将半邾以属吴[6]，而如邾以事晋[7]。且执事以伯召诸侯，而以侯终之，何利之有焉？"吴人乃止。既而悔之，将囚景伯，景伯曰："何[8]也立后于鲁矣。将以二乘。与六人从，迟速唯命。"遂囚以还，及户牖[9]，谓太宰曰："鲁将以十月上辛有事于上帝先王，季辛而毕，何世有职焉，自襄以来未之改也。若不会，祝宗将曰：'吴实然。'"且谓："鲁不共，而执其贱者七人，何损焉？"大宰嚭言于王曰："无损于鲁，而只为名[10]，不如归之。"乃归景伯。吴申叔仪[11]乞粮于公孙有山氏[12]曰："佩玉繠兮，余无所系之[13]，旨酒一盛兮，余与褐之父睨之[14]。"对曰："梁则无矣，麤则有之，若登首山以呼曰：'庚癸乎[15]？'则诺。"王欲伐宋，杀其丈夫而囚其妇人。大宰嚭曰："可胜也，而弗能居也。"乃归。冬，吴及越平。

今注

1 司马寅：晋大夫。

2 日旰矣：时间已经很晚了。

3 二臣：指赵鞅同司马寅。

4 肉食者无墨：肉食的没有黑气。

5 国胜乎：吴国为敌人所战胜吗？

6 将半邾以属于吴：将三百乘归属于吴国。

7 如邾以事晋：如邾等于六百乘以侍奉晋国。

8 何：景伯的名字。

9 户牖：《一统志》说：东昏故城，在今河南兰封县东北二十里，古户牖乡，汉东昏县。

10 只为名：只能得到恶名。

11 申叔仪：吴大夫。

12 公孙有山氏：鲁大夫。

13 佩玉蘂兮，余无所系之：佩玉很多，我没有可系之玉。

14 旨酒一盛兮，余与褐之父睨之：很好的旨酒有一满器，我只能跟贫贱的人一同来看。

15 庚癸乎：庚在西方，保持谷物，癸在北方，保持水。意思是说吴王不能同大家共饥渴。

今译

秋天七月，辛丑那天，鲁哀公会同晋侯、吴王盟于黄池，吴晋两国争先歃血。吴人说："在周室中，我是太伯之后，应该是长。"晋人说："在姬姓诸侯中，我是诸侯的伯。"晋大夫赵鞅喊司马寅说："天晚了，大事还没有成功，是我二臣的罪。我们只要建立了旗鼓，整齐了行列，决一死战，谁长谁幼，就可有分晓的了。"司马寅回答说："请你姑且去看看情形。"赵鞅回来说："有爵禄的人，不会有晦气的。如今吴王有了晦气，难道他本国给敌人胜了吗？还是太子死了？并且夷狄是轻佻不能耐久的，请略等一刻，不要和它争。”吴国便先晋人歃血。吴人将要同鲁哀公去见晋侯，子服景伯对使臣说：“如果天王会合诸侯，那么伯率了诸侯牧伯去见王，如果伯会合诸侯，那么诸侯率了子男去见伯。自从天王以下，朝聘时的玉帛，各人不同，所以敝邑的贡给你吴国，比晋国丰富得多，没有不及它的地方，以为你是伯啦！现在诸侯会合，你君倒要同我寡君去见晋君，那么倒是晋国成了伯了，我敝邑将要改变贡品。鲁国给你吴国八百乘的贡。若变了子男，便只需三百乘给你吴国，却要拿六百乘事晋国了。并且你们执事用伯来号召诸侯，却拿侯终局，有什么利益呢？”吴人便停止。后来却又反悔了，将要拘囚景伯。景伯说：“我已立后代在鲁国了，将要拿两乘车子和六个人跟你去，迟早听你的吩咐！”便囚了他回去，到户牖，景伯又对太宰嚭说：“鲁国将在十月上辛那天，祭祀上帝先王，到了第三个辛日才完。我世代有职分在祭事上，自从襄公以来，一直不曾改换过，如果不去会祭，祝宗将要告诉神明说：‘景伯不来，实在是被吴国囚去的缘故。’”又说：“鲁国不恭敬，却只拘执他的贱大夫七人，有什么损害呢？”太宰嚭便对吴王说：“对于鲁国并没有损害，却恰造成了恶名，不如使景伯回去吧！”就使景伯回去。吴大夫申叔仪乞粮于公孙有山氏说：“我王服饰很盛，我却没有所系，好酒一杯，我和穿短衣的贱人，只是看看，没得喝的。”有山氏回答说：“精美的没有了，粗糙的还有呢。你只要登首山上叫：‘庚癸啊！’便可答应你了！”吴王又要去伐宋国，想杀死它的男人，囚住它的妇人，太宰嚭说：“胜是自然可以胜的，却是不能久留的。”吴兵便回去。冬天，吴人就和越人讲和。

经 九月，螽[1]。

今注

1 此经无传。

今译

九月鲁国有蝗虫。

经 冬，十有一月，有星孛于东方[1]。

今注

1 此经无传。

今译

冬天十一月，有彗星在东方。

经 盗杀陈夏区夫[1]。

今注

1 此经无传。

今译

强盗杀了陈国的夏区夫。

经 十有二月，螽[1]。

今注

1 此经无传。

今译

十二月鲁国有蝗虫。

卷三十一　哀公下

哀公十有四年（公元前四八一年）

经　十有四年，春，西狩获麟。

传　十四年，春，西狩于大野[1]，叔孙氏之车子钼商获麟[2]，以为不祥，以赐虞人[3]，仲尼观之曰："麟也！"然后取之。

今注

1　大野：杜注说："在高平巨野县东北大泽是也。"

2　车子钼商获麟：车子是不大的官吏，叫钼商，得到一个麒麟。

3　虞人：管山林川泽的官。

今译

十四年春天，在鲁国西方大野打猎，叔孙氏属下的车子钼商捕获一个麒麟，以为不祥，就赏给管山泽的官吏虞人。后来孔子看见了就说："这是麒麟。"然后就把它留下了。

经　小邾射以句绎来奔。

传　小邾射以句绎来奔[1]，曰："使季路要我，吾无盟矣。"使子路，子路辞。季康子使冉有谓之曰："千乘之国，不信其盟，而信子之言，子何辱焉？”对曰：“鲁有事于小邾，不敢问故，死其城下可也。彼不臣而济其言，是义之也[2]，由弗能。”

今注

1　小邾射以句绎来奔：句绎在今山东绎县东南。小邾射是小邾的大夫。

2　彼不臣而济其言，是义之也：他不守臣道，而我赞成他的话，这是表示我以他为义。

今译

小邾的大夫叫射的，带着句绎这地方逃到鲁国来。他说：“要使子路来同我约定，我就无须同鲁国盟誓了。”就派子路去，子路辞谢。季孙肥叫冉有对他说：“千乘的国家，不信他的盟誓，而信你的一句话，你何必不去呢？”回答说：“鲁国若与小邾有战事，我不必问是什么缘故，我就可以在小邾的城下战死。他不守臣道，而我赞成他的话，是以他为义举，我仲由不能做这件事。”

经　夏，四月，齐陈恒执其君，寘于舒州。

传　齐简公[1]之在鲁也，阚止有宠焉，及即位，使为政，陈成子[2]惮之，骤顾诸朝。诸御鞅[3]言于公，曰：“陈阚不可并也，君其择焉[4]。”弗听。子我夕，陈逆[5]杀人逢之，遂执以入[6]，陈氏方睦，使疾而遗之潘沐，备酒肉焉[7]，飨守囚者醉而杀之，而逃。子我盟诸陈于陈宗[8]。初，陈豹[9]欲为子我臣，使公孙言己[10]，已有丧而止，既而言之曰：“有陈豹者，长而上偻[11]，望视[12]，事君子必得志。欲为子臣，吾惮其为人也，故缓以告。”子我曰：“何害，是其在我也。”使为臣，他日与之言政，说，遂有宠，谓之曰：“我尽逐陈氏而立女，若何？”对曰：“我远于陈氏矣！且其违者不过数人，何尽逐焉？”遂告陈氏。子行曰：“彼得君，弗先，必祸子。”子行舍于公宫[13]。夏，五月，壬申，成子兄弟四乘如公[14]，子我在幄，出逆之，遂入闭门。侍人[15]御之，子行杀侍人。公与妇人饮酒于檀台[16]，成子迁诸寝，公执戈将击之。大史子余曰：“非不利也，将除害也。”成子出舍于库，闻公犹怒，将出，曰：“何所无君？”子行抽剑曰：“需事之贼也，谁非陈宗[17]？所不杀子者，有如陈宗。”乃止。子我归，属徒攻闱与大门，皆不胜，乃出。陈氏追之，失道于弇中[18]，适丰丘[19]，丰丘人执之以告，杀诸郭关[20]。成子将杀大陆子方[21]，陈逆请而免之。以公命取车于道，及耏[22]众，知而东之，出雍门[23]陈豹与之车，弗受曰：“逆为余请，豹与余车，余有私焉。事子我而有私于其雠，何以见鲁卫之士？”东郭贾[24]奔卫。庚辰，陈恒执公于舒州。公曰：“吾早从鞅之言不及此！”

今注

1 齐简公：悼公的儿子壬。

2 陈成子：陈常。

3 诸御鞅：齐大夫。

4 君其择焉：你只能选择用一个人。

5 陈逆：即子行。

6 遂执以入：把他逮起来送到朝廷上。

7 使疾而遗之潘沐，备酒肉焉：叫他装着有病给他送去米汁加上酒肉。米汁是洗头用的。

8 子我盟诸陈于陈宗：阚止就与诸陈氏，在陈氏家庙中盟誓。

9 陈豹：陈氏的族人。

10 使公孙言己：使公孙介绍他给阚止。

11 长而上偻：人很高，背稍驼。

12 望视：眼睛往上看。

13　子行舍于公宫：子行先逃到陈氏，现在又逃往齐君的宫中。

14　四乘如公：成子的兄弟，昭子庄、简子齿、宣子夷、穆子安、廪丘子、意兹子、芒盈、惠子得，一共八个人，两个人一辆车，一共四辆。

15　侍人：子我的侍人。

16　檀台：《山东通志》说：在临淄县东一里。

17　谁非陈宗：意思说陈氏宗族甚多。

18　弇中：在山东省博山县境。

19　丰丘：《一统志》说：益都临朐界上有逢山，亦逢伯之国。案逢与丰古音相近，疑即丰丘。

20　郭关：齐郭门。

21　大陆子方：是阚止的家臣。

22　彤：在今山东省临淄县西南二十五里。

23　雍门：齐都城城门。

24　东郭宽：即大陆子方。

今译

齐简公在鲁国的时候，阚止很受宠爱，等到他即君位以后，就叫他管理政权，陈常对他掌政权很害怕，在朝上屡次看他。齐大夫诸御鞅对齐简公说："陈同阚两个人，不可以并立，你只能选用其中的一个人。"齐简公不听。一天晚上，阚止正在朝上看文件，正碰见陈逆杀了人，就把陈逆逮起来，带到了朝廷。陈氏族人很和睦，就使陈逆装有病，使人给他送去洗头用的东西，里边加上酒肉，就给看守囚犯的人吃，使他喝醉把他杀掉，陈逆就逃走了。阚止知道了，怕陈氏反叛，就同他们盟誓了。当初，陈氏族中有一个人叫陈豹，想做阚止的臣属，使公孙去介绍，后来因为公孙有了丧事就停止了。除丧以后，就告诉阚止说："有一个叫陈豹的人，身子很高，肩背弯曲，瞪着眼从上面看，侍奉君子，必定能够得到君子的信任，他想做你的臣属，但是我很怕他为人多诈，所以到现在才告诉你。”阚止说：“这不要紧，这只在我的把控。”就叫他做了臣，后来又跟他谈政事，很高兴，他就得到宠爱。阚止对他说：“我把陈氏族人全驱逐而立你，怎么样呢？”他回答说：“我对陈氏很疏远，并且不听从你的只有几个人，何必把他们全驱逐呢？”陈豹就告诉了陈逆。陈逆说：“他能得君心，你要不先下手，必定祸到你身上。”陈逆就搬到宫里住。夏天五月壬申，陈常的弟兄共八人，坐了四辆车到简公那里去，阚止正在听政的帷帐中，出来迎接，陈常进去以后，就关上了宫门。阚止的侍人抵抗，陈常就把侍人杀掉。简公同女人在檀台上饮酒，陈常把简公迁到正寝里，简公拿着戈将打他。太史子余说：“不是要对公不利，而是将为你除去祸害。”陈常出来住到库中，听见简公仍旧生气，就要逃亡，说：“什么地方没有君呢？”陈逆抽出宝剑来说：“怀疑只会坏事。陈氏宗族众多，你要逃亡，我必定将你杀掉，我可以用陈氏宗族来起誓。”陈常就不逃了。阚止回来，把他手下军队全叫来，攻宫中的小门同大门，都不胜利，就逃走了。陈氏追他，他在狭道中迷路了，到了丰丘，丰丘人把他逮住了，告诉陈氏，就把他杀在郭关。陈常将杀大陆子方，陈逆替他请求赦免了他。假托简公的命令，在道上取车辆，到了耏这地方，大家全知道，就叫他往东边去，刚出齐国都城雍门的时候，陈豹给他车辆，他不接受，说：“陈逆请求赦免我，陈豹又给我车，我似乎跟他们有私人的关系，我侍奉阚止，而与他的仇人有私交，怎么见鲁卫的士人呢？”大陆子方就逃到卫国去。庚辰这天，陈桓在舒州这地方把齐简公逮起来。简公说：“我很后悔不听诸御鞅的话，不然不会到这步田地。”

经 庚戌，叔还卒[1]。

今注

1 此经无传。

今译

庚戌，鲁国的叔还死了。

经 五月，庚申，朔，日有食之[1]。

今注

1 此经无传。

今译

五月庚申朔，鲁国有日食。

经 陈宗竖出奔楚[1]。

今注

1 此经无传。

今译

陈国的宗竖逃到楚国去。

经 宋向魋入于曹以叛。

经 莒子狂卒[1]。

今注

1 此经无传。

今译

莒子狂死了。

经 六月，宋向魋自曹出奔卫，宋向巢来奔。

传 宋桓魋之宠害于公，公使夫人[1]骤请享焉，而将讨之。未及，魋先谋公，请以鞌易薄[2]。公曰："不可，薄宗邑也[3]。"乃益鞌七邑，而请享公焉。以日中为期，家备尽往[4]。公知之，告皇野[5]曰："余长魋也，今将祸余，请即救。"司马子仲曰："有臣不顺，神之所恶也，而况人乎？敢不承命，不得左师[6]不可，请以君命召之。"左师每食击钟，闻钟声，公曰："夫子将食。"既食又奏，公曰："可矣。"以乘车往曰："迹人[7]来告曰：逢泽[8]有介麇焉。公曰：'虽魋未来，得左师吾与之田，若何？'君惮告子，野曰尝私焉，君欲速，故以乘车逆子。"与之乘，至，公告之故，拜不能起。司马曰："君与之言[9]。"公曰："所难子者，上有天，下有先君！"对曰："魋之不共，宋之祸也，敢不唯命是听。"司马请瑞[10]焉，以命其徒攻桓氏[11]，其父兄故臣曰："不可。"其新臣曰："从吾君之命。"遂攻之。子颀[12]骋而告桓司马，司马欲入，子车[13]止之曰："不能事君，而又伐国，民不与也，只取死焉。"向魋遂入于曹[14]以叛。六月，使左师巢伐之，欲质大夫以入焉[15]，不能，亦入于曹取质[16]。魋曰："不可，既不能事君，又得罪于民，将若之何？"乃舍之，民遂叛之。向魋奔卫，向巢来奔。宋公使止之曰："寡人与子有言矣，不可以绝向氏之祀。"辞曰："臣之罪大，尽灭桓氏可也。若以先臣之故，而使有后，君之惠也，若臣则不可以入矣。"司马牛[17]致其邑与珪焉而适齐。向魋出于卫地，公文氏[18]攻之，求夏后氏之璜焉，与之他玉而奔齐。陈成子使为次卿，司马牛又致其邑焉，而适吴，吴人恶之而反。赵简子召之，陈成子亦召之，卒于鲁郭门之外，阬氏[19]葬诸丘舆[20]。

今注

1 夫人：指景公的母亲。

2 请以鞌易薄：鞌是向魋的封邑。《方舆纪要》说：薄在今河南商邱县西北，山东曹县东南二十里，亦称北亳，鞌在北亳之西。

3 薄宗邑也：薄是宗庙所在地。

4 家备尽往：家中所有的军队全带去。

5 皇野：即司马子仲。

6 左师：向魋的哥哥向巢。

7 迹人：看禽兽脚印的人。

8 逢泽：《正义》说：宋都之旁，别有近地名逢泽。

9 君与之言：你可以跟他来起誓。

10 瑞：起兵的符节。

11 桓氏：就是向魋。

12 子颀：向魋的弟弟。

13 子车：向魋的弟弟。

14 曹：在今山东省定陶县。哀公八年宋国灭曹，变成宋邑。

15 欲质大夫以入焉：想得到国内的大夫做人质就可以回国。

16 不能亦入于曹取质：不能以大夫为质，就将曹人的子弟为人质。

17 司马牛：向魋的弟弟，孔子的弟子。

18 公文氏：卫大夫。

19 阬氏：鲁国人。

20 丘舆：《一统志》说：一作舆城，在今山东费县西，有司马牛墓，在南城山。

今译

宋国桓魋受到宠爱，有害于宋公，宋景公使他的母亲屡次享宴桓魋，而想讨伐他。还没来得及，桓魋先计谋宋景公，请求用自己的封邑鞌来换薄。景公说：“不可以，薄是宗庙所在的地方。”就为鞌加了七个邑，桓魋假装高兴，就请求宴享宋公。定在中午，桓魋把家里的甲兵全都带去了。宋景公也知道了，告诉皇野说：“我自从桓魋小的时候，就养育他，而现在他想加祸于我，请你赶紧救我。”皇野说：“有臣不顺从，这是神也愤怒的事，何况人呢？敢不接受你的命令，但是若不得到桓魋的哥哥向巢支持是没有办法的，请用君的命令叫他来。”向巢每次吃饭的时候必定敲钟，听见敲钟的声音，宋景公就说：“他将吃饭了。”景公就说：“可以去了。”皇野坐着车去说：“管禽兽痕迹的人来告诉说，逢泽有一个大的麋鹿出现。宋公说：‘虽然桓魋没来，得到向巢同我去打猎，怎么样呢？’君不敢告诉你，我就说我去试一试，君很想快办，所以用他坐的车来迎接你。”同向巢坐车一同来到宋景公那里，景公告诉他原因，叩头不能起来。皇野说：“君可以跟他立誓。”宋景公就说：“假设有人为难你，上边有青天，下边有先君。”向巢回答说：“魋的不恭敬，是宋国的祸难，我敢不听从你的命令。”皇野请求出军队的符节，来命令他的党徒攻打桓氏，他的旧臣说：“不可以。”他的新臣就说：“遵从我们君的命令。”就攻打了桓氏。桓魋的弟弟子颀跑马去告诉桓魋，桓魋想攻宋景公，他的另一个弟弟子车阻止他说：“不能够侍奉君，而又要攻打国家，人民是不赞成的，这只会死。”桓魋就进入旧曹都反叛了。六月，使向巢来伐他，向巢不能够战胜，想着要求大夫做人质然后回国，但是大夫不答应，他也进了曹的旧都城，想叫曹人的子弟来做人质。桓魋说：“不可以，既然不能侍奉君，又得罪了人民，那将来怎么办呢？”就不要巢人的子弟，巢人就对他反叛了，桓魋逃到卫国，向巢逃到鲁国来。宋景公派人去拦住他说：“寡人跟你已经有了盟誓，不可以绝灭向氏的祭祀。”他辞谢说：“臣的罪过很大，灭了桓氏也可以。要是因为先臣，而使桓氏在宋国有后人，这是君的恩惠，至于我本人就不可以再回宋国了。”桓魋的弟弟司马牛，交回他的封邑同封邑的符信，而逃到齐国。向魋经过卫国，卫大夫公文氏来攻打他，要求夏后氏的璜，向魋就给了他别的玉，逃到齐国去。陈恒使他做次级卿，他弟弟司马牛又还了他的封邑，而逃到吴国，吴人不喜欢他，他就回来了。赵鞅叫他，陈恒也叫他，他就死在鲁国郭门的外头，鲁国人阬氏把他葬在丘舆这地方。

经 齐人弑其君壬于舒州。

传 甲午，齐陈恒弑其君壬于舒州。孔丘三日齐[1]，而请伐齐三。公曰：“鲁为齐弱久矣，子之伐之，将若之何？”对曰：“陈恒弑其君，民之不与者半，以鲁之众，加齐之半，可克也。”公曰：“子告季孙。”孔子辞，退而告人曰：“吾以从大夫之后也，故不敢不言。”

今注

1 齐：音栽，音义等于斋。

今译

甲午，齐陈恒在舒州弑了他的君齐简公。孔子三天斋戒，而三次请求讨伐齐国。鲁哀公说：“鲁国一直被齐国削弱，你要去讨伐它，将怎么办呢？”回答说：“陈恒弑了他的君，齐国人民不赞成他的有一半，用鲁国的军队，加上齐国的一半可以打胜它。”鲁哀公说：“你去告诉季孙吧！”孔子辞谢不告。孔子退下来就告诉旁人说：“因为我曾经做过大夫，不敢不告诉。”

经 秋，晋赵鞅帅师伐卫[1]。

今注

1　此经无传。

今译

秋天，晋国赵鞅率领军队讨伐卫国。

经　八月，辛丑，仲孙何忌卒。

传　初，孟孺子泄[1]将圉马于成，成宰公孙宿不受，曰："孟孙为成之病[2]，不圉马焉。"孺子怒，袭成，从者不得入，乃反。成有司使，孺子鞭之[3]。秋八月辛丑，孟懿子卒，成人奔丧，弗内，袒免哭于衢，听共，弗许[4]，惧不归[5]。

今注

1　孟孺子泄：仲孙何忌的儿子孟武伯。

2　孟孙为成之病：孟孙因为成的人民很贫苦。

3　成有司使孺子鞭之：成的官吏派使人来，孟武伯拿鞭子打他。

4　听共弗许：听候供给使唤，不答应。

5　惧不归：恐怕不能返成邑去。

今译

最初的时候，孟孙泄将在他的封邑成去养马，成宰公孙宿不接受，说："孟孙因为成的人民很贫困，所以不在这里养马。"孟孙泄发怒，攻打成邑，跟从的人不能进去，就回来了。成的官吏派人来，孟孙泄拿鞭子打他。秋天八月辛丑，仲孙何忌死了，成人来奔丧，季孙氏不让他们进来，成人袒露左臂脱去帽子在大街上哭泣，请听候使唤，季孙氏也不答应，成人害怕，也不敢回成邑去了。

经 冬，陈宗竖自楚复入于陈，陈人杀之[1]。

今注

1 此经无传。

今译

冬，陈国宗竖从楚国到陈国，陈人把他杀了。

经 陈辕买出奔楚[1]。

今注

1 此经无传。

今译

陈国辕买逃奔楚国。

经 有星孛[1]。

今注

1 此经无传。

今译

鲁国有彗星出现。

经 饥[1]。

今注

1 此经无传。

今译

鲁国闹饥荒。

哀公十有五年（公元前四八〇年）

经 十有五年，春，王正月，成叛。

传 十五年，春，成叛于齐，武伯伐成，不克，遂城输[1]。

今注

1 输：《续山东考古录》说："当在今山东宁阳县境。"

今译

十五年春，成反叛鲁国，归到齐国去了，孟孙洩讨伐成，不能成功，就在输修筑城。

经 夏，五月，齐高无丕出奔北燕[1]。

今注

1 此经无传。

今译

夏天五月，齐国高无丕逃奔北燕。

传 夏，楚子西、子期伐吴，及桐汭[1]，陈侯使公孙贞子[2]吊焉，及良[3]而卒，将以尸入[4]。吴子使大宰嚭劳且辞曰："以水潦之不时，无乃廪然陨大夫之尸[5]，以重寡君之忧，寡君敢辞。"上介芋尹盖[6]对曰："寡君闻楚为不道，荐伐[7]吴国，灭厥民人，寡君使盖备使吊君之下吏。无禄，使人逢天之慼，大命陨队，绝世于良，废日共积，一日迁次[8]，今君命逆使人曰：'无以尸造于门。'是我寡君之命委于草莽也。且臣闻之曰事死如事生，礼也。于是乎有朝聘而终以尸将事之礼，又有朝聘而遭丧之礼。若不以尸将命，是遭丧而还也，无乃不可乎？以礼防民，犹或逾之，今大夫曰：'死而弃之。'是弃礼也，其何以为诸侯主？先民有言曰：'无秽虐士[9]。’备使奉尸将命，苟我寡君之命达于君所，虽陨于深渊，则天命也，非君与涉人之过也。”吴人内之。

今注

1 桐汭：《一统志》说：桐汭水在安徽广德县西二十五里之白石山，西北流经建平（郎溪）高淳入丹阳湖，分由芜湖及当涂入江。

2 公孙贞子：陈大夫。

3 良：案良城在今江苏省邳县境。

4 将以尸入：朝聘礼的规矩，若去聘问的人死了，就把他敛入棺材，到聘问的国家朝上，由副使发表他聘问的命令。

5 无乃廪然陨大夫之尸：有时摇动损坏大夫的尸首。

6 芋尹盖：是副使。

7 荐伐：重新讨伐。

8 一日迁次：每天搬一次住所，表示不敢延误君的命令。

9 无秽虐士：不要以死的人为不干净。

今译

夏天，楚国子西、子期讨伐吴国一直到桐汭。陈侯使大夫公孙贞子去吊问吴国，到了良这地方就死了，将拿他的棺材到吴的朝廷。吴王使太宰嚭去劳问，并且辞谢说：“因为水潦不按时候，可能损伤大夫的尸体，加重寡君的忧虑，寡君敢辞谢。”陈国的上副使芋尹盖回答说：“寡君听说楚国不合道理，屡次讨伐吴国，杀害吴国的人民，寡君使盖做副使，来吊你君下边的官吏。正使没有福禄，使人逢天恼怒，大命坠下，在良这地方死了，废了行路的日期，共积殡敛的用途，每天搬换一个地方，现在你命使人说：‘不要把棺材抬到我们门口。’是我寡君的命令被丢弃到草莽里头。并且我听见说过侍奉死人跟对活人一样。于是有朝聘而以棺材行事的礼节，又有朝聘而遇见丧事的礼节。要不以棺材行命令，就是遇见丧事而回国去，这是不可以的吧？用礼节来防治人民，尚且有逾越礼节的，现在大夫说：‘死了就弃掉。’这是抛弃礼节的，这怎么样能做诸侯的盟主？先民有句话说：‘不要以为死人不干净。’我敢奉着尸首行使命令，假设我们陈君的命令能达到你吴君所在，虽然掉到深渊里，也是天命，不是你吴君同舟人的过错。”吴国人就接受了他。

经 郑伯伐宋[1]。

今注

1 此经无传。

今译

郑伯讨伐宋国。

经 秋，八月大雩[1]。

今注

1 此经无传。

今译

秋天八月，鲁国行求雨的典礼。

传 秋，齐陈瓘[1]如楚，过卫，仲由见之曰：“天或者以陈氏为斧斤，既斲丧公室而他人有之，不可知也。其使终飨之，亦不可知也。若善鲁以待时，不亦可乎？何必恶焉？”子玉曰：“然吾受命矣，子使告我弟[2]。”

今注

1 陈瓘：陈恒的哥哥子玉。

2 子使告我弟：你可以派人告诉我的弟弟，即陈恒。

今译

秋天，齐国陈恒的哥哥陈瓘到楚国的时候，经过卫国，子路看见他说："上天或者拿陈氏做斧斤，既毁掉齐国公室，又由旁人占有了，这也是不可知道的，或者使陈氏终究享有它，也是不可知道的。假设对鲁国很亲善，以等待这种种变化，不也可以吗？何必对鲁国坏呢？"陈瓘说："但是我已经接受命令，你派人告诉我弟弟好了。"

经 晋赵鞅帅师伐卫[1]。

今注

1 此经无传。

今译

晋国赵鞅率领军队讨伐卫国。

经 冬，晋侯伐郑[1]。

今注

1 此经无传。

今译

冬天，晋侯讨伐郑国。

经 及齐平。

传 冬，及齐平，子服景伯如齐，子赣为介，见公孙成[1]曰："人皆臣人而有背人之心，况齐人虽为子役，其有不贰乎[2]？子，周公之孙也，多飨大利，犹思不义，利不可得，而丧宗国，将焉用之？"成曰："善哉，吾不早闻命！"陈成子馆客[3]，曰："寡君使恒告曰，寡君愿事君如事卫君。”景伯揖子赣而进之，对曰：“寡君之愿也，昔晋人伐卫，齐为卫故伐晋冠氏，丧车五百，因与卫地，自济以西，禚、媚、杏以南，书社五百，吴人加敝邑以乱，齐因其病，取讙与阐。寡君是以寒心。若得视卫君之事君也，则固所愿也。”成子病之，乃归成，公孙宿以其兵甲入于嬴[4]。

今注

1 公孙成：成宰公孙宿。

2 其有不贰乎：齐国也可以对你有二心。

3 馆客：使子服景伯同子贡住到馆中。

4 嬴：在今山东省泰安县东南。

今译

冬天，鲁国同齐国讲和，子服景伯到齐国去，子贡做副使，见到成宰公孙宿说：“每个人全都是给人做臣，而有背人的心思，齐人虽然给你帮忙，他还能对你没有二心吗？你是周公的孙子，一定享受过大的利益，还想着不义，利益不可以得到，而丢掉国家，何必如此呢？”公孙宿说：“很好，我之前没有听说过。”陈恒使子服景伯同子贡就馆舍说：“我们寡君叫我告诉你们：‘我愿意侍奉鲁君同侍奉卫君一样。’”子服景伯向子贡作揖，叫他向前去对答，说：“这也是寡君的希望，从前晋人伐卫国的时候，齐国因为这个，伐晋国的冠氏，丢掉五百辆兵车，并且给卫国地，自从济水以西，禚、媚、杏各地以南，写上的社有五百个。可是吴人同鲁国争乱的时候，齐因为鲁国很弱，就占据了讙同阐两个地方，所以我们鲁君很寒心。若能够跟卫君侍奉你的情形一样，这是我们很愿意的。”陈恒以此为病，就返回鲁国的成邑，公孙宿带军队进到嬴这地方。

经 卫公孟彄出奔齐[1]。

今注

1 此经无传。

今译

卫国公孟彄逃奔到齐国去。

传 卫孔圉取大子蒯聩之姊，生悝。孔氏之竖浑良夫长而美，孔文子卒，通于内[1]，大子在戚，孔姬使之焉[2]，大子与之言曰："苟使我入，获国服冕乘轩，三死无与。"与之盟为请于伯姬。闰月，良夫与大子入，舍于孔氏之外圃，昏，二人[3]蒙衣而乘，寺人罗御如孔氏。孔氏之老栾宁问之，称姻妾以告，遂入，适伯姬氏。既食，孔伯姬杖戈而先，大子与五人介舆豭[4]从之，迫孔悝于厕，强盟之，遂劫以登台。栾宁将饮酒，炙未熟，闻乱，使告季子[5]，召获[6]驾乘车，行爵食炙，奉卫侯辄来奔。季子将入，遇子羔将出[7]曰："门已闭矣。"季子曰："吾姑至焉。"子羔曰："弗及[8]，不践其难。"季子曰："食焉不辟其难[9]。"子羔遂出，子路入，及门，公孙敢门焉曰："无入为也。"季子曰："是公孙[10]也，求利焉而逃其难，由不然，利其禄必救其患。"有使者出，乃入，曰："大子焉用孔悝？虽杀之必或继之[11]。"且曰："大子无勇，若燔台半必舍孔叔。"大子闻之惧，下石乞，盂黡敌子路[12]，以戈击之，断缨。子路曰："君子死，冠不免。"结缨而死。孔子闻卫乱曰："柴也其来，由也死矣！"孔悝立庄公[13]。庄公害故政，欲尽去之，先谓司徒瞒成[14]曰："寡人离病于外久矣，子请亦尝之。"归告褚师比[15]，欲与之伐公，不果。

今注

1 通于内：与孔伯姬私通。

2 孔姬使之焉：孔伯姬叫浑良夫去看太子蒯聩。

3 二人：指太子蒯聩同浑良夫。

4 五人介舆豭：五人穿着盔甲，拿车拉着盟誓用的猪。

5 季子：子路。

6 召获：卫大夫。

7 遇子羔将出：碰见子羔将出奔。子羔是高柴，孔子弟子。

8 弗及：意思说政权不归他管。

9 食焉不辟其难：吃孔氏禄，所以不能躲避孔氏的祸难。

10 公孙也：是公孙敢。

11 必或继之：意思说必定有人接着孔悝去攻太子。

12 下石乞、盂黡敌子路：叫石乞同盂黡下台来抵抗子路。

13 庄公：即蒯聩。

14 司徒瞒成：就是明年经所写的卫子还。

15 褚师比：卫大夫。

今译

卫国孔圉娶了太子蒯聩的姐姐，生了孔悝。孔氏的仆人浑良夫身长而貌美，孔圉死了以后，浑良夫就同他夫人通奸，太子蒯聩在戚这地方时，她就叫浑良夫去看他，太子对他说："假使你能够使我回到卫国做君，你可以戴上大夫的帽子，坐大夫的车，另外犯了三次死罪，也不杀你。"盟誓以后，浑良夫就对伯姬请求。闰月，浑良夫跟太子就进到卫国都城，住在孔氏的外花园，到了夜晚，两个人穿着女人的衣服坐到车上，寺人罗给他驾着车到孔氏家中。孔氏的家宰栾宁问是什么人，他们自称为亲戚家的侍妾，就进去了，到伯姬的房中。吃了饭以后，孔伯姬拿着戈先走，太子率领五个人，全披着盔甲，用车拉着盟誓用的猪，在后边跟着，强迫孔悝在厕所中立盟誓，并使他登到台上。栾宁正要喝酒，菜还没有熟，听见乱事，就派人去告诉子路，叫卫大夫召获驾着君的车，喝点酒吃点肉，奉着出公辄逃到鲁国来。子路将进去，遇见子羔将出来，子羔说："门已经关上了。"子路说："我姑且到门上看看。"子羔说："政权不在我，不必参加这个祸难。"子路说："我吃孔氏的俸禄，不能躲避他的祸难。"子羔就出来。子路进去，到了宫门，公孙敢看着门说："不必进去了。"子路说："这是公孙吗？求利益而逃去患难，我仲由则不然，利用他的俸禄，必救他的患难。"有使者出来，子路就进去了，说："太子何必用孔悝呢？虽然杀掉孔悝，我必定接着来攻太子。"并且说："太子没有勇气，若用火烧台一半，必定舍掉孔悝。"太子听见，害怕了，就派石乞盂黡下台来抵抗子路，用戈打子路，断了他的帽子的结，子路说："君子死了，不能不戴帽子。"把帽子结好就死了。孔子听见卫国乱了就说："高柴就要回来，子路恐怕就死了。"孔悝就立了蒯聩。蒯聩对他儿子出公辄的政事，不以为然，要把他的臣子全弃掉，先对司徒瞒成说："我在外边遭遇忧患已经很久，请你也去尝尝这个滋味吧。"瞒成回去告诉褚师比，想与他一同伐蒯聩，但是没能成功。

哀公十有六年（公元前四七九年）

经 十有六年，春，王正月，己卯，卫世子蒯聩自戚入于卫，卫侯辄来奔。

今译

十六年春王正月己卯，卫国太子蒯聩入到卫国都城，卫侯辄逃到鲁国去。

经 二月，卫子还成出奔宋。

传 十六年，春，瞒成、褚师比出奔宋，卫侯使鄢武子[1]告于周曰："蒯聩得罪于君父君母，逋窜于晋，晋以王室之故，不弃兄弟，寘诸河上[2]，天诱其衷，获嗣守封焉，使下臣肸敢告执事。"王使单平公对曰："肸以嘉命来告余一人，往谓叔父，余嘉乃成世，复尔禄次，敬之哉。方天之休[3]，弗敬弗休，悔其可追。"

今注

1 鄢武子：卫大夫鄢肸。

2 河上：就是戚。

3 方天之休：上天授你的美德。

今译

二月，卫国的瞒成与褚师比逃到宋国去，卫庄公使卫大夫鄢肸告诉周王说："我蒯聩得罪了君父君母，逃到晋国去，晋国以王室的缘故，不肯舍弃兄弟，安置到河边戚地，天保佑我，得做嗣君，守住卫国的封疆，使下臣肸敢告诉王的官员。"周王使单平公回答说："肸以好消息来告诉我，你就去告诉叔父说，我喜欢你继承先世，恢复你君的禄位，要恭敬啊！上天方给你好处，你要不恭敬，不休明，后悔也来不及了。"

经 夏，四月，己丑，孔丘卒。

传 夏，四月，己丑，孔丘卒。公诔之曰："旻天不吊，不憖遗一老，俾屏余一人以在位，茕茕余在疚。呜呼哀哉，尼父，无自律[1]。"子赣曰："君其不没于鲁乎？夫子之言曰：'礼失则昏，名失则愆。失志为昏，失所为愆。'生不能用，死而诔之，非礼也。称一人，非名也，君两失之。"

今注

1　无自律：意思说从此以后，没人可做法则。

今译

夏天四月，己丑那天，孔子死了。哀公哀悼他说："上天不体恤我鲁国，不肯为鲁国留这一老人，使他一人居这君位中，孑然地使我孤独一身，像害了疾病。啊，悲伤呀！尼父，你既死了，再无人可为我的法则了！"子贡说："哀公恐怕不能在鲁国善终呢！夫子所说：'礼节失了，便是昏迷，名称失了，便有过差，失掉志气才会昏，失掉合宜才有差。'夫子活着的时候，既不能任用他，死了却哀悼他，这不是礼。自称余一人，这不是该用的名称，哀公两方面都有过错了。"

传　六月，卫侯饮孔悝酒于平阳[1]，重酬之，大夫皆有纳焉[2]，醉而送之，夜半而遣之，载伯姬于平阳而行[3]，及西门[4]，使贰车反祏于西圃[5]。子伯季子初为孔氏臣，新登于公[6]，请追之，遇载祏者，杀而乘其车[7]。许公为反祏，遇之曰："与不仁人[8]争，明无不胜，必使先射。"射三发，皆远许为。许为射之殪，或以其车从，得祏于橐中，孔悝出奔宋。

今注

1　平阳：《一统志》说：平阳在韦城废县西二十里，韦城废县在今滑县东南五十里。

2　大夫皆有纳焉：大夫们全送了很多财物。

3　载伯姬于平阳而行：到平阳载着他的母亲一同走。

4　及西门：到平阳的西门。

5　使贰车反祏于西圃：叫副车把神主的石函送回到孔氏的庙。

6　新登于公：升为大夫。

7　遇载祏者杀而乘其车：遇见载石函的人，把他杀掉而坐了他的车。

8　不仁人：指子伯季子。

今译

六月，卫庄公在平阳这地方给孔悝酒喝，重重地酬谢他，大夫们全送他很多钱，喝醉了以后，就被送出，夜里送他出走。孔悝到平阳载他的母亲同行，到了平阳的西门，使副车把神主的石函送回孔氏的庙。子伯季子最初做孔氏的家臣，最近升为大夫，请追他去，遇见载神主的车，杀了副车就坐到车上。许公为去迎接庙主，遇见了子伯季子说："与不仁的人争，必定能够胜利，必定使他先射箭。"三次发箭，全离着许为很远，许为反过来射他，把他射死。有人用他的车跟许为，在橐中得到盛神主的石函，孔悝就逃到宋国去了。

传　楚太子建之遇谗也，自城父奔宋，又辟华氏之乱于郑，郑人甚善之。又适晋，与晋人谋袭郑，乃求复焉，郑人复之如初。晋人使谍于子木[1]，请行而期焉[2]。子木暴虐于其私邑，邑人诉之，郑人省之，得晋谍焉，遂杀子木。其子曰胜在吴，子西欲召之，叶公曰："吾闻胜也诈而乱，无乃害乎？"子西曰："吾闻胜也信而勇，不为不利。舍诸边竟，使卫藩焉。[3]"叶公曰："周仁之谓信，率义之谓勇，吾闻胜也好复言[4]，而求死士，殆有私乎？复言非信也，期死非勇也，子必悔之。"弗从，召之，使处吴竟为白公[5]。请伐郑，子西曰："楚未节也[6]，不然，吾不忘也。"他日又请，许之，未起师，晋人伐郑，楚救之，与之盟。胜怒曰："郑人在此[7]，雠不远矣。"胜自厉剑，子期之子平见之曰："王孙何自厉也？"

曰："胜以直闻，不告女，庸为直乎？将以杀尔父。"平以告子西，子西曰："胜如卵，余翼而长之。楚国第[8]，我死，令尹司马非胜而谁？"胜闻之曰："令尹之狂也，得死乃非我[9]。"子西不悛，胜谓石乞[10]曰："王与二卿士[11]，皆五百人当之则可矣。"乞曰："不可得也。"曰："市南有熊宜僚者，若得之可以当五百人矣。"乃从白公而见之，与之言，说；告之故，辞；承之以剑，不动[12]。胜曰："不为利谄，不为威惕，不泄人言以求媚者。"去之。吴人伐慎[13]，白公败之，请以战备献[14]，许之，遂作乱。秋，七月，杀子西、子期于朝，而劫惠王。子西以袂掩面而死[15]。子期曰："昔者吾以力事君，不可以弗终。"抉豫章以杀人而后死。石乞曰："焚库弑王，不然不济！"白公曰："不可，弑王不祥，焚库无聚，将何以守矣？"乞曰："有楚国而治其民，以敬事神，可以得祥，且有聚矣，何患？"弗从。叶公在蔡[16]，方城之外皆曰："可以入矣。"子高曰："吾闻之，以险徼幸者，其求无餍，偏重必离[17]。"闻其杀齐管修[18]也而后入。白公欲以子闾为王[19]，子闾不可，遂劫以兵。子闾曰："王孙若安靖楚国，匡正王室而后庇焉，启之愿也，敢不听从，若将专利以倾王室，不顾楚国，有死不能。"遂杀之。而以王如高府[20]，石乞尹门[21]，圉公阳穴宫负王以如昭夫人之宫[22]。叶公亦至，及北门，或遇之曰："君胡不胄？国人望君如望慈父母焉。盗贼之矢若伤君，是绝民望也，若之何不胄？"乃胄而进。又遇一人曰："君胡胄？国人望君如望岁焉，日日以几，若见君面，是得艾也[23]，民知不死，其亦夫有奋心，犹将旌君以徇于国。而又掩面以绝民望，不亦甚乎？"乃免胄而进。遇箴尹固帅其属将与白公[24]，子高曰："微二子[25]者，楚不国矣。弃德从贼，其可保乎？"乃从叶公，使与国人以攻白公，白公奔山而缢，其徒微之[26]，生拘石乞而问白公之死焉，对曰："余知其死所，而长者[27]

使余勿言。”曰：“不言将烹。”乞曰：“此事克则为卿，不克则烹，固其所也，何害？”乃烹石乞，王孙燕[28]奔頯黄氏。诸梁兼二事[29]，国宁[30]，乃使宁为令尹[31]，使宽为司马[32]，而老于叶。

今注

1 子木：即太子建。

2 请行而期焉：定好了袭郑的日期。

3 使卫藩焉：使他做边境上的防卫。

4 复言：说的话重新改悔。

5 白公：《左通补释》说：今息县东有白城。

6 楚未节也：楚国新复，政令还未能节制。

7 郑人在此：意思说子西也等于郑国人。

8 楚国第：楚国用人是顺着次序的。

9 得死乃非我：若子西能得好死，那么我就不是我。

10 石乞：白公的部下。

11 二乡士：指子西同子期。

12 承之以剑，不动：拔宝剑指着他喉，他也一动不动。

13 慎：《一统志》说：慎县故城，在今安徽颍上县西北四十里之江口集。

14 请以战备献：拿胜利品贡献。

15 子西以袂掩面而死：因为他不听叶公从前劝诫。意思是死后没有面目再见叶公。

16 蔡：蔡迁到州来，楚国占据了蔡国地方。

17 偏重必离：譬如一个物件，一面重发生离心力，不如等到有危险再讨伐他。

18 齐管修：管修是管仲的后人，在楚国是贤大夫。

19 子间为王：子间是平王的儿子公子启，当时曾经五辞王位。

20　高府：楚国的别宫。

21　尹门：做门尹。

22　圉公阳穴宫负王以如昭夫人之宫：楚大夫圉公阳挖了宫墙背着楚惠王逃到昭王的夫人、越国的女儿的宫里。

23　是得艾也：那就得到安定。

24　将与白公：将与白公合作。

25　二子：指子西子期。

26　其徒微之：他的党徒藏匿他。

27　长者：指白公。

28　王孙燕：白公的弟弟。

29　二事：令尹同司马。

30　国宁：楚国安宁以后。

31　乃使宁为令尹：就让子西的儿子子国做令尹。

32　使宽为司马：叫子期的儿子宽为司马。

今译

楚太子建遇谗以后，从城父逃奔到宋国去，又因避华氏的乱，逃到郑国，郑人待他很好。却又到晋国去，替晋人计划袭攻郑国，便使郑人来请他回去，郑人果然来请他回去，对待他同起初一样。晋人暗中差个探子到子木处去，请他定袭攻郑国的日期。不料子木曾虐待他私邑的人，邑人便去告发，郑人去查访他，捉到一个晋国的探子，便杀掉子木。他的儿子名叫胜，正在吴国。楚子西想要招他回去。叶公说：“我听说胜为人又奸诈又好闹乱子，到楚国来，不反而为害吗？”子西说：“我听说胜的为人，信而且勇，不做害人的事情，我们让他住在边境上，使他保卫楚国。”叶公说：“亲近仁人的叫作信，依义气干事叫作勇。我听说胜的为人，说话时常改悔，又寻求敢死者，大概有什么私仇要报复吧？改悔说过的话，不能算守信，期望别人为自己效死，便不是真勇。你召他来，定要后悔的。”子西不听他话，就去招他，叫他住在吴国的边境上，叫作白公。白公请子西去伐郑。子西说：“楚国新复，政令尚未能节制，否则我也不会忘记的。”过了几天又去请，子西应许了他，可是还没有起兵，晋人却先来伐郑了，楚人便去救郑，和郑结盟。胜发怒说：“郑人在这里，我的仇家不远了。”胜就自己磨剑，子期的儿子名叫平，看见了说：“王孙为什么要自己磨剑呢？”白公说：“胜是以直道著名的，不告诉你，怎么能算直？这是要杀你的父亲啊！”平便把这事告诉子西，子西说：“胜譬如鸟卵，我好像是鸟，拿翅膀盖他养育大的，按楚国用士的次第，我死了以后，令尹司马，不是胜做，还有谁呢？”胜闻知这话说：“这令尹真狂妄！他如果能得好死，我也不是我了。”子西却仍然不改，胜对石乞说：“王和两个卿士，共拿五百个人对付他，就可以了。”石乞说：“五百人得不到！”胜说：“市南有个勇士，名叫熊宜僚，如果能得到他，可当五百人用。”便跟了白公去见熊宜僚，和他谈话，非常高兴，告诉他想要起事的缘故。宜僚却一口拒绝，拿剑搁在他喉头上，他也一动不动。白公说：“这是不为财利奉承，不为威武恐惧，不肯泄漏他人言语讨好别人的。”就不杀他而离去。后来吴人来伐慎，白公打败了他，请求拿战利品进献，楚王允许了他，白公便借此作乱。秋天七月，白公杀子西子期在朝上，而且劫持惠王。子西是拿衣袖遮住脸孔死的。子期说：“从前我凭力气服侍君王，不可有始无终！”就拔起棵大树来杀了人才死。石乞说：“赶快烧了库，弑掉君王，不然，不成功了！”白公说：“不可以的，弑掉君王便是不吉利，烧了库便没有积聚，将来怎么样保守呢？”石乞说：“既然有了楚国，只需治理那些人民，恭敬侍奉神明，便可得到吉利，而且有了积聚，有什么可愁的？”白公不依。那时叶公正在蔡国，方城以外的人民都说：“可以进郢都去讨伐白公了。”叶公子高说：“我听说拿险恶事侥幸成功的，他那贪求不会有餍足。譬如东西的重心偏了，必定要倒的。我们只等他自己有危险时，然后再去讨他不迟。”后来听见他杀了齐国的贤人管修，方才进郢都去。白公想立子闾做王，子闾不肯，便用兵器劫持他。子闾说：“你王孙如果肯安定楚国，匡正王室，然后来庇护我，这是我启情愿的，怎敢不听从？如果要专想利益，倾覆王室，不管楚国的安危，那么就是死了，也不能够听从的。”白公便杀死他，和惠王一同到高府去，石乞做了门尹。有个圉公阳，凿开了高府的宫墙，驮了惠王到昭夫人的宫中去，那时叶公也到了。刚到北门，有人碰着他说：“你为什么不戴头盔呢？国人都盼望你，像婴儿盼望慈父母一样哩，盗贼的箭如果伤了你，这是绝了人民的希望啊！为什么不戴头盔呢？”叶公便戴了头盔前进。又碰着一人对他说：“你为什么戴着头盔呢？国人盼望你，像农夫盼望丰年一般哩，天天盼望，如果见了你的面容，便安宁了。人民知道可以免得死亡，他们也个个都有奋发讨贼的心念了，他们还要擎起了你的名字四面去告诉国人哩！你却又遮掩了面孔，断绝了人民的希望，不是很过分吗？”叶公就摘了头盔前进，碰着叫固的箴尹，正领了他部下，要去帮助白公，子高说：“柏举那次事，要不是子西子期，楚国早已不成国了，丢开有德的去从贼，难道可以相保吗？”箴尹固便跟了叶公，使他们和国人一同去攻白公，白公逃到山中去，自己缢死，白公的徒党，把他的尸体藏匿了。后来又生擒石乞，问他白公死的地方，石乞说：“我知道他的死地的，但是白公却叫我不要说出来的。”便说：“你如果不说出来，便要烹死你了！”石乞说：“本来这种事，成功了便做卿，不成功便当烹，这是应该的，有什么妨碍呢！”他始终不说，便烹死石乞。胜的兄弟王孙燕逃到頯黄氏去。沈诸梁自己便兼做了令尹、司马两种官职。等国事安宁了，就使子西的儿子子国做令尹，子期的儿子宽做司马，自己却在叶那里告退终老。

传　卫侯占梦嬖人求酒于大叔僖子[1]，不得，与卜人比而告公曰：“君有大臣在西南隅，弗去，惧害。”乃逐大叔遗，遗奔晋。

今注

1　大叔僖子：即大叔遗。

今译

卫侯所喜欢的占梦的人，向大叔遗要酒喝，不能得到，他就同占卜的人联合告诉卫侯说：“你有一个大臣，在都城的西南角，你要不除去他，恐怕你就被害。”卫侯就驱逐了大叔遗，大叔遗就逃到晋国去。

传　卫侯谓浑良夫曰：“吾继先君而不得其器[1]，若之何？”良夫代执火者而言[2]曰：“疾与亡君，皆君之子也，召之而择材焉可也。若不材，器可得也。”竖告大子[3]，大子使五人舆豭从己，劫公而强盟之，且请杀良夫。公曰：“其盟，免三死。”曰：“请三之后，有罪杀之。”公曰：“诺哉！”

今注

1　其器：卫国的宝器，皆为出公辄拿去。

2　良夫代执火者而言：良夫替代拿火的人方才跟他说话，因为怕旁人听见。

3　大子：指太子疾。

今译

卫侯对浑良夫说："我继承先君的位子，而未曾得到他的宝器，怎么办呢？"良夫就替代了掌火的人说："太子疾同逃走那个君，全都是君的儿子，叫他们来，可以衡量他们的才能。要是辄没有才干，重器就可以得到。"仆人听了这话，告诉了太子疾，太子叫五个人推着车里的猪跟着自己，劫持卫侯，强迫他盟誓，并且请求杀掉浑良夫。卫庄公说："我已经跟他盟誓过了，三个死罪全都免除。"太子疾就回答说："请在三个死罪以后，再有了罪就杀他。"卫庄公说："好吧。"

哀公十有七年（公元前四七八年）

传 十七年，春，卫侯为虎幄于藉圃[1]，成，求令名者而与之始食焉，大子请使良夫。良夫乘衷甸两牡[2]，紫衣狐裘[3]至，袒裘不释剑而食[4]。大子使牵以退，数之以三罪[5]而杀之。

今注

1 为虎幄于藉圃：在藉田的圃中新造了一个帐幕，皆以虎皮为装饰，所以叫作虎幄。

2 衷甸两牡：衷甸是一个车辕子。这是乡的规矩。

3 紫衣狐裘：紫颜色的衣，这是君的衣服。

4 袒裘不释剑而食：把皮衣服解开，不解下剑就吃东西。

5 三罪：紫衣、袒裘同带剑。

今译

十七年的春天，卫庄公在藉田的园子里，新做了一个虎皮装饰的帐篷，做成以后，寻求一个有声名的人，跟他在里边吃第一顿，太子疾请求用浑良夫。浑良夫乘一辆一个车辕子的乡车，穿着君所穿的紫颜色的狐皮袄，来了以后解开皮袄，佩宝剑吃饭。太子叫人牵着他退下，数着他犯了穿紫颜色的衣服、袒开皮袄、带着宝剑三种罪而杀掉他。

传 三月，越子伐吴，吴子御之笠泽，夹水而陈。越子为左右句卒[1]，使夜或左或右，鼓噪而进。吴师分以御之，越子以三军潜涉，当吴中军而鼓之，吴师大乱，遂败之。

今注

1 左右句卒：钩将队伍分为左右屯。

今译

三月，越王勾践伐吴国，吴王夫差在笠泽这里抵抗他，隔着水摆开阵势，越王勾践摆出左右两支部队相连的阵势，使他们军队在夜里或在左边，或在右边，大声喊叫前往进攻。吴国军队分着来抵抗，越王带军队偷着渡过水来，对着吴国中军打鼓前进，吴国军队大乱，遂为越王勾践所打败。

传 晋赵鞅使告于卫曰："君之在晋也，志父为主，请君若大子来，以免志父。不然，寡君其曰志父之为也。"卫侯辞以难，大子又使椓之[1]。夏，六月，赵鞅围卫，齐国观[2]陈瓘救卫，得晋人之致师者，子玉使服而见之[3]曰："国子实执齐柄，而命瓘曰：'无辟晋师。'岂敢废命，子又何辱[4]？"简子曰："我卜伐卫，未卜与齐战。"乃还。

今注

1 椓之：椓音啄。说他坏话。

2 国观：国书的儿子。

3 子玉使服而见之：子玉是陈瓘，脱下囚服，穿他本来的衣服。

4　子又何辱：你又何必来要求打仗。

今译

晋国赵鞅派使者告诉卫国说："你君在晋国的时候，我是主人，请君或者太子来，以免我的罪。要不然，我们晋君必定说这是我叫卫国君不来晋国。"卫庄公以国家尚未安定来推辞，太子又说庄公坏话。夏天六月。赵鞅围了卫国都城，齐国的国观同陈瓘去救卫国，捕获了晋人派来要求打仗的人，陈瓘叫他换了本来的衣服来见，对他说："国观实在掌着齐国的政权，他告诉我说：'不要躲避晋国的军队。'我岂敢不听他的命令呢？你又何必来挑战呢？"赵鞅说："我只占卜伐卫国，未曾占卜同齐国打仗。"就退兵了。

传　楚白公之乱，陈人恃其聚而侵楚，楚既宁，将取陈麦。楚子问帅于大师子穀与叶公诸梁。子穀曰："右领差车与左史老皆相令尹司马以伐陈，其可使也。"子高曰："率贱[1]民慢之，惧不用命焉。"子穀曰："观丁父鄀俘也，武王[2]以为军率，是以克州蓼，服随唐，大启群蛮。彭仲爽，申俘也，文王以为令尹，实县申息，朝陈蔡，封畛于汝。唯其任也，何贱之有？"子高曰："天命不谄[3]，令尹有憾于陈，天若亡之，其必令尹之子是与，君盍舍焉[4]，臣惧右领与左史有二俘之贱，而无其令德也。"王卜之，武城尹[5]吉，使帅师取陈麦，陈人御之败，遂围陈。秋，七月，己卯，楚公孙朝帅师灭陈。王与叶公枚卜子良以为令尹，沈尹朱曰："吉，过于其志。"叶公曰："王子而相国，过将何为？"他日改卜子国，而使为令尹。

今注

1 率贱：右领、左史皆楚国的贱官。

2 武王：楚武王。

3 天命不谄：天命不会疑惑。

4 君盍舍焉：你为什么不舍开右领同左史。

5 武城尹：子西的儿子公孙朝。

今译

楚国白公作乱的时候，陈人仗着他的聚积而侵略楚国。楚国既然安定了，就要来取陈国的麦子。楚王就问太师子穀跟沈诸梁，派什么人统率军队。太师子穀回答说："右领差车同左史老皆曾辅佐着令尹子西同司马子期讨伐过陈国，现在还可以用他们去伐陈国，大约是可以的。"沈诸梁说："统帅如果低贱，人民看不起他们，恐怕不会听从他的命令。"子穀又说："观丁父是鄀的俘虏，楚武王叫他做军率的官，所以能够战胜了州蓼两国，使随与唐全都服从，开发了群蛮的土地。彭仲爽是申国的俘虏，楚文王叫他做令尹，就把申息两国并成楚国的县，使陈国同蔡国全到楚国朝贡，封疆到了汝水的边上。只要他能够负责任，又何必在乎他是贱人呢？"沈诸梁就说："天命是不可以怀疑的，令尹子西对于陈国颇有遗憾，天若使陈国灭亡，必当用令尹的儿子，君何不舍弃右领同左史呢？我恐怕他们只有俘虏的下贱，而没有好的德行。"惠王又占卜，子西的儿子武城尹公孙朝吉祥，就叫他率领着军队去取陈国的麦子，陈人抵抗，被他打败。就围了陈国都城。秋天七月，己卯这天，楚国公孙朝率领军队灭了陈国。楚惠王同沈诸梁占卜他的弟弟子良能否做令尹，沈尹朱说："吉祥，过于他的愿望。"沈诸梁说："王的儿子做宰相，超过愿望又将怎么样呢？"另一天就改换占卜公孙宁，就命他做令尹。

传　卫侯梦于北宫，见人登昆吾之观[1]，被发北面而噪曰："登此昆吾之虚，绵绵生之瓜，余为浑良夫，叫天无辜！"公亲筮之，胥弥赦[2]占之曰："不害。"与之邑，寘之而逃奔宋。卫侯贞卜[3]，其繇曰："如鱼竀尾[4]，衡流而方羊，裔焉，大国灭之，将亡，阖门塞窦，乃自后逾。"冬，十月，晋复伐卫，入其郛，将入城。简子曰："止。叔向有言曰：'怙乱灭国者无后！'"卫人出庄公而与晋平，晋立襄公之孙般师而还。十一月，卫侯自鄄入，般师出。初，公登城以望见戎州[5]，问之，以告。公曰："我姬姓也，何戎之有焉？"翦之[6]。公使匠久，公欲逐石圃[7]，未及而难作。辛巳，石圃因匠氏攻公，公阖门而请，弗许。逾于北方而队折股，戎州人攻之，大子疾公子青[8]逾从公，戎州人杀之。公入于戎州己氏。初，公自城上见己氏之妻发美，使髡之以为吕姜髢[9]。既入焉，而示之璧曰："活我，吾与女璧。"己氏曰："杀女，璧其焉往？"遂杀之而取其璧。卫人复公孙般师而立之。十二月，齐人伐卫，卫人请平，立公子起[10]。执般师以归，舍诸潞[11]。

今注

1　昆吾之观：卫国设有一个观在昆吾氏之虚，叫昆吾之观。《汇纂》说：今河北濮阳县西南有濮阳城，古颛顼之墟，曰帝邱。夏时为昆吾氏所居。

2　胥弥赦：卫国占卜的史官。

3　卫侯贞卜：卫侯在卜梦的吉凶。

4　如鱼竀尾：竀音撑。如鱼劳则尾变红。

5　戎州：《汇纂》说：山东曹县有楚邱故城，汉置己氏县，以戎州己氏而名也。

6　翦之：翦坏他的城。

7　石圃：石恶兄弟的儿子。

8　公子青：太子疾的弟弟。

9　吕姜髢：髢音迪（旧音弟）。吕姜是庄公的夫人。髢是假发。

10　公子起：灵公的儿子。

11　潞：齐地，在齐都城的郊外。

今译

卫侯在北宫中做梦，看见人到昆吾的观上，披着头发，向北嚷着说："我现在登上昆吾的荒墟，我曾经使卫侯得国，好像使瓜由小成大。我就是浑良夫呢！现在已在上天那里喊冤了！"庄公便亲自卜筮，胥弥赦占得卜辞，假言说："没有什么祸害。"公给了他一所县邑，他却丢了逃往宋国去。卫庄公又卜问梦的吉凶，他的卜辞说："好像鱼游得红了尾巴，横在水流中，来来去去，只在水边。大国要来灭它，它就将要亡了，关上门，塞了洞，就从后面爬出去。"冬天十月，晋国果来伐卫，攻进他的郭中，将要进城了。赵鞅说："且停止，叔向有句话说：'趁人扰乱灭了他，要没有后代的！'"卫人便逐出庄公，同晋人讲和。晋人立了襄公的孙子名叫般师的做卫君，方才回去。十一月中，卫庄公蒯聩又从鄄进卫国，般师便出去。以前，卫庄公登到城上去远望，看见了戎州这地方，问那里是什么地方？从人告诉他是戎州。公说："我是姬姓，为什么有戎狄的地方呢？"便翦灭了那州邑。公又使用匠人，长久不使他休息，公想要逐去石圃，可是还没有逐出，祸难却已经起了。辛巳那天，石圃利用匠人怨庄公，便和他们攻庄公。庄公闭了门求饶，石圃不答应他，便从北面爬墙出来，却跌伤了腿骨。戎州人又来攻打，太子疾和他的兄弟公子青，都爬墙跟着庄公。戎州人却把他二人杀死。庄公逃入戎州的己氏家里去，当初庄公曾从城上看见己氏的妻头发很好，庄公便使她剃发，将头发给吕姜做假发。这时走进他家中，便把璧玉给他们看，对他们说："你们能够救活我，我就把玉给你。"己氏说："杀了你，璧玉还逃到哪里去呢？"便把他杀死，拿了他的璧玉，卫人便请公孙般师回国，再立他为君。十二月，齐人又来伐卫，卫人请求讲和，齐国人立了公子起做君，齐人捉了般师回国，让他居住在潞这地方。

传 公会齐侯盟于蒙[1]，孟武伯相，齐侯稽首，公拜。齐人怒，武伯曰："非天子，寡君无所稽首。"武伯问于高柴曰："诸侯盟，谁执牛耳？"季羔曰："鄫衍[2]之役，吴公子姑曹。发扬[3]之役，卫石魋。"武伯曰："然则彘也。"

今注

1 蒙：《山东通志》说：蒙阴故城，在蒙阴县南十五里。

2 鄫衍：盟在哀公七年。

3 发扬：在哀公十二年。

今译

鲁哀公同齐平公在蒙这地方盟会，孟孙洩相礼，齐平公向着鲁哀公稽首，鲁哀公回拜。齐人全发怒了，孟孙洩就说："除了对天子以外，寡君全都不稽首。"孟孙洩问高柴说："诸侯盟会时，谁执牛耳？"高柴说："鄫衍那次是吴国公子姑曹，发扬那次是卫国的石魋。"孟孙洩就说："那么这次就是我执了。"

传 宋皇瑗[1]之子麇，有友曰田丙，而夺其兄劖般邑以与之。劖般愠而行，告桓司马之臣子仪克。子仪克适宋，告夫人曰："麇将纳桓氏。"公问诸子仲[2]。初，子仲将以杞姒之子非我为子[3]，麇曰："必立伯[4]也，是良材。"子仲怒弗从，故对曰："右师则老矣，不识麇也[5]。”公执之[6]。皇瑗奔晋，召之。

今注

1　皇瑗：宋右师。

2　子仲：即皇野。

3　杞姒之子非我为之：杞姒是子仲的夫人，想把她的儿子非我立为嫡子。

4　立伯：伯是非我的哥哥。

5　不识麇也：对于麇就不能保险他不反叛。

6　公执之：把麇逮起来。

今译

宋国皇瑗的儿子皇麇，有一个朋友叫田丙，夺了他哥哥剻般的封邑给了他。剻般心里不高兴就逃走，告诉桓司马的臣子仪克。子仪克到宋国去，告诉宋夫人说："麇将使桓氏归国。"桓公问了皇野。当初，皇野将拿杞姒所生的儿子皇非我做嫡子，皇麇说："必定要立他的哥哥，他的才干很好。"皇野恼怒，不听他的话，所以回答说："皇野已经老了，不能作乱，但我并不知道麇能不能作乱。"宋反就把麇逮捕了，皇瑗害怕就逃到晋国去，宋公叫他回来。

哀公十有八年（公元前四七七年）

传　十八年，春，宋杀皇瑗，公闻其情，复皇氏之族，使皇缓[1]为右师。

今注

1　皇缓：皇瑗的侄子。

今译

十八年春天，宋杀了皇瑗，宋景公知道了经过以后，就恢复皇氏的家族，派皇瑗的侄子皇缓做右师的官。

传 巴人伐楚围鄾[1]。初，右司马子国之卜也，观瞻[2]曰："如志。"故命之[3]。及巴师至，将卜帅，王曰："宁如志，何卜焉？"使帅师而行，请承[4]，王曰："寝尹、工尹勤先君者也。"三月，楚公孙宁、吴由于、薳固败巴师于鄾，故封子国于析[5]。君子曰："惠王知志。《夏书》曰：'官占唯能蔽志，昆命于元龟[6]，'其是之谓乎？志曰：'圣人不烦卜筮。'惠王其有焉。"

今注

1 鄾：在今湖北省襄阳县东北。

2 观瞻：楚国的开卜大夫。

3 故命之：所以就叫他为右司马。

4 请承：请辅佐的。

5 析：在今河南省内乡县。

6 官占唯能蔽志，昆命于元龟：这是《逸书》，占卜的官只能先决断以后，方能用龟去占卜。

今译

巴国伐楚国，围了鄾这地方。当初，子国占卜是否能出任右司马，开卜大夫观瞻说："他能满足意愿。"所以就叫他做右司马。等到巴国军队来了，将占一位防御的统帅，楚王说："子国既能满足意愿，又何必另占卜呢？"就派他率领着军队去。他再请帮助的人，楚王就说："吴由于、薳固都是对昭王尽过心力的人。"三月，楚国公孙宁、吴由于、薳固在鄾这地方打败巴国的军队，所以将子国封在析这地方。君子说："惠王知道人的意愿。《夏书》说：

‘占卜的官先能断定意愿，然后方能命龟占卜。’恐怕就是这种说法。《志书》也说：‘圣人不常要求占卜。’惠王恐怕就是如此。”

传　夏，卫石圃逐其君起，起奔齐。卫侯辄自齐复归。逐石圃而复石魋与大叔遗。

今译

夏天，卫国石圃将他的君起驱逐出国，起就奔到齐国。卫出公自齐又回到卫国，驱逐了石圃并召回石魋同太叔遗。

哀公十有九年（公元前四七六年）

传　十九年，春，越人侵楚，以误吴也[1]。

今注

1　以误吴也：使吴人不会预备。

今译

十九年春天，越国人侵略楚国，使吴国误以为它不侵略吴国，而没有防备。

传　夏，楚公子庆、公孙宽追越师至冥[1]，不及乃还。

今注

1　冥：在今江西信江流域内。

今译

夏天，楚公子庆、公孙宽追越国军队到冥这地方，没有赶上就回去了。

传　秋，楚沈诸梁伐东夷，三夷男女及楚师盟于敖[1]。

今注

1　敖：当在皖南浙西山地的西部。

今译

秋天，楚国沈诸梁讨伐东夷，同越国联络的三种夷人男女与楚国军队在敖这地方盟誓。

传　冬，叔青[1]如京师，敬王崩[2]故也。

今注

1　叔青：叔还的儿子。

2　敬王崩：敬王死。

今译

冬天，叔还的儿子叔青到周的京城去，因为周敬王死了。

哀公二十年（公元前四七五年）

传　二十年，春，齐人来征会。夏，会于廪丘[1]，为郑故谋伐晋。郑人辞诸侯，秋，师还。

今注

1　廪丘：在今山东省范县东南。

今译

二十年春天，齐国人到鲁国要求会盟。夏天，在廪丘会盟，是为了郑国，打算讨伐晋国。郑人辞谢诸侯。秋天，鲁国军队回国。

传　吴公子庆忌骤谏吴子曰："不改必亡。"弗听，出居于艾[1]，遂适楚，闻越将伐吴。冬，请归平越，遂归，欲除不忠者以说于越，吴人杀之。

今注

1 艾：《方舆纪要》说：艾城在今江西宁州西百里之龙岗坪，今修水县西。

今译

吴国公子庆忌屡次谏诤吴王说："要不改革必定要亡国。"吴王不听，公子庆忌就逃到艾这地方，后又到楚国去，听说越王勾践将要伐吴国。冬天，请求回去同越国讲和，就回到吴国去。想着除掉几个不忠的人来取悦越国，吴王却把他杀了。

传 十一月，越围吴，赵孟[1]降于丧食。楚隆[2]曰："三年之丧，亲昵之极也，主又降之，无乃有故乎？"赵孟曰："黄池之役，先主与吴王有质曰：'好恶同之。'今越围吴，嗣子不废旧业而敌之[3]，非晋之所能及也，吾是以为降。"楚隆曰："若使吴王知之，若何？"赵孟曰："可乎？"隆曰："请尝之。"乃往，先造于越军，曰："吴犯间上国多矣，闻君亲讨焉，诸夏之人莫不欣喜，唯恐君志之不从，请入视之。"许之。告于吴王曰："寡君之老无恤使陪臣隆敢展谢其不共，黄池之役，君之先臣志父得承齐盟，曰：'好恶同之。'今君在难，无恤不敢惮劳，非晋国之所能及也，使陪臣敢展布之。"王拜稽首曰："寡人不佞，不能事越，以为大夫忧，拜命之辱。"与之一箪珠[4]，使问赵孟曰："勾践将生忧寡人，寡人死之不得矣。"王曰："溺人必笑，吾将有问也。史黯何以得为君子[5]？"对曰："黯也进不见恶，退无谤言。"王曰："宜哉。"

今注

1 赵孟：赵襄子无恤。

2 楚隆：赵襄子的家臣。

3 嗣子不废旧业而敌之：嗣子是赵襄子自称，不废旧的盟誓，而想抵抗越国。

4 与之一箪珠：给他一小笥珍珠。

5 史黯何以得为君子：因为从前晋国史黯说过，不到四十年吴就要亡了，吴王感此事而问。

今译

十一月，越国军队围了吴国的都城，晋大夫赵无恤这时正居父丧，听见吴被越国攻打，便比居丧的饮食还要减少。他的家臣楚隆说："三年的丧期，已经亲密到极点了。如今主子饮食又降下去，莫非有别的原因吗？"赵孟说："黄池那次的会盟，先主和吴王曾有盟誓的，说：'吴晋的好恶，应当齐同着的。'如今越兵围吴，我做继嗣的要是不丢掉先主的旧盟，去抵抗越国，这却不是我们晋国的兵力能够做得到的。我无可奈何，只得再比居丧的饮食减少些了。"楚隆说："虽然不能救吴，如使吴王得知此意，好吗？"赵孟说："可以吗？"楚隆说："我请求去试试看。"便先到越军中去，说："吴人侵犯离间着中国，已经多次了，我君闻知越君亲自举兵，讨伐吴罪，许多中原的人，没有一个不快意，只怕你君不遂意，让我进去看看他的动静。"越人允许了。楚隆既进吴军，告诉吴王说："寡君的老臣无恤，差我陪臣隆来，致歉说他不能供奉旧职。从前黄池的盟会，寡君的先臣志父，曾经奉承了诸侯，受齐的盟约说：'两国如有好恶，应当大家是齐同的。'如今你吴君在这灾难中，无恤虽然不敢怕辛劳，却不是晋国的兵力能做得到的。所以差陪臣来陈述这意思。"吴王下拜叩头到地说："寡人没有才干，不能服侍越王，倒成了大夫你的忧愁，谢谢你君的命令。"便拿出珠子一小匣，交与楚隆，使他送给赵孟说："勾践要使我活着难过，我现在竟是求死不得了。"王又说："且不要急，好像淹死的人，必定还要笑着，我还要问你，你们的史黯怎能算是君子呢？”楚隆说：“黯的为人，进朝廷去没有谁怨他，退了也没有人毁谤他。”王说：“这般说来，真应该算得君子了！”

哀公二十有一年（公元前四七四年）

传 二十一年，夏，五月，越人始来。

今译

二十一年夏天五月，越国第一次派人来聘问鲁国。

传 秋，八月，公及齐侯、邾子盟于顾[1]，齐人责稽首。因歌之曰：“鲁人之皋，数年不觉，使我高蹈。唯其儒书，以为二国[2]忧。”是行也，公先至于阳谷。齐闾丘息[3]曰：“君辱举玉趾以在寡君之军，群臣将传遽以告寡君，比其复也。君无乃勤，为仆人之未次[4]，请除馆于舟道[5]。”辞曰：“敢勤仆人[6]。”

今注

1 顾：《山东通志》说：在今泛县东南五十里，有顾城。

2 二国：齐国同邾国。

3 闾丘息：是齐大夫。闾丘明的后人。

4 仆人之未次：因为仆人还没有预备好住的地方。

5 舟道：今山东东阿县境。

6 敢勤仆人：不敢劳动仆人。

今译

秋天八月，鲁哀公同齐侯、邾子在顾这地方盟会，齐国人仍旧责备上回齐对鲁哀公稽首，而鲁哀公只行拜礼。就歌唱说：“鲁国人的缓慢，数年不感觉，使我劳苦远行。他们全是根据《周礼》，使齐国同邾国发愁。”这一次鲁哀公先到了阳谷。齐国闾丘息说：“劳驾君王光临，到了寡君的军队中，群臣将坐着车，赶紧去告诉寡君，等到他回来。你来得太早了，我们佣人尚没有预备好住的地方，请在舟道这地方修除你的馆舍。”鲁人辞谢说：“不敢劳动你的仆人。”

哀公二十有二年（公元前四七三年）

传　二十二年，夏，四月，邾隐公自齐奔越曰：“吴为无道，执父立子。”越人归之，大子革奔越[1]。

今注

1　大子革奔越：邾隐公的太子革逃到越国去。

今译

二十二年，夏天四月，邾隐公从齐国逃到越国说：“吴国没有道理，逮着他父亲，而立他的儿子。”越人叫他回到邾国，太子革逃到越国。

传　冬，十一月，丁卯，越灭吴，请使吴王居甬东[1]。辞曰：“孤老矣，焉能事君？”乃缢，越人以归[2]。

今注

1　甬东：《一统志》说：今浙江定海县东三十里有翁山，一名滃洲，即春秋之甬东。

2　越人以归：越人把尸首拿回去。

今译

冬天十一月丁卯，越人灭了吴国，派人叫夫差到甬东去住。夫差辞谢说：“我老了，怎么能够侍奉你？”就上吊自杀，越国人把他的尸首拿回去。

哀公二十有三年（公元前四七二年）

传　二十三年，春，宋景曹卒[1]。季康子使冉有吊，且送葬曰："敝邑有社稷之事，使肥[2]与有职竞焉，是以不得助执绋。"使求[3]从舆人曰："以肥之得备弥甥也，有不腆先人之产马，使求荐诸夫人之宰，其可以称旌繁[4]乎？"

今注

1　宋景曹：是宋元公的夫人，小邾的女儿，季桓子的外祖母。

2　肥：季康子的名字。

3　求：冉有的名字。

4　旌繁：马的装饰。

今译

二十三年春天，宋元公的夫人景曹死了。她的曾外孙季孙肥派冉有去吊丧，并且送葬说："我们国里，有国家的事情，我肥有职位，正在繁忙，所以不能够参加执绋。"使冉求跟众人说："因为我肥可以做远房的外甥，有不好的先人的一匹马，使冉求交给夫人的家宰，尚可以用作马的装饰呢！"

传　夏，六月，晋荀瑶[1]伐齐，高无丕帅师御之，知伯视齐师，马骇，遂驱之曰："齐人知余旗，其谓余畏而反也。"及垒而还。将战，长武子[2]请卜，知伯曰："君告于天子，而卜之以守龟于宗祧，吉矣，吾又何卜焉？且齐人取我英丘[3]，君命瑶，非敢耀武也，治英丘也[4]，以辞伐罪足矣，何必卜？"壬辰，战于犁丘[5]，齐师败绩，知伯亲禽颜庚[6]。

今注

1 荀瑶：荀烁的孙子，知伯襄子。

2 长武子：晋大夫。

3 英丘：应近犁丘。

4 治英丘也：为了治理英丘这件事。

5 犁丘：《续山东考古录》说：现析入济阳县。

6 颜庚：齐大夫颜涿聚。

今译

夏天六月，晋国荀瑶伐齐国，高无丕率领军队抵抗，荀瑶去窥探齐师时，他的马受到惊吓，就往前赶着马说："齐国人认识我的旗子，恐怕他们说我害怕而回去了。"到了齐国的堡垒就回来了。将要打仗，晋大夫长武子请求占卜，荀瑶说："晋君告诉过天子，而在宗庙中用守龟来占卜，已经吉祥了，我又何必占卜呢？并且齐人取了我的英丘，晋君命我，不是敢显耀武功，为的治理英丘，用伐齐国的罪状的文辞足够了，何必占卜呢？"壬辰，在犁丘这地方作战，齐国军队大败，荀瑶逮住了齐大夫颜涿聚。

传 秋，八月，叔青如越，始使越也。越诸鞅来聘，报叔青也[1]。

今注

1 报叔青也：报叔青的聘问。

今译

秋天八月，鲁国叔青到越国去，这是开始聘问越国。越国派诸鞅来聘问，这是报答叔青的聘问。

哀公二十有四年（公元前四七一年）

传 二十四年，夏，四月，晋侯将伐齐，使来乞师曰："昔臧文仲以楚师伐齐，取穀[1]，宣叔以晋师伐齐，取汶阳[2]，寡君欲徼福于周公，愿乞灵于臧氏。"臧石[3]帅师会之，取廪丘，军吏令缮将进[4]，莱章[5]曰："君卑政暴，往岁克敌[6]，今又胜都[7]，天奉多矣，又焉能进？是躗言也[8]，役将班矣。"晋师乃还，饩[9]臧石牛，大史谢之曰："以寡君之在行，牢礼不度，敢展谢之。"

今注

1 穀：在今山东东阿县东二十六里。

2 汶阳：在今山东宁阳县东。

3 臧石：臧宾如的儿子。

4 军吏令缮将进：晋国的军吏叫他们修理战备。

5 莱章：齐大夫。

6 往岁克敌：去年打胜敌人，擒了颜庚。

7 又胜都：占据廪丘。

8 是躗言也：是不可信的话。躗音卫。

9 饩：生肉叫作饩。

今译

二十四年夏天四月，晋侯将伐齐国，派人来鲁国请求出兵说："从前臧文仲用楚国的军队来伐齐国，占据了穀这地方，臧宣叔用晋国的军队伐齐国，占据了汶阳，寡君现在想着要求周公给福禄，愿向臧氏乞求威灵。"臧石就率领军队会合他，取了廪丘。晋国的军吏下令修理战备，将往前进，齐大夫莱章说："君地位卑下，政治很暴虐，前年战胜敌人，今年又占据了一个大城，天给晋国很多了，又焉能往前进？这是过分的言论，晋国军队将回去了。"晋国军队就班师，晋国送臧石生牛肉，晋大史又谢他说：“因为我们晋君在军队里，牢的礼节不合适，我们向你致谢。”

传 邾子又无道，越人执之以归，而立公子何[1]，何亦无道。

今注

1 公子何：太子革的弟弟。

今译

邾子暴虐无道，越人把他逮回去了，而立了太子革的弟弟公子何，公子何也暴虐无道。

传 公子荆[1]之母嬖，将以为夫人，使宗人衅夏献其礼，对曰：“无之。”公怒曰：“女为宗司，立夫人，国之大礼也，何故无之？”对曰：“周公及武公娶于薛，孝惠[2]娶于商，自桓以下娶于齐，此礼也则有，若以妾为夫人，则固无其礼也。”公卒立之，而以荆为大子，国人始恶之[3]。

今注

1 公子荆：是哀公的庶子。

2 孝惠：鲁孝公同鲁惠公。

3 国人始恶之：国人开始厌恶哀公。

今译

公子荆的母亲很得宠爱，哀公将立她为夫人，使宗人衅夏献相关礼节，衅夏回答说：“没有。”哀公发怒说：“你做宗司的官，立夫人是国家大礼节，为什么没有呢？”回答说：“周公同武公在薛国娶夫人，孝公同惠公娶于宋国，从桓公以后从齐国娶妻，这种礼就有，要是以妾做夫人，就没有这种礼节。”哀公最终还是立她为夫人，而立公子荆做太子，贵族们开始厌恶哀公。

传 闰月，公如越，得大子适郢[1]，将妻公而多与之地。公孙有山使告于季孙，季孙惧，使因大宰嚭而纳赂焉，乃止。

今注

1 得太子适郢：适郢是越王的太子，得是指鲁哀公跟太子适郢非常亲近。

今译

闰月，哀公到越国去，同越王的太子适郢很亲近，越国人将给哀公一个女子，而多给他地方。公孙有山派人告诉季孙肥，季孙害怕了，就利用太宰嚭纳了很多贿赂，越国人就止住了。

哀公二十有五年（公元前四七〇年）

传 二十五年，夏，五月，庚辰，卫侯出奔宋[1]。卫侯为灵台于藉圃，与诸大夫饮酒焉，褚师声子袜而登席[2]，公怒，辞曰："臣有疾异于人，若见之，君将嗀之[3]，是以不敢。"公愈怒，大夫辞之，不可。褚师出，公戟其手[4]曰："必断而足。"闻之，褚师与司寇亥乘曰："今日幸而后亡！"公之入也，夺南氏[5]邑，而夺司寇亥政，公使侍人纳公文懿子之车于池[6]。初，卫人翦夏丁氏[7]，以其帑赐彭封弥子[8]，弥子饮公酒，纳夏戊之女，嬖，以为夫人，其弟期[9]大叔疾之从孙甥也，少畜于公，以为司徒。夫人宠衰，期得罪，公使三匠久，公使优狡盟拳弥[10]，而甚近信之，故褚师比、公孙弥牟、公文要、司寇亥、司徒期，因三匠与拳弥以作乱，皆执利兵，无者执斤，使拳弥入于公宫，而自大子疾之宫噪以攻公。鄄子士[11]请御之，弥援其手曰："子则勇矣，将若君何？不见先君乎？君何所不逞欲？且君尝在外矣，岂必不反？当今不可，众怒难犯，休而易间也[12]。”乃出，将适蒲[13]，弥曰：“晋无信，不可。”将适鄄[14]，弥曰：“齐晋争我，不可。”将适泠[15]，弥曰：“鲁不足与，请适城钼[16]，以钩越，越有君。”乃适城钼，弥曰：“卫盗不可知也！请速，自我始。”乃载宝以归。公为支离[17]之卒，因祝史挥[18]以侵卫，卫人病之。懿子知之，见子之[19]请逐挥，文子曰：“无罪。”懿子曰：“彼好专利而妄，夫见君之入也，将先道焉。若逐之，必出于南门而适君所，夫越新得诸侯，将必请师焉，挥在朝，使吏遣诸其室。”挥出，信弗内[20]，五日，乃馆诸外里[21]，遂有宠，使如越请师。

今注

1　卫侯出奔宋：卫侯指出公辄。

2　褚师声子袜而登席：褚师比穿着袜子就上到席上。按道理，见君必须脱去袜子。

3　若见之，君将嗀之：你若看见了，恐怕要呕吐。嗀音护。

4　公戟其手：公弯曲着手，如戟的形状，表示骂他的意思。

5　南氏：子南的儿子公孙弥牟。

6　侍人纳公文懿子之车于池：叫他的佣人把公文要的车投到水池。

7　蒯夏丁氏：这件事在鲁哀公十一年。

8　彭封弥子：就是弥子瑕。

9　期：是夏戊的儿子。

10　公使优狡盟拳弥：公派演戏的人名叫狡的与卫大夫拳弥盟誓。

11　鄄子士：卫大夫。

12　休而易间也：他们稍停就可以离间了。

13　蒲：今河北省长垣县治。

14 鄄：今山东省濮县。

15 泠：《续山东考古录》说：以郓城西南有泠庄河，地近鲁，疑在此。

16 城钼：近宋邑。

17 支离：阵名。

18 祝史挥：卫国的祝史。

19 子之：公孙弥牟。

20 信弗内：过了两天不许他进城。

21 外里：卫出公所在的地方。

今译

夏天，五月庚辰，卫出公逃奔到宋国。卫出公在藉圃建筑一个灵台，跟诸位大夫喝酒，褚师比穿着袜子就上了席，出公恼了，他说："我有一种病跟旁人不同，你要是看见，必定呕吐，所以不敢脱袜子。"出公愈发恼怒，大夫们全替他解释，出公的恼怒仍然不止。褚师比出门，出公用手指着他说："必定把你的脚切断。"褚师比听见了，司寇亥与他同坐一辆车，他说："今天幸而能够逃亡！"出公回国的时候，夺掉了公孙弥牟的封邑，又夺掉司寇亥的政权，出公又叫太监们把公文要的车子扔到水池子里。当初，卫人翦伐夏丁氏，拿他的财产赐给弥子瑕，弥子瑕给出公喝酒，将夏戊的女儿送给他，出公对她很宠爱，叫她做了夫人，她的弟弟夏期，是太叔疾的从孙甥，从小的时候就住在公宫里，出公叫他做司徒。夫人渐渐地宠爱衰微，她的弟弟夏期有罪，出公使三个匠人工作很久，又叫唱戏的同拳弥盟誓，可是对拳弥仍旧很亲信，所以褚师比、公孙弥牟、公文要、司寇亥、司徒期利用三个匠人同拳弥造反，皆拿着很锋利的刀剑，没有刀剑就拿斧子，使拳弥进入公宫，而从太子疾的宫里喊叫着去攻打出公，卫大夫鄄子士请求抵抗，拳弥拉着他的手说：“你是很勇敢的，但是让君怎么办呢？你没看见先君庄公的结局吗？你何处不能满足欲望？并且君曾经在外国，难道永远不回来吗？但现在就不可以抵抗，因为众怒的时候难犯，他们息怒了，就容易离间了。”于是就出奔，将到晋国左近的蒲邑，拳弥就说：“晋国没有信用，不可以去。”又到齐晋交界的鄄，拳弥又说：“齐晋一定争我，不可以。”又到鲁国左近的泠，拳弥说：“鲁国不能共事，请到城钼去，宋国南边近越国，是为了跟越国勾结。”就到了城钼，拳弥说：“卫国的盗贼很可怕，请速行，由我开始吧！”就载着宝物回卫国。出公摆了支离的阵，用祝史挥去侵略卫国，卫人颇为担心。公文要知道了，去见公孙弥牟，请驱逐祝史挥，公孙弥牟说：“他似乎没有罪。”公文要说：“他很喜欢专权而且好利狂妄，他看见君将进都城，他必先去引导。要驱逐他，必从南门出去，而到君所在的地方。越新近得诸侯拥护，他必定到越国去请军队。”祝史挥正在朝上，叫吏人把他家眷驱逐出去。祝史挥也被逐出门，住两天也不让他回来，五天以后，就住到出公所在的地方，就有了宠爱，派他到越国请军队。

传 六月，公至自越[1]，季康子、孟武伯逆于五梧[2]，郭重仆，见二子曰：“恶言多矣！君请尽之。”公宴于五梧，武伯为祝[3]，恶郭重曰：“何肥也？”季孙曰：“请饮彘也。以鲁国之密迩仇雠，臣是以不获从君，克免于大行，又谓重也肥。”公曰：“是食言多矣！能无肥乎？”饮酒不乐，公与大夫始有恶。

今注

1 公至自越：前年鲁哀公到越国去，现在方才回来。

2 五梧：在今山东省费县西南。

3　为祝：献上祝寿酒。

今译

六月，鲁哀公从越国回来，季孙肥、孟孙彘到五梧去迎接，郭重给鲁哀公驾车，看见他们两个人就对鲁哀公说："他们说你的坏话很多，请你全都听听吧。"哀公在五梧设宴，孟孙彘献上寿的酒，他看见郭重的相貌说："你怎么那样肥胖呢？"季孙肥说："请罚彘喝酒。因为鲁国离着仇人国家很近，所以我们不能够随着君去，免得走的道路很远，而他又说郭重很肥胖。"鲁哀公说："他说的话，吃回去很多，能够不胖吗？"饮酒不欢乐，鲁哀公同大夫们开始不相和。

哀公二十有六年（公元前四六九年）

传　二十六年，夏，五月，叔孙舒[1]帅师会越皋如、后庸[2]、宋乐茷纳卫侯。文子欲纳之，懿子曰："君愎而虐，少待之必毒于民，乃睦于子矣。"师侵外州大获[3]，出御之大败[4]，掘褚师定子之墓[5]，焚之于平庄之上，文子使王孙齐[6]私于皋如曰："子将大灭卫乎？抑纳君而已乎？"皋如曰："寡君之命无他，纳卫君而已。"文子致众而问焉曰："君以蛮夷伐国，国几亡矣，请纳之。"众曰："勿纳。"曰："弥牟亡而有益，请自北门出。"众曰："勿出。"重赂越人申开守陴而纳公，公不敢入。师还立悼公[7]。南氏相之，以城钼与越人。公曰："期则为此，令苟有怨于夫人[8]者报之。"司徒期聘于越，公攻而夺之币，期告王[9]，王命取之，期以众取之。公怒，杀期之甥之为大子者，遂卒于越。

今注

1　叔孙舒：叔孙武叔的儿子叔孙文子。

2　皋如、后庸：都是越大夫。

3　师侵外州大获：越国的军队侵略外州，大打胜仗。外州在今山东省范县郓城间。

4　出御之大败：卫国军队出去抵抗，卫军大败。

5　褚师定子之墓：褚师定子是褚师比的父亲。

6　王孙齐：卫大夫。王孙贾的儿子。

7　悼公：蒯聩的庶弟。

8　夫人：是期的姐姐。

9　期告王：期告诉越王。

今译

二十六年夏天五月，叔孙舒率领军队，会合越国的皋如同后庸及宋国的乐茷送卫出公回卫国。叔孙舒想把他纳进城去，公文要说："君刚愎暴虐，稍等一段必对人民毒害，然后人民就对你和睦。"越国军队侵略外州大胜，卫国军队出来抵抗大败，掘了褚师比父亲的坟墓，在平庄的上面把他烧了，叔孙舒使卫大夫王孙齐私问皋如说："你将灭卫国吗？还只是为接纳卫君？"皋如回答说："寡君的命令没有别的，只是为了接纳卫君而已。"叔孙舒把卫国众人叫来问他们说："君带着蛮夷来伐卫国，卫国就要亡了，请叫君回来吧！"众人回答说："不要叫他回来。"叔孙舒又说："弥牟逃出，若对国家有利，请让我从北门逃出。"众人回答说："不要出去。"公孙弥牟重贿赂越国人，重新开了城门，严设守备，出公不敢进去，越国军队退了，卫人就立了悼公。公孙弥牟做宰相，拿城钼这地方给了越国。出公说："这全是司徒期做的，现在你们如果有人恨夫人就报复她。"司徒期替卫悼公到越国聘问，出公派人打他，夺他的货币。司徒告诉越王，叫他夺回来，司徒期用众人力量夺取。出公很愤怒，杀了他做太子的外甥，出公就死在越国。

传 宋景公无子，取公孙周之子得与启[1]，畜诸公宫，未有立焉。于是皇缓为右师，皇非我为大司马，皇怀[2]为司徒，灵不缓为左师，乐茷[3]为司城，乐朱鉏[4]为大司寇，六卿三族降听政[5]，因大尹以达。大尹常不告，而以其欲称君命以令。国人恶之，司城欲去大尹，左师曰："纵之使盈其罪，重而无基，能无敝乎？"冬，十月，公游于空泽[6]。辛巳，卒于连中[7]，大尹兴空泽之士千甲[8]奉公自空桐入如沃宫[9]，使召六子曰："闻下有师，君请六子画。"六子至，以甲劫之曰："君有疾病，请二三子盟。"乃盟于少寝之庭，曰："无为公室，不利大尹。"立启，奉丧，殡于大宫，三日而后国人知之。司城茷使宣言于国曰："大尹惑蛊其君，而专利令，君无疾而死，死又匿之，是无他矣，大尹之罪也。"得梦启北首而寝于卢门之外[10]，己为乌而集于其上，咮加于南门，尾加于桐门[11]曰："余梦美，必立。"大尹谋曰："我不在盟[12]，无乃逐我，复盟之乎？"使祝为载书，六子在唐盂[13]，将盟之。祝襄[14]以载书告皇非我，皇非我因子潞[15]、门尹得[16]、左师谋曰："民与我逐之乎？"皆归授甲。使徇于国曰："大尹惑蛊其君，以陵虐公室，与我者救君者也。"众曰："与之！"大尹徇曰："戴氏[17]皇氏将不利公室，与我者无忧不富。"众曰："无别[18]。"戴氏皇氏欲伐公[19]，乐得曰："不可，彼以陵公有罪，我伐公则甚焉？"使国人施于大尹[20]。大尹奉启以奔楚，乃立得。司城为上卿，盟曰："三族共政，无相害也。"

今注

1 得、启：得是宋昭公，启是得的弟弟。

2 皇怀：皇非我的堂弟。

3 乐茷：乐溷的儿子。

4　乐朱钼：乐挽的儿子。

5　六卿三族降听政：三族是皇氏、灵氏、乐氏一同掌政权。

6　空泽：《一统志》说：空泽，即空桐泽，在河南虞城县南，上有空桐亭。

7　连中：馆名。

8　千甲：一千个甲士。

9　奉公自空桐入如沃宫：奉着宋公的尸首从空桐进入沃宫。空桐在虞城县南五里。

10　卢门之外：宋东城北首的门外。

11　咮加于南门、尾加于桐门：鸟嘴在南门上，尾巴在北门。

12　我不在盟：我没有参加少寝的盟誓。

13　唐盂：今河南省商丘县境。

14　祝襄：宋国的祝史名襄。

15　子潞：乐茷。

16　门尹得：乐得。

17　戴氏：即乐氏。

18　无别：与君没有分别，意谓以国家为己有。

19　伐公：伐启。

20　使国人施于大尹：令贵族们对大尹加罪。

今译

宋景公没有儿子，要过公孙周的儿子昭公得同他弟弟启，养在公宫里，不知道要立谁为太子。这时皇缓做右师，皇非我做大司马，皇怀做司徒，灵不缓做左师，乐茷做司城，乐朱钼做大司寇，六位卿以及皇、灵、乐三族共同管理政治，结果就派大尹去告诉君。大尹常常不报告，而把他喜欢的事称君的命令传下去。贵族们全不喜欢他，乐茷想去掉大尹，灵不缓说："听从他，使他的罪状满盈，权重而没有德为基本，必定要失败的。”冬天十月，宋景公到空泽游历，辛巳，死在连中馆中，大尹兴起空泽的甲士一千个人，奉着公的尸首，自空桐进入沃宫，派人叫六卿来说：“听见下邑有军队来，请六位计划计划。”六人来了，用军队劫着他们说：“君的病很厉害，请你们盟誓。”就在少寝庭院中盟誓说：“不要因为公室，对于大尹不利。”大尹立了启为君，奉着丧到祖庙中出殡，三天以后贵族们方才都知道。乐茷叫人在国中宣布说：“大尹蛊惑他的君，而专宋国的号令，现在君没有病就死了，死了又藏匿他，这没有别的原因，都是大尹的罪状。”得梦见启头向着北方，而睡在宋国都城东门的外边，自己变成乌鸦，而在启的上边，嘴在南门上，尾巴在北方桐门上，他自己说：“我这个梦很好，我必定会立为君。”大尹计划说：“我未曾加入少寝的盟誓，是不是要驱逐我出走，那么再跟他们会盟吧！”使祝人做盟誓载书，六卿在唐盂这地方，将与他盟誓。祝襄拿载书的内容告诉皇非我，皇非我与乐茷、乐得、灵不缓计谋说：“人民会同我驱逐他吗？”全都回到家里，预备军队。告诉国人说：“大尹蛊惑他的君，欺负公室，帮助我们是为了救君。”大家说：“帮助他们。”大尹也告诉国人说：“乐氏、皇氏将对于公室不利，帮助我的不用担心没有财富。”大家说：“这种号令与君没有分别。”乐氏、皇氏想伐启，乐得说：“不可以，大尹是因为欺负公有罪了，我若伐公，更厉害了。”叫国人对大尹加罪。大尹奉着启，逃到楚国去，就立得为君。乐茷做上卿，盟誓说：“三族共理政事，不要互相侵害。”

传 卫出公自城鉏使以弓问子赣，且曰：“吾其入乎？”子赣稽首受弓，对曰：“臣不识也。”私于使者曰：“昔成公孙于陈[1]，宁武子、孙庄子为宛濮之盟而君入。献公孙于齐[2]，子鲜、子展为夷仪之盟而君入。今君再在孙矣[3]，内不闻献之亲，外不闻成之卿，则赐不识所由入也。《诗》曰：'无竞惟人，四方其顺之[4]。'若得其人，四方以为主，而国于何有？"

今注

1 昔成公孙于陈：从前卫成公奔逃到陈国去。在僖公二十八年。

2 献公孙于齐：卫献公逃到齐国去，这件事在鲁襄公十四年。

3 今君再在孙矣：指哀公十五年出公逃到鲁国，现在又逃到宋国。

4 无竞惟人，四方其顺之：《诗经·周颂》的一句诗。意思说只要用到贤人，四方的人全会归顺他。

今译

卫出公从城钼叫人拿弓去问子贡，并且说："我能够回卫国去吗？"子贡稽首收了弓，回答说："我不知道。"又私下对使者说："从前成公逃到陈国去，宁殖、孙庄子在宛濮盟誓，而君回国。献公逃到齐国去，子鲜、子展为夷仪的盟誓而君回来。现在君已经两次逃出国去，内里不听见说有献公的亲属，外边没听见有成公的官属，所以我不知道怎么能够回国？《诗经·周颂》说：'只要能够得到贤人，四方就能归顺他。'若得到那人，可以为四方的主，又何止一国呢？"

哀公二十有七年（公元前四六八年）

传 二十七年，春，越子使后庸来聘，且言邾田封于骀上[1]。二月，盟于平阳[2]，三子皆从[3]，康子病之，言及子赣，曰："若在此，吾不及此夫？"武伯曰："然，何不召？"曰："固将召之。"文子曰："他日请念。"

今注

1 骀上：即狐骀，在今山东滕县东南。

2 平阳：在今山东邹县西三十里。

3 三子皆从：三子指季康子、叔孙文子、孟武伯。

今译

二十七年春天，越王派后庸来鲁国聘问，且谈到鲁国占据邾国的田地，一直到骀上。二月，鲁哀公同后庸在平阳这地方盟会，季孙肥、叔孙舒、孟孙彘，皆随从着他，季孙肥以跟蛮夷盟誓为羞耻，谈论中说到子贡，季孙就说："他若在这里，我们大约不会到这种程度。"孟孙彘说："对了，何不叫他来？"季孙说："就要召来。"叔孙舒说："以后请想着这句话。"

传 夏，四月，己亥，季康子卒，公吊焉，降礼[1]。

今注

1 公吊焉，降礼：公去吊唁他，礼节不完备。

今译

夏天四月己亥，季孙肥死了，鲁哀公去吊唁，行的礼节不完备。

传 晋荀瑶帅师伐郑，次于桐丘[1]，郑驷弘[2]请救于齐。齐师将兴，陈成子属孤子三日朝，设乘车两马系五邑焉，召颜涿聚之子晋曰："隰之役[3]，而父死焉。以国之多难，未女恤也。今君命女以是邑也，服车而朝，毋废前劳。"乃救郑，及留舒[4]，违穀七里，穀人不知。及濮[5]雨不涉，子思[6]曰："大国在敝邑之宇下，是以告急，今师不行，恐无及也。"成子衣制杖戈[7]立于阪上，马不出者助之鞭之。知伯闻之乃还曰：“我卜伐郑，不卜敌齐。”使谓成子曰：“大夫陈子，陈之自出，陈之不祀，郑之罪也[8]。故寡君使瑶察陈衷焉，谓大夫其恤陈乎？若利本之颠，瑶何有焉？”成子怒曰：“多陵人者皆不在，知伯其能久乎？”中行文子[9]告成子曰：“有自晋师告寅者，将为轻车千乘以厌齐师之门，则可尽也。”成子曰：“寡君命恒曰：‘无及寡，无畏众’，虽过千乘，敢辟之乎？将以子之命告寡君。”文子曰：“吾乃今知所以亡[10]！君子之谋也始衷终皆举之，而后入焉。今我三不知而入之，不亦难乎[11]？”

今注

1 桐丘：在河南省扶沟县西二十里。

2 驷弘：驷歂的儿子。

3 隰之役：在哀公二十三年。

4 留舒：《山东通志》说：一作柳舒城，鱼山上有柳舒城，即留舒之讹也。在今山东东阿县西北八里。

5 濮：程发轫氏说：是今日郓城巨野之西南。

6 子思：国参。

7 衣制杖戈：穿着雨衣，拿着戈。

8 郑之罪也：在哀公十七年。楚国灭陈，与郑无干。

9 中行文子：荀寅。

10 吾乃今知所以亡：我现在才知道，我为什么逃亡。

11 今我三不知而入之，不亦难乎：我现在全不知道而进去，这不是很困难吗？

今译

晋国荀瑶率领军队讨伐郑国，住在桐丘这地方，郑国驷弘到齐国去请救兵。齐国军队将起兵，陈恒叫战死的人的儿子，三天上朝，预备好一辆车同两匹马，加上五个城邑，叫颜涿聚的儿子晋说：“你的父亲死在隰这次的战役，因为国家的困难很多，所以尚没有抚恤你们，现在君以这城邑赏给你，你可以穿着衣服，坐这车来上朝，为的是不废除你父亲从前的功劳。”就去救郑国，到了留舒这地方，离着穀城七里，而穀人不知道。到了濮，天下雨，没法过濮水，国参说：“晋国就在我们郑国附近，所以来告急，现在你军队不往前走，恐怕来不及了。”陈恒穿着雨衣拿着戈立到山坡上，马不往前走帮助他们，拿鞭子打它们。荀瑶听见就回去，并且说：“我只占卜打郑国，没有占卜同齐国作战。”派人告诉陈恒说：“你大夫陈子，是出自陈国，陈国若不能得到享祀，是郑国的罪，所以寡君使我荀瑶查看陈国的衷心，说大夫要怜恤陈国吗？若以为根本可以颠覆，与我荀瑶有什么关系？”陈恒生气说：“经常欺负人的，现在全部不存在了，荀瑶能够长久吗？”荀寅这时候逃到齐国，告诉陈恒说：“有人来告诉我说，将拿轻车一千辆，来迫击齐国军队的营门，齐国军队就全完了。”陈恒说：“齐君命恒说：‘不要打少的人，也不要怕多的人。’就是超过一千辆车，我敢躲避他们吗？我将把你的话告诉我们齐君。”荀寅说：“我现在才明白我为什么逃亡。君子计谋事情的时候，必定由开始到最后都想到，方才能够办。现在我三件事全不知道就办了，不也很难吗？”

传 公患三桓之侈也，欲以诸侯去之[1]，三桓亦患公之妄也[2]，故君臣多间[3]。公游于陵阪[4]，遇孟武伯于孟氏之衢，曰：“请有问于子，余及死乎[5]？”对曰：“臣无由知之。”三问卒辞不对。公欲以越伐鲁而去三桓，秋，八月，甲戌，公如公孙有陉氏[6]，因孙于邾，乃遂如越，国人施公孙有山氏。

今注

1 欲以诸侯去之：想借诸侯的力量去掉三桓。

2 三桓亦患公之妄也：三桓也为鲁哀公狂妄而担心。

3 故君臣多间：所以君臣之间很多猜忌。

4 陵阪：应在曲阜城内。

5 余及死乎：我能够寿终吗？

6 有陉氏：即公孙有山氏。

今译

鲁哀公很讨厌三桓的奢侈，想借诸侯力量去掉他们。三桓也认为哀公狂妄，所以君臣之间很多嫌隙。哀公到陵阪去游玩，在孟氏的路上遇见孟孙彘就说："请问你，我能够善终吗？"回答说："我无从知道。"三次问也不回答。哀公想靠越国军队来伐鲁国去掉三桓。秋天八月甲戌，哀公到公孙有山氏处，就逃到邾国去了，由此又逃到越国，国人就公布公孙有山氏的罪状。

传 悼之四年[1]，晋荀瑶帅师围郑，未至，郑驷弘曰："知伯愎而好胜[2]，早下之，则可行也[3]。"乃先保南里以待之，知伯入南里，门于桔柣之门，郑人俘酅魁垒[4]，赂之以知政[5]，闭其口而死。将门，知伯谓赵孟入之，对曰："主在此。"知伯曰："恶而无勇，何以为子[6]？"对曰："以能忍耻，庶无害赵宗乎？"知伯不悛，赵襄子由是惎[7]知伯，遂丧之。知伯贪而愎，故韩魏反而丧之[8]。

今注

1 悼之四年：悼公是鲁哀公的儿子。悼之四年即公元前四六二年。

2 知伯愎而好胜：知伯刚愎而好胜。

3 则可行也：就可以去了。

4　鄡魁垒：晋国的兵士。

5　赂之以知政：以财货贿赂他出来管理政权。

6　恶而无勇，何以为子：相貌很丑，而又没有勇气，为什么立他为后。

7　惎：狠毒。

8　故韩魏反而丧之：故韩魏联合起来把他毁掉。

今译

悼公四年，晋国荀瑶率领军队围了郑国都城，还没到郑国，驷弘就说："荀瑶刚愎而好胜，要早示弱，他就可以走。"就守着城外的南里等待他，荀瑶进了南里，攻打桔柣的门，郑国人逮着晋国的鄡魁垒，用财货贿赂他，叫他管理政权，他不听，就闭上嘴死了。将攻打郑国都城的城门，荀瑶对赵无恤说："你何不进去呢？"回答说："你在此，我怎么敢进去。"荀瑶说："样子很丑，又不勇敢，怎样为太子。"回答说："因为我能够忍受羞耻，大概不会害赵氏的宗庙吧。"荀瑶仍旧不改，赵无恤从此讨厌荀瑶，就灭亡了他。荀瑶贪而刚愎，故韩魏反过来灭亡他。

附录一

《春秋》序[1]：（陆曰[2]此元凯所作，既以释经，故依例音之，本或题为《春秋左传》序者，沈文何以为释例序，今不用。）《春秋》者，鲁史记[3]之名也。记事者，以事系日，以日系月，以月系时，以时系年，所以纪远近，别同异也。故史之所记，必表年以首事，年有四时，故错举以为所记之名也[4]。《周礼》有史官，掌邦国四方之事，达四方之志，诸侯亦各有国史，大事书之于策[5]，小事简牍而已[6]。孟子曰："楚谓之《梼杌》，晋谓之《乘》，而鲁谓之《春秋》，其实一也[7]。"韩宣子适鲁[8]，见《易象》与鲁《春秋》，曰："周礼尽在鲁矣，吾乃今知周公之德与周之所以王。"韩子所见，盖周之旧典，礼经也[9]。周德既衰，官失其守，上之人不能使春秋昭明，赴告策书，诸所记注，多违旧章。仲尼因鲁史策书成文，考其真伪，而志其典礼，上以遵周公之遗制，下以明将来之法。其教之所存，文之所害，则刊而正之，以示劝戒。其余则皆即用旧史，史有文质，辞有详略，不必改也。故传曰其善志，又曰非圣人孰能修之？盖周公之志，仲尼从而明之。左丘明受经于仲尼，以为经者不刊之书也。故传或先经以始事，或后经以终义，或依经以辩理，或错经以合异，随义而发。其例之所重，旧史遗文略不尽举，非圣人所修之要故也。身为国史，躬览载籍，必广记而备言之。其文缓，其旨远，将令学者原始要终，寻其枝叶，究其所穷，优而柔之，使自求之，餍而饫之，使自趋之。若江海之浸，膏泽之润，涣然冰释，怡然理顺，然后为得也。其发凡以言例，皆经国之常制，周公之垂法，史书之旧章，仲尼从而修之，以成一经之通体。其微显阐幽裁成义类者，皆据旧例而发义，指行事以正褒贬，诸称书，不书，先书，故书，不言，不称，书曰之类，皆所以起新旧，发大义，谓之变例[10]。然亦有史所不书即以为义者，此盖春秋新意，故传不言凡曲而畅之也。其经无义例，因行事而言，则传直言其归趣而已，非例也[11]。故发传之体有三，而为例之情有五[12]。一曰："微而显。"文见于此而起义在彼。"称族尊君命，舍族尊夫人""梁亡""城缘陵[13]"之类是也。二曰"志而晦。"约言示制，推以知例，"参会不地，与谋曰及[14]"之类是也。三曰："婉而成章。"曲从义训以示大顺，"诸所讳辟""璧假许田[15]"之类是也。四曰："尽而不污。"直书其事，具文见意，"丹楹刻桷"，"天王求车""齐侯献捷[16]"之类是也。五曰："惩恶而劝善。"求名而亡，欲盖而章，"书齐豹盗""三叛人名[17]"之类是也。推此五体，以寻经传，触类而长之，附于二百四十二年行事，王道之正，人伦之纪备矣。或曰："春秋以错文见义，若如所论，则经当有事，同文异，而无其义也，先儒所传，皆不其然。"答曰："《春秋》虽以一字为褒贬，然皆须数句以成言，非如八卦之爻，可错综为六十四也，固当依《传》以为断。"古今言《左氏春秋》者多矣，今其遗文，可见者十数家，大体转相祖述，进不成为错综经文以尽其变，退不守丘明之传。于丘明之传有所不通，皆没而不说，而更肤引《公羊》《穀梁》，适足自乱。预令所以为异，专修丘明之传以释经，经之条贯必出于传，传之义例总归诸凡，推变例以正褒贬，简二传而去异端，盖丘明之志也。其有疑错，则备论而阙之，以俟后贤。然刘子骏[18]创通大义，贾景伯父子[19]、许惠卿[20]皆先儒之美者也，末有颍子严[21]者，虽浅近亦复名家。故特举刘、贾、许、颍之违，以见同异。分经之年，与传之年相附[22]，比其义类，各随而解之，名曰《经传集解》。又别集诸例及地名、谱第、历数[23]相与为部，凡四十部，十五卷，皆显其异同，从而释之，名曰《释例》。将令学者观其所聚异同之说，《释例》详之也。或曰："《春秋》之作，《左传》及《穀梁》无明文。说者以仲尼自卫反鲁，修《春秋》，立素王，丘明为素臣。言公羊者亦云黜周而王鲁，危行言孙，以辟当时之害，故微其文，隐其义。公羊经止获麟，而左氏经终孔丘卒。敢问所安？"答曰："异乎余所闻。仲尼曰：'文王既没，文不在兹乎？'此制作之本意也。叹曰：'凤鸟不至，河不出图，吾已矣夫。'盖伤时王之政也。麟凤五灵[24]，王者之嘉瑞也。今麟出非其时，虚其应而失其归，此圣人所以为感也。绝笔于获麟之一句者，所感而起，固所以为终也。"曰："然则《春秋》何始于隐公？"答曰："周平王东周之始王也，隐公让国之贤君也。考乎其时则相接，言乎其位，则列国，本乎其始则周公之祚胤也。若平王能祈天永命，绍开中兴，隐公能弘宣祖业，光启王室，则西周之美可寻，文武之迹不队，是故因其历数，附其行事，采周之旧以会成王义，垂法将来。所书之王即平王也，所用之历即周正[25]也。所称之公即鲁隐也。安在其黜周而王鲁乎？子曰：'如有用我者，吾其为东周乎？'此其义也。"若夫制作之文，所以章往考来，情见乎辞，言高则旨远，辞约则义微，此理之常，非隐之也。圣人包周身之防，既作之后，方复隐讳以辟患，非所闻也。子路欲使门人为臣，孔子以为欺天，而云仲尼素王，丘明素臣，又非通论也。先儒以为制作三年，文成致麟，既已妖妄，又引经以至仲尼卒，亦又近诬。据公羊经止获麟，而左氏小邾射不在三叛之数，故余以为感麟而作，作起获麟，则文止于所起为得其实。至于反袂拭面，称吾道穷，亦无取焉。

今注

1 《春秋》序：据陆德明说："此杜元凯所作，既以释经，故依例音之，本或题为春秋左传序者，沈文何以为释例序，今不用。"

2 陆曰：即陆德明所说。

3 鲁史记：《春秋》就是鲁国史记的名称。

4 故错举以为所记之名也：因为四时有春夏秋冬，只用春秋两个字，所以说错举，是为的记载编年的事。

5 大事书之于策：蔡邕《独断》曰："策者简也……其制长二尺，短者半之。"

6 小事简牍而已：简牍只有一尺长。

7 鲁谓之《春秋》，其实一也：鲁国人称为《春秋》，其实楚国的《梼杌》，晋国的《乘》，而鲁国的《春秋》，全是记载史事的书。

8 韩宣子适鲁：晋大夫韩起，到鲁国去聘问，在鲁昭公二年。

9 礼经也：这是韩宣子所看的，鲁国旧有的记载。

10 谓之变例：这叫改变的条例。

11 非例也：这不属于例。

12 为例之情有五：释例的情形有五种，就是如下面所说的。

13 "称族尊君命""舍族尊夫人""梁亡""城缘陵"：称族尊君命，舍族尊夫人，见于成公十四年，梁亡见于僖公十九年，城缘陵见于僖公十四年。

14 "参会不地，与谋曰及"：桓公二年秋公及戎盟于唐，冬公至自唐。

15 “璧假许田”：当时鲁国因为周公，得用离近京都的许田，后来周德既衰，鲁国也不朝周，所以郑国就假装拿着玉璧来换许田。

16 “丹楹刻桷”“天王求车”“齐侯献捷”：庄公二十三年秋，丹桓宫楹；二十四年春，刻桓宫桷。桓公十五年，天王使家父来求车。庄公三十一年，齐侯来献戎捷。

17 “齐豹盗”“三叛人名”：昭公二十年盗杀卫侯之兄絷。襄公二十一年，邾庶其以漆闾来奔；昭公五年，莒牟夷以牟娄及防兹来奔；昭公三十一年，邾黑肱以滥来奔。

18 刘子骏：即刘歆。

19 贾景伯父子：贾逵字景伯，扶风人，父徽字符伯。

20 许惠卿：名许淑。

21 颍子严：名颍容。

22 分经之年与传之年相附：可见经同传本是两部书，这次方才被杜预合成一部书。

23 诸例及地名、谱第、历数：全举各条例同地名同人名的谱，还有历法。

24 麟凤五灵：麟、凤同龟、龙古称为四灵，但是据疏说应该加上白虎，称为五灵。

25 所用之历即周正也：所用的历法就是周朝的历法，以分别他同夏商的不同。

今译

春秋这个名词，是鲁国史记的名称。所谓记事的就是把事情记到日子上，把日子记到月份上，把月份记到四时上，把四时记到年上，这是为了按远近记事，分别同异，所以史书记载必定先写年，以说事情的开始，每年有四季，所以错举春秋两季做史记的名称。《周礼》说到史官是管掌着邦国四方的事情，传达四方的意志，每个诸侯也各有他的国史，大的事情写到大的竹简上，所谓策。小的事情只写到简牍上，简牍是小的竹简，孟子说过：“楚国叫作《梼杌》，晋国叫作《乘》，鲁国叫作《春秋》，其实名称虽然不同，事实上记事性质相同。”在鲁昭公二年时，晋国的韩宣子到鲁国去，看见《易象》同鲁《春秋》就说：“周礼全在鲁国了，我现在才知道周公德行伟大，同周朝之所以称王。”韩起所看见的，大概就是周朝的旧典，所谓《礼经》就是。周的德行后来衰微，官吏全失掉他的职守，上位的人不能使《春秋》昭明，赴告所用的策书，诸凡所记述的，多违背了旧的章法，孔子根据鲁国史书所记载的策书、旧文字，考证它的真假，而以它的典礼为标准，上为遵守周公的旧制度，下为发明将来的法则。其所存的教训，文章有不对的地方，就把它修正了，以表示劝诫的意思。其余皆用旧书上所写的，史有的文雅，有的质朴，文辞有的详有的略，也就不必更改了。所以《左传》说他的志向很美，又说要不是圣人，谁能够修正呢？这大约是周公的志向，孔子根据他而修明了。左丘明从孔子处接收到鲁国的旧史，以为旧史是不能够修改的书，所以《左传》常常写在《春秋》前面，以开启事端，或者在《春秋》以后为表示他把这件事情完成，有的事依傍着《春秋》，以阐述他的理解，或者是跟《春秋》相错，以表示他的不同，随着意思而发表不同。他条例之所重，就是剩下的文字，也不能全都举出来，因为这不是圣人所修的要紧事。他既然做了国史，亲自看见旧的记载，必然推广记载而详细地说。他的文章很平缓，宗旨很远大，使学者们能够由开始一直到最后，寻找他的枝叶，一直到根底，优柔能够自己得到，餍饫使自己往那里去。好像江海那么大的水，膏泽能滋润，就自然能够冰释，高兴地理顺，然后能得到义理。（侗案《左氏春秋》同《孔子春秋》是两部书，在杜预以前，仍然是分存着，自从杜预“分经之年与传之相附”以后，方使《左氏春秋》作为《春秋》解释，详情见于我的序中，读者可以参考。）凡是发凡所说的条例，全都是经国的常制，这是周公的法则，也是史书的旧章，孔子追随周公修正他，成了一个经的通例。微细的使它明显，不容易懂的说明，分成义例，都根据旧例而发明，指着一件事情，以证明褒贬。譬如所谓“书”“不书”“先书”“故书”“不言”“不称”“书曰”全都是为的起新旧，发扬大义，这叫作变例。但也有史书上所不写，即变成义例的，这大概是春秋的新意，所以传里不说，曲别而畅明了他。至于《春秋》中没有义例，因为行事而言，《左传》只说它的结果而已，这不是例。所以发传的体有三个，而为例的体裁有五种。一种叫作“微而显”，文章见于此处，而意思在别处。“称族尊君命，舍族尊夫人”“梁亡”“城缘陵”这类就是。第二种叫作“志而晦”，这是为的表示一个制度，推而成例，“参会不地，与谋曰及”这类就是。第三种叫作“婉而成章”，这个是根据义训以表示顺从大的训导，凡所避讳的，譬如“璧假许田”这类就是。第四种叫作“尽而不污”，直接写事情，用文章表示意见，“丹楹刻桷”“天王求车”“齐侯献捷”这类就是。第五种叫作“惩恶而劝善”，求名而亡，欲盖而章，“书齐豹盗”“三叛人名”这类就是。根据这五件事情，来寻找经传，分类而推广之，附在二百四十二年的行事，王道的规正，人伦的根基，就完备了。或者说：“春秋是用错杂的文字来见意义，要像你所说的，则经中当有事情相同，而文字不同而没有其他的意义，先儒所传说的，大概同这个不同。”回答说：“《春秋》虽然拿一个字做褒贬，但是必须拿几句成一句话，不像八卦的爻，可以互相变化，就成了六十四卦，还是要根据《左传》来决断。”古今说《左氏春秋》者很多家，现在剩下的材料所看见的有十几家，大体互相转引，进而不能叫经文错综来得到他的变化，退一步也不能守住《左传》。对于左丘明的传有不能理解的，全都不说，并且又引用《公羊传》同《穀梁传》，恰好自己乱了他的思想。杜预现在跟他们所作的不同，专门研究左丘明的传，以解释经，经的条贯必定出在《左传》，《左传》的义例全归凡例来管，用变例以正规褒贬，去了《公羊》《穀梁》两个传，就表示去了两个不同的说法，这也就是左丘明的志愿。他有错误可疑的地方，就备论而阙疑，以等待后代的贤者。刘子骏（刘歆）创通《左传》的大义，贾景伯父子（贾徽及贾逵）、许惠卿（许淑），全都是先儒最好的，后来有颍子严（颍容）虽然肤浅也可以成一家。所以特别举出来刘、贾、许、颍的不同见解，以见同与不同的解说。把《春秋》的年份同《左传》的年份放在一块，比较它的义类，随着它来解释，名就叫《经传集解》。又另外集合各例同地名、谱第、历数，各自分成部，凡四十部，十五卷，都分着以表示它的异同，从而解释，名叫《释例》。为的将以后的学者观我所聚不同的说法，这在《释例》已经详细说了。有人说："《春秋》的创作，在《左传》及《穀梁传》中都没有明白地说，解说者以为孔子自卫国返回鲁国，修成《春秋》，立素王，左丘明作素臣。说《公羊传》者也说贬黜周而使鲁为王，因为行为甚有危险，故言辞甚为谨慎，以避免当时的加害，所以文章甚细微，隐藏他的意义，公羊的经以西狩获麟为止，而左氏的经到孔子死。敢问何种合理？"回答说："这同我所听说的不同。孔子说：'文王既然死了，文就不在这里吗？'这就是作书的本意所在。孔子又叹息说：'凤凰不来，黄河也不出现图，我岂不没有希望了吗？'这是伤感时王的政治呀！麟、凤等五种灵物皆是王者的祥瑞，现在麒麟出现不合时，也不应失掉他的归宿，圣人因此感叹。为何在这句绝笔，因为感起于此，也就以此为终。”又问说：“为何《春秋》从鲁隐公开始呢？”回答说：“周平王是东周的第一个王，鲁隐公是让国的好君，论他们的时代颇相连接，论他的位子就属于列国，再论上代就是周公的后嗣。假设平王能祷告上天永久保天命，重开中兴的机会，鲁隐公也能光大祖先周公的事业，启发周王室，西周的好政风可以寻到，周文王、武王的迹业不至于失坠，所以根据他的历数，附上他们的行事，采用周的旧法，以成王的意义，为后来的法则。所写的王就是周平王，所用的历法就是周正，所称的公就是鲁隐公，哪里能看出贬黜周而王鲁呢？孔子说过：‘如果有人想用我，我可以做东周的臣！’这就是这种意义。”至于所做的文章，就为记述以往，并考察将来，性情见于文辞，所说的话高深，宗旨就会远大，文辞隐约，意义就会细微，这是事理的常情，并非有所隐蔽，圣人有周身的设防，既然作了以后，又再隐讳以避患难，这也不是所能知道的。子路想使门人作臣仆，孔子以为这是欺骗上天，现在说孔子是素王，左丘明是素臣，又不是通论。先儒以为作《春秋》三年，文章成功就使麒麟出现，这已经是妖妄的话，又引《春秋》至孔子死，这又近于诬圣人。据《公羊传》春秋止于获麟，而《左氏春秋》小邾射不在三叛的数目中。所以我以为因感麟而作《春秋》，既作因获麟而起，文章也就止于此事，较为得实。至于反衣拭面貌，自称道穷，也无所取了！

附录二

杜预后序：大康[1]元年三月，吴寇始平，余自江陵还襄阳，解甲休兵，乃申杼[2]（段玉裁校本作"抒"是也。）旧意，修成《春秋释例》及《经传集解》始讫，会汲郡汲县有发其界内旧冢者，大得古书，皆简编科斗文字[3]，发冢者不以为意，往往散乱，科斗书久废，推寻不能尽通[4]，始者藏在秘府[5]，余晚得见之。所记大凡七十五卷，多杂碎怪妄，不可训知。《周易》及《纪年》最为分了，《周易》上下篇与今正同，别有阴阳说，而无彖象、文言、系辞，疑于时仲尼造之于鲁，尚未播之于远国也。其《纪年篇》起自夏殷周，皆三代王事，无诸国别也，唯特记晋国，起自殇叔，次文侯昭侯，以至曲沃庄伯。庄伯之十一年十一月，鲁隐公之元年正月也，皆用夏正建寅之月为岁首，编年相次。晋国灭，独记魏事，下至魏哀王之二十年，盖魏国之史记也。推挍（淳熙本、监本"挍"作"校"）哀王二十年，大岁在壬戌，是周赧（石经赧字右半重刊）王之十六年，秦昭王之八年，韩襄王之十三年，赵武灵王之二十七年，楚怀王之三十年，燕昭王之十三年，齐湣王之二十五年也，上去孔丘卒百八十一岁，下去今大康三年五百八十一岁。哀王于《史记》，襄王之子，惠王之孙也。惠王三十六年卒而襄王立。立十六年卒而哀王立。古书《纪年篇》惠王三十六年改元，从一年始，至十六年而称惠成王卒，即惠王也。疑《史记》误分惠成之世以为后王年也。哀王二十三年乃卒，故特不称谥，谓之今王。其著书文意大似《春秋经》，推此足见古者国史策书之常也。文称鲁隐公及邾庄公盟于姑蔑，即《春秋》所书邾仪父，未王命故不书爵，曰仪父，贵之也。又称晋献公会虞师伐虢灭下阳，即《春秋》所书虞师晋师灭下阳，先书虞贿故也。又称周襄王会诸侯于河阳，即《春秋》所书天王狩于河阳，以臣召君，不可以训也。诸若此辈甚多，略举数条，以明国史皆承告据实而书时事，仲尼修《春秋》，以义而制异文也。又称卫懿公及赤翟战于洞泽，疑洞当为泂，即《左传》所谓荧泽也。齐国佐来献玉磬纪公之甗，即《左传》所谓宾媚人也。诸所记多与《左传》符同，异于《公羊》《穀梁》。知此二书近世穿凿，非《春秋》本意审矣。虽不皆与《史记》《尚书》同，然参而求之，可以端正学者。又别有一卷，纯集疏《左氏传》卜筮事，上下次第及其文义皆与《左传》同，名曰《师春》，师春似是抄集者人名也。《纪年》又称殷仲壬即位居亳，其卿士伊尹。仲壬崩，伊尹放大甲于桐，乃自立也。伊尹即位于大甲七（石经、淳熙本同，宋本作“十”）年，大甲潜出自桐，杀伊尹乃立其子伊陟、伊奋，命复其父之田宅而中分之。《左氏传》伊尹放大甲而相之，卒无怨色，然则大甲虽见放，还杀伊尹，而犹以其子为相也。此为大与《尚书》叙说大甲事乖异，不知老叟之伏生，或致昏忘，将此古书亦当时杂记，未足以取审也。为其粗有益于《左氏》，故略记之，附集解之末焉。

今注

1 大康：是晋武帝的年号，今作“太康”。

2 申杼：等于发明申正。

3　简编科斗文字：简编是竹编，科斗文是古文字，因为形状颇像小蝌蚪，所以名字称为科斗。

4　推寻不能尽通：研究也不能完全懂。

5　秘府：是皇家图书馆。

今译

在晋武帝太康元年三月，始把吴国平定，我从江陵回到襄阳，解除盔甲，使军队休息，就发明旧的意见，修成《春秋释例》同《经传集解》两部书，恰好遇见汲郡汲县有发掘它的境内古冢的，得到大量古书，全都是竹简，写着科斗似的古文字，发掘坟墓的人不甚注意，所以散开了，很乱，并且科斗文字久已不用，研究它们的也不能完全明白，最初藏在皇家图书馆里，我在后来才看见这些古书，大概有七十五卷，多半是杂乱零碎，奇怪同妄说，不可以完全懂。其中《周易》同《纪年》最明白，《周易》分为上下篇，同现在的本子正相同，别有阴阳说，而没有彖象、文言、系辞，我很怀疑那时候孔子在鲁国所作成，而尚未传播到远处去。他那篇《纪年》，从夏殷周起，全是记载三代的王事，没有各国的分别记述，唯独特别说到晋国由殇叔起，接着是文侯、昭侯，一直到曲沃庄伯。曲沃庄伯的十一年十一月，就是鲁隐公的元年正月。晋国皆用夏正，每岁首全用的是建寅那个月，编年相次。晋国灭了以后，单独记魏国的事情，下面一直到魏哀王二十年，这就是魏国的《史记》。我们来推算魏哀王的二十年，太岁在壬戌，这就是在周赧王的十六年，秦昭王的八年，韩襄王的十三年，赵武灵王的二十七年，楚怀王的三十年，燕昭王的十三年，齐湣王的二十五年，上边离孔子死是一百八十一年，下边离着大康三年，五百八十一年。哀王在《史记》上，是襄王的儿子，惠王的孙子。惠王三十六年死了，而襄王即位，立了十六年死了，而哀王立为君。古书《纪年篇》惠王三十六年改元，从一年开始到十六年而称惠成王死了，就是魏惠王。我很疑心《史记》误分了惠成的年代作成后王的年。哀王二十三年才死，所以不称谥法，称为今王。《纪年》写书的意思大像《春秋经》，推论可以看出来古代的国史竹简全是如此。文章里又说："鲁隐公与邾庄公盟于姑蔑。"这就是《春秋》所写的邾仪父，没有得到王命，所以不写他的爵位，称他叫仪父，因为尊贵他。又称："晋献公会虞师伐虢灭下阳。"即《春秋》所写"虞师晋师灭下阳。先书虞，贿故也。"又称"周襄王会诸侯于河阳。"即《春秋》所写"天王狩于河阳，以臣召君，不可以训也。"诸如此类很多，略举几条，以证明从前的国史皆承通告，据实事而写的。孔子修《春秋》，据文义而分成不同的文章。又称"卫懿公及赤翟战于洞泽"。我颇疑心洞当作泂，就是《左传》所称的荧泽。"齐国佐来献玉磬纪公之甗。"就是《左传》所说："宾媚人。"纪年所记载的都同《左传》相符，而与《公羊》《穀梁》两书不同。知道这两部书，后来人所穿凿，不是《春秋》的本意，这是很明白的。虽然他的记载，不与《史记》同《尚书》相同，然而三种来比较，可以使学者端正。又另有一卷书，完全是抄《左传》里边讲占卜的事情，上下的次序同他的文章意义，都同《左传》相同，名字叫《师春》，"师春"似乎是抄这书的人的名字。《纪年》又说殷仲壬即位以后，居在亳这地方，伊尹做他的卿士。仲壬死了以后，伊尹驱逐大甲位在桐这地方，而自己做了君，伊尹做君以后放逐大甲，七年以后，大甲偷着从桐出来，杀了伊尹，而立了他的儿子伊陟伊奋，恢复他父亲伊尹的田宅，而给他们两人平分了。《左氏传》说伊尹驱逐大甲而做他的宰相，并没有抱怨的颜色。如此大甲被放逐，回来杀了伊尹，仍旧用他儿子做宰相。这种与《尚书》叙说大甲的事很不同，不知道是年老的伏生，或者记不清楚，或者还是这本古书，也是当时杂记，不能做凭据的。因为他对《左氏春秋》颇有益处，所以记在这里，附到集解的末端。

校订后记

《春秋左传今注今译》一书，初版于一九七一年印行，距今已二十年整。此书由李宗侗教授主其事，另有襄助者先后三人。大部分由李教授口述，襄助者笔记，难免有误解误记之处；又注者与译者常非同一人，因之又有注文与译文各说各话现象。二十年来，为本书提出订正意见之学术界人士甚多。北投张鼎铭先生撰有“李宗侗注译春秋左传纠谬”约三万五千言；台南葛振东先生撰有“读《春秋左传今注今译》笔记”，指出本书错误三百四十四条。这二位先生曾为本书投注了不少心力。

去年九月[①]，本人应台湾商务印书馆之请，为本书作校订。虽明知此一校订工作出力不讨好，但为了对《左传》这部经书尽一点心力，仍勉为其难应允。校订工作自去年九月迄今，历时半年完成，校订之前，曾拟就以下四点处理原则：

一、本书今注今译文字，有其特殊语法。凡是文意尚属可解，虽语句拗涩不顺，亦不予更动。

二、全书体例不一，如春秋纪年下所标示公元纪年之位置不一，又如“文公十有四年”“昭公十四年”等书写方式不一，凡此

① 指一九九〇年九月，下同。

均无碍于文意，不予更动。

三、今注部分，原注如有其依据，虽有另一家注释较此为胜，亦不予更动。

四、本书标点，问题最多。其中以、,。三符号错杂使用情形最为普遍，无页无之；该加未加或点错位置者亦时有所见。上述情形中如明显影响文意者均加订正，其他不予更动。

半年来，虽为本书之校订朝夕从事，但难免偶有疏忽之时；且所为者究系校订工作，亦难免有不易使力之处。竟工之日，只能说：对《左传》这部经书已尽了一点心力。

叶庆炳

一九九一年三月十二日识于台北晚鸣轩